トウキョウ建築コレクション 2014

Official Book

トウキョウ建築コレクション2014 実行委員会編

建築資料研究社／日建学院

トウキョウ建築コレクション2014 Official Book

007 トウキョウ建築コレクション2014企画概要

008 全国修士設計展

010 開催概要

011 審査員紹介

012 **大島 碧**（グランプリ）
東京藝術大学大学院　美術研究科　建築専攻　トム・ヘネガン研究室
異邦人の日常
Windows of Microscope

020 **仲俣直紀**（アストリッド・クライン賞）
東京理科大学大学院　理工学研究科　建築学専攻　岩岡竜夫研究室
ゆれる建築

028 **池田雄馬**（篠原聡子賞）
東京都市大学大学院　工学研究科　建築学専攻　手塚貴晴研究室
吊り湯
鬼怒川温泉渓谷における崖地を利用した建築設計

036 **本田耕二郎**（羽鳥達也賞）
東京藝術大学大学院　美術研究科　建築専攻　元倉眞琴研究室
風景はリアクションする

044 **金沢 将**（日埜直彦賞）
東京理科大学大学院　理工学研究科　建築学専攻　坂牛卓研究室
歴史的文脈と商業論理に基づく空間構成
Adolf Loosの多様性と対立性の抽出を通じて

052 **高橋良至**（吉村靖孝賞）
神戸大学大学院　工学研究科　建築学専攻　建築設計・環境デザイン研究室（遠藤秀平ゼミ）
Alley Renovation
東南アジアのスラムにおける経済成長に応じた住環境整備手法の研究
──バンコク都クロントイスラムを事例とした簡易的インフラシステムの設計

060 **平山健太**
早稲田大学理工学術院　創造理工学研究科　建築学専攻
石山修武研究室
渡り鳥を介した国際交流

068 **中田敦大**
筑波大学大学院　芸術専攻　デザイン学領域群　建築デザイン領域
貝島桃代研究室
漁村をつなぐ道と道の建築

076 **増田裕樹**
東京都市大学大学院　工学研究科　建築学専攻　手塚貴晴研究室
都市の航海記録
咸臨丸が伝える浦賀町の変容と造船の記憶

084 **浅田龍太**
滋賀県立大学大学院　人間文化学研究科　生活文化学専攻
生活デザイン部門　南政宏研究室
Re;Scaled Life
アウトドア的戸建てコミュニティの提案

092 **太田雄太郎**
中部大学大学院　工学研究科　建設工学専攻　早川紀朱研究室
面の書き換え操作による形態変化を用いた設計手法の提案

100 **馬場雅博**
東京藝術大学大学院　美術研究科　建築専攻　金田充弘研究室
Elastic Morphology
曲げ加工を用いた圧縮成形による木質架構の研究

108 **福田 俊**
東北工業大学大学院　工学研究科　建築学専攻　福屋粧子研究室
映画のような建築

116 **髙橋賢治**
東京藝術大学大学院　美術研究科　建築専攻　トム・ヘネガン研究室
馬とすれちがう建築

124 **山崎 拓**
滋賀県立大学大学院　環境科学研究科　環境計画学専攻
環境意匠コース　松岡拓公雄研究室
自然の循環に身を置く建築たち
バイオミミクリーデザインを利用しての提案

132 全国修士設計展 公開審査会

142 全国修士論文展

144 開催概要

145 コメンテーター紹介

146 **清野 新**
東京大学大学院　工学系研究科　建築学専攻　前真之研究室
外皮性能および暖房方式による不均一温熱環境の快適性・省エネルギー性に関する研究

154 **鬼頭貴大**（五十嵐太郎賞）
東京大学大学院　工学系研究科　建築学専攻　藤井恵介研究室
中世重層建築論

162 **葛西慎平**（金箱温春賞）
東京大学大学院　工学系研究科　建築学専攻　太田浩史研究室
リスボン・バイシャ地区の復興プロセスに見る一貫性と適応性

170 **北野貴大**
大阪市立大学大学院　工学研究科　都市系専攻
横山俊祐建築計画研究室
大規模シェア居住における創発的混住に関する研究

178 **井上悠紀**
滋賀県立大学大学院　環境科学研究科　環境計画学専攻
布野修司研究室
南京（中華門・門西地区）の都市空間構成とその変容に関する研究
——城中村と「大雑院」化

186 **吉田敬介**（松田達賞）
豊橋技術科学大学大学院　建築・都市システム学専攻　松島史朗研究室
データベースを用いた空間構成列挙手法の研究
——狭小住宅のボリュームスタディを対象として

194 **林 直弘**（深尾精一賞）
明治大学大学院　建築学専攻　建築史・建築論（青井哲人研究室）
同潤会と戦前・戦中期の東京郊外住宅地形成
——工業都市・川崎における「官」「公」「民」の住宅供とその政策史的背景

202 **中島弘貴**（前真之賞）
東京大学大学院　工学系研究科　建築学専攻　前真之研究室
ZEHの設計法及び電気需要平準化を見据えた蓄電池導入可能性に関する研究

210 **庄子幸佑**（岡部明子賞）
早稲田大学理工学術院　創造理工学研究科　建築学専攻
中谷礼仁研究室
地名からみた現代日本に於ける
古代社会の影響に関する研究
――古代地名の現在地比定の分析をもとに

218 **長尾芽生**
日本大学大学院　理工学研究科　建築学専攻　佐藤慎也研究室
地域における文化活動拠点の
評価に関する研究
――墨東エリアにおけるアートプロジェクトを対象として

226 全国修士論文展 公開討論会

236 プロジェクト展

238 開催概要

239 コメンテーター紹介

240 宮城大学 竹内泰研究室
海と人をつなぐ漁業体験施設

246 京都建築スクール実行委員会
（宮城大学 竹内泰研究室）
集合する人 寄り添う商と住
商業の場と居住の場の集合形態の再編

252 東京藝術大学 ヨコミゾマコト研究室
新潟県新発田市の文化遺産を活かした
地域活性化事業等プロジェクト

258 東京工業大学 那須聖研究室
＋千葉大学 伊藤潤一研究室
＋Bauhaus University Weimar
in the subject urbanism (Urbanistik)
NIWA PROJECT

264 アネックストーク1
コメンテーター：宮台真司

272 前橋工科大学石田敏明研究室
前橋中心市街地空き店舗の学生住宅活用

278 Kashiihama Home For All Project Team
Kashiihama Home For All Project

284 千葉大学 岡部明子研究室
“道楽”がまちをかえる?!

290 慶應義塾大学 池田靖史研究室
（慶應型共進化住宅実証コンソーシアム）
慶應型共進化住　Keio Co-Evolving House
人とともに社会を進化させる次世代型環境住宅

296 アネックストーク2
コメンテーター：森山高至

304 工学院大学 ハチイチ企画学生有志団体
＋冨永祥子准教授
ハチイチ
八王子校舎旧一号館解体直前の空間

310 滋賀県立大学 布野修司研究室
+J.R.ヒメネス・ベルデホ研究室+迫田正美研究室
+高柳英明研究室+名城大学 柳沢究研究室
木興プロジェクト

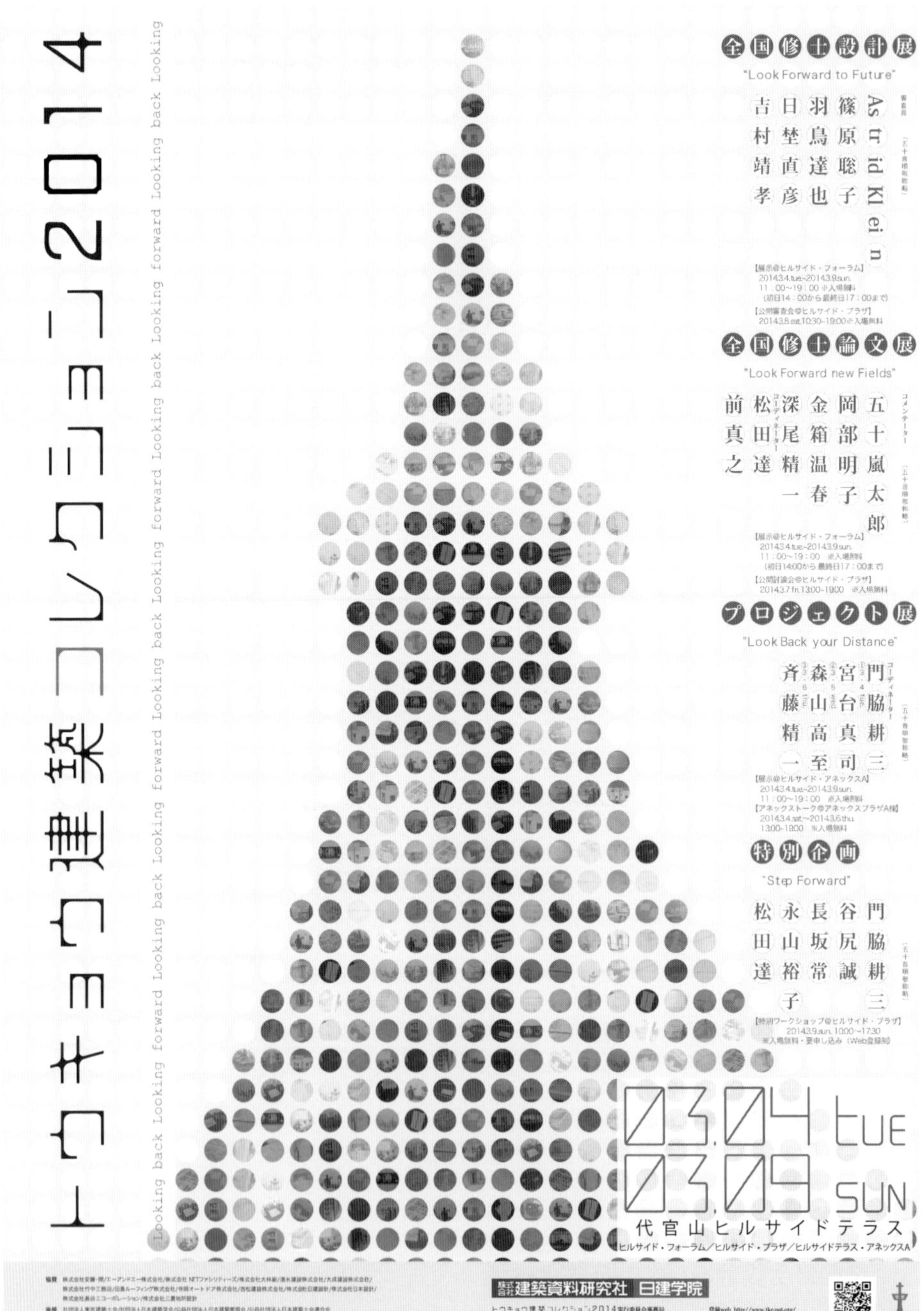
トウキョウ建築コレクション2014
Looking back Looking forward Looking back Looking forward Looking back Looking forward Looking back Looking
全国修士設計展
"Look Forward to Future"
審査員
Astrid Klein
篠原聡子
羽鳥達也
日埜直彦
吉村靖孝
（五十音順敬称略）
【展示＠ヒルサイド・フォーラム】
2014.3.4.tue.~2014.3.9.sun.
11：00~19：00 ※入場無料
（初日14：00から最終日17：00まで）
【公開審査会＠ヒルサイド・プラザ】
2014.3.8.sat.10:30~19:00 ※入場無料
全国修士論文展
"Look Forward new Fields"
コメンテーター
五十嵐太郎
岡部明子
金箱温春
深尾精一
コーディネーター
松田達
前真之
（五十音順敬称略）
【展示＠ヒルサイド・フォーラム】
2014.3.4.tue~2014.3.9.sun.
11：00~19：00 ※入場無料
（初日14:00から最終日17：00まで）
【公開討論会＠ヒルサイド・プラザ】
2014.3.7.fri.13:00~19:00 ※入場無料
プロジェクト展
"Look Back your Distance"
コーディネーター
門脇耕三
①3・4 tue. 宮台真司
②3・5 wed. 森山高至
③3・6 thu. 斉藤精一
（五十音順敬称略）
【展示＠ヒルサイド・アネックスA】
2014.3.4.tue~2014.3.9.sun.
11：00~19：00 ※入場無料
【アネックストーク＠アネックスプラザA棟】
2014.3.4.sat~2014.3.6.thu
13:00~19:00 ※入場無料
特別企画
"Step Forward"
門脇耕三
谷尻誠
長坂常
永山祐子
松田達
（五十音順敬称略）
【特別ワークショップ＠ヒルサイド・プラザ】
2014.3.9.sun.10:00~17:30
※入場無料・要申し込み（Web登録制）
03.04 tue
03.09 SUN
代官山ヒルサイドテラス
ヒルサイド・フォーラム／ヒルサイド・プラザ／ヒルサイドテラス・アネックスA
特別協賛 株式会社総合資格
特別協力 株式会社建築資料研究社/日建学院
（敬称略50音順）
株式会社建築資料研究社 日建学院
トウキョウ建築コレクション2014実行委員会事務局
〒169-8555 東京都新宿区大久保3-4-1 55号館N棟8階806号室 古谷誠章研究室
mail: info@tkc-net.org tel: 090-9346-6546(代表 倉石 雄)
登録web http://www.tkc-net.org/
twitter @TKC2014_
facebook http://www.facebook.com/tokyo.kenchiku.collection

トウキョウ建築コレクション2014企画概要

全国の修士学生による修士設計・修士論文を集め、日本初の全国規模の修士設計論文展を行なった2007年以後、展覧会を継続、発展させながら「トウキョウ建築コレクション」は今年で8年目を迎えることができました。

当展覧会は毎年多くの来場者に恵まれ、またその成果が書籍化されたことにより、広く社会に開かれた会にできたと感じております。

また、出展する学生も年々増え、その規模は国外にも波及する兆候を見せており、本展覧会は建築業界にとって益々大きな役割を担うものと自負しております。

トウキョウ建築コレクションは初年度から一貫して「修士学生の研究をもとに、建築学における分野を超えた議論の場を作り出し、建築業界のみならず社会一般に向けて成果を発信していくこと」を目標としてきました。

8年目の今回は、"Look back" and "Look forward" というテーマを掲げました。"Look back" という言葉には、修士学生が研究成果をもち寄って互いに省みることで、自分を相対的に位置づけ再認識する過程を表します。さらに "Look forward" という言葉には、会期中に繰り返される分野を超えた横断的な議論によって新たな視点が発見される過程を意味しています。多様な分野の方々が想像する建築の姿をぶつけ合うことで、建築領域が拡張され新たな可能性の開拓につながるのではないでしょうか 。

本展覧会が主催する4つの企画で出展者がそれぞれの成果を共有しつつ、審査員や来場者とともに全員で先を見据える展覧会にしていきたいと考えています。修士設計展は創作について、論文展は理論や技術について、またプロジェクト展は協働を中心に考え、そして特別企画として、会を通して発見される建築の新たなステップの具体化を目指しました。

トウキョウ建築コレクション 2014 実行委員一同

全国修士設計展

「全国修士設計展」開催概要

「全国修士設計展」では、全国の大学院から修士設計作品を募集し、各審査員による一次審査を通過した15名の作品の展示を行ないました。そして公開審査会では出展者によるプレゼンテーション、ポスターセッション型巡回審査、審査員による講評会での議論を経て、グランプリと各審査員賞を選出しました。

今年度は“Look back” and “Look forward”という全体テーマのもと、設計展では“Look forward to future”をサブ・テーマに掲げました。社会へ出る前の修士学生のさまざまな構想に対して、その有効性や展開可能性について議論を深め、今後の指針を模索する会となることを目標としました。

公開審査会では第一線で活躍されている建築家の方々に加え、若手建築家として活躍されている方々を審査員に迎えました。全体を通して、日常の再解釈により建築の歴史の重層性を追求した作品、建築を構成する単位が変わる可能性を示した作品、自然の微細な動きや循環を設計に採用することで新たな建築の存在や建ち方を探る作品などが目立ちました。

審査員の方々は表層的な印象だけでは評価されない時代になったと話され、議論においても作品そのものより、製作過程や作者の意思などを含めた作品の本質を評価されました。

この企画が多くの学生の構想の手掛かりとなれば幸いです。

トウキョウ建築コレクション2014実行委員

全国修士設計展審査員

アストリッド・クライン　Astrid Klein

建築家／武蔵野美術大学客員教授。1962年イタリア・バレーゼ生まれ。1986年エコール・ド・アール・デコラティーフ卒業。1988年ロイヤル・カレッジ・オブ・アート修了。1988年から伊東豊雄建築設計事務所勤務を経て、1991年マーク・ダイサムと共同でクライン・ダイサム・アーキテクツを設立。代表作に「代官山T-SITE」(2011年)、「SHISEIDO THE GINZA」(2011年)など。American Retail Environment AwardsやD&AD Awards、World Architecture Festival Awardsなど多数受賞。

篠原聡子　Satoko Shinohara

建築家／日本女子大学家政学部住居学科教授。1958年千葉県生まれ。日本女子大学大学院修了後、香山アトリエを経て、空間研究所主宰。主な受賞作品に「RIGATOF」(1998年)で東京建築士会住宅建築賞、「ヌーベル赤羽台3・4号棟」(2010年)でグッドデザイン賞、「竹内医院」(2010年)で千葉県建築文化賞受賞、「SHARE yaraicho」(2012年)で日本建築学会賞(作品)・住まいの環境デザインアワード環境デザイン最優秀賞など。主な著書に、『変わる家族と変わる住まい』(彰国社)、『住まいの境界を読む』(彰国社)、『おひとりハウス』(平凡社)など。

羽鳥達也　Tatsuya Hatori

日建設計設計部主管／東京都市大学建築学科非常勤講師／東京大学建築学科前研究室担当講師。1973年群馬県生まれ。1998年武蔵工業大学(現・東京都市大学)大学院修了。その後、日建設計入社。「神保町シアタービル」(2007年)で日本建築家協会新人賞受賞、ARCASIA建築賞ゴールドメダル受賞。「ソニーシティ大崎(現NBF大崎ビル)」(2011年)でWorld Architecture Festival category winner受賞。「逃げ地図プロジェクト」(2012年)でGood Design Aword 2012 Best 100受賞など。

日埜直彦　Naohiko Hino

建築家／芝浦工業大学非常勤講師。1971年生まれ。大阪大学工学部建築工学科卒業。主な作品に「ギャラリー小柳ビューイングルーム」「セントラルビル」「横浜トリエンナーレ2011会場構成(BankART Studio NYK)」など。「Struggling Cities」展企画監修。

吉村靖孝　Yasutaka Yoshimura

建築家／明治大学特任教授。1972年愛知県生まれ。1997年早稲田大学大学院理工学研究科修士課程修了。1999～2001年MVRDV在籍を経て、2005年吉村靖孝建築設計事務所設立。「ドリフト」(2004年)で吉岡賞受賞、「レッドライト・ヨコハマ」(2011年)でJCDデザインアワード大賞、「Nowhere but Sajima」(2009年)、「中川政七商店新社屋」(2014年)で日本建築学会作品選奨など多数受賞。主な著書に『ビヘイヴィアとプロトコル』(LIXIL出版)、『EX-CONTAINER』(グラフィック社)、『超合法建築図鑑』(彰国社)など。

異邦人の日常
Windows of Microscope

敷地はイスタンブール・金角湾。人々の日常や慣習／儀礼を見つめる視点を転換する、都市の舞台装置としての建築群と、それらを巡る１つのプロムナードを提案する。

日々の暮らしをかたちづくる小さな事物が、寄り集まって都市としての大きなイメージをつくり出している。それは、夜明けにモスクから聞こえてくる礼拝のよびかけであったり、工事中の坂道から立ち上る土煙であったり、その向こうに霞む港の騒々しさであったり、湾を行き交う舟々であったり、1500年以上ものあいだこの場所にあり続ける城壁跡であったりする。

これは、イスタンブールでひと月のあいだ過ごした「私」の視点であると同時に、ここで暮らす人々が日常のなかの特別な風景を再発見する都市への旅である。

Name:
大島 碧
Midori Oshima

University:
東京藝術大学大学院
美術研究科　建築専攻
トム・ヘネガン研究室

Q 修士設計を通して得たこと
あんまりうまくいかない時も、自分にとってのリアリティにはいつも正直でいること。

Q 修士修了後の進路と10年後の展望
アトリエ系の建築事務所で働いています。10年後はできれば独立していたいです。

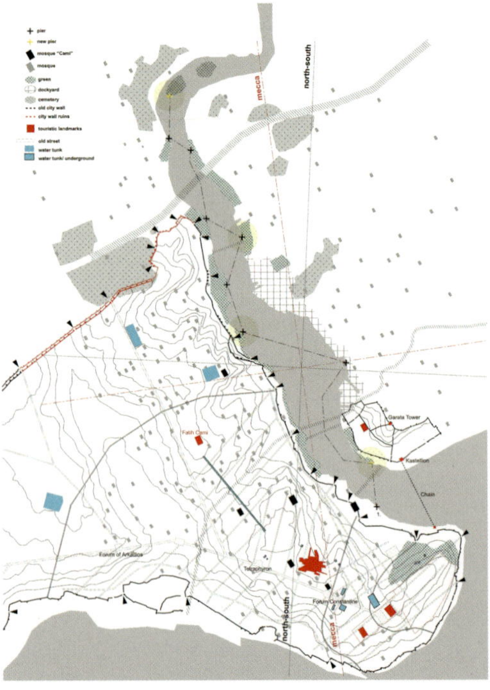

Urban Configuration-1;
interface/ potential of interface around Golden Horn

Storyboards

0-01.
金角湾の入り口はその昔から多種多様な人々で賑わう。広場は船を待つ人や観光客、獲れたての魚のケバブやとうもろこしやパンを売るワゴンであふれている。

0-02.
旧外国人居留地を眺める。かつて諸外国から金角湾を守り続けてきた「偉大な鎖」が繋げられていたモスクと、ガラタの象徴である塔がみえる。

1-01.
金角湾への船旅の、第一の停留所は長い桟橋の先にある。

1-02.
商人の声や、行き交う人々の交錯する線からのがれるように、一本の桟橋を歩いて行く。

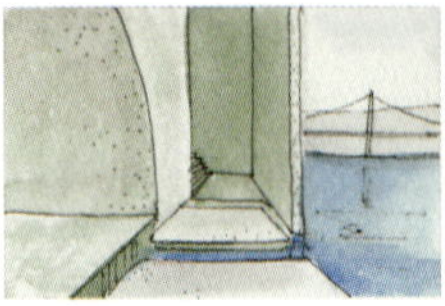

1-03.
10分も待たないうちに船はやって来る。待合場の脇の小さな階段を入る。

1-04.
金角湾の水は穏やかだが、階段室に入ると、波と風の音がきわだつのが分かる。空には鴎が飛んでいる。

1-05.
階段を上ると、向こう岸がよく見える。コンクリートの柱の凹みの中には梯子があり、物見台になっている。柱の影の向こうに対岸のガラタ塔の屋根が浮かんでいる。

1-06.
人や物の絶え間ない流れと喧騒にあふれるガラタ地区のなかで、海の上は唯一秩序を取り戻せる場所だ。
振り返り今来た岸を臨む。

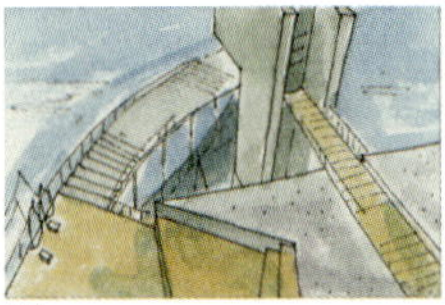

1-07.
桟橋の隣のガラタ橋は地元有数の釣り場だ。橋の欄干は一日中地元の釣り人でびっしりと埋まる。そこに面する一角は船を待つ間の小さな釣り場となる。その橋を通り過ぎて、緩やかに湾曲する階段へ向かう。

1-08.
階段は鎖のあった方へそっと沈んでいく。

1-09.
行き交う船を眺めながら、階段に腰かけてフェリーを待つ。

1-10.
桟橋の半円形の門に縁取られた風景は、「偉大な鎖」と塔の記憶を遺す。停留所にフェリーが入ってくる。
都市への船旅がはじまる。

1-11.
フェリーに乗り込み、金角湾の奥へ進んでゆく。

1-12.
地元の釣り人で賑わうガラタ橋をくぐり抜ける。

1-13.
第二の停留所付近。両岸をつなぐ橋は、場所を少しずつかえながら、絶えず解体と再建を繰り返してきた。橋詰の緑地にはそのたびに、工場や材料置き場が現れては消える。

1-13.
第三の停留所付近。海軍の拠点であるこの場所は、金角湾ではめずらしく建物が水際に張り出している場所だ。背後のまちとは緑地をはさんで分断されている。

1-14.
左岸には造船所が密集する。稼働中のものだけでなく、廃墟となってしまっ。たものも多い。ドックヤードの大階段が水に沈んでいる。

1-15.
クレーン車がつらなる活気のある造船所。モスクのつくる丸い稜線とは対照的な、ぎざぎざのラインが水に反射している。

1-16.
金角湾沿いには公園が帯状に連なる。
旧城壁の外にあり、長い間歴史から取り残されてきた緑地は、芝生に木々がまばらに生える、素っ気ない場所だ。

2-01.
七番目の停留所が近づいてくる。
木々の奥に城壁の気配を感じながら。

2-02.
葬儀のための門は、アーチが水面に反射して、まるい影のなかを吸い込まれる。

2-03.
水際の公園の中の水路を、船が進んでゆく。

3-01.
跳ね橋はゆっくりと持ち上がり、葬列のためのスクリーンとなる。

3-02.
葬列が通りすぎ、ふたたび普段の公園に戻る。

3-03.
停留所のある場所から小高い丘へ渡す橋。

4-01.
赤錆色に切り取られた池に、静かに橋が浮かんでいる。

4-02.

4-03.
橋の最後部からは水面の気配が見える。

5-01.
太鼓橋の下に都市は影を落とす。

5-02.
橋の暗がりの向こうに城壁が見える。

6-01.
城壁の廃墟の横を、葬儀の舟が進む。隣を車が走る。

6-02.

6-03.
窓の向こうに雑木が生い茂る

6-04.
水面にクレーンが映りこんで、水路の隣を車が通るたび、細かく揺れている。

6-05.
クレーンが船を引き揚げる。
だんだん低くなってゆくまちの向こう岸に造船所が見えた。

6-06.
舟を載せた荷台は城壁の上で止まった。
人々は舟から棺を降ろす。

6-07.
城壁の上からは、今来た公園を隔てて金角湾の対岸を臨むことができる。造船所の風景と、遠くにガラタ塔が小さく見えた。

6-08.
葬列は城壁の内側のラインに沿うようにして、緩やかに斜路を下る。

6-09.
城壁の内側の、バラックの群れの中の墓地を見下ろす。目指す墓地はまだ遠く、城壁の外側の高速道路の向こう側にある。

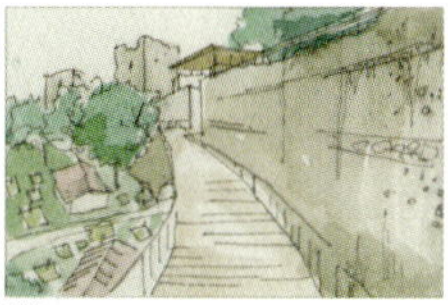

7-01.
城壁の一部が細長く切りかかれている。

7-02.
集中と浄化のための部屋に向かう。入り口は、既存の出入り口の真上にあり、部屋は、既存の道に屋根をかけるように浮かんでいる。

7-03.
ごつごつした壁の中に吸い込まれる。風景が切り替わる。

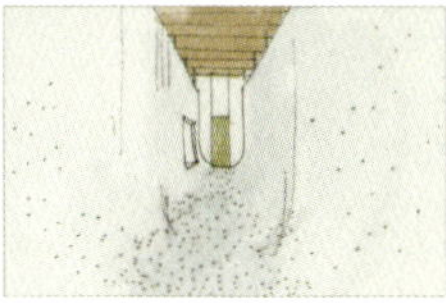

7-04.
カドのない長い長い廊下で、葬列の足音と歌声がこだまする。

7-05.
外からは部屋の中から漏れ出す音だけが聞こえている。廊下の丸い床が、淡く反射光を受けて、その向こうには別の階段が見える。

14-1.
城壁を訪れた人々のための小さな場所。

14-2.
明るく乾いたデッキからは公園の向こうに金角湾の気配がする。足下の車道に沿って目をやると、その先にはクレーンが見えている。

7-06.
柔らかな廊下を出ると、再び城壁の外側に出ている。

8-01.
葬儀の列は、ひとつ目の祈りの場へと、緩やかに斜路を下ってゆく。

The Rule of Making Structures

The Institutions of Daily Lives in Istanbul

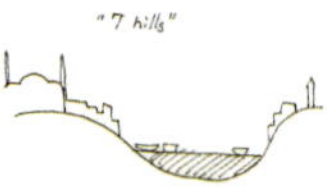

起伏のある地形から金角湾を臨む

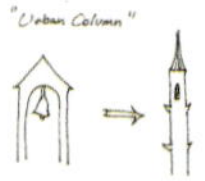

鐘はミナレットになった

皆、外でチャイを片手にボードゲームをする

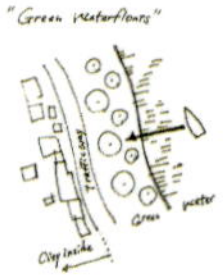

そっけなく拡がる緑地
まちはその背後にひそむ

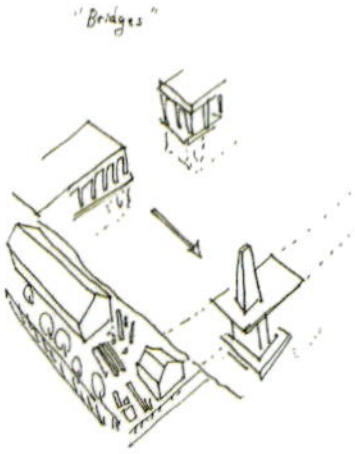

絶えず解体と建設を繰り返す橋々と
たちあらわれる構築の風景

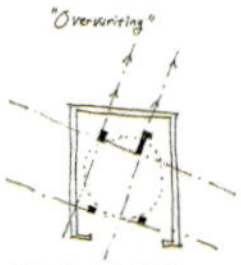

上描きされたメッカの軸

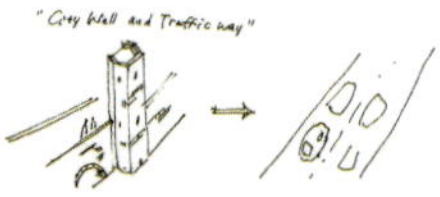

城壁は太い道路になった

行きと帰りで異なる道を選ぶ

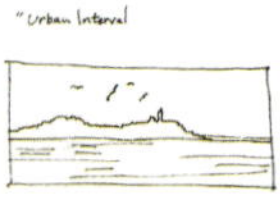

海と空にはさまれた、
都市の空間体験のインターバル

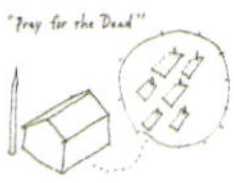

墓地の最寄りのモスクで
死者への最後の祈りをささげる

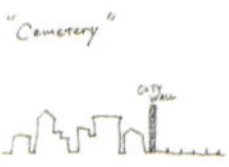

墓地は都市とともにある

船が日常の交通手段である

チャイをはこぶ人

毎週金曜の集団礼拝

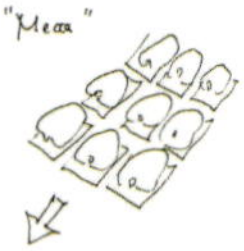

いつ、どこにいても
メッカの方向は重要である

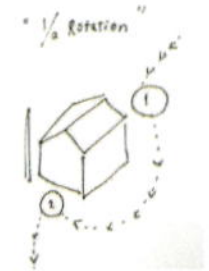

葬列はモスクの前後で二度祈る

メッカの方向さえわかれば、
砂漠のまんなかでもモスクになる

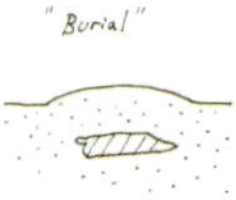

死者は土葬されなければならない

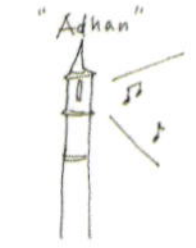

一日五回の礼拝の呼びかけが
都市のリズムをつくる

審査員・出展者コメント

審査員コメント@巡回審査

クライン：プレゼンテーションも模型もすごく繊細さがあふれたアプローチで、ポエティックな感じがとってもよかったです。都市へインターベンションしていく様子もすごくきれいで、心がリッチになった感じがします。それぞれ1個ずつマイベイビーのように愛情をもって扱っていると思うのですが、こういう繊細さを分散させずに、ひとつに集中させた建築も見てみたいと思いました。

羽鳥：もののつくり方が上手すぎるので、何か詩的な思いつきの連続のように見えてしまうんです。例えば、歴史のある城壁に大きな穴を開けることに対して、地元の人たちがどういう感情を抱くのか。おそらく、保存されるべきものなんだと思うんです。残すことと変えていくことのバランスはこれで良いとしても、そのあたりの感覚のずれがどの程度あるのかということが気になりました。このシークエンスで想像できる風景はすごく美しくて、宗教とか、大きな話はよく分かったのですが、その背後に隠れた地道な話が見えなかった。保存していく仕組みや、社会活動みたいなものが混ざっていると、もっと説得力があったかなと思います。

吉村：全体の話は理解できるのですが、1個1個の建築的な工夫を考えると、その場所とその機能から丁寧に1個ずつ設計して、象徴的なものを反復するということくらいしか見えてこないんです。例えば、構造的な工夫や、材料が何かというようなところまで分かるようにしてもよかったのではないかと思いました。あと、街の人や訪れた人がこういうものを共有できるように、1個1個の形態を説明できるようにつくっているのか、それともきわめて個人的な感覚をきっかけにしてつくっているのか、どっちなんだろうということも気になりました。

日埜：これはもともとベルナール・チュミのマンハッタン・トランスクリプトのようなイメージからつくられているんですか？

大島：例えば、チュミはラヴィレット公園で、フォリーをひとつずつつくって、ただ配置するだけではなく、それぞれの場所のポテンシャルに対してかたちを与えてそこを自由に使うという設定を考えたわけですが、この場合は、1つのかたちに対して1つのプログラムが使われますので、そこが大きく違うところではあると思います。

日埜：なるほど。そういう過去の建築の文脈をおさえた設計が今どき出てくるというのがまず面白いですね。これ自体はパッと見るとある種の建築的なシークエンスとして受け取られると思うんですね。でも単なるダラダラしたシークエンスじゃなくて、あるテーマが反復、あるいは反転されて、それがリズムをつくりながら進行させていく仕組みになっている。水彩画のプレゼンテーションで雰囲気系に見えるけど、でもそういうものではこれはない。バナキュラーな文脈を拾い上げながら、単に空想的でない提案になっていると思います。

出展者コメント
──トウキョウ建築コレクションを終えて

この作品では、一方的にプレゼンテーションするというより、たくさんの違う視点から見てもらって、それに自分なりに応えていくというかたちで、自分のやってきたこと、考えてきたことを共有してもらえたら、と考えていました。特に、巡回審査では、審査員の先生方たちの視点が刺激的でとても楽しく、あたらしい言葉をどんどん引き出してもらえた、特別な発見に満ちた時間でした。ありがとうございました。

ゆれる建築

自然は動くことで全体のバランスをとり、静止しているものはない。それぞれは微細な動きであるかもしれないが、それによって自然の空間はいつ訪れても異なり、変化している。僕はそのような変化する空間に興味がある。一方、建築の構造は常に剛健であることを求められ、人や家具の重さは加重として耐えることを前提としている。その結果、建築の空間は固定的になり、単一の空間を生み出す。

　人や家具の重みに耐えるのではなく、含みながらバランスをとるような構造をつくることで、人や家具の密度のムラや環境の変化が建築の建ち方にまで影響を与える。そのような建築は訪れるたびに空間や建築の建ち方が変化し、自然と一体となったおおらかなランドスケープをつくり出す。

Name:
仲俣直紀
Naoki Nakamata
University:
東京理科大学大学院
理工学研究科　建築学専攻
岩岡竜夫研究室

Q 修士設計を通して得たこと

修士設計では建築の建ち方や置かれ方について考えていました。巨大な岩が崖に絶妙なバランスで立つような、自然な立ち方に憧れがあります。少し違う形ではあるけれど、そのような建築のあり方に近づけたと感じています。

Q 修士修了後の進路と10年後の展望

現在は平田晃久建築設計事務所で働いています。10年後は子どもから老人まで楽しめる、フリーで多幸感のある建築を設計できる建築家になりたいです。

多重な空間

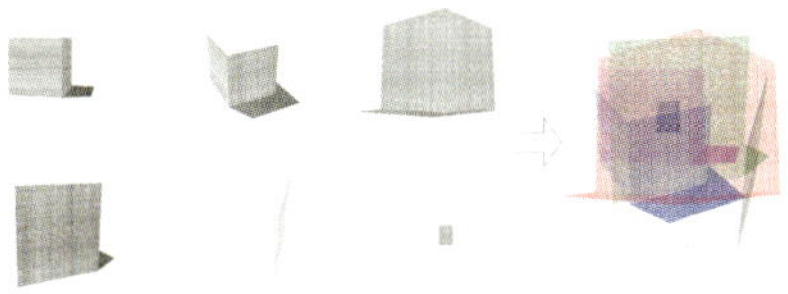

空間は形態が変化しなくても、傾きや方向によって多様に変化する。

建築の建ち方

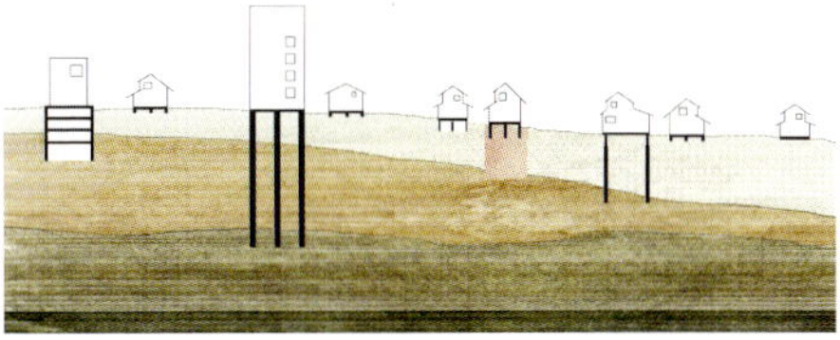

異様に強化された建築の基礎部分。

ゆれる空間

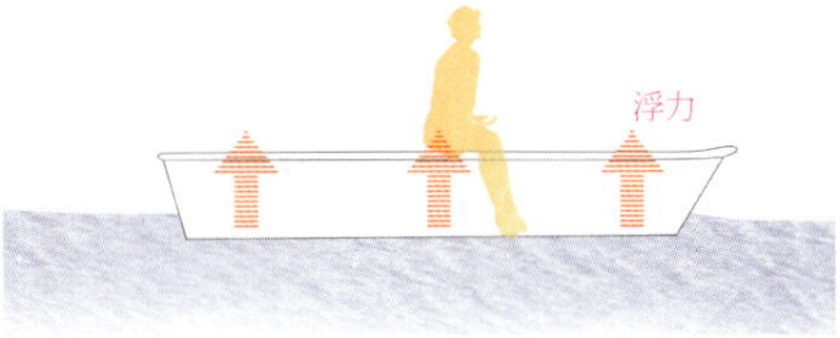

簡単な原理によってゆれる場合、その原理の透明性によってゆれが予想でき、心地よいものになる。

モデル化

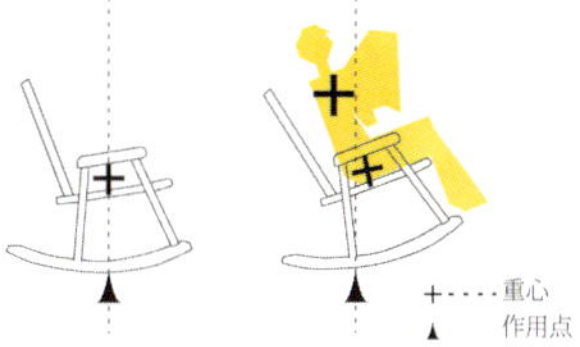

ロッキングチェアのような、力をゆれることでいなし、また元の形に戻るような形態によって建築を設計していく。

ゆれの検証

抽象モデル、遊具モデル、住宅、積層の順に1つのシステムから建築をつくった。それぞれは同じシステムではあるがゆれ方が異なった。固定点からの連続写真を重ね合わせ、ゆれ方を検証した。

○ゆれの検証：半球体

固定点からの連続写真を重ね合わせ、ゆれ方を検証した。この半球体は外からの力が発散し、すべての方向にゆれる。最終的にはもとの形に戻るが、ゆれ方自体の予想は困難。

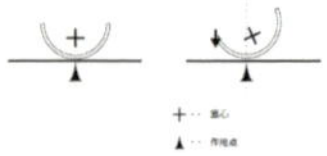

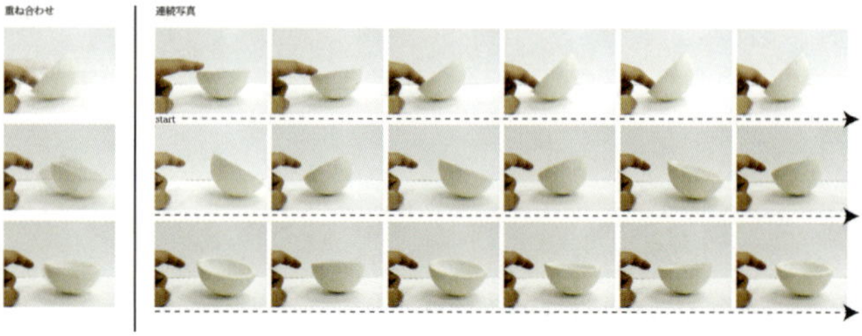

○ゆれの検証：遊具モデル

垂れ壁をつけたことによって、重心が中心からずれている。そのため、抽象モデルに比べると揺れのばらつきが抑えられ、外の力に押される時と同じような軌道で元に戻ろうとする。

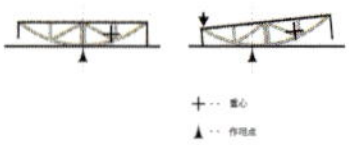

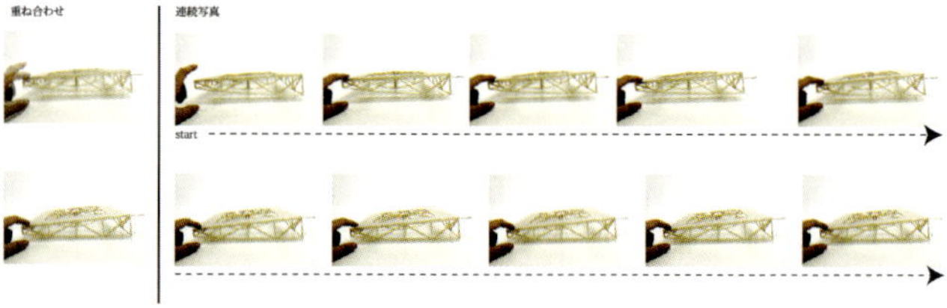

○ゆれの検証：住宅

重心を中心からずらし、その重心方向の垂れ壁を高くしてあるため、安定している。ゆれはその重心方向に対してのみゆれる。

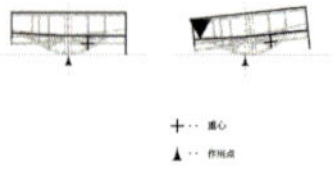

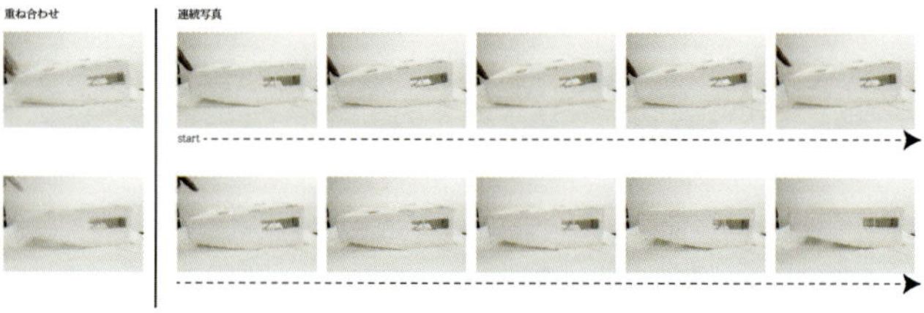

○ゆれの検証：積層

上下に力がかかることで重心が中央付近にあっても、あばれたゆれ方はせず、力を押し返すように戻る。途中のボリュームを下から引っぱり、崩壊を防ぐ。

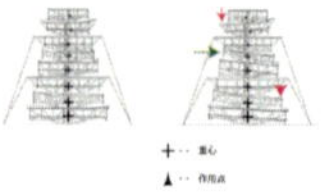

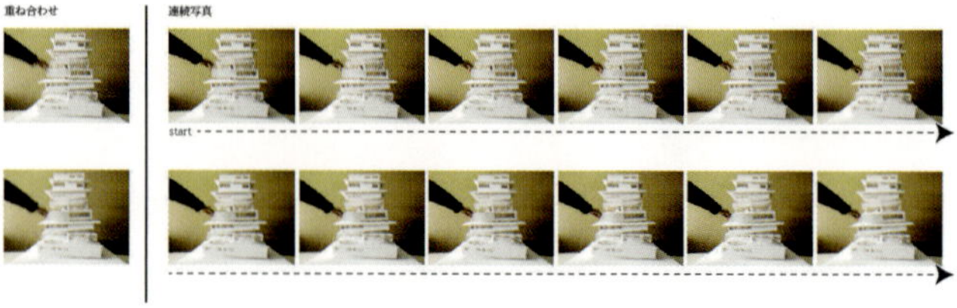

住宅化

抽象モデルを住宅として具体化した。敷地は浦安の住宅地としての街区だけがあり、建物が建設されていない場所とした。半円型の部分と垂れ壁の高さをそろえ、建物が水平に建つポイントをつくった。建物単体での重心はそのポイントで成り立ち、人の動きや家具の変化によってバランスが変わると空間もふらふらと変化するように設計した。

この住宅の建築のみでの重心は壁の量でコントロールされ、入り口周辺となっている。空の状態だと中央に広い部分が平面となっている。家具を均等に配置していくとこの平面のまま動きが押さえられる。

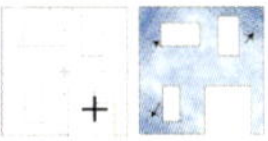

人と家具が隅に集まることで、傾き平面の場所が変化する。端につれに床がめくれるため、傾いたときに床の吹き抜けは開口のようになる。

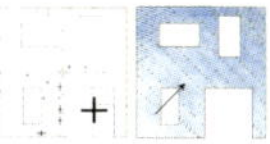

建築の軌跡

動きの軌跡の一例。中の荷重の変化に合わせてゆれ動く。そのために、空間は人によって切り開かれるような体験を得られる。下の図の動きは玄関から入り、キッチンを抜け、ベッドルームへ行った場合の動き方。

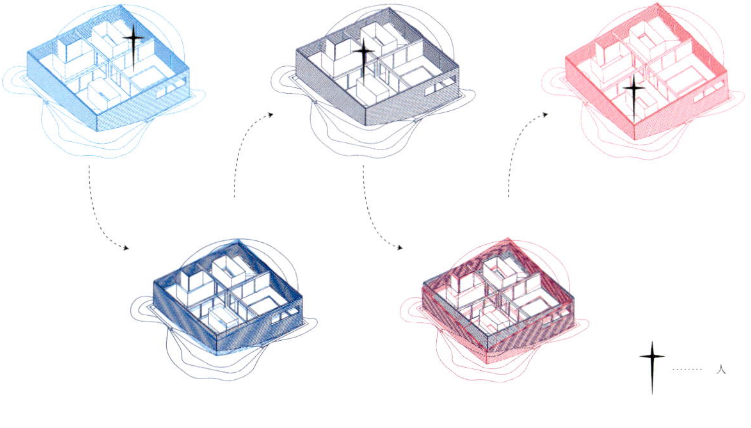

定点から観た ゆれる空間

人の動きによってゆれる空間を定点から観ると右のパースのように見える。それぞれのゆれの中心からの角度は1°程度であるが、空間は確実に変化する。主観的には乗りものに乗っているように自らに合わせて空間が変化しているように感じる。動きに合わせてずるずると空間が開けていくような感覚。

積層化

次にこのモデルを積層化する。強固な構造の建築は積層し、床面積を得ることを目的としているように感じた。それに対して、このバランスをとりながら成り立つ構造の建築も、積層することが可能だということを示すためだ。プログラムは主に野鳥の観察、保護施設が入る。最小限の施設のスペースと公共的に使用できるスペースを多く配置する。ゆれ動くことで周辺の環境の取り込み方が変化し、常に異なる空間となる。

傾きの変化量

この建築は8つのボリュームが積み重ねられるようにできている。それぞれは下のボリュームの上に置かれ、それぞれは独立することで、1つずつ動くことが可能になっている。下から3つ目、6つ目のボリュームからワイヤーを垂らし、重しをつけることで2つのボリュームは水平を保ち、全体の揺れからくる崩壊を防いでいる。ボリュームには壁があり、室内があるものと壁がなくスラブと梁だけのものがある。壁があるボリュームは人や物の荷重と風などの外力によって動き、壁がないものはほぼ人の荷重によってのみ動く。この2つの動く要因があることで、自然の動きと人の動きが入り交じったような動きとなる。

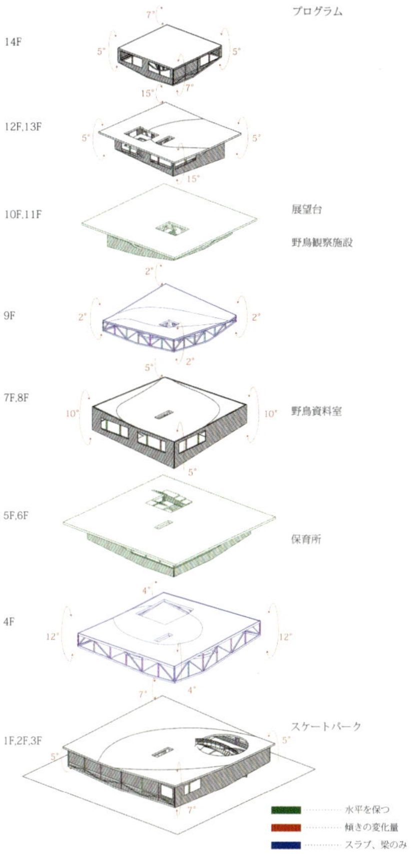

人の密度による変化

家具をバランスよく配置し、人の溜まり方を分散させれば、水平の床になる。ホールのように使用し、人の密度に偏りが生まれるとそこに床が傾き、異なる空間が現れる。

風による変化

この場所では朝に南東方向からの海風と夕方には北西方向から陸風といった定期的な風が吹く。一般的な建物にはほぼ影響せず、感じることが少ないこの風を受けることで、この建築はゆらゆらとゆれ動く。動くことで内部では風が通り抜ける場所、風を防ぐ場所ができる。

風が穏やかな時間
床に反射光が拡散し、フラットな明るさの空間。

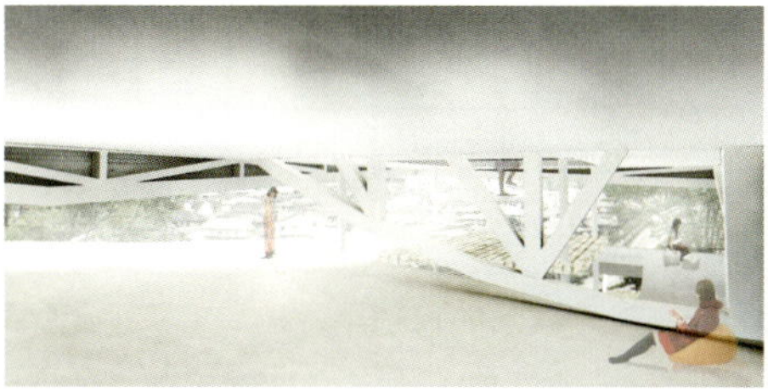

陸風が吹いている時
傾いた床が風をよけ、光を一部だけ反射し、グラデーション状の空間になる。

変化前後の断面図

審査員・出展者コメント

審査員コメント@巡回審査

クライン：楽しいね。すごくチャレンジしていて、ちゃんと形で表現しているのが面白い。揺れた時は危なくて想像したくないけど（笑）。そういうところも含めて、面白いと思います。ワイヤーはない方が良いと思いませんか？

仲俣：それが一番悩んだところです。でも、このワイヤーがあることによって、一個一個が独立して動くことができるんです。

クライン：ワイヤーじゃなくて、例えばボールのようなものでバランスをとったり、ほかにも方法があったのでは。悩んだ時は妥協をせずに、とにかくもっと良い方法で解決することを考えた方がいいと思います。

羽鳥：積層系の建築を動的に解くということは、議論のためには良いと思います。実務で設計する時も、風や地震で建物は動くので、ある程度は動的に考えます。動いた時に外壁が壊れないように、外壁の仕組みをどうつくるかを考えたりするんですよね。それはリアルに設計をしていないと、なかなか気づけないところです。これはもっとダイナミックに、動くことをポジティブに活かしていますよね。だから、見ていてすごく楽しい提案なのだけど、面白いところにとどまらずに、ここで得た発見をリアルな世界に対してフィードバックできると、より良い提案になるのではと思いました。

吉村：例えば、遊園地の遊戯施設だったらあり得ると思いますが、そもそも建築が揺れなければならない理由がよく分からないです。揺れることによって、何をもたらすのか。建築には人やものが入って、固定されるものも固定されないものもあるわけじゃないですか。中の人やものが倒れるかもしれませんよね。危険なんじゃないかと思うんです。安全についてはどうなっているのですか？

仲俣：例えば、小さいボートに乗っている場合、波が来れば揺れるのが分かります。予想できない揺れは危ないですが、予想可能な揺れは安全だと思います。これは人の密度などに対応して動くので、揺れの予想ができるようになっています。

日埜：免震だとしたら、このワイヤーが引っ張られることでエネルギーが吸収されるんでしょうか。

仲俣：このワイヤーはおもりとしての意味が強くて、全体の重心を下げています。そうすることによって、やじろべえみたいな効果で安定しやすい状態がつくられる。ただ、おもりをつけるのも変だったので、接地させています。

日埜：どこかでエネルギーを使ってやらないと揺れは止まらないですね。それに非線形に揺れるから、ある場合にとんでもない動き方をして、転がり落ちるということもあると思うんです。その解析は非常に難しいと思いますよ。倒壊しないようなバランスを保証してやればいいわけですが、そこがちょっと気になります。

篠原：すごくアメージングで、結果としては面白いと思いますが、揺れを体感するためだったら、別に建築ではなくてもいいのではないか。例えば、船や車でもいい。なぜ建築でないといけないのかというところが、腑に落ちませんでした。

出展者コメント
――トウキョウ建築コレクションを終えて

審査員の先生方や会場の意見を直接聞けたのが、楽しかったです。吉村さんにチキンレースと言われ、思わず反発してしまいましたが、今でも少し引っかかりを感じ、もう少し別の提示の仕方や別の設計があったのではないかと改めて考えさせられました。全体を通して良い経験ができ、感謝の気持ちでいっぱいです。

吊り湯
鬼怒川温泉渓谷における崖地を利用した建築設計

この建築は崖とともに生きる建築である。私の故郷である鬼怒川温泉の渓谷はとても美しい。しかし、渓谷には温泉ホテルが建ち並び景観を壊している。渓谷は鬼怒川温泉にとって大切な地域遺産である。渓谷を再生し、渓谷を破壊せずにともに生きていく建築を考える。

崖を削らずに崖に張りついたような建築を設計することで、崖を未来まで継承する。崖全体をアクティブに感じる建築を目指した。

鬼怒川渓谷に美しい景観を取り戻す。故郷である鬼怒川温泉のための建築を考えた。

Name:
池田雄馬
Yuma Ikeda
University:
東京都市大学大学院
工学研究科　建築学専攻
手塚貴晴研究室

Q 修士設計を通して得たこと

故郷である鬼怒川を修士のテーマとしたことで、鬼怒川の魅力を再発見する良い機会になりました。いつか本当に鬼怒川のために建築を提案できるようになれればと思います。

Q 修士修了後の進路と10年後の展望

都内のアトリエ設計事務所に勤務しています。実務を経験し、仲の良い友人や家族のための住宅を設計できるようになりたいです。そして、今までお世話になった人たちに恩返しができれば良いです。

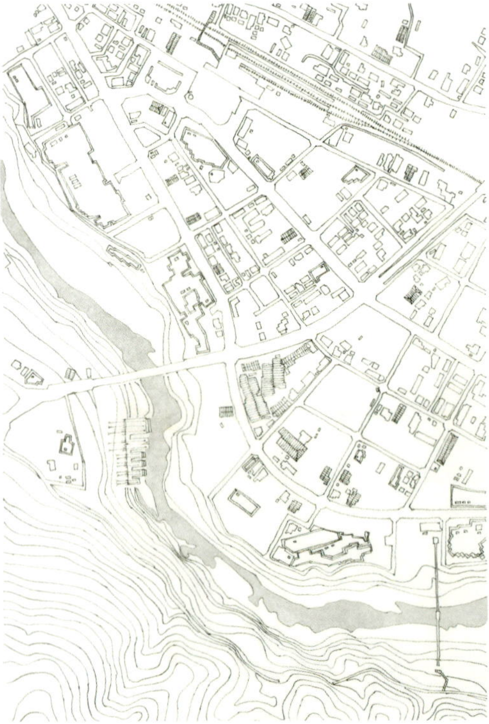

配置図

鬼怒川渓谷を破壊している温泉ホテル/現在は廃墟化

温泉ホテル群が渓谷への大きな壁となっている。

ホテルを解体/緑化工法で渓谷を再生

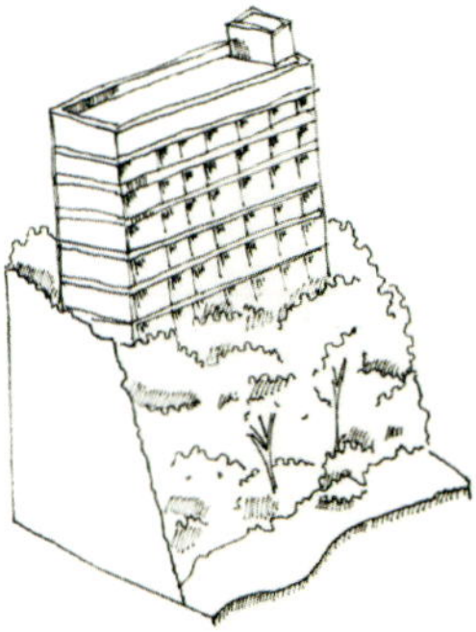

1.現状。廃ホテルが景観を破壊している。

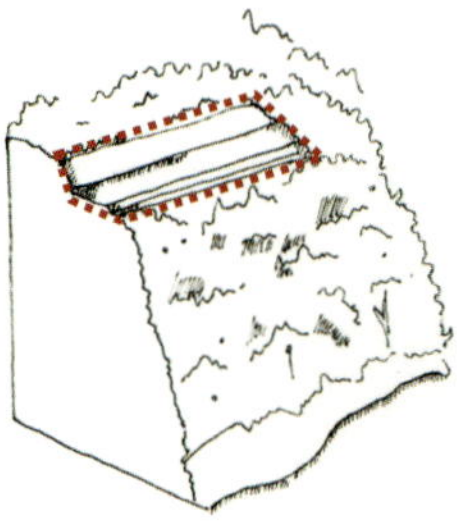

2.廃ホテルを解体/テールアルメ工法が剥き出し

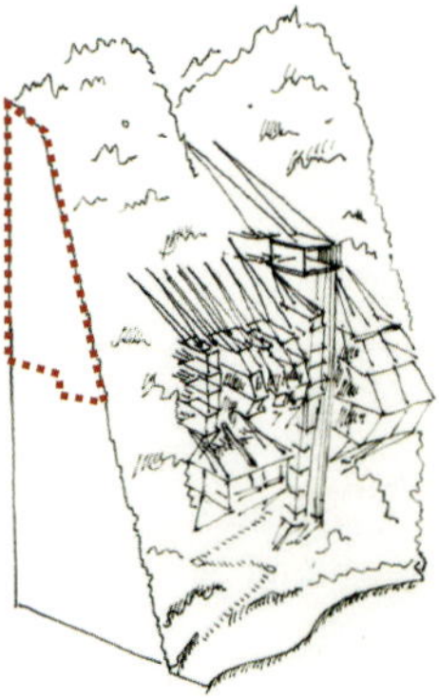

3.緑化工法で崖を復元/建築

手法:崖に建築を吊る

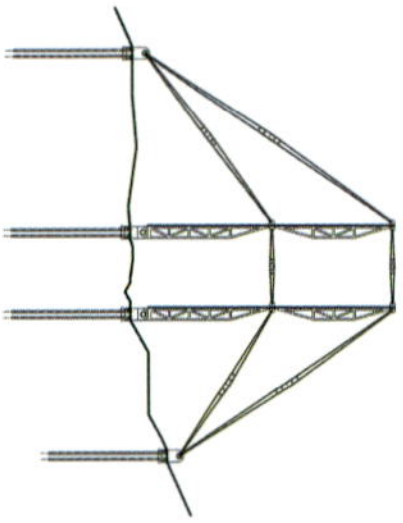

崖に杭を打ち込み、そこからテントを吊り下げる、ロッククライマー用テントの構造を建築に応用する。
この手法を用いることで、崖をほとんど傷つけない建築を設計する。

スタディーモデル

崖全体を体感できる温泉ホテル

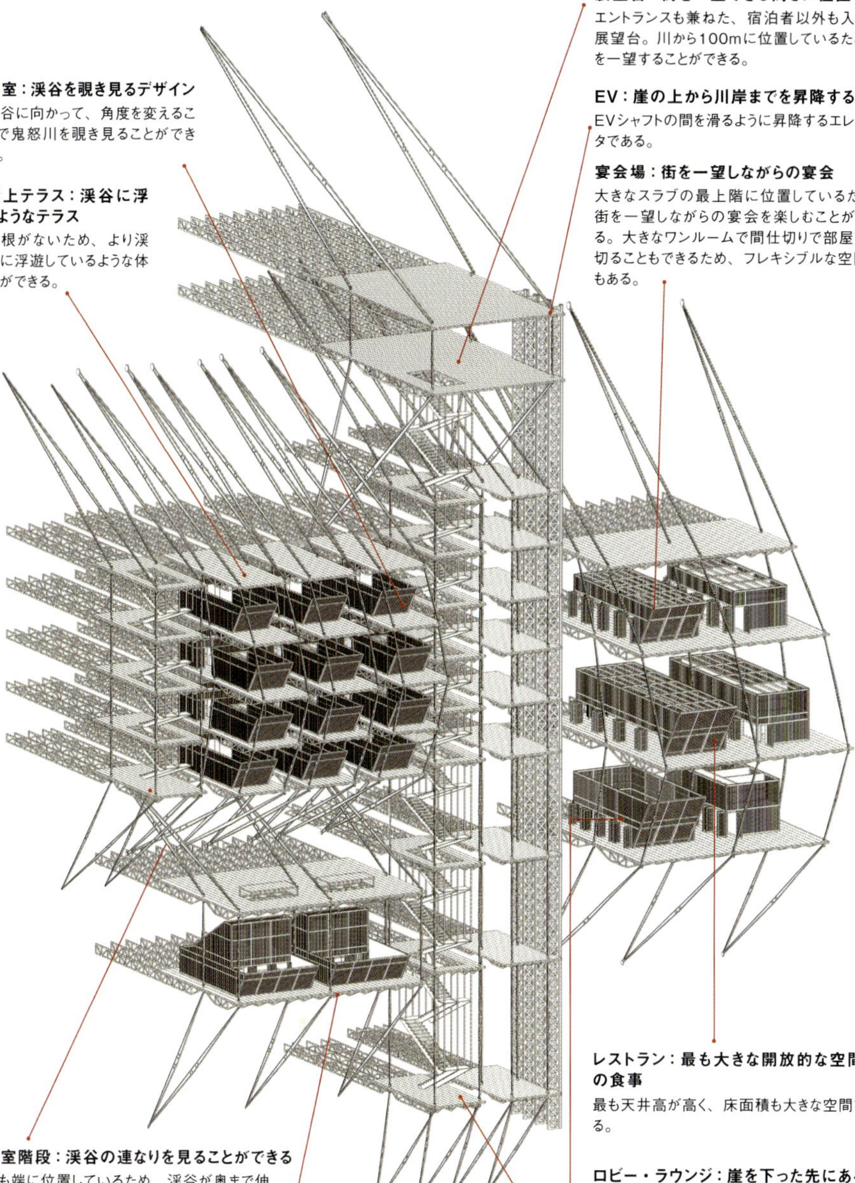

客室：渓谷を覗き見るデザイン
渓谷に向かって、角度を変えることで鬼怒川を覗き見ることができる。

屋上テラス：渓谷に浮くようなテラス
屋根がないため、より渓谷に浮遊しているような体験ができる。

展望台：街を一望できる高さに位置する
エントランスも兼ねた、宿泊者以外も入れる展望台。川から100mに位置しているため街を一望することができる。

EV：崖の上から川岸までを昇降する
EVシャフトの間を滑るように昇降するエレベータである。

宴会場：街を一望しながらの宴会
大きなスラブの最上階に位置しているため、街を一望しながらの宴会を楽しむことができる。大きなワンルームで間仕切りで部屋を区切ることもできるため、フレキシブルな空間でもある。

レストラン：最も大きな開放的な空間での食事
最も天井高が高く、床面積も大きな空間である。

客室階段：渓谷の連なりを見ることができる
最も端に位置しているため、渓谷が奥まで伸びる様子を鑑賞することが可能である。

ロビー・ラウンジ：崖を下った先にある川辺のラウンジ
大きなスラブの最下部に位置している。

浴場：鬼怒川の音を聴き渓谷を望む
最も下部に位置しているため、鬼怒川との距離が最も近い位置で温泉につかることができる。

メイン階段：崖の上から川辺までを楽しむ
崖の上から、川辺まで連なった階段はただ上り下りするだけの階段ではなく、移動することが楽しみとなるような階段になっている。

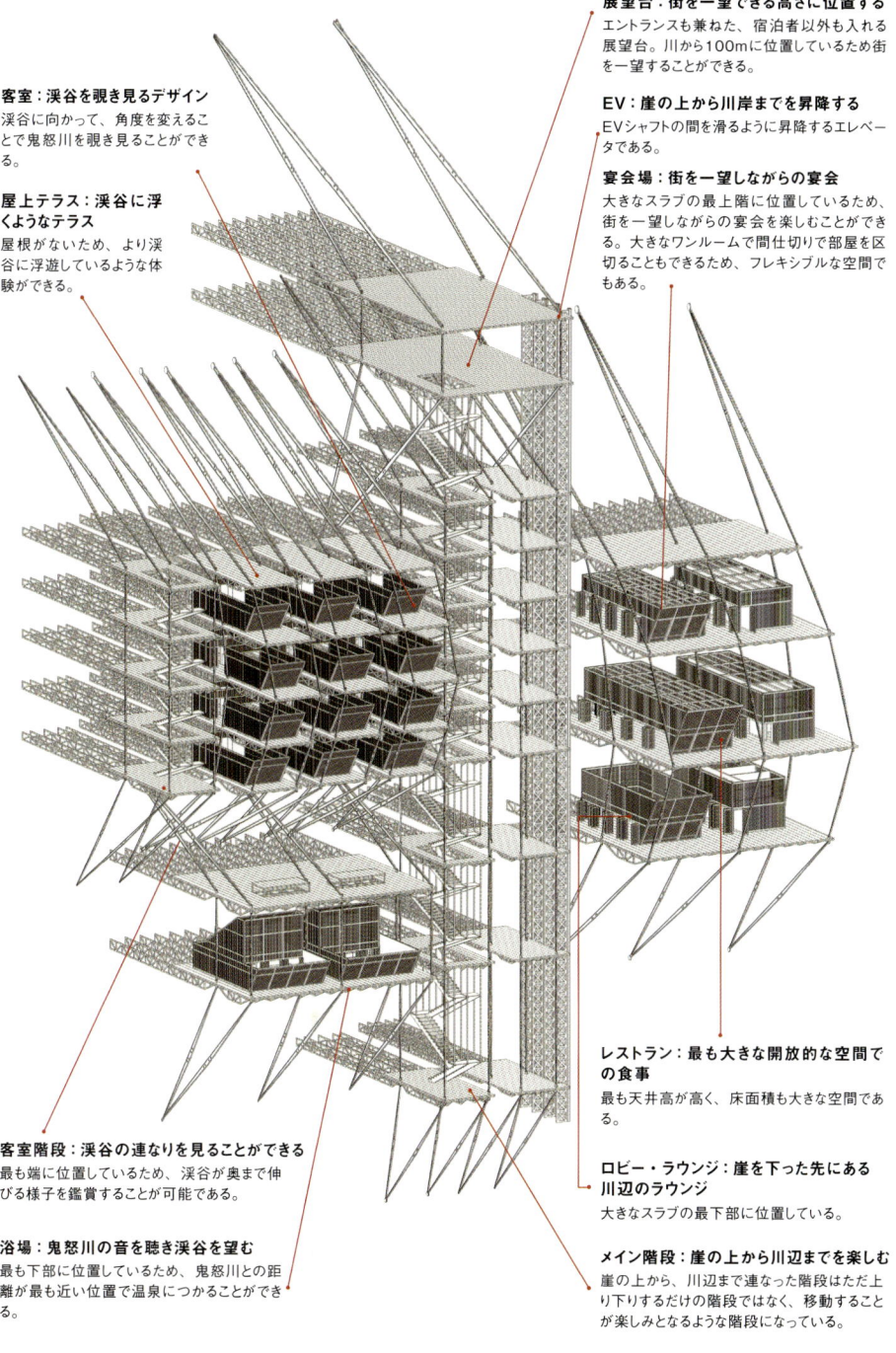

Plan GL+17000
0 1 5 10 15

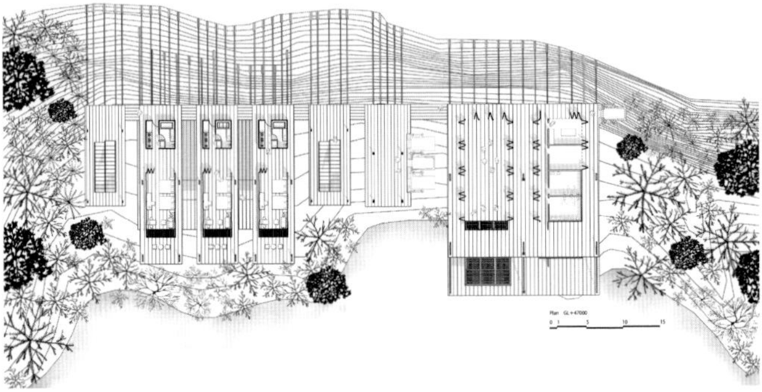
Plan GL+47000
0 1 5 10 15

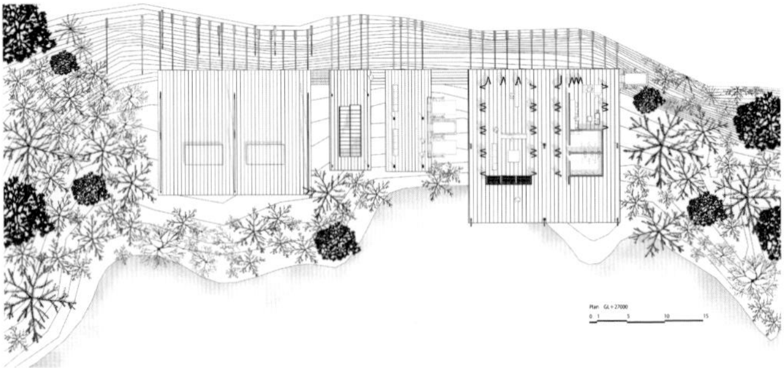
Plan GL+27000
0 1 5 10 15

Plan GL+37000
0 1 5 10 15

平面図

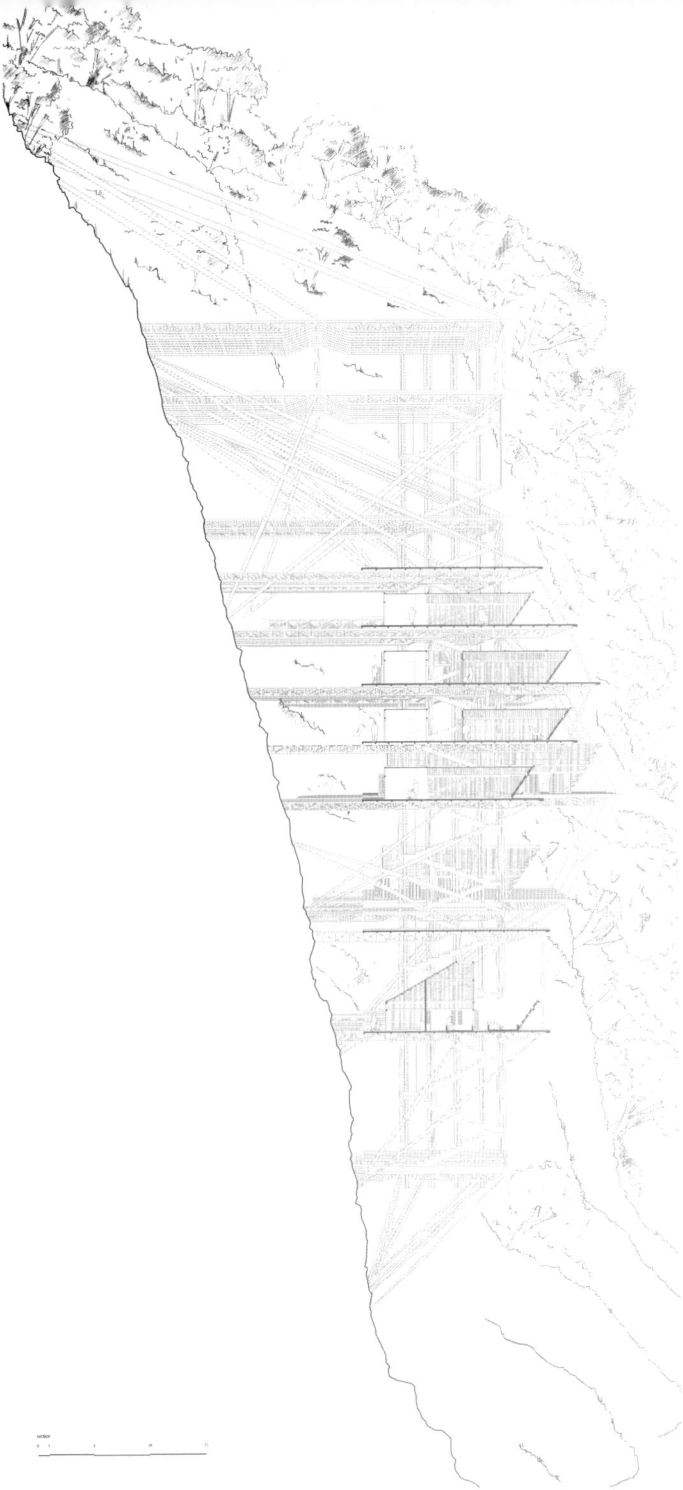

断面図

審査員・出展者コメント

審査員コメント@巡回審査

羽鳥：廃墟のホテルがある場所にこれだけのものをつくるということは、やはり経済的にも大きなトライになってしまいますよね。とっかかりの自然を復元しようという話は良いと思いますし、最終的にできた模型や図面もすごい密度で良いと思いますが、その間をつないでいる論理構成が弱い。崖を復元する工法がストラクチャを兼ねていたら、まだ説得力があったかなという気がします。それが、この開放的な崖沿いの施設をつくりたいという動機とうまくつながると良かった。

吉村：旅館のプログラム自体を変えるということは考えなかったのですか？

池田：崖を傷つけない建築方法やスラブをどうやって崖につくっていくかということに力を注いでいたので、構成自体はできるだけシンプルな構成を考えました。

吉村：大型の温泉旅館は、もともと街に点在していた要素を全部吸い上げて、中で完結するようにしたものだから、街が衰退するきっかけをつくっている、という大型温泉旅館のビルディングタイプに対する批判があります。傷つけない工法を考えたいだけだったら、大型旅館をつくらなくてもいいような気がするのですが。

池田：分散案や点在させることも考えていたのですが、「衰退した鬼怒川に力のある建築をつくり観光客を取り戻したい」という強い思いがあったので、このようなダイナミックな建築をつくろうと思いました。

吉村：小さくても人を呼ぶ力がある建築もありますよね。この大型温泉旅館を斜面につくる必要が本当にあるのか。そういう疑問を抱かなくていいのだろうかということが気になりました。

篠原：鳥の巣みたいだから、泊まったら鳥になったような気持ちになるかな。面白いだろうね。渓谷が建物に埋め尽くされてなくなってしまったことが、これをつくろうと思った動機なんですか？

池田：そうですね。ずっと住んでいた場所なのですが、建築を学び始めてから戻ってみると、こんなにも自然と建築が乖離していたのかということを感じたんです。それと、友人が温泉旅館をやっているので、その友人に対してのプロポーザルとしてつくろうという思いもありました。

篠原：なるほど。鬼怒川の再生をかけたプロジェクトとして、一生懸命売り込んで、ぜひつくってください。

日埜：失われてしまった崖地を復元するということが、一体どういう意味をもつのか。その復元されたものが本当に元の崖と言えるのか。ここまで大掛かりなことをやらないと、このストーリーが成立しないのかというと必ずしもそんなことはないような気がします。

これは京都の川床に似ていると思うんです。ある種の仮設性のもので空間を構成している。でもずいぶんがっしりつくられていて、案外融通が利かない組み立てです。川床だったら縦にも横にも連結される融通無碍さがあると思うんですね。もう少し中で展開があってもいいと思うんです。機能のユニットがカプセル化されてしまっているので、内部空間がないのも寂しいと思いました。

出展者コメント
——トウキョウ建築コレクションを終えて

修士設計を進めるにあたり、ご指導をいただいた手塚先生に感謝致します。両親やともに切磋琢磨した同期の友人、研究室の皆、特に修士設計を手伝ってくれた清水、高橋、田澤さん、萩原、冨田さんにも感謝の気持ちを伝えたいです。

風景はリアクションする

日本の古民家の多くは、空間を隔てる境界面を《複層化》（図1）し、それらの《しつらいの変化》（図2）により、多様な人の行動を生み出し、応答してきた（図3）。さらに、それら行動が建物や風景に豊かな変化を生み出してきた（図4）。近代以降、《複層化》《しつらいの変化》は失われつつあり、さらには人と連動・応答して変化する「開かれた風景」も無くなってきた。

そこで、本プロジェクトは、《複層化》《しつらいの変化》と「人の行動」の関係を研究し、保存集落の新しい修景方法を計画した。表面的な保存をバージョンアップさせ、集落の潜在的な良さを継承し、

Name:
本田耕二郎
Kojiro Honda
University:
東京藝術大学大学院
美術研究科　建築専攻
元倉眞琴研究室

Q 修士設計を通して得たこと

多くの人とコミュニケーションをとりながら建築をつくると、考える量は増えるが、良いものになるということ。

Q 修士修了後の進路と10年後の展望

アトリエに就職しました。10年後は、建築に限らず、さまざまな視点をもちながらデザインの活動を行なっていきたいです。

新しい住まい方を提案した。結果的に、人の些細な行為から、祭事といった大きな出来事まで、すべてに応答し、変化する豊かな「開かれた風景」を再生させることができた。

《複層化》《しつらいの変化》によって、「開かれた風景」はつくられる

図1 複層する境界面

図2 しつらいの変化の例

図3 さまざまな状況への応答

図4 つくられた風景の例

設計対象の“宿根木集落(重伝建地区)”の調査

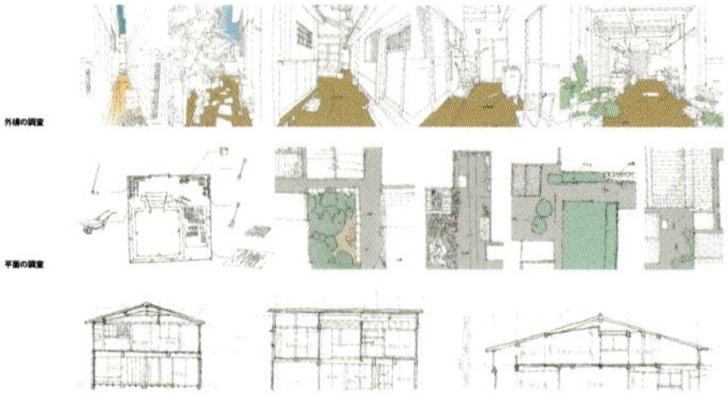

実測調査の例

集落の典型的な民家の図面化(断面パース)

効果を生み出す構造形式とつくられ方

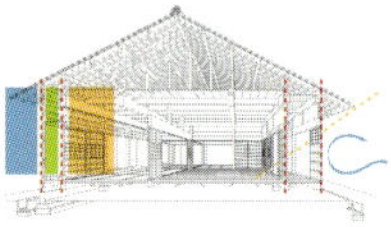

効果《環境的操作》

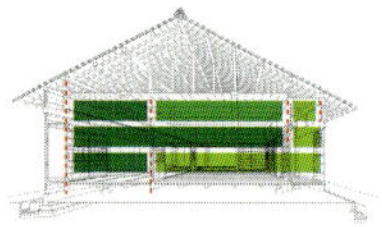

効果《プログラムの操作》

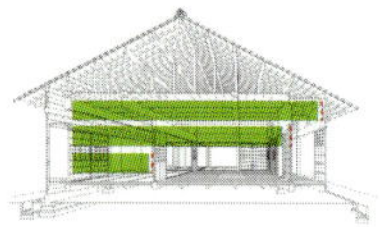

効果《状況表示の操作》

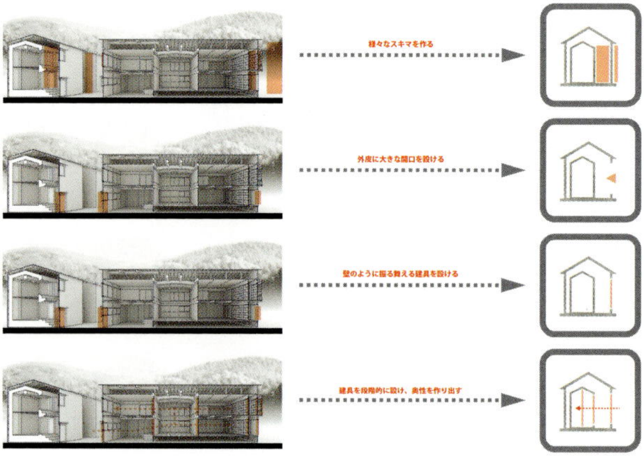

宿根木集落での構造形式のつくられ方

“宿根木集落”の保存修景条例

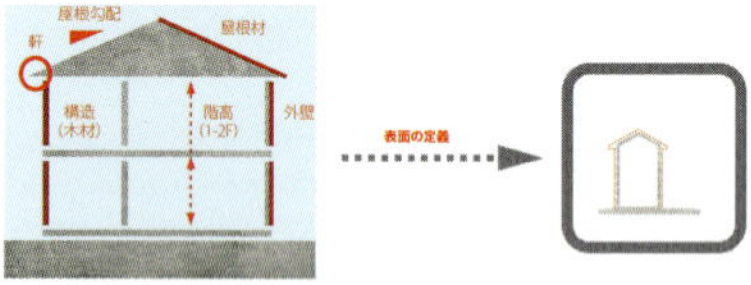

保存修景条例

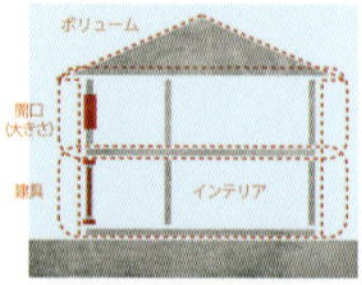

構造形式での抽出箇所

“宿根木集落”の余剰空間

設計対象となる建物(余剰空間)

余剰空間を、構造形式と保存条例に合わせながら、更新する

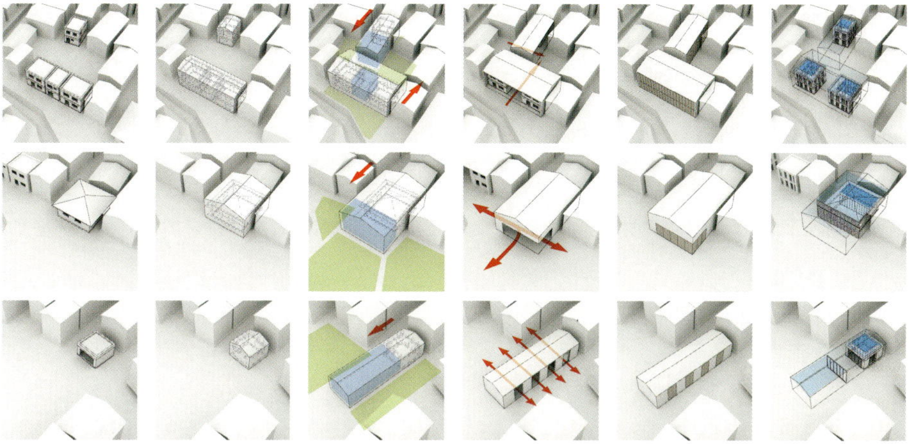

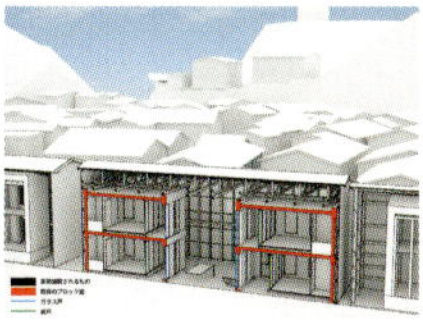

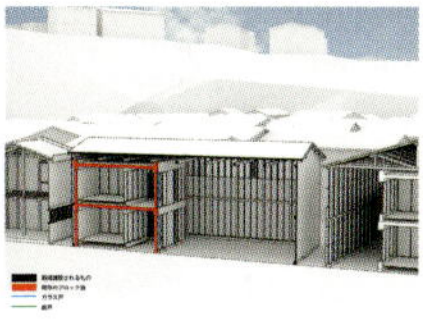

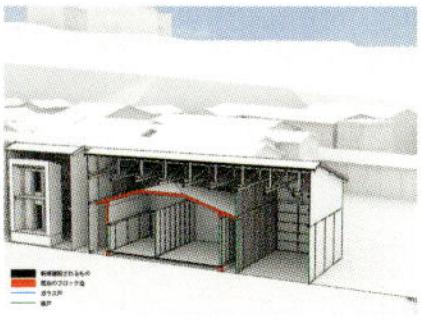

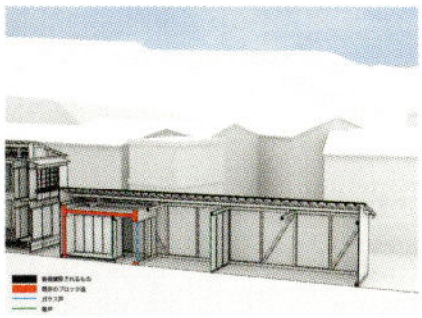

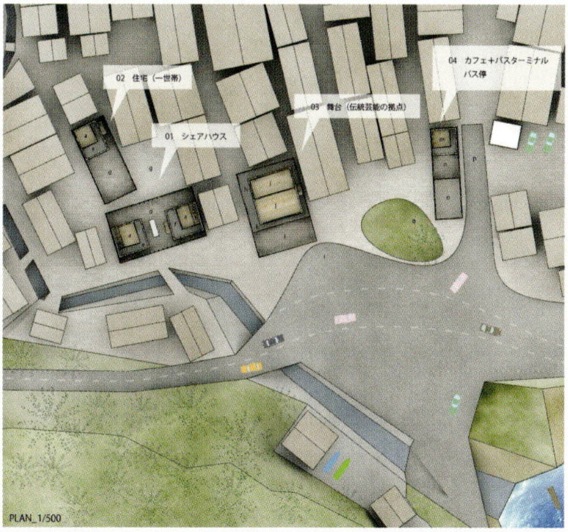

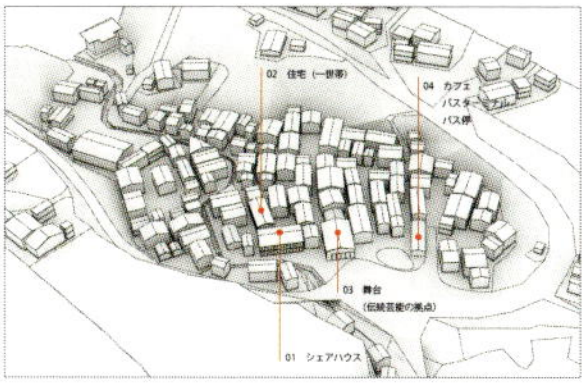

a 寝室
b トイレ
c 浴室
d 共用のリビング
リビングルーム
e テラス
f キッチン
g 共有の庭
h ストレージ
i 稽古場
j 稽古場／ステージ
客席
k 裏通路
l 客席
m 観光案内所
n バス停
o カフェ／共有キッチン
p バス停留所／駐車場
q ニワ／オープンカフェ

シェアハウス：プログラムに対して応答する空間性

住宅：働く／住まう／祭り／ニワで休む…などプログラムに対しての応答

芸能舞台：休日／平日／観光客の数などに対しての応答

カフェ：利用する人の種類（住民／観光客／住民＋観光客…）に対しての応答

共有のニワ：2つの住宅の使われ方の組み合わせでニワの使われ方が変化する

状況の表示と動線やたまりの応答

本研究では、宿根木集落の失われつつある「豊かな変化」を生み出す構造（《複層性》《しつらいの変化》）を発見し、リノベーションとして提案した。ハブラーケンの「スケルトン・インフィル」の概念やルシアン・クロールの生成プロセスへの参加概念ではなく、本研究は、「つくられた後も、住まい手が参加でき、それに伴い風景が応答する」という「つくられた後」に重きをおき、研究・設計をしていった。それにより、重伝建地区の規制条例と現代的な住まいが相反するような状況のなかで、「規制」を反対に利用した現代的な住まいを可能にした。発展し、こういった《複層化》《しつらいの変化》は、現代の都市に自由な住まいを可能にするとともに、公共的な都市空間を生み出すキッカケになるのではないだろうか。

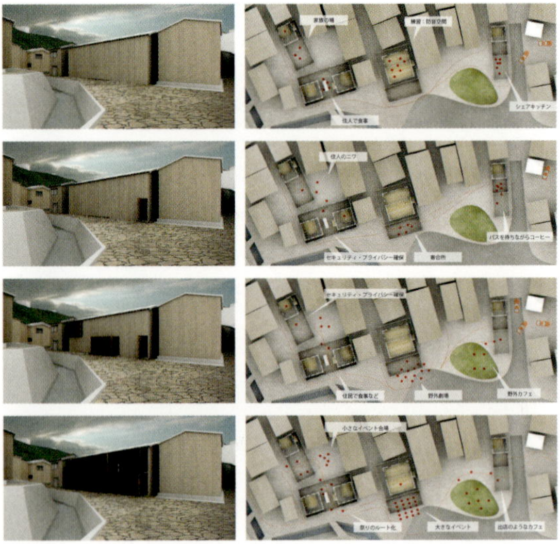

審査員・出展者コメント

審査員コメント＠巡回審査

吉村：デザインとして、標準的な木造の組み方を再現することに重きがあるように見えるんです。一つひとつが良くできてるのは分かっているのですが、一般的な和小屋を模倣しているのはなぜなのか。そこに意味があるなら良いと思いますが、ほとんどデザインしていないようにも見える。デザインをするという意志を建築家はもたなくて良いということなのか、もつべきじゃないということなのか、バックグラウンドとして何があるのか。こういうデザインを採用すること自体、今までの建築家の作品とは違うものがここに出されていると僕は思う。そこにはどんな意志表明があるんですか？

本田：確かに形に対する工夫は素朴に見えるかもしれませんが、そこで行なわれる振る舞いのようなものを僕は重要視していて、その振る舞いが最大限に環境と自然につながるような条件に対して建築の形をつくっています。一見奇抜ではないかもしれないのですが、この形がこの場所には最も適していると考えていて、ここでは振る舞いを行なわせるための形として提示しています。

日埜：リアクションという意味の変化は分かるのですが、古民家がもつクオリティをここに移したいと言っても、この複層化の空間のつくり方と民家の場合では、意味がずいぶん違うような気がするんです。入れ子構造のような形式以上に、例えば靴を履く領域と履かない領域の関係とか、具体的な使われ方と密接に関係して空間は経験されています。中間領域をつくりだすためのボキャブラリーがもう少し何かあるんじゃないかな。これを結びつける間に、もう1つ2つくらい何かがある気がします。

羽鳥：提案の解像度も高いし、密度もあると思って感心して見ていました。日本の古民家の基本的な構成要素であるレイヤーの部分に着目して、隙間をうまく使った提案になっていると思います。徐々につくっていって、最終的に中も変えるというのは、ここ最近のいわゆる住宅の新陳代謝系の提案に見られる手法で、そこにきわめて新しい視点はないのだけれど、とてもバランスが取れた提案になっているところは良いと思いました。そのバランスをどう意識したのかを知りたいですね。レイヤーを重ねることによって、閉じたい人は閉じてて良いという自由度を残しつつ、街の様相を変える。そうすることで、使われ方に多様性をもたせると。

本田：これだけ小さい集落なので、人々の使い方に合わせて選択肢を最大限与えてあげることが重要だと思っています。

羽鳥：何というか、優等生的でスキがないんだよね。ただ、こういう地味な提案でどこまでいけるのか。議論を巻き起こすつもりで頑張ってほしいと思います。

出展者コメント
──トウキョウ建築コレクションを終えて

何度も何度もエスキスを見ていただいた先生方・助手の方々に深く感謝しています。また、多くの時間手伝ってくれた先輩・後輩のみんなには感謝感激です！そして、多方面からバックアップしてくれた両親に本当に感謝しています。ありがとうございました。また、これからもよろしくお願いします。

歴史的文脈と商業論理に基づく空間構成

Adolf Loosの多様性と対立性の抽出を通じて

Name:
金沢 将
Sho Kanazawa
University:
東京理科大学大学院
理工学研究科　建築学専攻
坂牛卓研究室

Q 修士設計を通して得たこと

自分の設計思想の雛形。

Q 修士修了後の進路と10年後の展望

進路　篠崎弘之建築設計事務所勤務

10年後の展望　独立希望

本研究はモダニズム建築家アドルフ・ロースの多様性と対立性を生み出す空間構成手法の抽出および現代社会への活用を主旨とした。

「装飾は犯罪である」。このフレーズの真意は、簡潔性ではなく多様性と対立性への提言であるとする言説がある。多様性と対立性を生むラウムプランの3特性である垂直性、劇場性、内向性の観点より、

図面を用いて具体的な形態と数値を通し分析を行ない、この結果を応用し設計を行なった。対象敷地を神宮前交差点北東側角地とし、この地の歴史的文脈と商業論理を明確化する建築を目指した。この地の歴代の材料と機能を参照した歴史的文脈の多様性。そして分析より得られた、移動空間の挿入による空間形態の多様性とそれに伴う移動空間内での対立性、劇場性による対立性、家具的構造体による対立性、同サイズの窓による対立性。これらの現代性を考慮したロースの構成方法により、ロースの模倣では成し得ない空間構成となった。

ラウムプランと被覆の原則

ロースの空間構成手法として2つの概念がある。1つ目はラウムプラン。これは大きさが異なる空間を組み合わせ、1つの全体を形成するものである。2つ目は被覆の原則。この概念は、複数の材料を各空間に即して用いるものである。この2つの概念より、ラウムプランによる作品の各空間には空間形態と材料の差異、つまり多様性があると言える。

多様性と対立性を生み出すラウムプランの3特性

垂直性——各空間のフロアレベルや天井高が一定ではない関係性
劇場性——2つの空間が隣接しながら、直接的な身体関連がなく視覚的関連のみがある関係性
内向性——各空間における意識が外部空間ではなく内部空間へと向かう方向性

分析方法

移動空間の特性——垂直移動距離と水平移動距離を軸としたグラフを作成する。また、これらを同年代同規模のル・コルビュジエのクック邸と比較することで、ラウムプランの移動空間の特性をあきらかにする。
各空間の平面形態と移動空間の関係——平面図に構造グリッドを記述し、各空間の構造グリッドからずれている壁面数、移動空間に接している壁面数を計測する。また、これらもクック邸と比較する。
劇場性をもつ空間の形態特性——「FLの低い方を空間A、高い方を空間B」、「身体要素：空間同士を身体的に行き来する際に体験する建築要素」、「視覚情報要素：空間同士を視覚的に結んだ際に、空間同士の間に存在する建築要素」と定義し、これらを考慮して、空間AB間の平面図、断面図、展開図より、身体要素、FLの差、空間形態の差異、視覚情報要素を記述する。
家具配置による視線の方向性——建物内部のパブリック階平面図における佇むための家具を使用した際の視線を記述し、内部の他の空間が見渡せるか、窓から外部が見えるかを記述する。また、窓から外部が見えるもの以外を内向性があると考える。
窓のサイズ——立面図上の同サイズの窓数を調べる。また、それが内部空間にどのような影響を与えているのかを考察する。

材料と機能を参照した歴史的文脈の可視化

対象敷地は神宮前交差点の北東側角地。当該敷地は戦後から数え現在で3棟目となる建物となっている。時代に合わせるあまり、当該敷地の歴史的文脈は顕在化されずにいる。また、単一構成の建物内部では、各商業ブランドのもつアイデンティティも顕在化されずにいる。そこで、歴史的文脈と商業論理を明確化する建築を目指す。

現在、当該敷地には商業ビルである東急プラザがその材料を特徴としながら存在している。過去にも、それぞれの材料を特徴としながらT's原宿が商業として、さらに過去には原宿セントラルアパートがアトリエ事務所として機能していた。そこで被覆の原則に従い、これら過去の材料と機能を参照しながら、歴史的文脈の多様性を顕在化する。

移動空間の挿入によるグリッドのずれと垂直性

敷地に対し12m角グリッドに載せた矩形を配し、その後、1200mmの垂直移動を基本とした移動空間を挿入する。表参道ヒルズ等とは違い、多様性を得た各空間は移動空間内において連続的に対比され、対立性を得ることで当該敷地のアイデンティティが顕在化していく。

構造的家具の内向性による対立性

構造的家具としての鉄骨フレームを挿入する。各空間は垂直性を得ているため、このフレームはある空間ではスラブを支え、他の空間ではスラブを支えない代わりに家具となる。また、壁に鉄骨のための開口部を設けることで棚等として使用された際の視線の方向性により各空間は内向性を得る。さらに視線だけでなく音なども他空間に伝わり、ロースの模倣では実現し得ない、商業空間としての賑わいが内部で伝達していく。

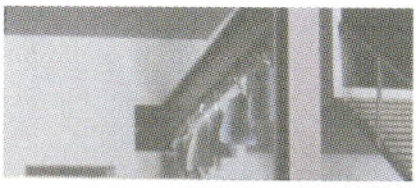

劇場性による対立性

各空間内部は鉄骨フレームによる支持ではなく、壁構造とすることで各空間はそれぞれに適した形態をとることができる。多様性を得た各空間に劇場性を付加し、歴史的文脈、ブランド・アイデンティティを明確化する。

同サイズの窓による対立性

各空間に同サイズの窓を配する。同サイズの窓が各空間の形態、歴史的材料、商品の差異を強調することで、歴史的文脈とブランド・アイデンティティが明確化していく。

外壁無き西立面図

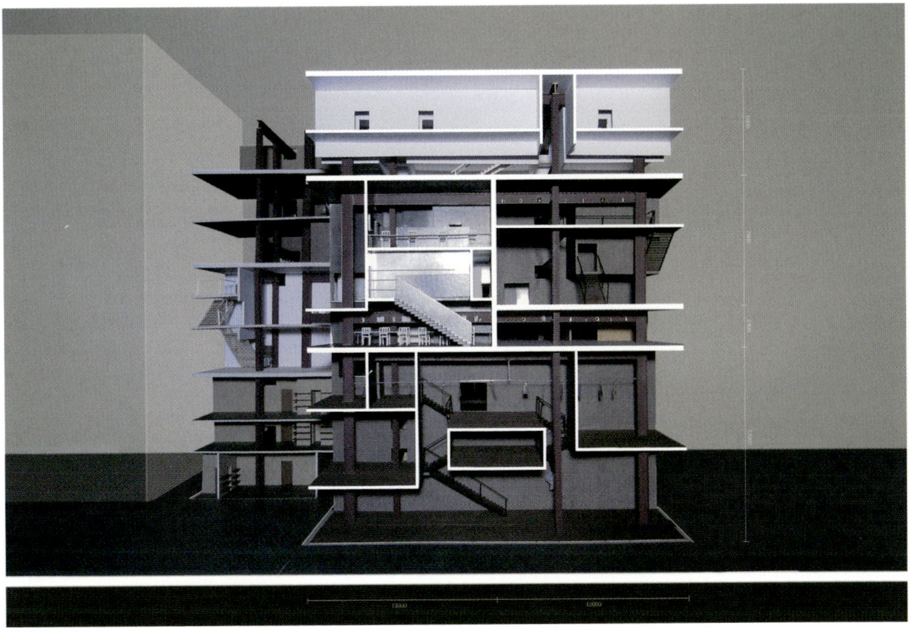

外壁無き北立面図

外壁無き東立面図

外壁無き南立面図

審査員・出展者コメント

審査員コメント@巡回審査

クライン：大胆なプロポーザルですね。中はすごく工夫していて、いろいろな視点から構造が見えるのは面白いと思います。でも、外ももう少し考えた方がいい。商業施設は明るくみんなを元気にさせて、それが売上アップにもつながります。この敷地に、この外壁はちょっと想像できない。こんなに暗いと厳しいと思います。

吉村：基本的に、スーパーマーケットでも、ブランドショップでも、フラットな床を提供して、そこにインテリアとして、什器なり箱なりを挿入するというやり方でつくられていますよね。それがある種の多様性やフレキシビリティを与えているわけですが、それがなぜだめなのか。空間が多様になるとアイデンティティが強化されるというところがいまいちピンとこないんです。論理としては分かるのですが、実際の世の中はそうはなっていないですよね。なぜ、段違いになっていたり、劇場的だったりすると、ブランドのアイデンティティを強化できるのかをもう少し説明してほしかったと思います。

例えば、一般的なデパートのビルディングタイプというのは、基本的にセンターにエスカレーターがあって、人の回遊性をつくるというような商業空間のデザインコードみたいなものがある。でも、ここにはそういった商業空間に必要なマナーみたいなものがないから、基本がおさえられていないと感じてしまう。空間は魅力的なのに、これだったら、別に商業空間でなくとも良いのではないかと思ってしまいます。

日埜：この設計には断面があるということを僕は評価したいと思います。それはどういうことかというと、空間の高さや奥行きをコントロールして、それがちゃんと三次元的に絡み合って、1つの建築をつくりあげているということです。今は大学の設計課題にそういう提案がほとんどないんですよ。そういう状況のなかで、ここには断面がある。

例えば、ル・コルビュジエは、グリッドのフレームに対して自由な平面という話をしますよね。その時にある種の規則性と自由さというものが、絡み合っているわけです。この設計において、フレームは規則的であり、それに対して自由な断面、あるいは自由な空間の構成が絡み合っている、というですね。そこがいささか曖昧で、そのことがあるときは「構造」であり、またある時は「家具」であるというブレに表れている気がします。もう少し積極的に捉えられるんじゃないでしょうか。

出展者コメント
──トウキョウ建築コレクションを終えて

本設計は審査員の方々のご指摘にあるよう、現実性において至らない点が多々あった。しかし、自分の設計思想の雛形を得られたとも考えている。今後は社会にこの雛形を適応させつつ、その結果が雛形に還元されることで、自分の設計思想が進歩するように努めていきたい。

Alley Renovation

東南アジアのスラムにおける経済成長に応じた住環境整備手法の研究
――バンコク都クロントイスラムを事例とした簡易的インフラシステムの設計

都市スラムは産業革命以降、経済成長の副産物として世界中の至る所に発生してきました。急激な人口増加によって巨大都市へと膨らむ過程で都市貧困者層の居住地区として急増したスラム地区は衛生・住居・貧困・防災・雇用・教育などの分野において深刻な問題を引き起こしています。

発展途上の国々はこれらのスラム対策として、経済成長に応じた居住改善政策を行なってきました。しかし、これまで実施されてきた対策の多くがスラム・クリアランスを伴う住宅の大量供給や地盤造成といった近代的な方法であり、歴史的に振り返ると、このような大規模な住環境改善は貧困の再生産を招く傾向にあります。

本計画では、都市スラムが多く分布する東南アジアの現地調査を行ない、とりわけグローバリゼーションが著しいタイ・バンコクの都市スラムを対象としました。スラムの重要なファクターとして路地に着目し、リノベーションによる簡易的なインフラシステムの提案を行ないます。

Name:
高橋良至
Yoshiyuki Takahashi

University:
神戸大学大学院　工学研究科
建築学専攻　建築設計・環境デザイン研究室(遠藤秀平ゼミ)

Q 修士設計を通して得たこと

国際的な視野の広さと、行動力。社会を多角的に見つめ、物の本質を見抜く信念と自分の知らない世界へ飛び込む勇気を身につけました。

Q 修士修了後の進路と10年後の展望

コマーシャルデザインからソーシャルデザインまで領域横断的に活躍していきたいです。

ゴミ集め
座る・寝る
食事
地域内の職場
オープン
セットバック
杭上
基壇
ゴミの一時置き場
住宅前のゴミ箱
玄関前の隙間
ため池
空き地
細い路地
消化蛇口
祭られている大木
排水未処理
ゴミ問題
低い位置にある電線
雨期の浸水
可動家具
地域周辺の職場
木のリサイクル
露出した上水管

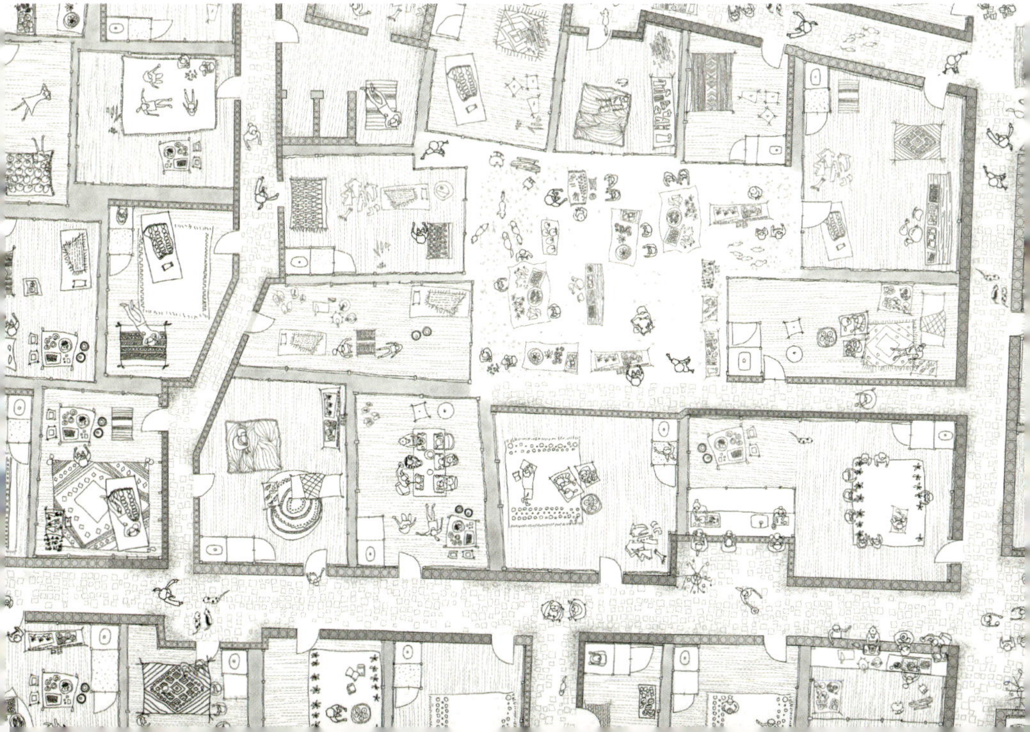

東南アジア
スラムスタディツアー

スラムの研究にあたって、約1カ月タイ・カンボジア・ベトナムの10カ所のスラムを見学・調査し、住民へのヒアリングと簡単な実測を行ないました。電気・水道などの最低限のインフラの有無、借地権の有無など住環境問題を中心に、他にも居住面積や各住戸におけるトイレ・台所の有無など個別の住宅のコンディションを調査しました。また、移転後のスラムにおいては移転前の生活と現在の生活を比較（仕事・ローンの有無）するなど生活面も調査対象としました。

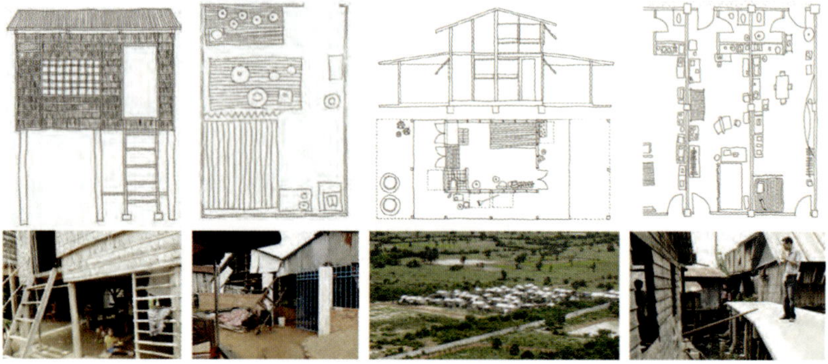

都市スラムの現状
スラムの多様化／縮小化

UN-HABITATなどの調査によれば、現在都市スラムは世界規模で縮小傾向にあります。今後経済の安定化によってさらにスラムの成熟が予想されるなか、これまで行なわれてきた大規模インフラ整備によるハードとしての住環境改善には莫大な予算と時間が必要とされるため、スラムの開発手法のオルタナティブを提案することに意義があると考えます。

世界の都市スラムに目を向けてみると、現状では東南アジアに多く分布していることが分かります。またアフリカなどの国々に比べアジア諸国は比較的早く工業化しているため、今後スラムの多様化・縮小化が顕著になることが推測されます。そこで今回、東南アジアの中でとりわけグローバリゼーションが著しいバンコクの都市スラムに焦点を絞りたいと思います。

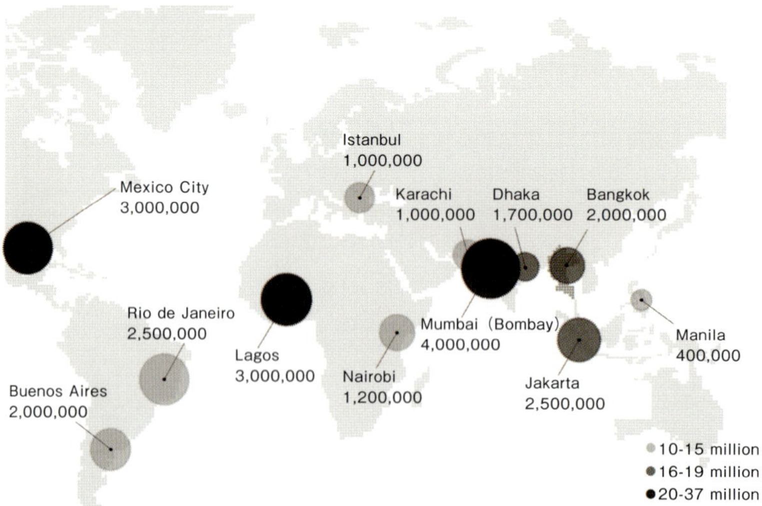

世界におけるスラム分布

タイ・バンコク都における都市スラムに着目

調査対象国であるタイは、アジアの中でも1980年代以降の経済発展が著しく、経済水準や国連開発計画の人間開発指数などを参照にしても、もはや開発国とは言えない状況にあります。

タイは経済の成熟化により今後の新しいスラム開発のあり方が問われている地域と言えるため、他の開発途上国のロールモデルとしてケーススタディを行なうことは有益であると考えます。

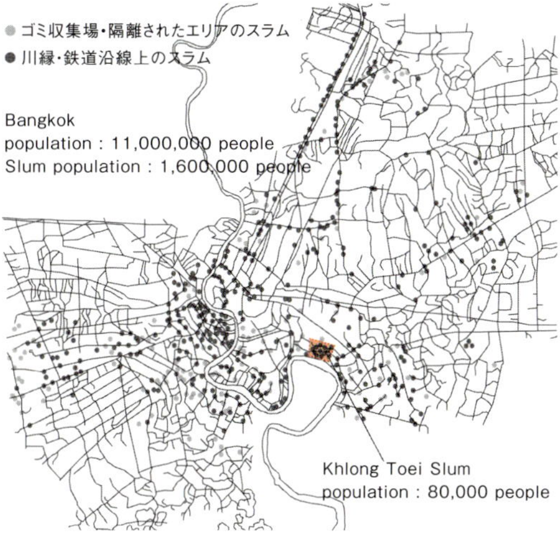

バンコク都におけるスラム分布

クロントイスラム／敷地調査

クロントイスラムは1950年代に発生し、これまでいく度となくクリアランスと再還流を繰り返してきました。その結果、現在はインフラ普及率が比較的に高くなり、私たちの固定観念にある「スラム」と様相が異なってきています。

また、2013年6月15日～7月10日、2013年12月3日～12月11日の2度の敷地調査を通じて、排水処理施設を伴わない水洗トイレの使用やコンクリート舗装による雨期のオーバフロー、湿地帯の杭上住居、露出した上水管などの問題があきらかになりました。

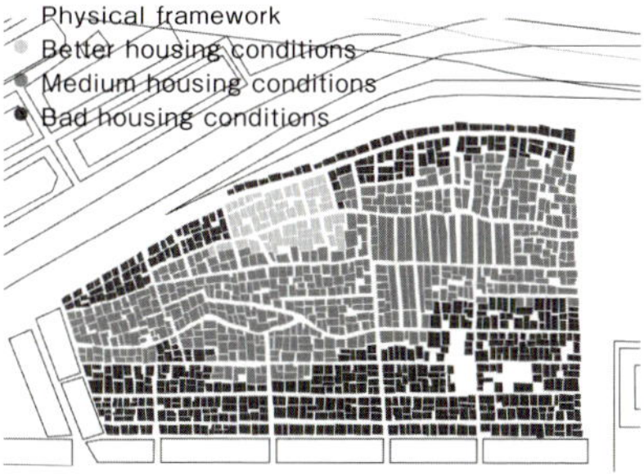

クロントイスラムロック1-2-3地区

提案――路地に着目したスラム更新手法の代替案

提案にあたって、スラムの重要なファクターとして路地に着目しました。

クリアランスを伴う住宅の大量供給や地盤造成の是非、地域内屎尿処理の是非といった多面的な検証により、衛生環境向上・災害時の対応、コミュニティの持続可能性に一定の効果が得られる簡易的なインフラシステムを用いたスラム・アップグレーディングの手法を提案します。

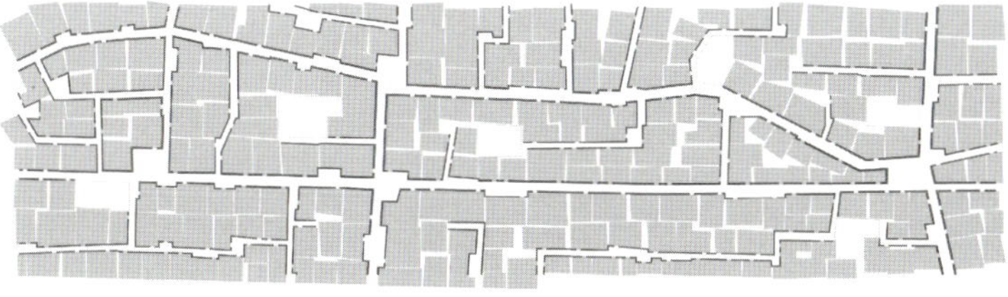

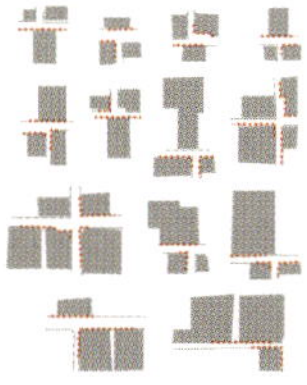

リノベーションⅠ——インフラ壁

主に3つの操作を行ないます。

1つ目は動線と建物の境界に下水道・電線・上水道を兼ねたインフラストラクチャーとしての壁を挿入します。各建物がこの壁と接続することで集約されたインフラ機能を享受する仕組みです。またロースペックではあるものの、防火壁としても機能し中長期的な環境改善へとつながります。

インフラ壁の構成

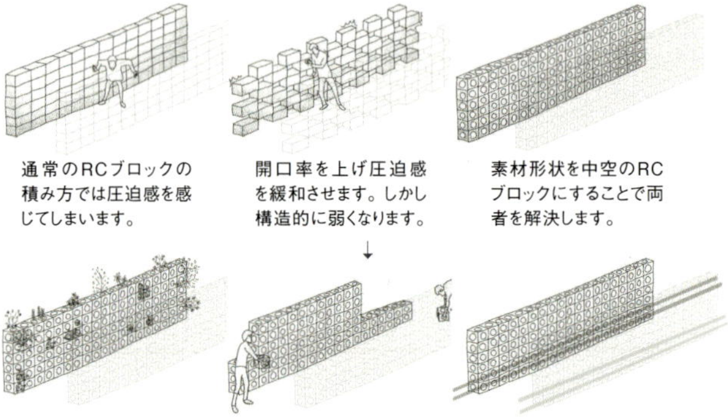

通常のRCブロックの積み方では圧迫感を感じてしまいます。

開口率を上げ圧迫感を緩和させます。しかし構造的に弱くなります。

素材形状を中空のRCブロックにすることで両者を解決します。

礫を充填させれば植生が育ちます。

中空であるため施工性が高くなります。

下水管・上水管などを内包できます。

構造ユニット

コンクリートブロックの基本モジュールを300角として、波板型枠を使用し、水平方向の連結、六面体の内部を円筒形でくり抜き、空洞孔を設け、鉄筋やモルタル・コンクリートを充填し剛性を高めます。

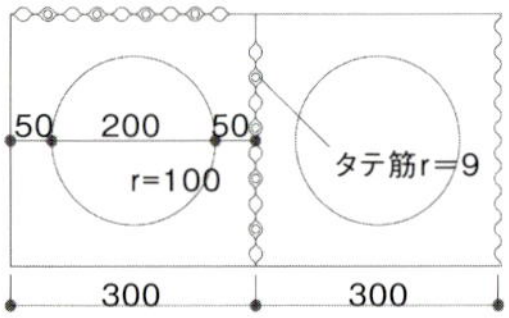

コンクリートブロックの平面詳細

リノベーションⅡ——下水管の位置変更

2つ目のオペレーションは各家庭の下水管の位置変更です。

湿地帯の地盤造成には膨大な予算と時間を要するため、下水管の埋設工事を避け、先ほどの中空のブロックを用いてトイレの位置を上げることで下水勾配を確保します。

また下水管の高さは、公共下水道との距離によってそれぞれ異なります。

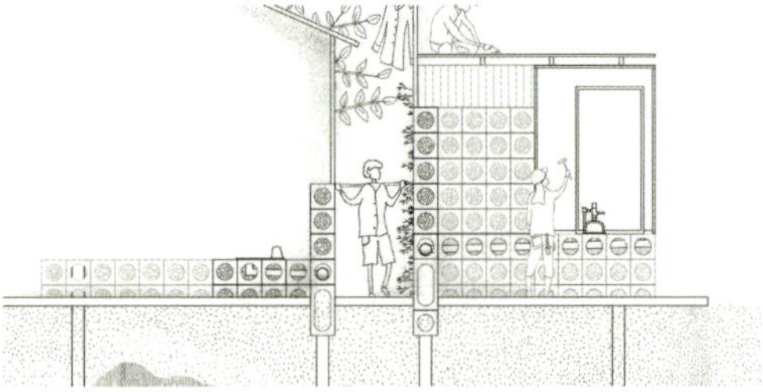

リノベーションⅢ——遊水池の創出

3つ目は空き地を活用した遊水池の創出です。

コンクリート舗装やインフラ壁を挿入したことによる弊害として、雨水の逃げ場の喪失が考えうるため、空き地を利用して雨水浸透が可能な小さな空間を適宜設けます。空き地だった場所もインフラ壁が入ることで町内行事やマーケット、定期的に行なわれる水祭りにも利用できます。

施工プロセス／資材調達

クロントイスラムは軟弱地盤であるため、これまでの3つのリノベーションと同時に地盤改良を行なう必要があります。

既存のRC杭の補強として、手動の杭打機による施工を前提としたスパイラル杭と竹杭によるハイブリット工法を採用します。スパイラル杭とGL部分のRCブロックを梁として扱い、一体化させながら一定間隔に打ち込んでいくことで、地盤補強としての強度を保ちます。

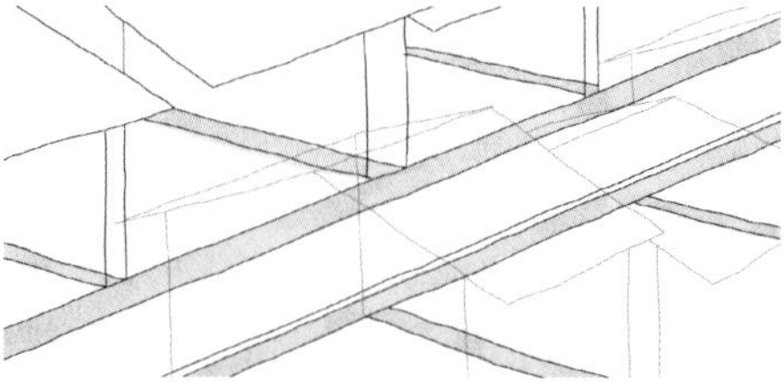

路地と住宅・隣家間には隙間があります。

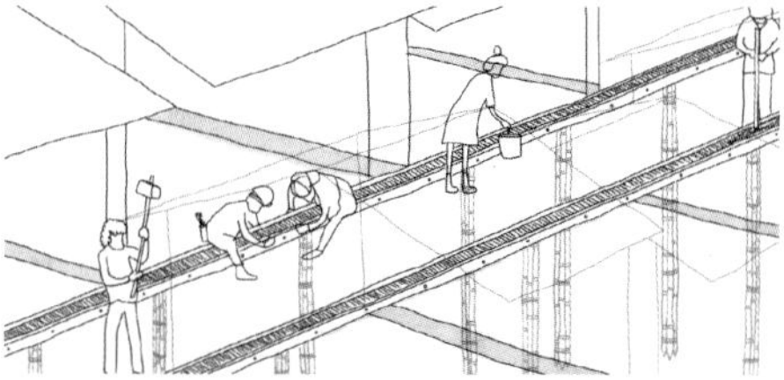

挟み械・既存路地を改良します。

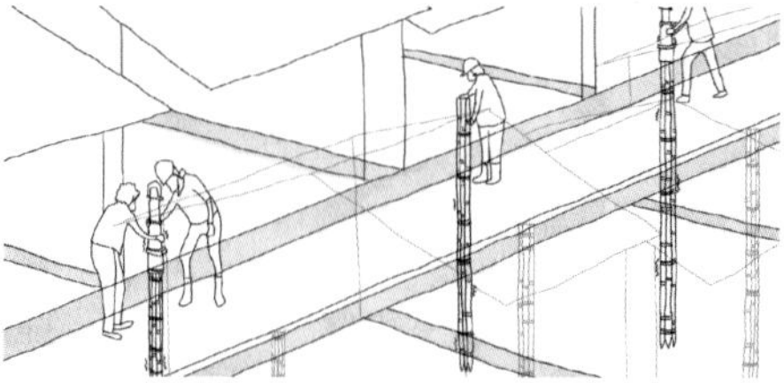

数本束ねた竹杭とスパイラル杭を併用して油圧杭打機で施行します。

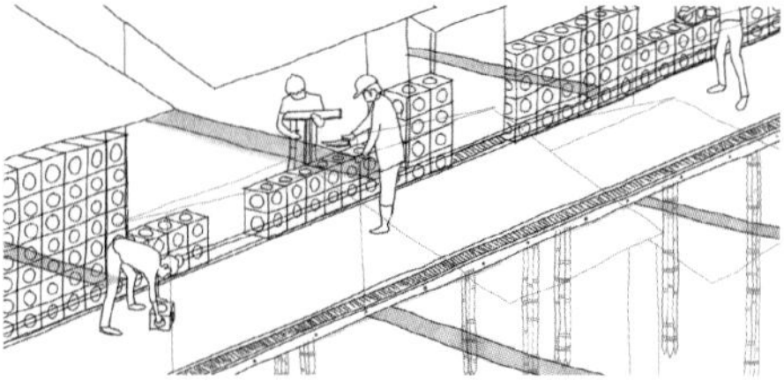

杭と一体化させながらRCブロックを積み重ねます。

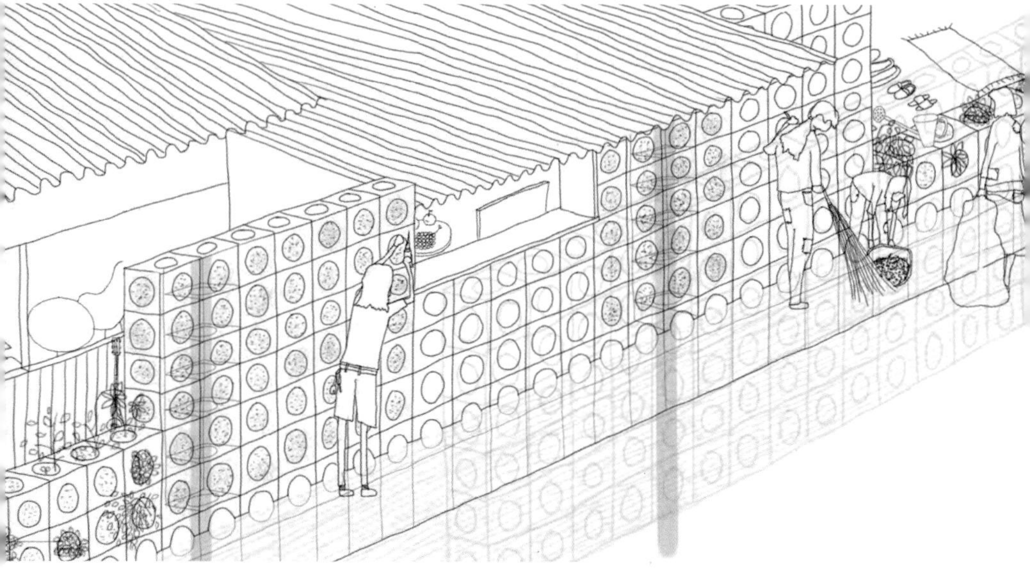

下水道マスタープラン／街区単位のネットワークによる全体構成

下水道を含むインフラ壁は、行政が担う外部開発と、住民が担う内部開発の役割分担を行ない、道幅の広い路地は行政が担当し、狭い路地に面する箇所や家の中は住民が費用を負担します。

これまで受動的であった人々が能動的に住空間に関与しながら改善を行なうシステムが組み込まれることでいずれ外側にいる私たちの「スラム」への意識が変わり、近代的な都市観を更新していくことができるのではないでしょうか。

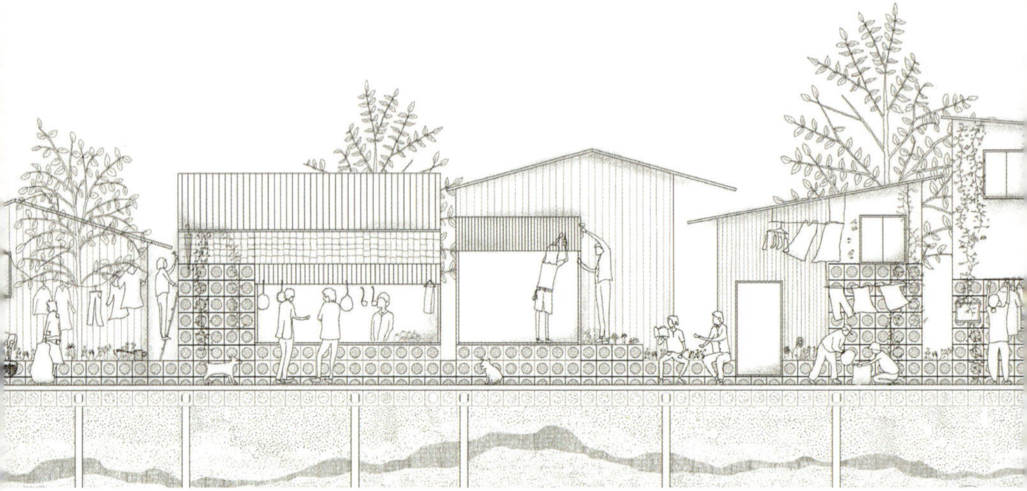

審査員・出展者コメント

審査員コメント@巡回審査

クライン：とてもきれいな図面で、スマートな提案だと思います。ただ、今あるスラムをきれいにするのだったら、新しいスラムをつくるという方法もあったのではないか。こういう姿勢で取り組めば、みんながハッピーになって、自分もハッピーになるというのは分かるのですが、建築家として建築をつくるというもっと大きい概念を忘れてしまわないかと心配する気持ちもあります。

日埜：僕は日本の建築関係者がこういう問題に関心をもつことが、すごく重要だと思います。おそらく日本も100年くらい前まではこういう場所があったけれど、今はないですよね。そのなくなっていく過程を我々はあまり意識していないけれど、それは今あるスラムの将来にとって意味があるはずです。日本の場合は経済成長が果たした役割が大きかったと思いますが、現在のタイが昔の日本と同じように経済成長するとは考えにくい。そこで、ほとんどお金をかけずに建築の技術が役立つような方法を考えるという問題設定はすごく良いと思うんです。

以前、建築学会の『建築雑誌』で「未来のスラム」という特集を編集したのですが、その時にこういう取り組みの歴史を一通り勉強しました。基本的には、トップダウンのスラム改善はだいたいうまくいかない。この提案はどちらかというとそっちの関与の仕方だと思います。コンクリートで外皮をつくってしまうわけですから。このやり方だと、下手をするとスラムアパートメントみたいなものをつくる方法に近くなってしまう。では、ボトムアップのスラム改善が良いかと言うと、実際には別の社会的な問題が起きてうまくいかないもののようです。この提案にはそちら方向のエンパワーメントのアプローチの部分もあります。その間でこの提案は見えてきます。自助努力でつくるアプローチは同時に自分がそこに関わるということとセットでないとなかなか難しいもののようです。

篠原：穴あきブロックを使うというのが、すごく良いなと思いました。自分たちでつくれて、自分たちで積めるということが、スラムクリアランスには重要だと感じました。ミャンマーの方に行ったりすると、バンブーハウスがどんどんブロックの住宅に変わっているのですが、やはり簡単に積めるし、厳しい気候に対しても比較的コントロールができる。でも、コンクリートの壁はちょっとうっとうしいなぁと思っていたので、この穴あきブロックだといろいろやりようがありそうですね。

吉村：自分たちでつくれそうな感じがとても良いと思います。インフラというと、巨大なものを想像してしまいますが、ここは単位が小さいから、自分たちで何とかできるかもしれない。例えば、クラウドファンディングみたいなものを利用してお金集めたりして、整備されて安全になったら、ここに観光に来てもらう仕組みをつくるとか。そういう方法もあわせて、何か考えられそうだという感じがすごく良いなと思いました。

出展者コメント
──トウキョウ建築コレクションを終えて

同世代の意識の高い仲間と競争し、交流できたことは非常に良い経験となりました。トウコレ出展にあたって、ご指導してくださった先生、手伝ってくれた遠藤研のみんな、頼りがいのある友人、そして研究の機会を存分に与えてくれた両親にこの場をかりて感謝します。

渡り鳥を介した国際交流

都心から約30kmに位置する手賀沼には毎年数万羽の渡り鳥が飛来する。それらは越冬しに飛来するものを始め、夏の繁殖地として、またはそれらの渡りの中継地として立ち寄るものなど、さまざまである。

私たちは遠く離れた国の人々と同じ鳥を風景のなかに見ている。本計画では渡り鳥を介して風景を共有する諸外国との国際交流の場を計画した。

北から冬鳥が飛来する冬にはロシアの研究者と小学生を、南から夏鳥が飛来する夏の季節には中国や韓国の研究者と小学生を招き、一定期間滞在しながら国際交流を行なうことを想定した。

計画ではこの交流の活動を補完するため、計画a「交流・野鳥保全センター」、計画b「交流のきっかけをつくる野鳥観察小屋」の計画を行なった。

渡りという、軽やかでありながら実際の生物の肉体を伴った、延々と確実に繰り返されてきた鳥の季節的移動に、現代のグローバリゼーションによるつながりとは違う地平の感動を覚え、本計画を行なった。

Name:
平山健太
Kenta Hirayama
University:
早稲田大学理工学術院
創造理工学研究科　建築学専攻
石山修武研究室

Q 修士設計を通して得たこと
修士設計では自分の手に対する大きな自信の感覚と同時に、どこかもっと違う次元での挫折の感覚を得たように思います。どちらの自覚も大きな収穫だと感じています。

Q 修士修了後の進路と10年後の展望
卒業後は建築設計事務所で働いています。10年後は自分の手が汚れていたらいいなと思います。

森の中の野鳥保全センター
本計画のコア施設となる交流・野鳥保全センターは、森の中(自然の中)でのワークショップや交流・学習会を補助する最低限の機能によって設計した。本施設は手賀沼を訪れた外国人、近隣住民が利用するだけでなく、野鳥の営巣のための空洞ももつ。
「交流・学習センター棟」(上)
約163m²。「交流・学習センター棟」は他国から招待した研究者や子どもたちが小さな交流会や催し物を行なう時に使えるスペースとして計画している。ワークショップスペースと野鳥に関する本を所蔵する小さな図書館・学習スペースが設置される。
「野鳥・環境保全センター棟」(下)
約163m²。「野鳥・環境保全センター棟」は森林公園を中心とする近辺の自然の保全活動の拠点となる施設である。森林公園の管理人(パーク・レンジャー)が駐在するための場所であり、本計画の運営の事務所棟も兼ねている。

渡り鳥を介した国際交流・学習の場の計画

○計画地:手賀沼一帯(千葉県我孫子市)

敷地は千葉県我孫子市に位置する手賀沼一帯とする。手賀沼は日本列島の中心に位置し、下図のように、冬にはロシア・シベリアからカムチャッカ半島を通ってコハクチョウやカモ類が飛来し、夏には東南アジア、中国、オセアニアからシギやチドリ類、その他多くの小型の渡り鳥が飛来する。このような環境から、手賀沼は多くの近隣国と渡り鳥を介したつながりをもっており、また日本唯一の鳥類専門研究機関である山階鳥類研究所が位置するなど、海外の研究者や子どもたちを招く場所として適した場所である。

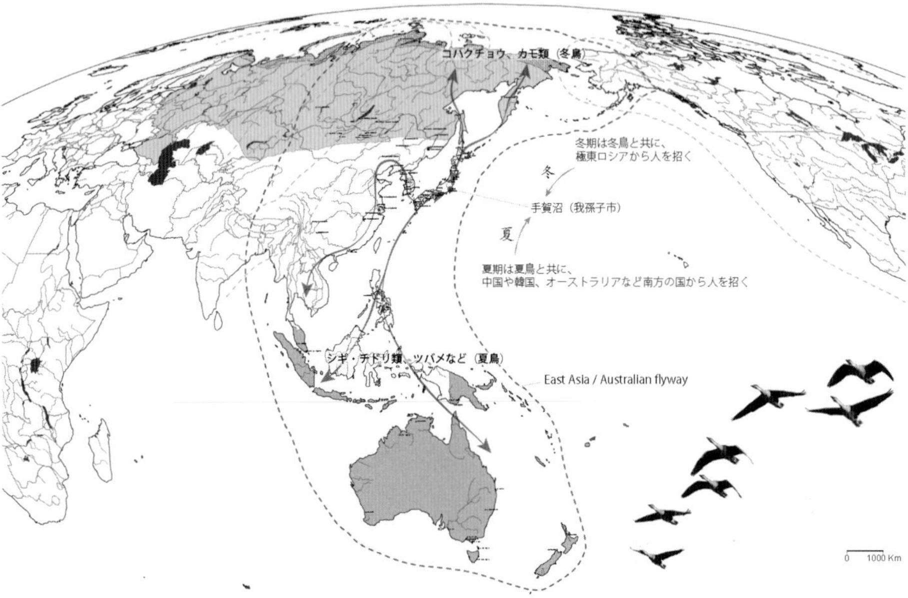

手賀沼 敷地図・マスタープラン

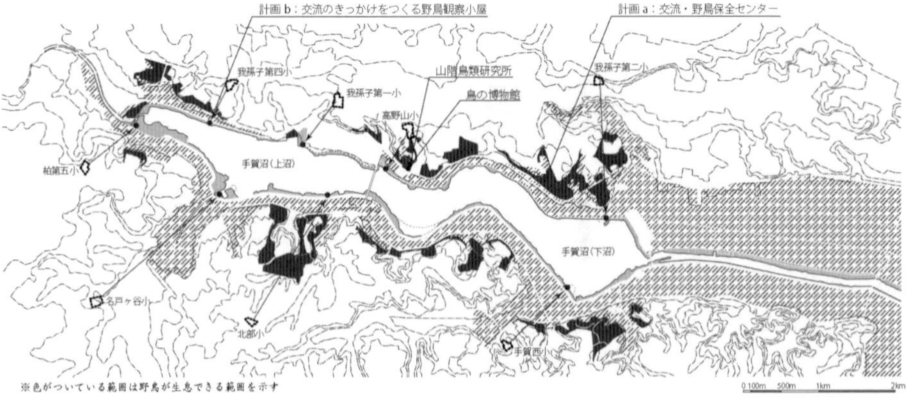

※色がついている範囲は野鳥が生息できる範囲を示す

計画a:交流・野鳥保全センター

生物と建築を同じ世界観の中に見ること。それは近代への批判的まなざしである。

南方熊楠は、あらゆる生物の存在を自分の世界観のなかに棲まわせようと試み、そして実践した人物であった。熊楠の視線は鳥や動物などの目につきやすい存在を越えて、植物と動物の間、微細な生物の極限ともいえる粘菌にまで拡大していった。生をもつあらゆる存在がうごめくその世界観は、近代によってつくり上げられた私たちのものの見方とは、対極に位置するものである。本計画の根底にあるテーマは、南方熊楠に学び、生物と建築を同じ世界観のなかに見ることにある。

「交流・野鳥保全センター」は本計画のコア施設となる計画物である。「山階鳥類研究所」および「我孫子鳥の博物館」から東へ1.5kmに位置する森林公園内を計画地としている。また、本施設の運営も「山階鳥類研究所」および「我孫子鳥の博物館」と連動して行なわれることを想定している。

地面(自然)を削らない“接地の仕方”のスタディ過程

自然の中に建つ建築は、どのような手つきで地面(自然)に触れるべきか。森の遊歩道に増築するように計画した本施設では、“いかにして地面(自然)を基礎で削らずに建つか”という建築の建ち方が最も重要なテーマであると考え、そのスタディを行なった。本施設の接地の方法をその問いへの答えとしてデザインした。

スタディ過程では、まず計画敷地である公園内の斜面から森の中へのびる桟橋をもつ形態から始まり、次に斜面にボリュームを埋めるのではなく森の中に浮くボリュームとする案に進んだ。この第2案では浮いたボリュームを支える柱とその基礎が出てきてしまうことが問題であった。最終的に、その柱を解消するために船のキール構造を参考とした構造体を用いることで、置き基礎を介して一点で地面と接地する案とした。また、この構造体の内部に空洞をもたせることで、森の中で野鳥に営巣に利用できる空間を与えるものとした。

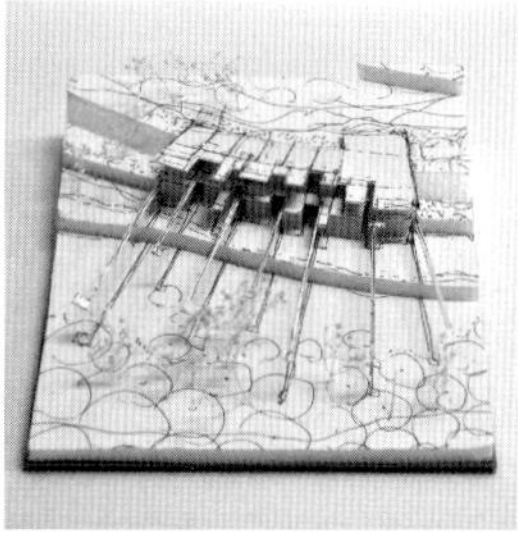

第1案:斜面に埋まったボリュームと森に貫入する桟橋。

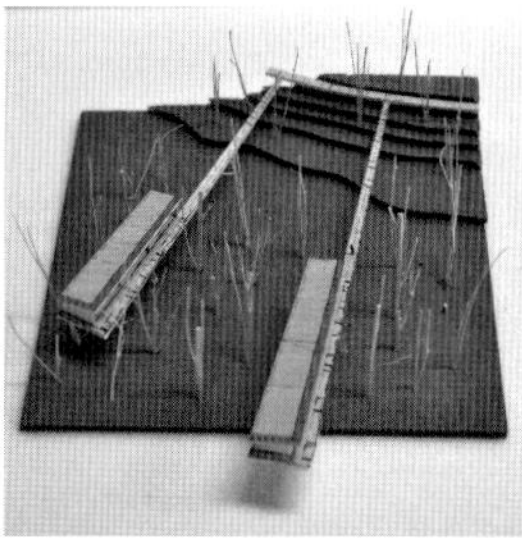

第2案:森の中に貫入していく細いボリューム。斜面に埋めず、木々の中に浮く建築(柱が出てしまう)。

第3案:浮きながら柱を落とさない建ち方のスタディへ。建築の接地の仕方の問題。船の構造を参考にして、1点で接地する。

第4案:なるべく自然を削らない建ち方のスタディ。床を固めて一体化し、1点(置き基礎)で接地する。

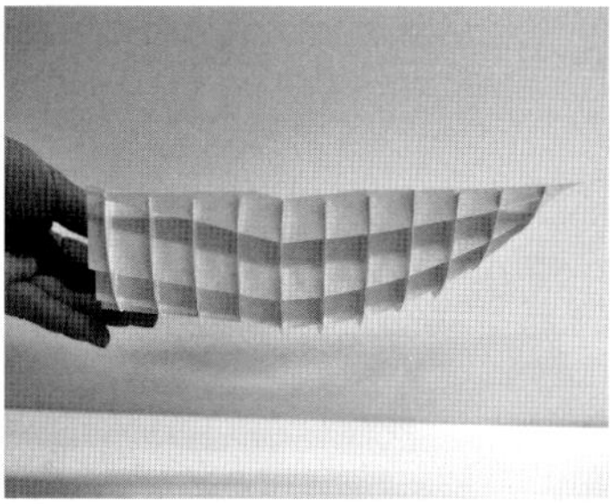

第5案:床下の構造体のふところに空間をつくり、野鳥の営巣に利用できる空間とする。

地面（自然）を削らない建ち方のための構造体

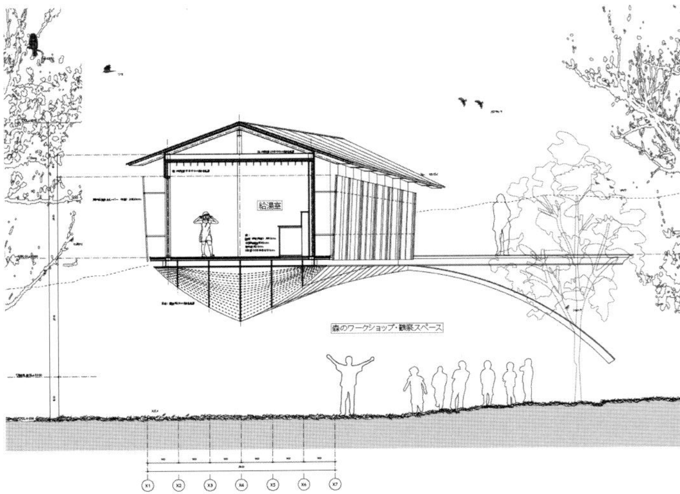

交流・学習センター棟　Section

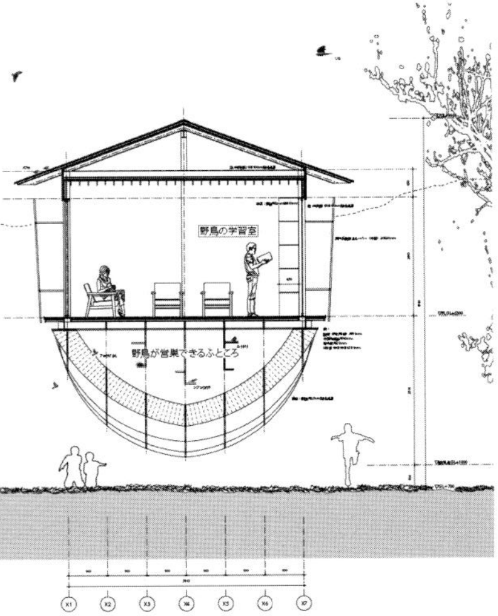

交流・学習センター棟　Section

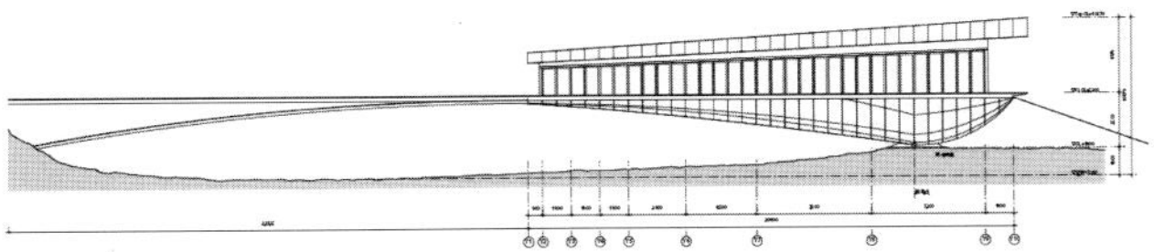

野鳥・環境保全センター棟　Elevation

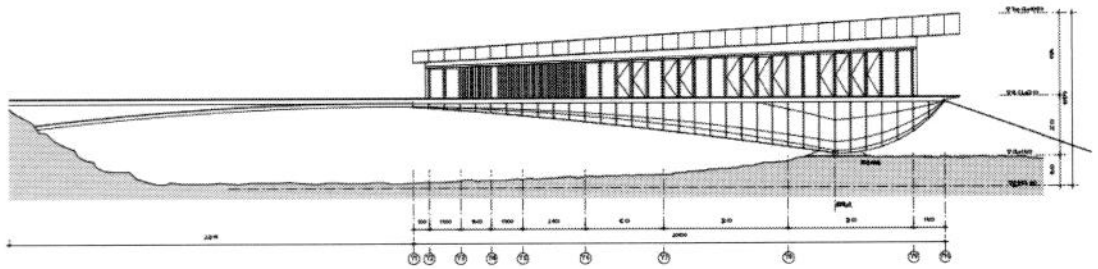

交流・学習センター棟　Elevation

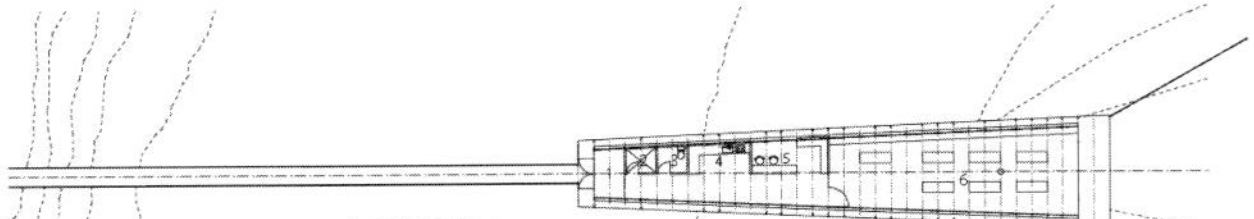

1　エントランスホール
2　倉庫
3　便所
4　給湯室
5　事務室・受付
6　野鳥・環境保全センター

野鳥・環境保全センター棟　Plan

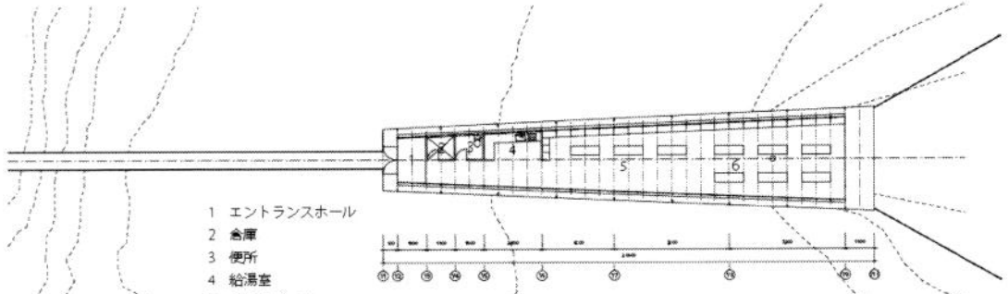

1　エントランスホール
2　倉庫
3　便所
4　給湯室
5　図書スペース
6　ワークショップスペース

交流・学習センター棟　Plan

計画b：交流のきっかけをつくる野鳥観察小屋

計画bとして、交流のきっかけをつくる8つの小屋を計画した。手賀沼を取り巻く様に立地する8つの小学校に、それぞれの離れとして、湖畔の観察小屋を与える。また、各小学校はそれぞれの小屋の管理・小屋の周辺の水辺環境の保全に対して責任をもつこととする。この小屋は小学生やここを訪れた外国人が利用する鳥の観察小屋であり、水辺の環境保全の前進基地となる。毎冬、各小学校が受けもつエリアのヨシ刈りを国際交流ワークショップの一貫として行ない、刈り取ったヨシは小屋の外壁に収め、乾燥させる。一冬乾燥させたヨシは次の夏、さらに異国からやってきた小学生らと鳥小屋製作ワークショップの材料として活用する。

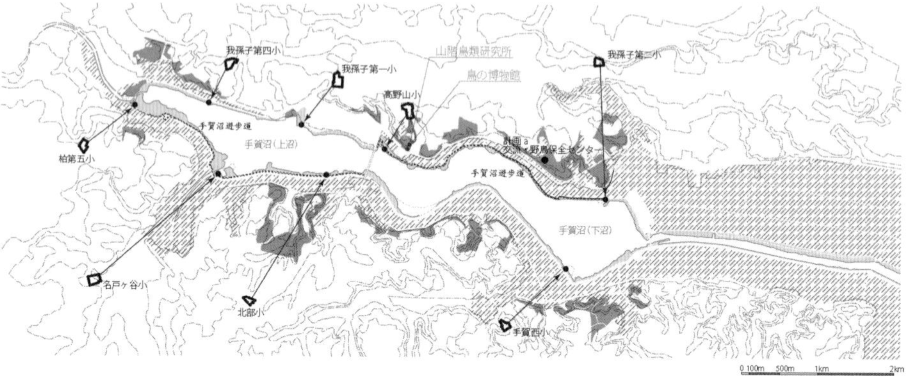

手賀沼8つの小屋と小学校 配置図

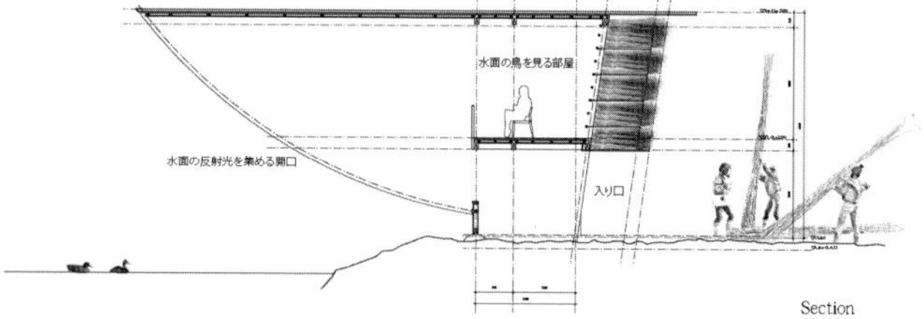

8つの小屋の例：我孫子第二小が管理・保全する観察小屋

8つの小屋の例：手賀西小が管理・保全する観察小屋(冬)

審査員・出展者コメント

審査員コメント@巡回審査

羽鳥：国際交流というのは具体的にどこで何をするの？

平山：まず、この場所に来てもらって、泊まるところは既存の自然少年の家という施設があるので、そこを利用することを想定しています。外国の方々を招いて、手賀沼遊歩道をめぐったり、各小学校の生徒と交流して一緒に観察会をしたり、水辺の環境保全活動などを通して、国際交流ができるんじゃないかと考えました。

羽鳥：とても造形力があるので、これだけじゃなく、もっとたくさんつくって、群としての姿も見たかったです。そこがもったいないと思いました。建築の体験として、ここに来た人たちがこの建築で寝泊まりするのと、既存の宿舎で泊まるのとではずいぶん違うと思うんです。既存の施設を活かすのも良いのですが、これらの建築以外にも、人々の意識を変えるような新しいものを加えていけば、すごく豊かな提案になったのではないかと思います。

篠原：このかたちを見ていると、水面が上下して、浸水したり、地面が出てきたりする風景をイメージさせますね。とてもきれいだと思いました。私がツバメだったらここに巣をつくるかな。水がかからないところが良いよね。ただ、建築の姿は美しいけれど、上の空間がシンプルすぎるような気がします。だから、鳥を観察したりするアクティビティを考えても、この上下の空間がうまく合体しているように見えないんですよね。

日埜：船がこの場所の記憶としてあると言われると、それはそうかなと思うんだけど、本物の船はリブ構造の外側にシェルがあって構造的に成立するものですよね。この建築には外側のシェルがないのですが、それはどういう意味があるんですか？

平山：格子の隙間の部分を鳥のために使えないかと考えて、最終的にこのかたちになりました。

日埜：ここでかたちを決めている理屈は、接地面をある程度少なくして環境に対する負荷を減らして、土地を改変する部分を極小にしながら、鳥がいる高さにアクセスができるプラットフォームをつくろうということですよね。その時にまず、点で接触する、あるいは極小で地面に接するという条件とこのリブ構造がどういう意味で対応しているのか。この特徴的な構造のかたちが、単にこうなると鳥が住み着けますということで決まっていいのでしょうか。でも、全体としては、すごく雰囲気のある良い風景をつくっていると思いました。

出展者コメント
──トウキョウ建築コレクションを終えて

トウキョウ建築コレクションでは自分の学校の外の人から批評をいただく貴重な機会をもらったと思います。同時に他の学校で学んだ同世代がどのようなことに関心をもっているのかを知れて良かったです。

漁村をつなぐ道と道の建築

三陸沿岸の漁村はかつて、海から山までが生活のなかで有機的につながっていた。しかし、漁村内で近代化が進むにつれて、山林資源は生活において必需なものではなくなっていき、漁村の生活は漁業中心の生活へと移行していった。

東日本大震災によって三陸沿岸の漁村は大きな被害を受けた。震災から３年近く経過した現在は、漁業が再開するなど復興に向けて前進している漁村もある。しかし、住民が再度浜に住み続けていくためには山間の高台移転地における再居住を余儀なくされている。山の管理不足によって土砂災害などを引き起こしている状況において、より山に近い場所で住み続けていくためには、漁港の整備のみではなく、海から山までを生活のなかで一体的につなぎ、管理していく必要が出てくる。

Name:
中田敦大
Atsuhiro Nakata

University:
筑波大学大学院　芸術専攻
デザイン学領域群　建築デザイン領域
貝島桃代研究室

Q 修士設計を通して得たこと

建築をつくることの意味や必要を自問自答し続けた1年間でしたが、建築は場所やそこにいる人の魅力を顕在化させることができると分かりました。

Q 修士修了後の進路と10年後の展望

大林組設計部で働いています。風景として残っていく建築をつくれるようになりたいです。

これらの現状を踏まえ、本計画では道に着眼して復興計画を行なうことで、漁村に存在する多様な自然と接する、季節のなかでの暮らしを残し続けていくことを目的としている。

上:「港の道の魚市場」断面図
下:「港の道の魚市場」イメージパース

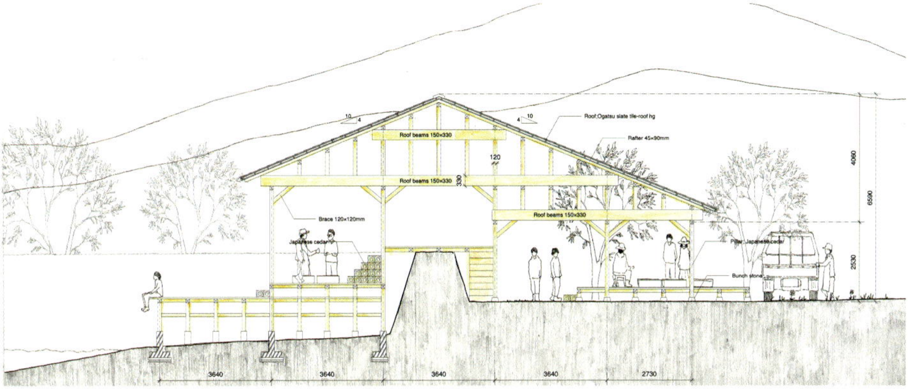

「畑のあぜ道の直売所」イメージパース

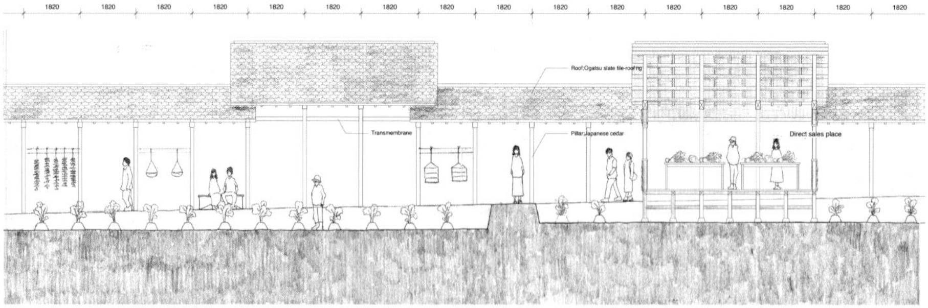

「畑のあぜ道の直売所」断面図

「川沿いの道の屋根付き橋」イメージパース

「川沿いの道の屋根付き橋」断面図

「街路に行為があふれだす復興公営住宅」イメージパース

「街路に行為があふれだす復興公営住宅」断面図

「林道の木材加工場」イメージパース

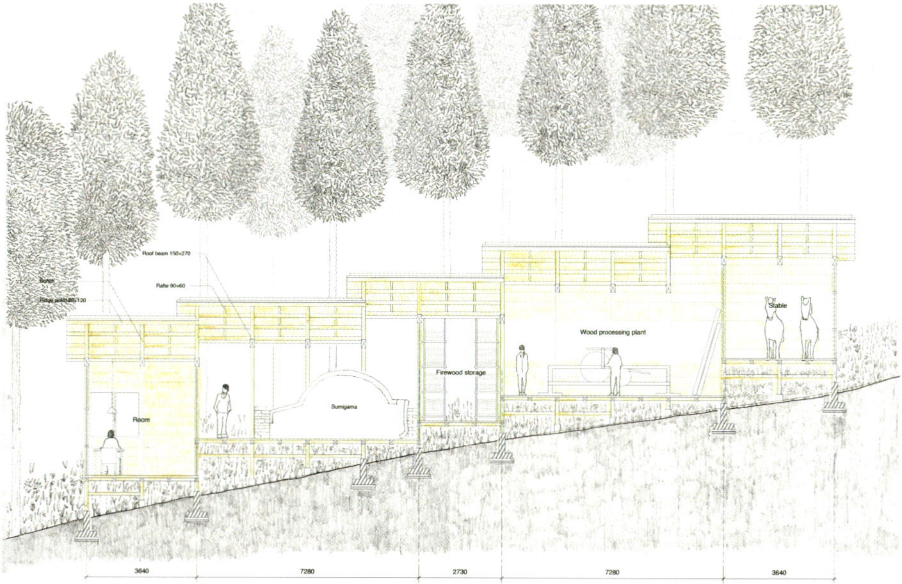

「林道の木材加工場」断面図

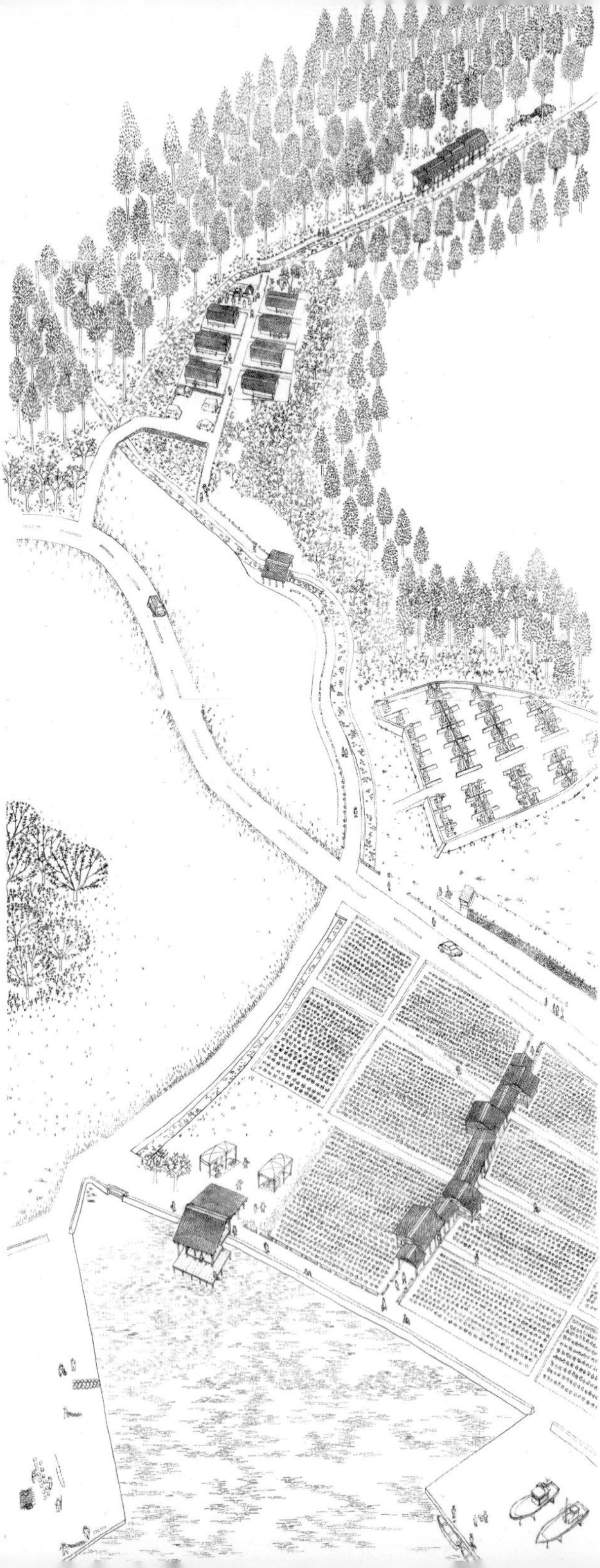

全体計画 鳥瞰図

審査員・出展者コメント

審査員コメント＠巡回審査

羽鳥：僕も被災地によく行くのですが、木造に対しての懐疑が結構ありますよね。地震と津波で木造の建物はまっさらになってしまって、コンクリートや鉄骨は残っている。そういうことに対しての配慮や考えはありますか？

中田：実際に木はあまり使われなくなっているのですが、そのことに対して漁師さんたちも危機感を感じていて、話し合った上で、やはり木を使わなければいけないということになりました。

羽鳥：そうですか。良い提案だと思うのですが、何か素直にでき過ぎていると感じるんです。村人にはすんなり受け入れられるような提案だと思いますが、客観的に見て、今の状況に何か批判的なことはなかったのですか？

中田：構成自体は確かに素直かもしれないのですが、現状の生活は自然とは断絶していて、もともと砂浜で遊んでいたのに、今は完全に漁港としてだけ使っていたり、車で通るだけで、川や山に入らない。そういった状況があって、昔の行為自体を僕はもう一度再生させたいと思いました。防潮堤で遮られてしまったことも漁師さんは問題視していないので、関係がなくなってしまったものをもう一度つないで見つめ直していきたいんです。

羽鳥：なるほど。配置やしつらえ自体が批評になっていると。ただ、建築そのものにも批評性があると良かったですね。修士設計を住民と一緒に行なうというのはすごいことだと思います。

日埜：大きなストーリーは分かるのですが、これが本当にその場のリアリティを建築のかたちに落とし込んでいるのか、疑問があります。海は干満の差が結構あるから、これは本当に船着き場として成立するのかな。低すぎるんじゃない？

中田：昔は砂浜に小型ボートをつけて、海に出ることがあったので、そういうことはできるんじゃないかと。

日埜：アノニマスなかたちをしていますが、建築にできることがもっと何かあるのじゃないか。せっかくつくるのだったら、こういうことができるという建築的な提案がありえると思うんです。

篠原：昔は山でも暮らしていたという話に説得力があって、良い着眼点だと思いました。でも、山の上に住むことになると車で移動しますよね。その時こんなにうまくいくのかな。単に車の移動だけになってしまうんじゃない？　道と土地の間に介在するような建築というのはすごく良いと思ったのですが、畑の道の建築がどんな役割をするのかについては少し疑問が残りました。

中田：日常的に畑を管理していくと滞在場所も重要になってくるんです。屋根の下の空間を漁師さんなどが頻繁に活用しているので、道に屋根を架けるようなかたちでも滞在場所となり得ると考えて、畑の道にそのまま屋根を架けた空間を設計しています。

篠原：例えば、ヨーロッパのクラインガルテンでは、ラウベと呼ばれる小屋が重要な役割を果たしています。ただ、ここでのアクティビティを考えると、農具を入れたり、ちょっと休んだりする場所は必要だと思いますが、こんなふうにはならないんじゃないかな。実際には車で通り過ぎてしまうと思うんです。

出展者コメント
──トウキョウ建築コレクションを終えて

1年間試行錯誤してきた修士制作だったので、展示を通して多くの方に作品を見ていただけて素直に嬉しかったです。展示を通して同世代の作品を近い場所で見ることができたことも刺激的でした。知り合いができたことも嬉しかったです。

都市の航海記録

咸臨丸が伝える浦賀町の変容と造船の記憶

船は短命であり、彼らは歴史の教科書に載ることはない。しかし、その営みの一つひとつが世の中の動きとつながっていることは事実である。この咸臨丸《かんりんまる》という船は日本で初めて太平洋を渡った船である。この船が置かれる浦賀ドックは咸臨丸が生きていた時代にはまだ存在しなかったが、咸臨丸とともに日本が世界へと船出をした非常に重要な場所である。しかし、浦賀ドックは10年以上町の空洞になっている。そこで、ドックと咸臨丸の再生を組み合わせることによって、日本がいかに世界へと船出をしたかを伝える場所として、船の史料を展示する博物館を計画する。ドックを建設するにあたって、木造船の技術を建築の構造へと応用した。

木造船の技術を体で感じながら、日本の近代化の始まりに咸臨丸がいたことを学び、咸臨丸を知ることで、この町がかつて世界とつながる重要な起点であったことを再認識する。それは、個性が薄れつつあるこの町がこれから歩むべき未来を考えるための礎となるはずである。

Name:
増田裕樹
Hiroki Masuda

University:
東京都市大学大学院
工学研究科　建築学専攻
手塚貴晴研究室

Q 修士設計を通して得たこと
自分がその時演じるべき役割を探すこと、それを演じきること。内側から建築することと外側から建築することのバランス。

Q 修士修了後の進路と10年後の展望
設計事務所に就職する。将来どんな職業に就いたとしても、建築の楽しさを伝えられる立場でありたいと思う。

都市の核としての船

1853年の浦賀造船所に由来し、1897年に始まる住友重機械工業浦賀造船所は、工業中心地の移転により2003年に閉鎖されて以後200haの立入禁止区域となっている。

かつては造船所の事業変化(製造・停留する船種の変化)に伴って周辺地域や産業が変化し、時代ごとに町らしさが変容した。浦賀造船所は常に町らしさの形成の中心であった。

■船によって町らしさが変容した町　神奈川県浦賀

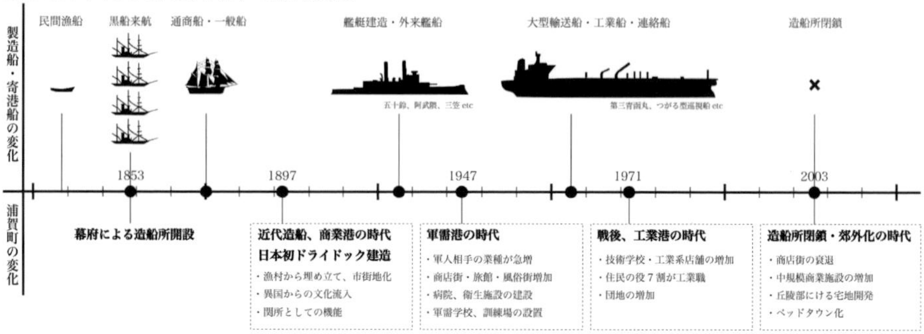

船との関わりを失った浦賀／郊外化

個性の薄れつつある歴史都市

浦賀造船所の閉鎖に加え、住宅地宅地開発による地域の拡大や、衰退する商店街、増加する中規模商業施設により、賑わいの中心は分散している。中心性を無くし、個性のない町となりつつある浦賀が再び固有性を獲得するにはまず、浦賀の町がこれまで歩んできた歴史を再認識することが必要である。

近代化遺産として保護されるドライドック

近代化の礎となった船／咸臨丸の引き揚げ

浦賀ドックを出航した幕府初の太平洋横断船

咸臨丸は日本が初めて手に入れた洋式軍艦蒸気船であると同時に、初めて太平洋を渡り、日本の近代化の引き金となる航海を担った船である。咸臨丸が生きた5000日は、造船技術や航海術の修得、異文化の流入や地図の誕生など、島国である日本の発展だけでなく、造船業によって成り立つ浦賀町の発展の大きな礎となった。

咸臨丸をたどる博物館
船を知ることで都市を知る

造船によって発展した浦賀町において造船の歴史を知ることは、浦賀町の発展の歴史を知ることと同義である。そこで、日本が世界へと船出した重要なポイントでありながら10年以上町の空洞になっている浦賀ドックに、近代造船の礎である咸臨丸の史料を展示する博物館をつくることで、郊外化するまちのアイデンティティを再認識する場所として再生する。

浦賀らしさを再認識させる咸臨丸博物館

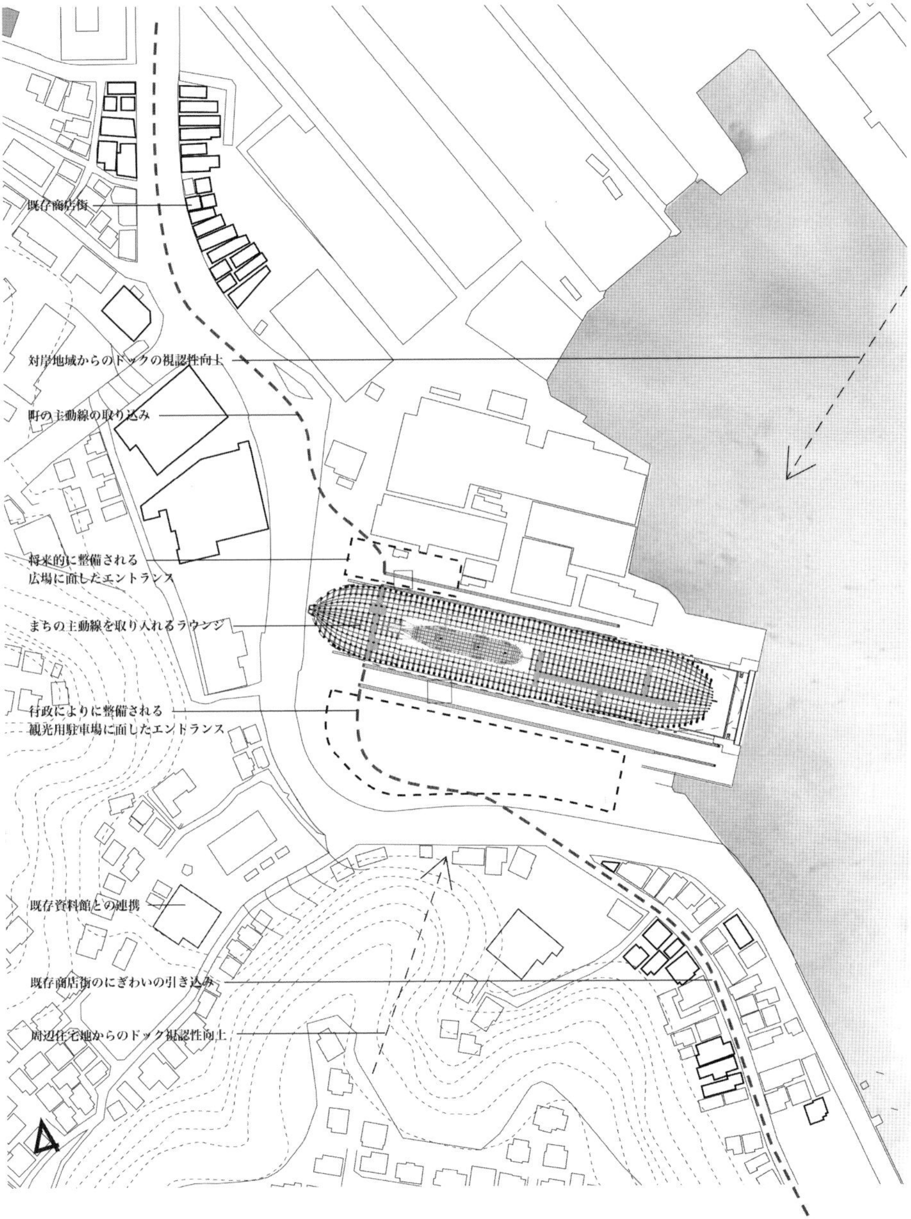

船体配置図

木造船技術の継承／建築それ自体が史料である

咸臨丸が木構造であったように、近代化の時代は木造船が主流であり、浦賀も木造船の製造・修復から始まった。現代の主流である鋼船やFRP船は木造に比べ高い強度をもつが腐食や互換性に弱い。長い目で見ると、部材の交換や入手が容易な木造船の方が長く生き残る。

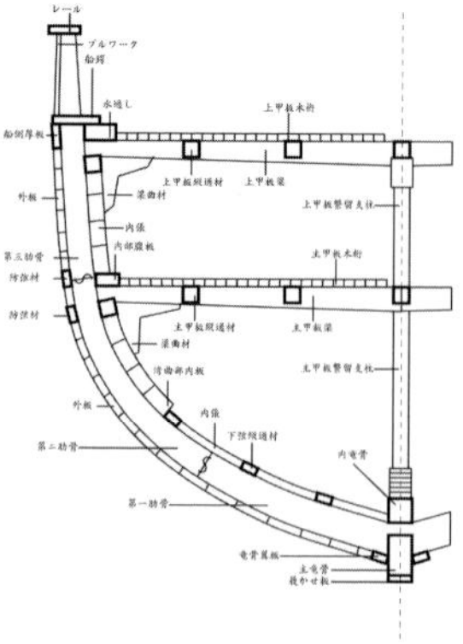

咸臨丸にみられる木構造船

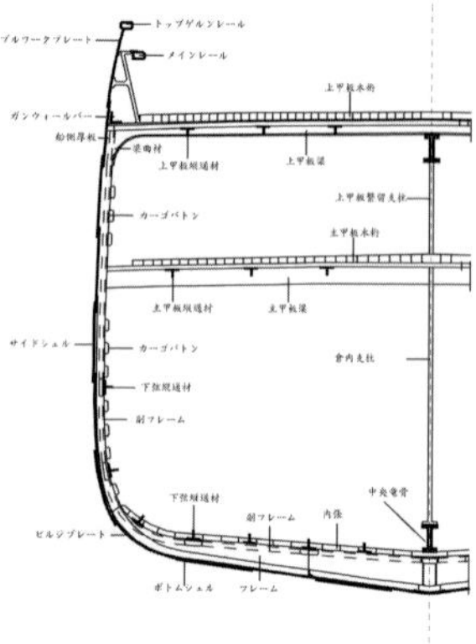

一般的な鋼船構造

既存ドックの排水機能を利用した空間変動

既存ドックと建築がつくる空間は、かつてここで船をつくっていた人が見ていた風景である。建築空間として利用することもできるが、海水で満たすことで新たな船出を象徴する空間となり、水を使った新しい展示をすることも可能である。

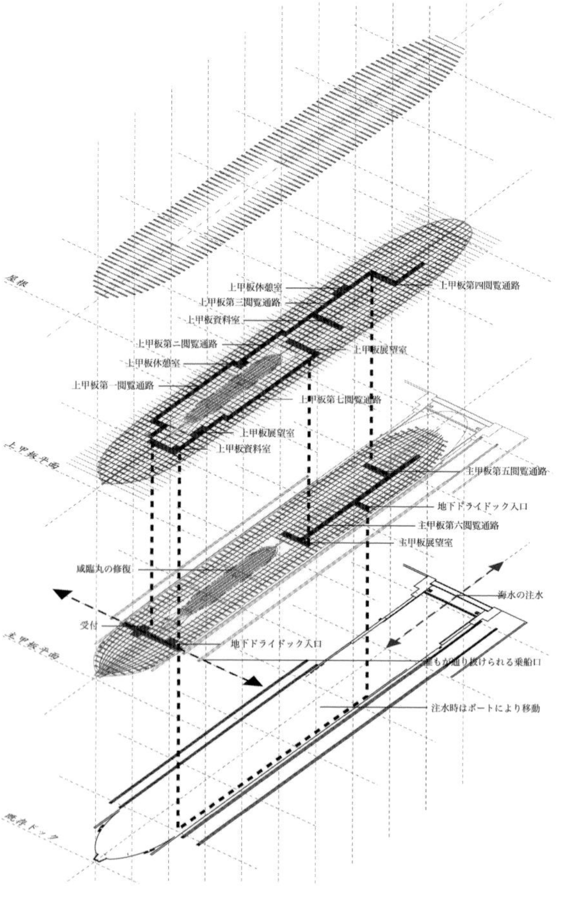

北海道サラキ沖からサルベージされる咸臨丸。

乗船口は町の動線を引き込む。

木造船技術を感じながら、船内に吊された史料を通路によって巡る。

建築とドックがつくる空間は、かつてここで船をつくっていた人が見ていた風景を想起させる。

咸臨丸および船体構造

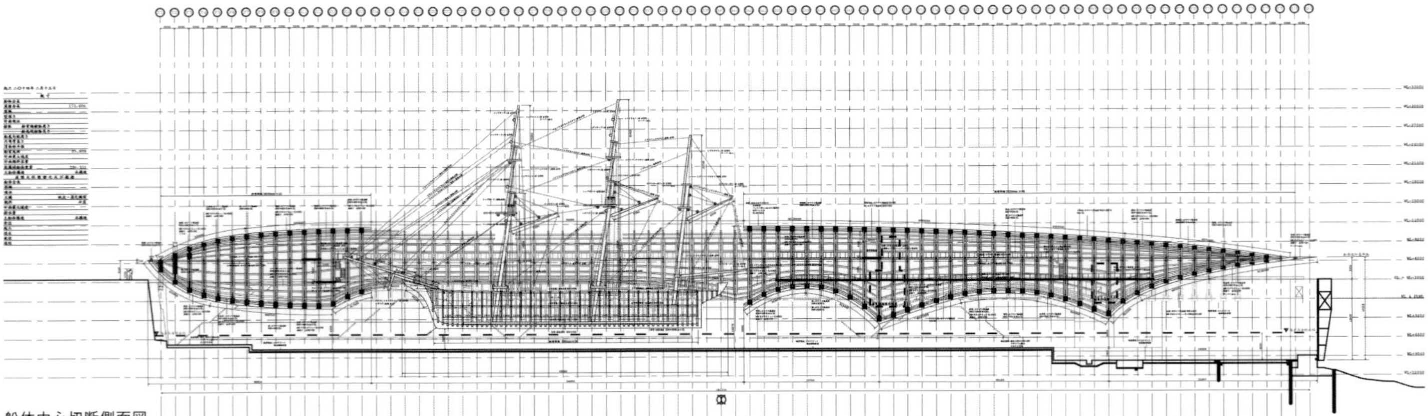

船体中心切断側面図

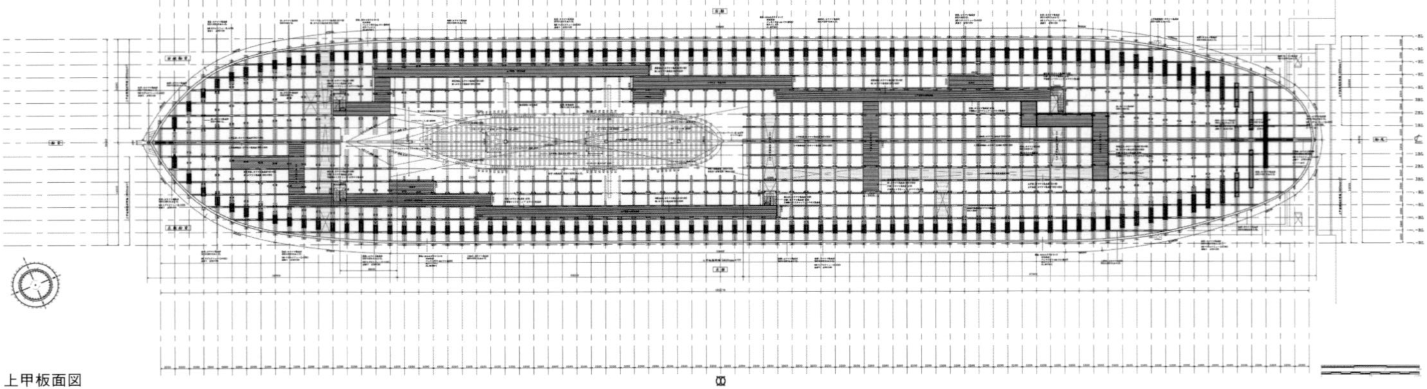

上甲板面図

審査員・出展者コメント

審査員コメント@巡回審査

クライン：すごくインパクトがある模型ですね。とても丁寧で、これをつくったことに対して、尊敬します。でも、なぜ展示物と建物の表現が一緒になっているのかな？

増田：展示物の船は海底から引き上げてきたものなので、ボロボロの状態で、内部を見ることはできません。そこで、建物自体に船の中を体感する役割をもたせています。

クライン：船の中に船があると、展示物なのか建築なのか、ちょっとこんがらがるかもしれませんよね。かたちはすごく未来的なので、木でつくらずに、そこをうまく融合できれば、面白いテンションが生まれたかもしれません。全然違う機能にさせてもよかったかもしれない。でも、こういう建築があっても良いなと思いました。

羽鳥：ドック部分と建物の構造的な関係が気になりました。これだと、大切な煉瓦造のドックを傷めかねない。その部分の図面が適当すぎて、実際どうアンカーされてるのか微妙なところが気になります。ドックが大事だったら、ここにアンカーしないで、違う場所にしたり、吊ったりしたと思うんです。こういうことをやる場合は、その辺の意識が問われると思います。

あと、大きなものに取り組んでいること自体はすごく良いと思いますが、建築の体験としては同じフレームの中をずっと歩いて行くことになってしまうので、フレームがいっぱいあることによってこう変えられるとか、グリッドに沿っているから、エッジを自由に変えられるとか、もうちょっと建築的な提案もほしかったですね。例えば、従来の巨大展示空間の課題はこういうものだったけれど、実はこういうポイントで解けていくというような提案があれば、より良かった。とにかく、模型はすごいです。よくつくったね。

篠原：船の底を見上げられるのは面白いと思います。せっかくこれだけの構築物なので、模型の中でも、人の動きやアクティビティがもっと表現できていると良いかなと思いました。

吉村：今、浦賀には木造船の技術は残っているんですか？

増田：残っていません。

吉村：残っていないのなら、誰がつくるんですか？これをつくるにはそういう技術が必要ですよね。

増田：木造船の技術で栄えた場所なので、もともと船があるということが1番で……。

吉村：もともと咸臨丸はオランダでつくって運んできた船ですよね。ここには、船を修繕する技術はあったかもしれないけれど、咸臨丸を造船する技術があったわけではないと思います。そこがちょっと気になりました。

出展者コメント
──トウキョウ建築コレクションを終えて

強い形態をつくったことで「自分の趣味を貫いた熱心な人」に思われることが多く、町の人のための建築であることを伝えきれなかったのが悔しかった。講評を通して自身の弱さや推すべき強さを知れたこと、2カ月間毎日つくり続けた気持ち悪い模型を大勢の人に見てもらえたことは良かった。

Re;Scaled Life
アウトドア的戸建てコミュニティの提案

Name:
浅田龍太
Ryota Asada
University:
滋賀県立大学大学院
人間文化学研究科　生活文化学専攻
生活デザイン部門　南政宏研究室

Q 修士設計を通して得たこと
自分がこれまでどんなことを考えて行動してきて、そしてこれから何を目指すべきかを見つめ直すことができた時間でした。

Q 修士修了後の進路と10年後の展望
アウトドアに関するより深い理解や知識、経験を養うために、某アウトドアメーカーに就職しました。10年後くらいに、今の思想を発展させ、1つの答えとして何か具体的に表出させられたらと思います。

現在街でよく見かけるモデルルームは、だいたい普通の住宅の広さよりも大きく、また間取りを自由に決められるといってもほとんどパズルのようである。

また、機能や仕組みなど、見えない方が良いと判断されたものは隠されるため、住人はその仕組みや機能を理解しきれず、何かトラブルが起こった時は専門家や業者に助けを求めるしかない。

住人たちが自由に空間を創造できるための仕掛けはないのか。

キャンプやバーベキューなどは、道具やテントを自分たちで組み立て、自由にその場所で空間を切り取る。道具や空間に不具合が起こったら自分たちで解決しようという気持ちをもてる規模や仕組みである。

必要最低限のものを中心に、持ちきれる程度の荷物をもって、出発する。そこにはキッチンも含まれているし、リビングも、ダイニングも、そしてベッドルームをもつくるための道具たちが詰まっている。

しかし、アウトドア製品のような動的な要素だけだと、長期的な生活においては不安定である。

それ故、静的で安定的な建物を活動の中心に設ける。そのまわりに生活範囲を拡大したり、ちいさくまとまったりする。

アウトドア製品のある生活

小屋の建設と生活の実践

大工の知恵と小屋モデュール

琵琶湖の北方、山の麓に、できるだけ良い家を安く建てようと奮闘している大工がいた。

彼はできるだけ自然素材を用いて後世にゴミを残さないように、また、人にも家にも優しくて柔軟な素材と計画で、そして、施主が自分で家の仕組みを理解できるように作業をともにし、少しずつ町を変えている。

その大工さんが現在取り組んでいる、良い家をできるだけ安く建てるための取り組みや工夫を示す。その内容は木材などの材料に関するもの、また作業に関するものを中心に取り上げている。

その大工さん率いる集団は、小さな小屋から大きな工房や住宅までさまざまな規模の建物を手がけているが、今回私はその方法を用いて、数通りの小さな小屋を計画した。

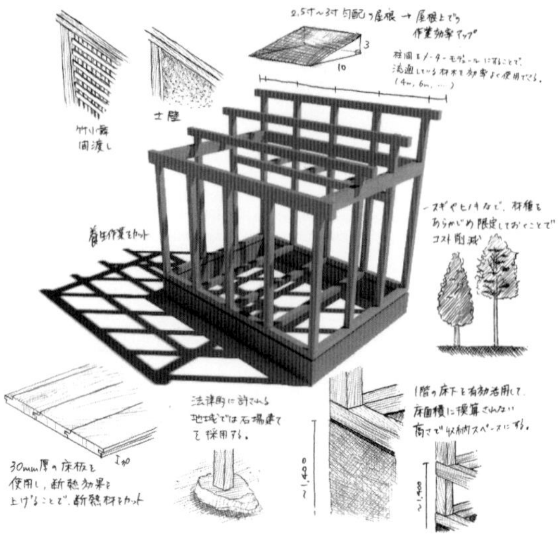

住み手によるカスタムの例

基本モデュールからなる構造躯体に対して、屋根や壁、床板などを貼っていく。また開口部や階段、縁側、土間などを自由に配置する。場合によっては基礎の高さを上げて床下収納としたり、環境に応じて屋根勾配や床板の厚みを調節したりする。この絵では、協力していただいた大工さんによる標準的な素材を中心に使用した場合を示す。

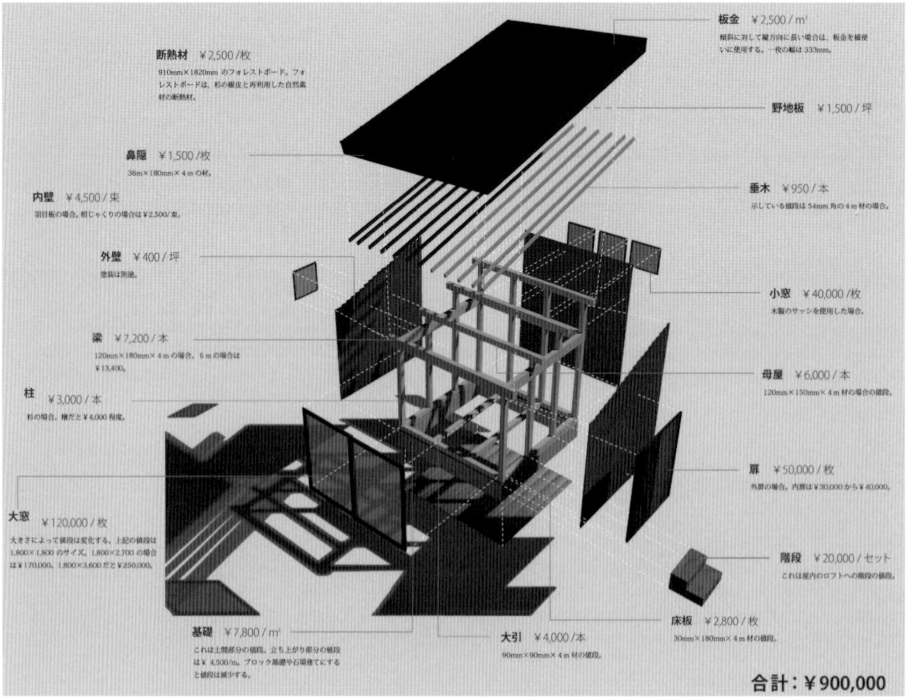

じかんをかけた生活環境の創作

Step.1
「考える、一度決めてみる」

小屋の周囲に生活に関する行動範囲を書き出す。部屋の名前ではなく、行為の名前にすることで自由度が増す。

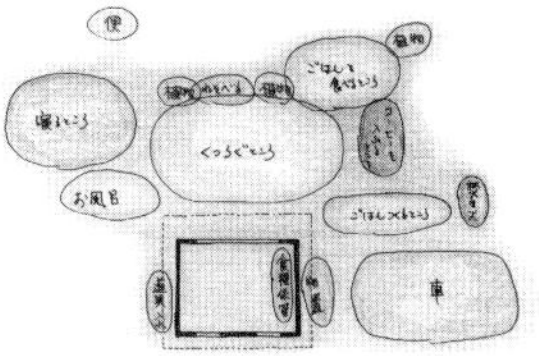

空間単位で考えるとどうしても無駄な部分や固定的な組み合わせになってしまうため、一つひとつの行為に対して必要な広さを考えながらそれぞれをつないだり離したりする。生活する前からすべての配置を決めると、実際に建てて新しい暮らしが始まってから不具合やああすればよかったなんてことがでてくる。決められた場所でどうするかは賃貸アパートでの話であり、一戸建てではもったいない。

Step.2
「実際に配置してみる」

Step.1で書き出した行為に則って、お気に入りの家具やアウトドア製品などを配置していく。

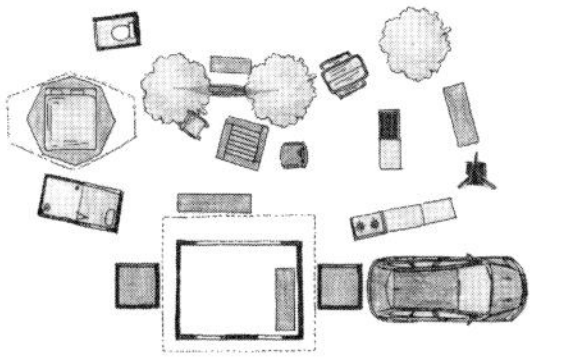

それぞれの行為に必要なものを配置していく。何が何でもアウトドア製品を使いなさいというわけではなく、好きな家具や道具があるならそれを使えば良い。しかし、家を建てた時に家具一式をいっぺんに買うなんてことはできるだけ避けたほうがいいんじゃないか。好みは変わることもあるし、好きなものを見つけた時に買えばいい。それがどのように空間にはまっていくかを楽しむべきだ。

Step.3
「必要なところは覆う、隠す」

日差しを遮る、プライバシーを確保する、といった目的に対して、タープや植物を用いて覆ったり隠したりする。

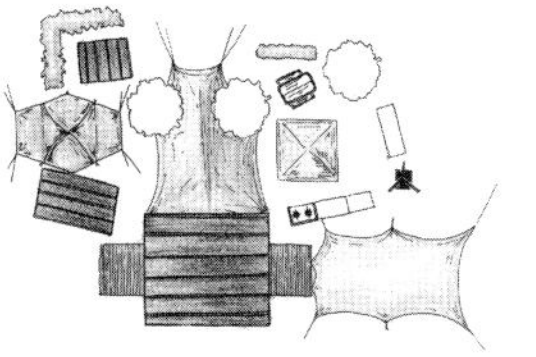

広くオープンに住めといわれても、もちろん抵抗がある。人に見られたくないところは遮ればいいし、植物があると精神的にも落ち着く。植物には低木や高木、常緑や落葉といったように、人それぞれの要望に対して答えてくれる。ゴーヤのカーテンは、夏は葉が生い茂って日を遮り、冬は葉が落ちて部屋の中に日差しを注ぎ込む。タープは簡易の屋根みたいなもので、簡単に設置、撤去ができる。

Step.4
「天候や気分、使い方などによって変更する」

雨の日は全体的に覆ったり、静かに過ごしたい時はこぢんまりとしたり。その都度自由に変更、更新を行なう。

夏は広く

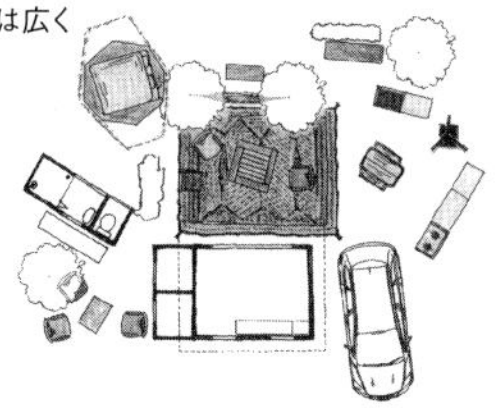

冬はコンパクトに

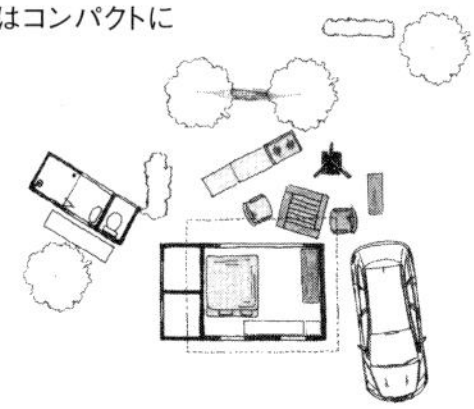

夏は陰をうまくつくりながら、広く開放的に過ごしたい。一方、冬は寒いので、狭くてもものが身近にあって移動距離を短く、小さく過ごしたい。季節や天気によって行動範囲は変わって当たり前である。アウトドア製品は折り畳むとコンパクトになるので融通が利く。温室を設置して、日中はその中で生活してもよいだろう。自然に対して素直に暮らし、それとともに空間が変化する。

Step.5
「必要性を感じたら建てる」

暮らしのなかで固定的な要素や新築の必要性を感じたら、新しく小屋を建設する。

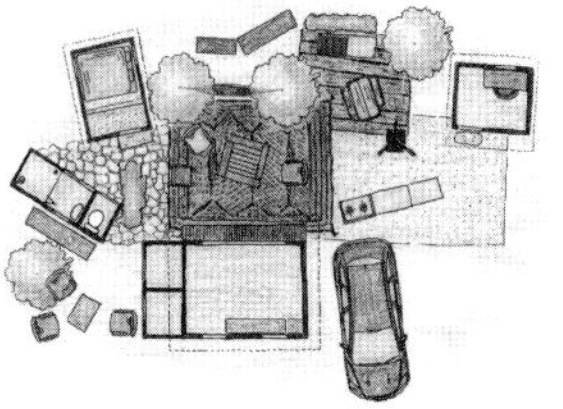

もう少しものをしまう場所がほしい。作業に集中できる書斎がほしい。友人を迎えるゲストルームがほしい。大きくなった子どものための空間がほしい。生活していくとさまざまなことにぶつかる。そんな時にはまた新たに小屋を建てればいい。その都度必要な広さを必要な費用をもって解決すればいいのである。家を建てる時にすべて完璧に計画しようとするのではなく、変化に柔軟に対応すること。

生活環境形成の試行事例

癖や習慣とうまくつきあい、いかに連続する「変化」に臨機応変に対応できるかが鍵となる。同一の仕組みから、周囲環境の相違によって住宅が姿を変え、そしてコミュニティを形成する時、そこに何が表れるのか。(4事例のうち事例1・事例3のみ掲載)

事例1:夫婦

基本コア+土間

基本モデュールは4m×6mを使用。周囲に土間を巡らせ、冬場使用しないものを収納したり薪ストーブを設置したりする場所に。夏場は開放して半外部空間となる。

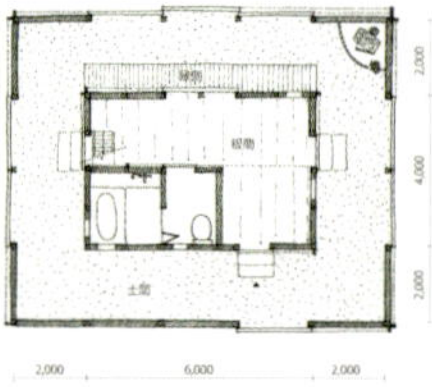

平面図

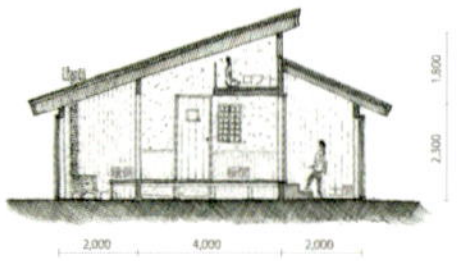

断面図

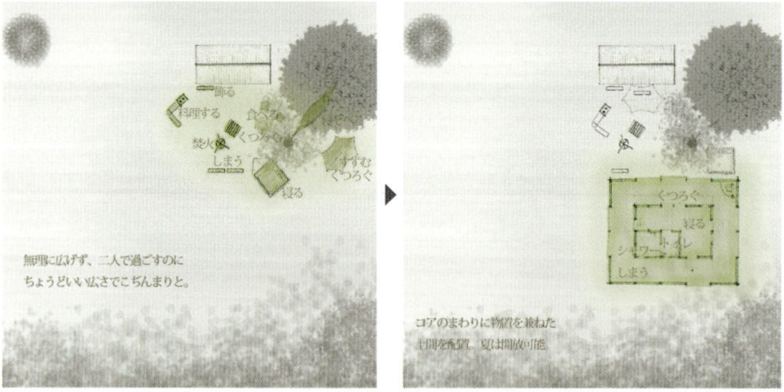

付加した要素と主な行為　拡大した活動範囲

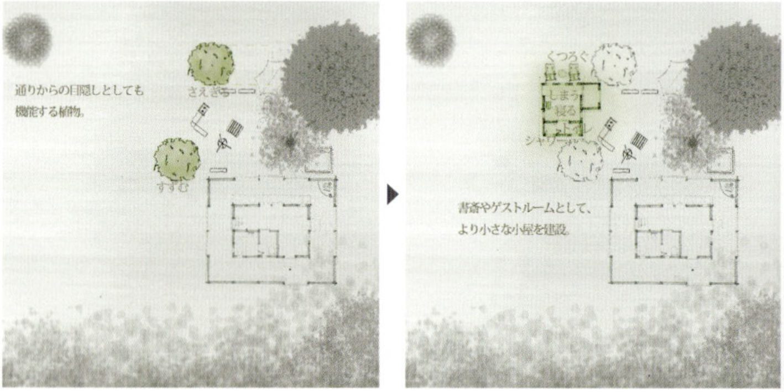

事例3：単身者たちの集住

基本コア＋デッキ＋ピロティ

基本モデュールは3m×4mを使用。デッキで木造コアを挟み、一階をピロティにすることで私的空間と公的空間を分けている。2mを超える積雪に対応。

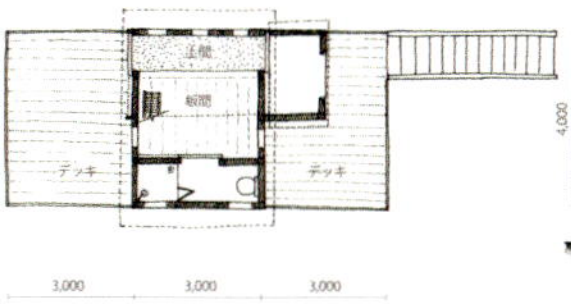

2階平面図

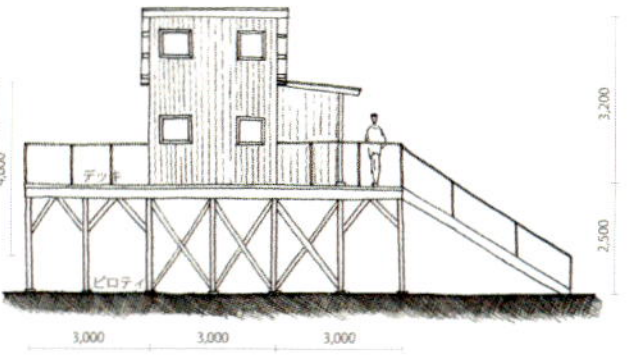

立面図

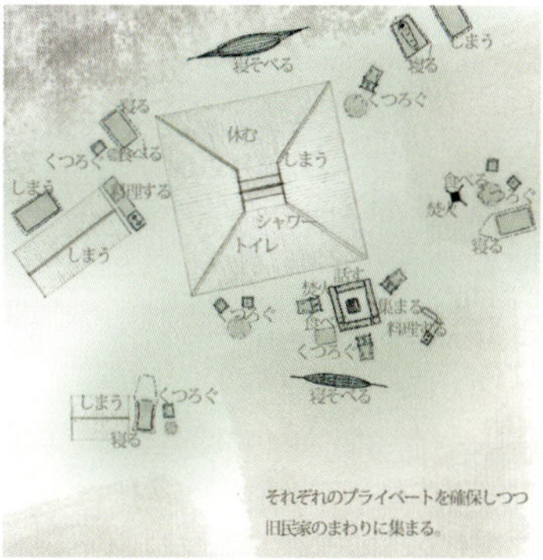

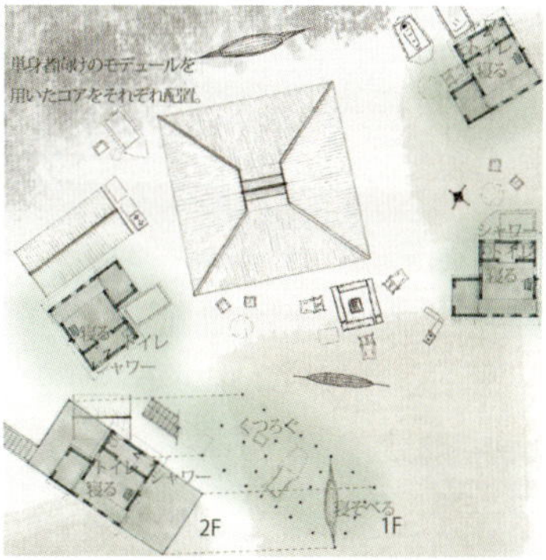

付加した要素と主な行為　拡大した活動範囲

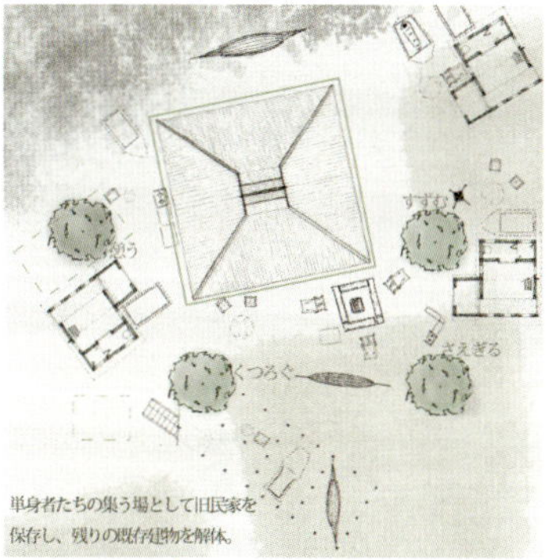

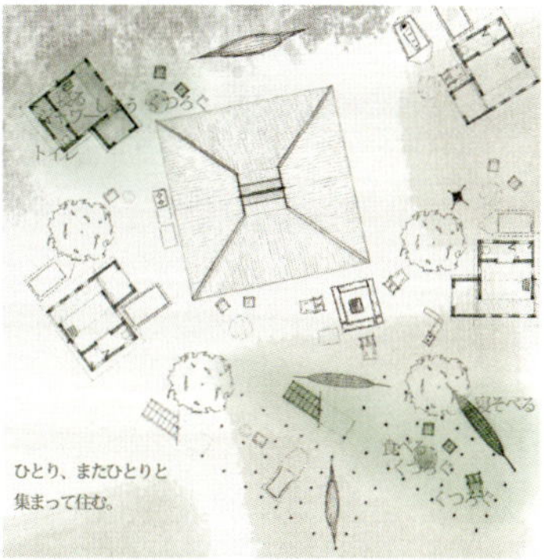

夏はわくわくする季節。暖かい日差しと涼しげな風が居住空間を開放させる。家具や道具たちは屋内を飛び出し、小屋のまわりに自分たちの場所を見つけて相互に融け合う。自然環境が変わるとともに、居住空間はそれに呼応するかのように刻一刻と変化を繰り返す。変わることに抵抗がなく、それでいて定位置が次第にできていく。毎日出し入れを繰り返すと、同じ場所に思えても微妙なずれが実はある。

どこか厳かな空気に包まれる冬。神聖な気持ちをもって夜明けを迎える。音は森に消され、しんしんと雪が大地に降り立っていく。家具や道具たちは小さくこぢんまりと寄り添い、大きく動き回ることはない。使われないものは折り畳まれて収納され、長い冬眠に入る。残った家具や道具も、働き方が夏とは変わる。囁きあって、くすくすと笑う子供たち。さあおいで、今夜は鍋にしよう。

審査員・出展者コメント

審査員コメント@巡回審査

クライン：節約するライフスタイルは面白いと思ったのですが、節約しながらも、もう少し面白いかたちにできるのではないかと。建築的にもっといろいろできるのに、ベーシックな小屋であることが、ちょっと残念に思いました。

羽鳥：僕もキャンプをするので、価格の話や可搬性の話が住まい方の意識を変えるというのはすごく良く分かりますが、リアルに体験をしている者としては、やはり耐久性が気になります。普通、定住する場合の住設は、固定的で、長くて厳しい環境に耐えられる仕様が基本なので、それと引き換えに値段も高くなっていくわけです。でも、実はそこがグラデーションになっていて、多様性が広がってるんですよね。ここにはおそらくもうひとつのレイヤーが隠れているはずで、切り株が椅子になったり、かまくらがテントになったりするので、その0円の部分も入れてほしかった。こういうことは、建築の人たちはあまり語らなかったと思うんです。その生活空間によって、自分たちが接しているものがもうちょっと弱く、軽くなってくる時に何が変わるのか。自分たちが何に縛られているのかを気づかせる言語が必要だと思います。

日埜：人間が住まなくなってしまったところに行って、そこを使ったら良いという考え方と、でも実際には使う人はいないという現実との距離を、もう少しカジュアルに住むことを考えることで、近づけていけるんじゃないか、ということだと思うんですよ。それがあなた自身の生き方と関係してリアリティがあるということは分かります。だけど、修士設計として建築の専門性がどこに反映しているのか。例えば、こういうアウトドアの資材を建築の専門家が使うと、普通の人とは違う使いこなし方ができるかもしれない。そうなると、それは木造構法ではなくて、アウトドア資材構法みたいなものが生まれる可能性がある。それはきわめて現代的なことで面白い。アウトドアの資材が与えられた時に、ブリコラージュ的にどう生活を組み立てられるかということにフォーカスすると、あなたの生き方の部分が小さくなって、他人とシェアできる部分が大きくなり、より他人にとって受けとめやすい提案になるかもしれません。

吉村：なぜ田舎の山にログハウスが多いかというと、こういうほぞ組より圧倒的に簡単に加工ができるからですよね。そういうシステムがすでにあるんですよ。それに対して何をやろうとしているか。建築を学んだ人間として、何か違う新しい知見を提供しようとしてるかどうかがとても大事だと思うので、あるなら知りたいです。

浅田：私のなかでは、このフレームを提案することで、1つの指標を与えてあげて、そこから可能性を広げたいと思っています。ログハウスは、あの形態と窓の開け方と仕組みなど、かなり固定概念があると思っています。それをリセットして、1つ前の段階に戻して、日本の木造軸組構法を用いて、それぞれの人の癖に応じて窓を開けたり閉じたり決めていく仕組みにできたら良いなと考えています。

出展者コメント
――トウキョウ建築コレクションを終えて

人生最大の買い物と言われる住宅について、直接その仕組みやコストを理解することはなかなか難しい。一般的な価値観をもった人たちに、それぞれの資金と広さで自由に、心地よい空間を自ら生み出してもらいたい。そのための仕組みを、つくり出し続ける人でありたい。

面の書き換え操作による形態変化を用いた設計手法の提案

Name:
太田雄太郎
Yutaro Ohta

University:
中部大学大学院
工学研究科　建設工学専攻
早川紀朱研究室

Q 修士設計を通して得たこと

設計を続けていく上での大きな宿題を貰ったと思っています。「完成形じゃなくて何かのきっかけで良いんだよ」と見守ってくださった指導教授の早川紀朱先生に感謝しきれません。

Q 修士修了後の進路と10年後の展望

今は名古屋の設計事務所で修行中です。友人と事務所を始める準備をしながら実務を学んでいます。10年後にはどんな形であれ社会に貢献している建築家になります。修士で考えた手法を実作として完成させたいです。

建築設計とは、さまざまな条件を整理した結果をかたちに翻訳することではないかと考えている。

さまざまな条件や設計者の思想をビジュアライズすることが設計であり、生まれるかたちが成果物であるとするならば、かたちの種類が表現の限界となり、かたちを発見することは表現の幅を広げること

につながるのではないだろうか。

本研究はかたちの発見による表現の幅の拡張を目的とし、フラクタル幾何学の生成原理を基に形態操作を行ない、約1000個の実験モデルを提案するものである。

フラクタル幾何学とはベンワー・マンデルブロが導入した幾何学の概念であり、樹木の枝分かれや海岸線など、図形の部分と全体が相似となっているものを指す。フラクタルはさまざまな分野で応用されており、建築設計の分野においてもタイリングや全体構成を考える理論としてフラクタル幾何学が用いら

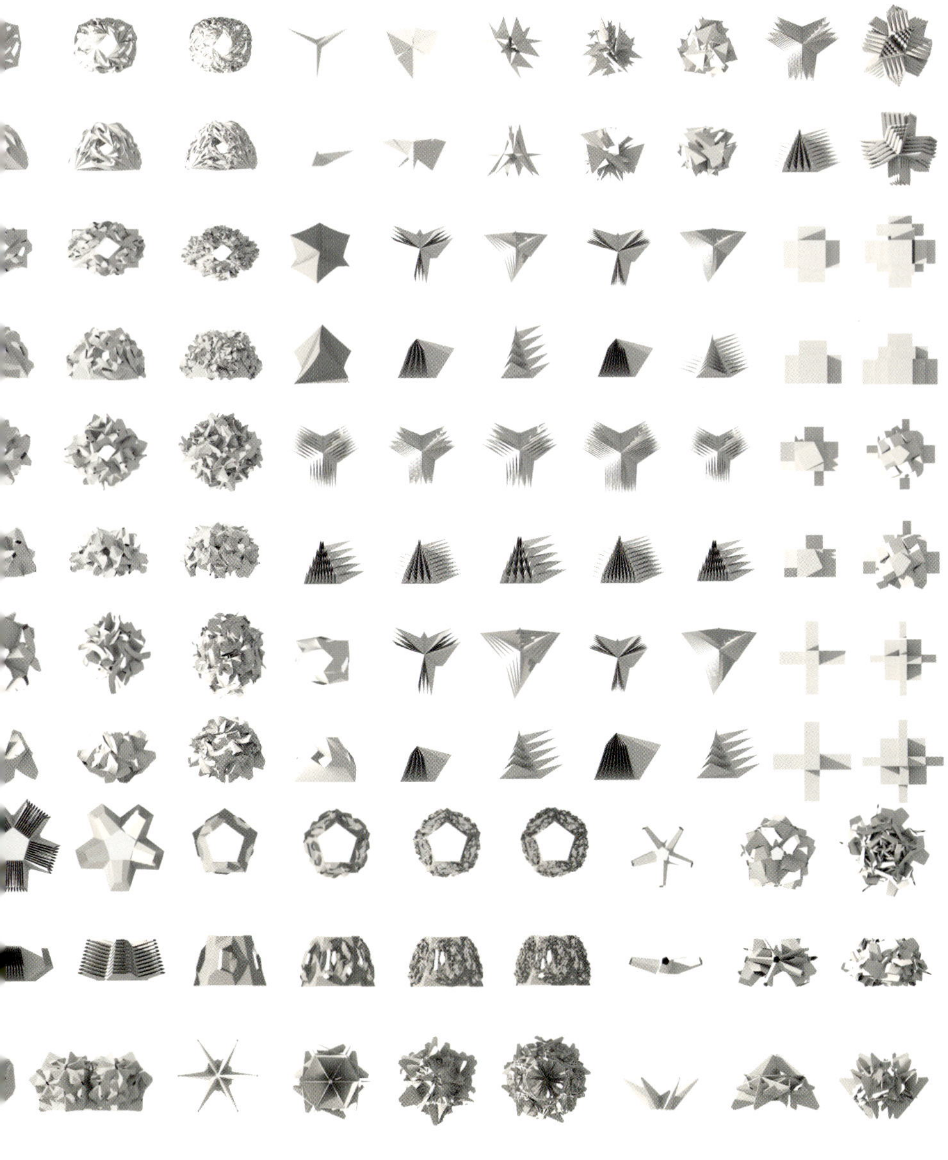

れている事例が見られる。それらの多くは1種類の図形を相似として扱うものである。もし、複数の図形を用いたフラクタル幾何学を表現するとしたらどのような形態が生まれるのだろうか。このような問いから「複数の図形を融合し、中間図形を生成する操作」(以後、本研究では、この一連の流れを書き換え操作と記す)による形態操作に新たなかたちが生まれる可能性を見い出した。

本研究では図形を三次元の空間として捉え、「書き換え操作」を新たな形態操作の手法として、提案を行なう。書き換え操作により生まれた実験モデルは、そのまま建築空間とするにはやや強引さを感じるものとなったが、いくつかのモデルには表現の幅を広げるための種となる可能性を見出した。そして実験モデルを応用として、3つの敷地に建築空間の提案を行なった。書き換え操作により起る形態変化がシークエンスに富んだユニークな空間をつくった。

Morphing

Morphingとは、映画やアニメーションで使用されるコンピュターグラフィックス手法の1つで、ある物体から別の物体へと自然に変化する映像をみせるものである。

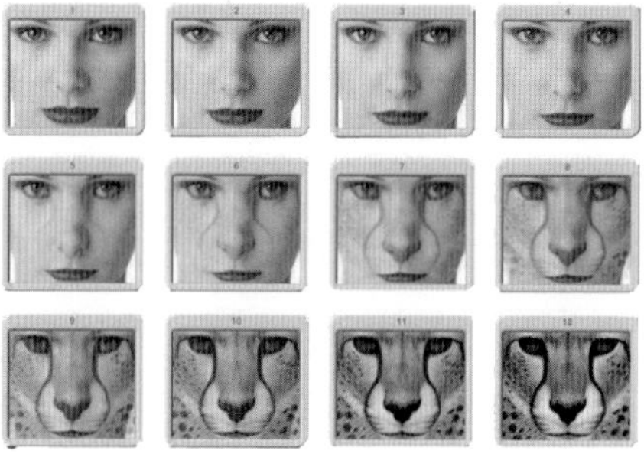

SrfMorph コマンド

SrfMorphとはGrasshopperの機能の1つであり Morphingという概念を利用したコマンドである。

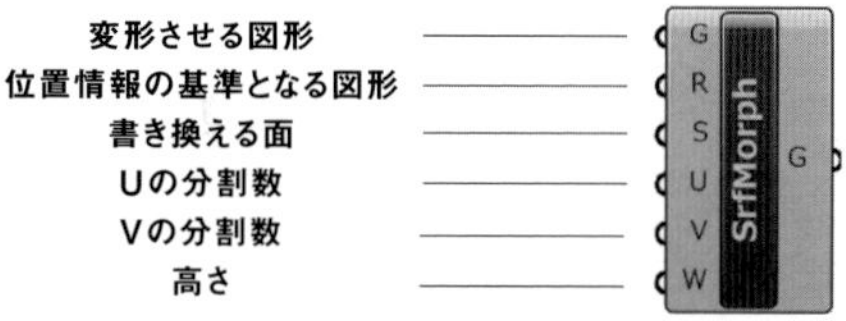

通常のフラクタルプロセス

1種類の図形を用いた操作の反復により生まれるものが多い。

書き換え操作を用いたフラクタルプロセス

2種類の幾図形を融合する操作の反復により生まれる。

書き換え操作:2種類の幾何学を融合する操作。

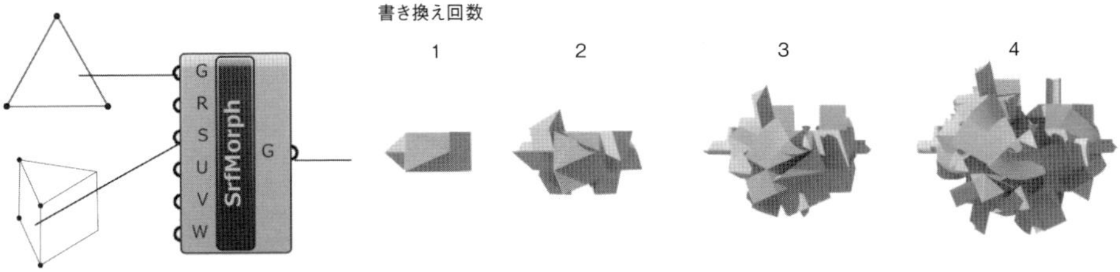

書き換え操作は3Dモデリングソフト Rhinocerosのプラグインである Grasshopperのツール「SrfMorph」コマンドを利用し行なうもので、「SrfMorph」コマンドとはMorphingと呼ばれるコンピュータグラフィックスの手法を利用し、「対象面の形状に合わせて立体幾何学を変形する」という働きをもつものである。

連続的変形が起きる書き換え操作

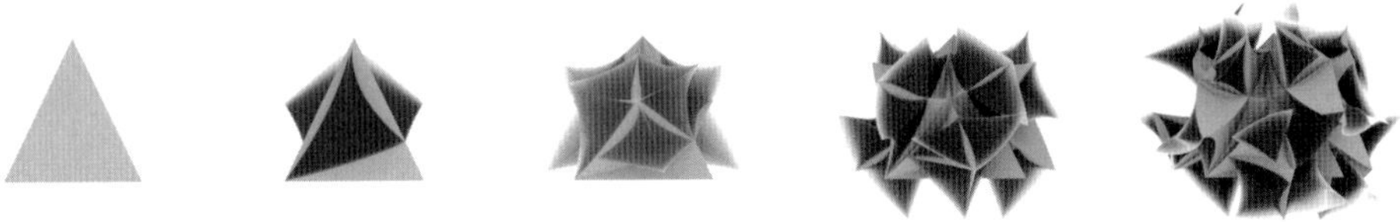

タイリング的変形が起きる書き換え操作

実験から導き出した2つの変形傾向「連続的書き換え操作」と「タイリング的書き換え操作」

実験結果の模型写真

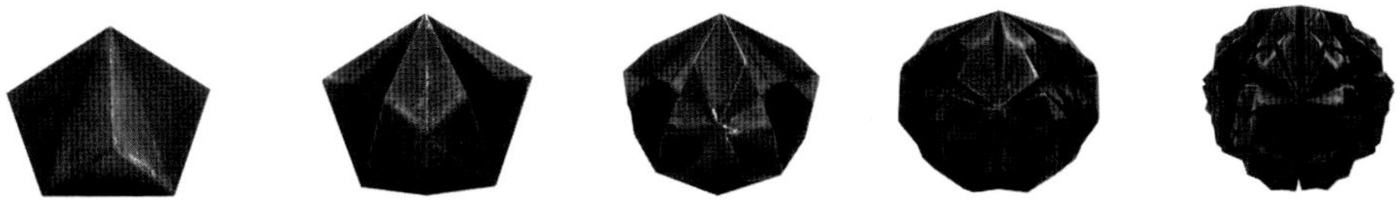

設計提案1の模型写真

設計提案2の模型写真

設計提案3の模型写真

審査員・出展者コメント

審査員コメント@巡回審査

羽鳥：さまざまなかたちの中からどうやってこのかたちを選んだのですか？　建築として使えそうなものを選んでいるように見えますが。

太田：そうですね、直感的に……。

羽鳥：ソフトを使って、パラメータをいじっていけば誰にでもつくれる時代になってきて、あとはどう選択するかが重要になってきますよね。直感に従うことは決して悪いことではないけれども、これを建築に適応した時に、どうして豊かな空間が生まれるのかを説明してもらいたいんです。従来のやり方だとどのような問題があって、このような取り組みをしているのかを教えてください。

太田：空間の連続性に興味があります。コンピュータを介して生まれる変形によって、自分が普段考えるシークエンスにはない、新しい連続性のつくり方ができないかと考えました。このやり方によって、光が連続的に入ってくるような空間も生まれました。

羽鳥：そこに思いもよらない発見があったと。だけど、人が移動できるようにするためには、変数をどう変えなければならないとか、振り返って生成パターンの派生の仕方にフィードバックできるはずですよね。そうすると形態の生成と、実際に使われる空間の人の行動がつながってくるじゃないですか。そういった取り組みが先にあれば、もっと面白かったと思います。

クライン：プレゼンテーションの時に、それぞれの空間とか具体的なディテールについてもっと説明をしてほしかったですね。どうやってサッシを入れるかとか、バスルームにするかとか、換気をするかとか、実際生活するにはどうすればいいのか。そこまでつなげて説明をすれば良かったと思います。

日埜：実験として、こういうことをやるのはすごく面白いのは分かります。でも、実際の建築の問題として、これで良いのかどうか。どう考えても建築にならないようなかたちがいっぱいあって、その中からまずまず使えるかたちをピックアップしたということだったとしたら、ちょっと弱い。このかたちで使うことをフィードバックして、この考え方に何か意味づけを行なう。つまり、幾何学的変形はいろいろあり得るけど、建築として使うということはそこにどういう意味をもたらすのか、ということが欲しい。かたちをつくりながら、これは建築的にどういう意味があるんだっていう解釈で往復していく必要があると思います。外壁にコールテン鋼を使っているところも、何か趣味的に見えてしまうんですよね。

吉村：床が斜めになっているところなどにはコンピュータっぽさを感じますが、この空間自体は生の人間がスケッチしても、できるんじゃないかという気がします。たくさんスタディをして、最終的に単純なかたちになることも、腑に落ちない。これが果たしてコンピュータにしか出せないかたちなのかどうか。まったくコンピュータを使わない世代の建築家もこういうものをつくっていると思いますよ。

出展者コメント
──トウキョウ建築コレクションを終えて

とても素晴らしい時間でした。審査員の方々や展示を見てくださった方にたくさんのご意見をいただけたことはもちろん貴重でしたし、私が敬愛する槇文彦先生の建築で展示ができて本当に幸せでした。この経験をただの思い出にせず、建築を続けていきます。

Elastic Morphology
曲げ加工を用いた圧縮成形による木質架構の研究

Name:
馬場雅博
Masahiro Umaba

University:
東京藝術大学大学院
美術研究科　建築専攻
金田充弘研究室

Q 修士設計を通して得たこと
私自身の思いや考えを、金田充弘准教授をはじめ博士課程の方々等、他者のアイデアと交えることで大きく発展させ、つくり上げることができた経験は、大きな自信となりました。

Q 修士修了後の進路と10年後の展望
日建設計に勤務して、主に学校建築・公共建築の設計や、プロダクトデザインの開発などに携わっています。将来は、建築の可能性を広げるような、これまで見たこともない建築を1つでも多く設計していきたいです。

産業革命以降、都市計画や建築の主流であった近代主義建築は、均質で安定した資材を大量に供給することに適した鉄やガラス、コンクリート等により成立していました。一方、「均質」という点で劣る木はモダニズムのなかで扱われることは少なかったように思われます。

しかし現在、木質を取り巻く社会背景は急速に変化しています。CO_2 の固定化や森林整備、国内林業の活性化などの新たな利点や問題解決の必要性から木材の積極的利用が望まれており、建築における木造・木質化が社会的に進められています。こうした

建築を取り巻く状況のなか、木の特性を活かした加工法である「曲げ木」に着目しました。

木は親水性が高く、高含水状態の木材は加熱することによって軟化し、乾燥時よりも容易に曲げることが可能になります。そして、木材の曲げ変形は圧縮変形において顕著であり、この特質を活かした加工法が「曲げ木」です。19世紀中頃ドイツのミヒャエル・トーネット（1796〜1871年）は鉄製の治具・型を用いた世界初の量産型の曲げ木家具を開発しました。

曲げ木家具の生産行程には、そのかたちを成型するための大量の型・治具を必要とします。建築においても同様に、レンガやコンクリートの部材生産に型を用いることは不可避であります。

そこで私は本修了計画において「型を必要としない曲げ木」を検討することで、これまで得られなかったかたちや生産の仕組みを考案・開発したいと考えました。

伝統的な曲げ木――型・治具によって定義されるかたち Wood Bending

2013年9月20日、日本における曲げ木の産地である秋田県大館市の「大館曲げわっぱ工房」において曲物の制作を通して伝統的な曲げ木のメカニズムの調査を行ないました。

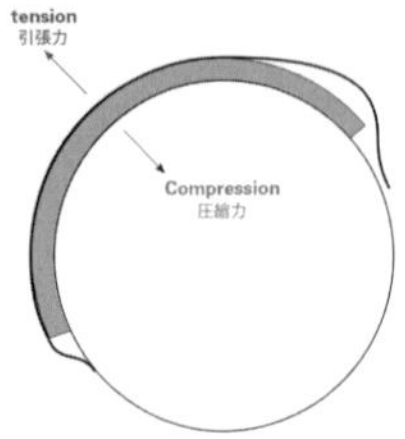

調査分析

曲げわっぱは伝統的に「高温曲げ法」を用いてられています。室温で含水率17%の場合、ひずみ量が引張で1%程度、圧縮で5%程度になれば破壊し、温度約100℃で含水率が33%の場合、引張で2%になれば破壊するのに対して、圧縮では35%以上になっても破壊しない。ここでは布バンドが引張力を抑える役目を果たしています。

1

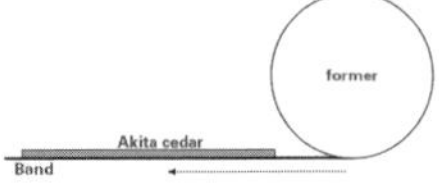

小結

曲げ木では治具でいかに木材の引張応力を抑えて圧縮成形していくかが問題となることが分かりました。従来の曲げ木はこの引張応力を抑えるために型や治具が必要となります。

2

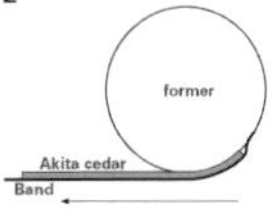

3

調査時に自ら制作した秋田スギによる曲げ物

水と熱による木の諸相 Study of Wood Bending

2つの高温曲げ実験

スギ・ホオノキ・チーク・合板、4つの樹種(厚さ3mm×幅30mm×長さ600mm)を用いて2つの高温曲げ実験を行ないました。そして、下記の実験結果・分析により、本修士設計では電子レンジを用いた「高温曲げ」を採用しました。

a.電子レンジ(マイクロ波/高周波加熱)法(Internal Heat Generation)

工業的な曲げ加工としてマイクロ波は広く利用されていますが、一般的な装置として電子レンジで行なうことができます。結果、厚さ3mm程度までであれば1~2分で木が軟化し、時間配分が容易にできることから部材を合理的に大量生産できると考えました。

――樹種による軟化・曲げの度合い

スギ・ホオノキ・チーク・合板、4つの樹種を試した結果、軟化・曲げやすさの度合いは合板が最も曲げやすく、続いて針葉樹であるスギ、最後に広葉樹であるホオノキ・チークの順となりました。合板は元々加工されていることもあり、他の樹種より自由なかたちがつくりやすいことが分かりました。

b.煮曲げ法(Boil Bending)

木製の水槽を制作し、200v電圧の工業用電気ウォーマーを用いて煮曲げ実験を行ないました。水温が80℃~90℃の時点で最も木が軟化し、曲げやすいことが分かりました。しかし、曲げた後に水分が抜けきるまで2日ほど要したことが難点でありました。

a.電子レンジ(マイクロ波／高周波加熱)法による曲げ実験
Internal Heat Generation

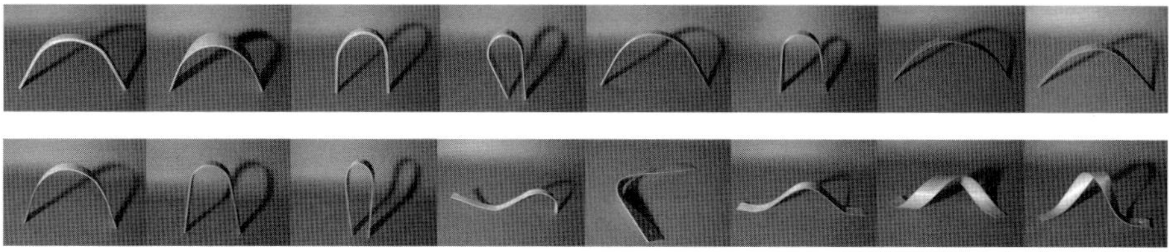

b.煮曲げ法
Boil Bending

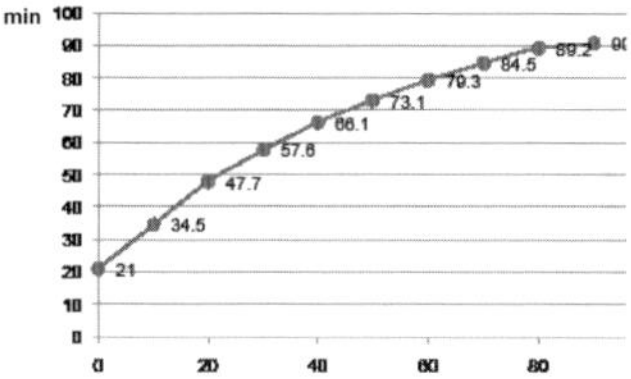

time	min	℃
23:20	0	21.0℃
23:30	10	34.5℃
23:40	20	47.7℃
23:50	30	57.6℃
24:00	40	66.1℃
24:10	50	73.1℃
24:20	60	79.3℃
24:30	70	84.5℃
24:40	80 Bending	89.2℃

煮曲げ法における時間と温度変化の関係

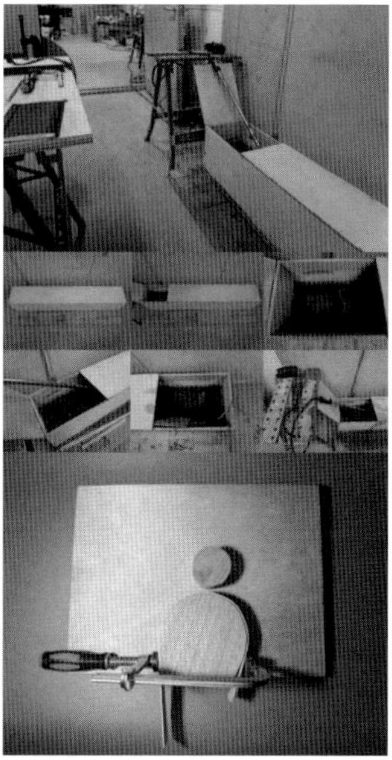

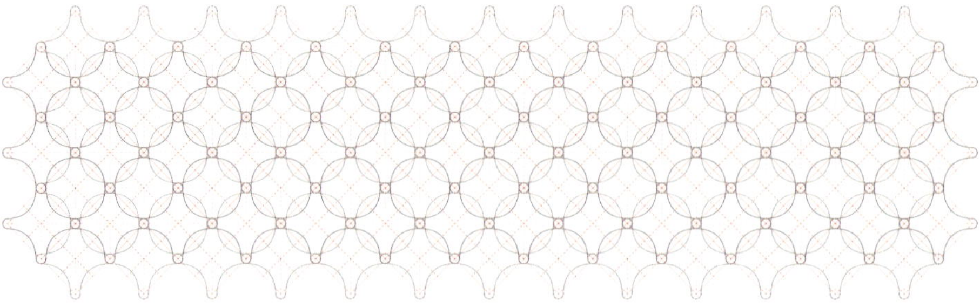

Assembly Plan

型を必要としない曲げ木部材の開発
Mouldless Wood Bending

用いる素材は1.6mmの薄いプライウッドです。切り出した部材を一晩水に浸し、翌日電子レンジを用いて高温曲げを行ないます。まったく同じユニットを90度回転させて合わせることで、薄く脆い素材であってもX軸とY軸それぞれに面として剛性の高い3次元的な木質ユニットができます。

幾何学的には4つの拘束点によりユニット内部でトラスの働きをすることで剛性を高くしています。組合わさることでトラスのジオメトリも展開されます。上下のユニットで拘束点の距離を変えることで水平から曲面に変化します。

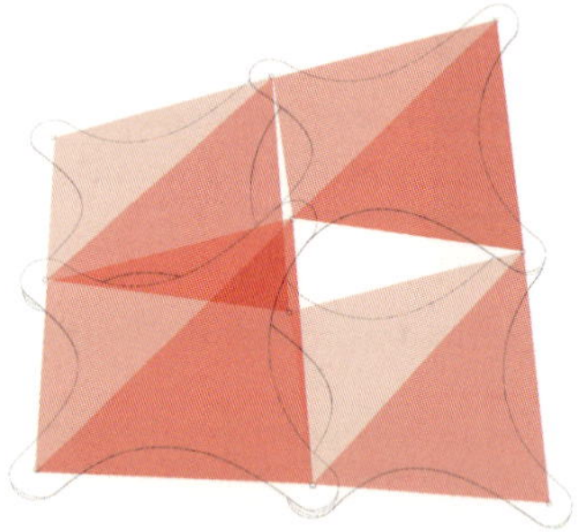

assembly behavior

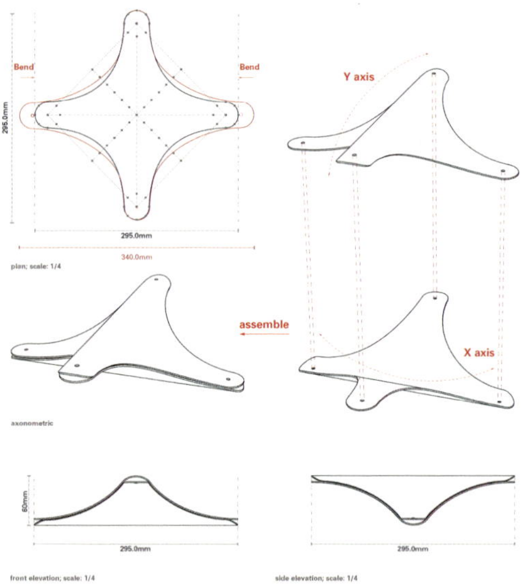

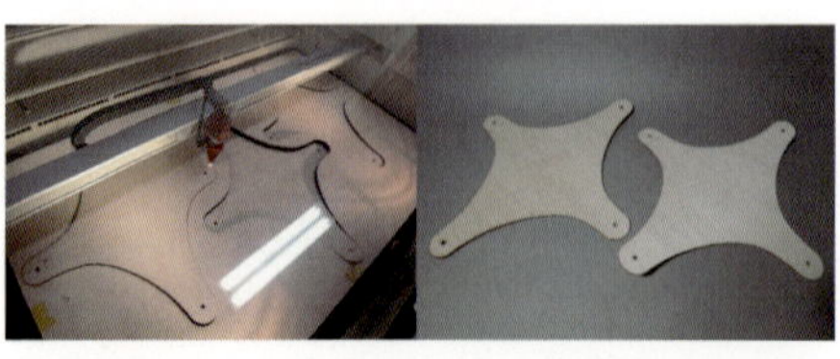

上下の部材はまったく同じ寸法です。3Dで設計し、幾何学的に解くことで、曲げることによって上下の部材が完全に合わさるようになっています。また、部材の切り出しはレーザーカッターで行ないました。

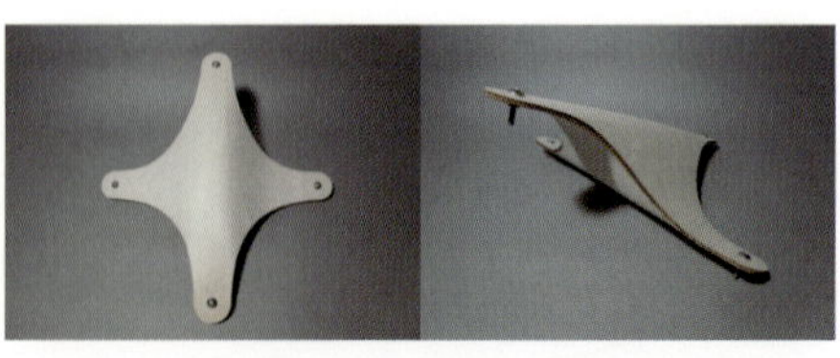

このユニットは従来の曲げ木のように型を必要とすることはなく、上下のパーツが合わさることで、互いの治具、型の役割を果たし、かたちが生成されていきます。

柔らかくて丈夫な構造
Behavior of Tention and Compression by Wood Bending

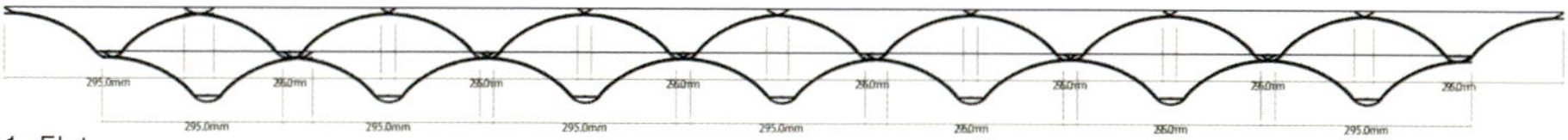

1: Flat

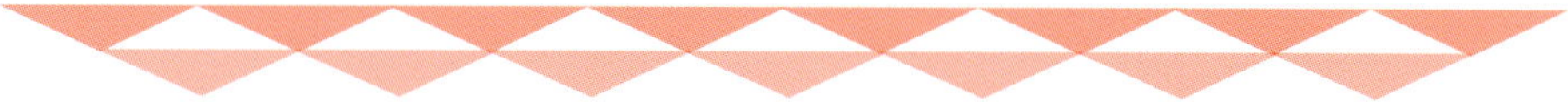

2: Geometry

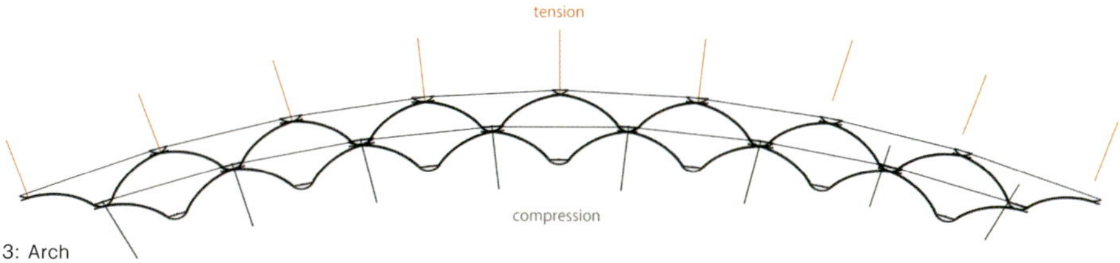

3: Arch

Detail

Flat Assembly

Arch Assembly

さまざまな事象を許容する建築・都市
Architecture that permits various phenomena

グリッドシステムで水平に展開できるように設計していますが、上下のレイヤーで拘束点の距離を変えることで外側には引張力、内側には圧縮力が働き、曲面形態へと自由に変化させることが可能です。
──「木質の3次元的な曲面構造体をつくる」。それには線材ではなく、面として構造体を構成していきたいという考えがありました。面としての木質ユニットの可能性を検討することで直接屋根を敷くことや照明や空調など設備との関係を直接的に考えられると思いました。
──曲げによって生まれるユニット間の隙間はその照明・空調など設備スペースとして用いることができ、小さなスペースを多様な目的に使える可能性を考えました。
──曲げ木を建築に応用することは構造的利点のみならず、構造材と屋根、天井と設備など、人々の生活と空間内外の関係性をより密接にすることであると、本研究を通して考えてきました。

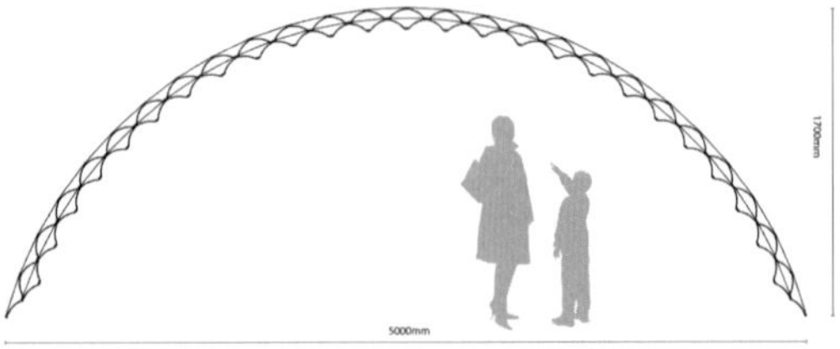

Elevation

Detail Photo

Elevation Photo

Perspective Photo

幅; 5000mm、奥行き; 1000mm、高さ; 1700mmの曲面架構を提案しました。軽量ながら大スパンの架構をつくることが可能です。この建築モデルは、曲げ木とその曲げ木どうしの拘束点により剛性を担保していますが、拘束点から遠い部分は撓みが生じます。つまり、1つのユニット内に柔と剛、相反する性質をもつ建築モデルであり、さまざまな事象を許容する建築や都市にこそ未来への可能性をもつと考えます。

審査員・出展者コメント

審査員コメント@巡回審査

クライン：これは別に木でなくてもいいですよね。例えば、ポリプロピレンでもできるし、もっと軽くすることもできる。形はきれいでソフィスティケートされていて、木の素材感もいいと思うのですが、少し無駄遣いにも感じるんです。だから、リサイクルしたものを使ったり、ほかの可能性もあると思うんですよね。あと、CGだけでもいいから、もっと具体的なスペースをつくってほしかった。これをつくるのはすごく時間がかかったと思いますが、もう少し具体的な建築の例も見たかったなと思いました。

羽鳥：お菓子みたいでいいよね。なんか「おっとっと」っぽい。そういう感じは結構重要な気がします。構造の仕組みやエンジニアリングというのは、見た目からして何かとっつきづらいですよね。でも、これはそういう近寄りがたさがなく、フレンドリーな感じがいい。さらにお菓子っぽく工夫できているともっと良かったと思います。そういう趣味の領域に構造が向かっているという感覚が何か新しいなと感じました。

日埜：どういう材料でも、ジョイントがこれだけあると、ある程度アーチとして成立しちゃうでしょう。パーツのかたちとはあまり関係のないところでアーチができている可能性がある。このアーチの構造的な挙動を決めてるのは、この素材そのものなのか、ジョイントのあそびの部分なのか、どっちなのかが気になります。

もうひとつ気になったのは、これにどれくらい自由度があるのかということです。例えば、ある自由な曲面をCAD上で設定すると、パラメトリックにユニットの大きさを計算してパーツを書き出すことができるとか。それを単純に切り抜いてパチンパチンとやったらユニットができて、順番に組み立てていくと、どんな自由曲面でもつくれます、とそこまで自動化できると面白いと思います。

篠原：曲げ木の原理で、しなやかな構造になっているのがいいですよね。線材じゃなくて、薄い木の面材でできるというのが面白い。これをどんどん重ねていった時に、木はちょっとずつ質が違うから、誤差が出てくると思うのですが、こういうプリミティブな合わせ方が、誤差を吸収するのには比較的向いているのかもしれません。これが都市の中で建築としてどういう可能性があるのかが気になりました。

吉村：これは防災や災害の緊急救助の時に張るテントみたいなものでも使えるかもしれませんよね。データを公開して共有しておけば、電子レンジとレーザーカッターさえあれば誰でもつくれる。電子レンジはほぼみんな持っているし、レーザーカッターも近い将来、ある範囲のコミュニティに配置されていく可能性がある。そうなってくると、どこかからすごいものを運んでこなくても電子レンジとレーザーカッター、3Dプリンターなどで建築がつくれる。そういう文脈にも接続できる可能性があると思います。この材料をわざわざ用意しなければならないというよりも、そのへんにあるものを加工すると建築がつくれちゃうというような感じが出ると、もっと面白かったと思います。

出展者コメント
——トウキョウ建築コレクションを終えて

審査員の方々と意見を交えることが何より面白かったです。皆さん第一線で活躍する建築家だけあって、膨大な知識と経験のなかで話をされるので、私は答えるのに必死でした。いただいた言葉を一つひとつ検証していくことが、建築に携わっていく上でとても大切になってくると感じています。

映画のような建築

映画を観るとき私たちは自分のおかれた日常とは別の世界を観ることができる。映画はそこに写っていない画面の外の世界を同時に想像させ、その世界との関係で成り立っているものだと言える。それは何もSF的な近未来の空間ではなく、日常のなかに埋没してしまったようなもので、私たちの生きる日常のすぐ横で身を潜める何かではないだろうか。映画監督のロレーヌ・レヴィは「映画とは共有すること、受け渡すこと、交換することであり、他者を理解し、経験するための方法」だと語っている。実際に存在していないものであるはずの映画空間は、私たちに自分の日常の外の世界や自分以外のだれかとつなが

Name:
福田 俊
Suguru Fukuda

University:
東北工業大学大学院
工学研究科　建築学専攻
福屋粧子研究室

Q 修士設計を通して得たこと
これから先も建築を考えていきたいと思えました。また、ずっと手伝ってくれたすばらしい後輩に出会えたことです。

Q 修士修了後の進路と10年後の展望
設計事務所でトライアル中です。ずっと建築を考え続けていたいです。

る体験を与えてくれる。

本修士学位設計では、映画的空間体験をもった建築をつくることを目的とする。

それは自分を中心として固定された空間体験ではなく、意識が空間を浮遊するようなフィクショナルな空間体験を生む。

映画において二次元平面であるスクリーンの中に現れる空間には、自分を中心とした中枢的知覚が存在しないため、私たちはいつしか実体の欠如した存在となり、他者を通した代理体験として映画の空間を経験する。映画を観ているあいだ、映画の中に広がる仮想的な空間は私たちにとってのリアルとなり、私たちの意識は空間と同化するように映画の中のもうひとつの現実へと飛び移っていく。建築が日常を構成する一部となってしまった現代において、日常は壁に囲まれた領域によって守られており、そこでは空間体験も自分を中心とした固定されたものと言える。映画のようにフィクショナルな空間をもった建築によって、日常の外側を想像させ、限定された個人の領域を緩やかに解体するようなつながりをつくりたいと考える。

建築における空間の知覚

建築における空間を体験する時、私たちは自分自身を主体として相対的にモノとの距離を計り、移動に伴う位置関係の変化によって三次元の世界を知覚している。自分自身を基準とし空間を把握しているのだから、建築における空間体験とは中枢的な体験と言える。遠近法という概念の登場によって、空間認識はより身近なものとなり、誰しもが建築空間の中に無意識的に自らの知覚を固定してしまっている。そのため建築における空間は、それ自体は動くことのないものだと認識される。

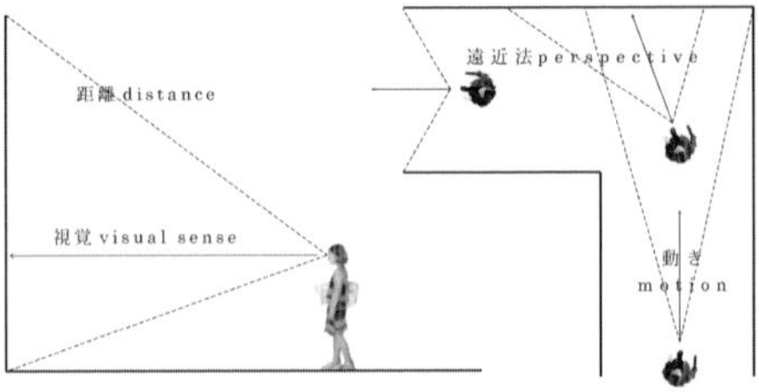

映画における空間の知覚

映画における空間体験では映画の性質上、視覚が重要な要素であり映画における体験は視覚的体験である。しかし、そこには主体としての私は存在しない。自分ではない誰かの動きなどによって代理的に空間がそこにあることを知覚する。建築における空間は主体的な体験だとすると、映画特有の空間体験は誰かを通した代理的体験と言える。また映画における空間は、現実の空間との歪みをもち、空間認識にズレを生む。代理体験と認識のズレの効果によって知覚が私たちの身体を離れ、スクリーンの中の空間に乗り移った時、映画空間は私たちの体験として知覚される。

映画的空間体験を生む要素とは何かをあきらかにしていくため、日本を代表する映画監督である小津安二郎の映画を分析し、特徴を抽出した。

正方形の構図　反復とズレ　光と闇

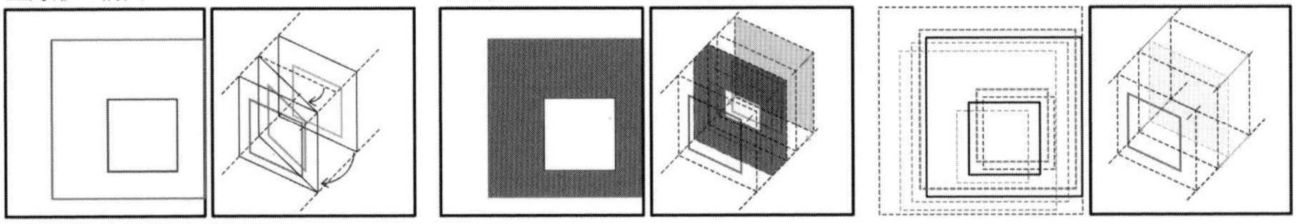

抽出されたダイアグラム

空間化のスタディ

空間の知覚には、視覚的な奥行きと実際の奥行きが存在する。建築を体験する時、まず視覚的な奥行きを知覚する。さらに空間内を移動することで、距離を計り、実際に奥行きとの誤差を埋めていくことで空間を体験する。また、映画空間では視覚的な奥行きしか存在していないため、そこには主体としての自分自身は存在せず、空間内を動き回ることはできない。他者の動きがなければそれは静止した写真のように感じられる。建築での空間体験において一点透視図法などの遠近法の発展が空間認識を容易なものに変えてしまった現代では、視覚的奥行きと実際の奥行きのズレは大きくないと言える。

しかし、映画における空間は演出された空間であり、視覚的な奥行きと実際の奥行きには歪みが生じている。そこで映画的空間をつくるにあたり、小津映画の分析で得たダイアグラムをもとに空間化を行ない、空間知覚モデルによる視覚的な奥行きの変化と空間の歪みについてスタディしていく。

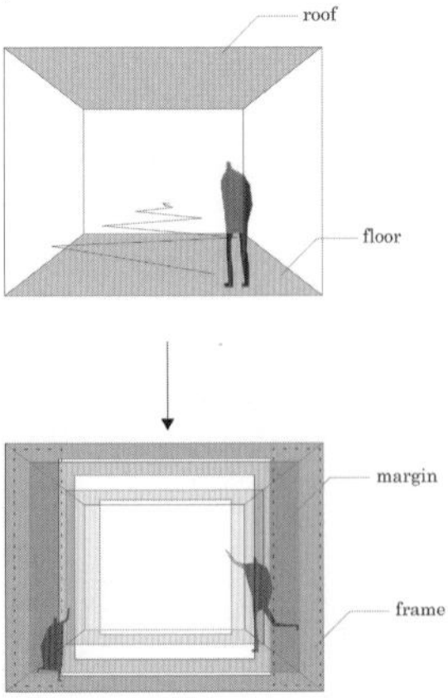

多重に連続するフレーム

一方向視点モデル

ダイアグラムを元に空間モデルを作成した。このモデルでは、観測者は移動しないものとして「フレームの連続」「フレームの角度」「光のコントラスト」「開口の変化」による視覚的奥行きの変化を考察した。フレームの連続や光のコントラストによって、実際の奥行きとは、異なる視覚的な奥行きをつくっていく。これらの操作によって同一寸法の空間に異なるイメージを想起させる。

		効果
 	①基本形 開口：均等（2000 × 2000mm） 位置：中心 奥行：均等（2250mm） 角度：平行（0°） 光　：均等 高さ：均等（3000mm）	フレームによって分節されながらも、視線は奥へと延びてゆく。分節されながらもリズムが一定であるため奥行きは強く感じる。
 	②奥行変化 開口：均等 位置：中心 奥行：2250 , 900, 3600 , 2250 角度：平行 光　：均等 高さ：均等	奥行きにリズムが生まれる。 広い部屋同士の連続性は弱くなり、3つ部屋に分節されたように見える。また、狭くなった部屋は影が濃くなる。
 	⑦角度変化（グラデーション） 開口：均等 位置：中心 奥行：均等 角度：10° ~50° 光　：均等 高さ：均等	⑥より歪みを強く感じる。直線に抜けていながら、視線は右へと誘導される。奥にいくごとに明るくなっていくような、陰影にも変化が見られる。
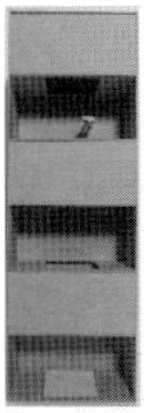 	⑭奥行変化 開口：均等 位置：中心 奥行：2250 , 900, 3600 , 2250 角度：平行 光　：明 , 暗 , 明 , 暗 高さ：均等	コントラストの変化でリズムが生まれる。手前にくらい部屋があることで奥の部屋が浮き上がるように感じる。遠近感は感じず、視覚的奥行きは平面的に感じられる。

多方向視点モデル

次に、一方向モデル得た要素を多方向に複合して展開する。実際の建築では、観測者が止まり続けることがないため、動きに合わせて多方向に視線が抜けるようにスタディを行なった。

均質なグリッドを基本としながら、重層するフレームによって陰影は強調され、さまざまなイメージの部屋と視線の抜けををつくっていく。移動に合わせて視線の抜けは変化し、奥行きの知覚は定まることはない。観測者は四方にさまざまな空間を知覚することができるが、同時に観測者は他者の観測対象となる。

さらに多方向視点モデルを1/10スケールで検討し、実際のスケールでも奥行きの知覚が定まらないような効果を得ることができるか検討した。この多方向視点モデルをコンセプトモデルとし、実際の設計へと展開していく。

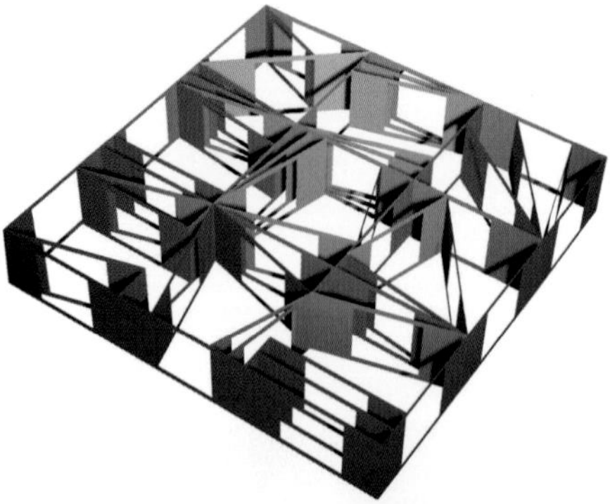

建築への応用

小津映画に見られる空間構成の分析と空間モデルによるスタディを応用し、主体的知覚の不在をテーマとした映画のような空間体験を引き起こす建築として小津映画の建築化を行なう。

小津映画が普遍的な日常をテーマとしていたこと、また、私たちを取り巻く建築のなかでも最も日常としての要素の強い住宅をプログラムとして設定し、10戸からなる集合住宅を計画する。家族での使用または単身者の使用を想定し、戸建住宅に近い延床面積をもつものとする。

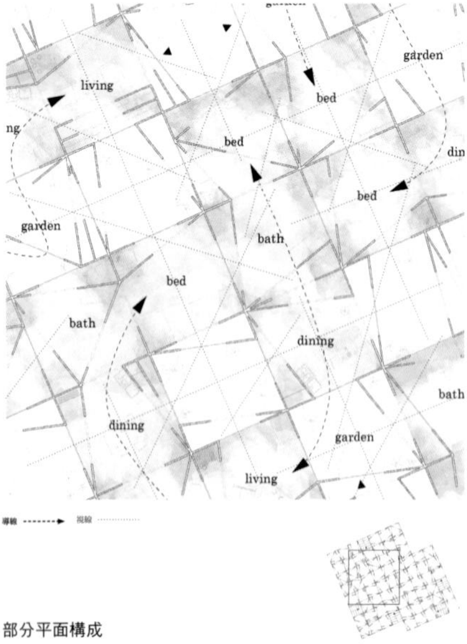

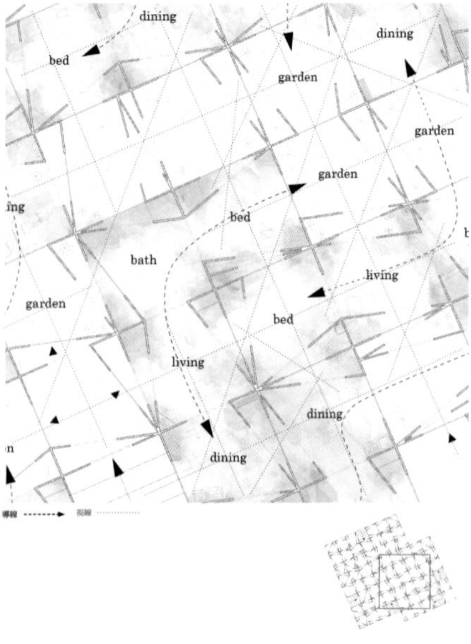

部分平面構成

他者の移動に伴う視線の誘導

他住戸への視線の抜け

多方向に抜ける視線

審査員・出展者コメント

審査員コメント@巡回審査

クライン：私が女性だからかもしれませんが、バスルームのような裸になる場所で、四方から見られていると、守られていない感じがして、非常に神経質になるんじゃないかな。寝る時や裸でいる時は安心したいのですが、これだと通路で生活しているようなものですよね。24時間見られているというのは、神経が疲れるんじゃないかなと。でも、最初の視点を最後まで真面目にフォローしていて、すごく良くできていると思います。

日埜：ある空間の奥行きをつくる手法、あるいは空間の対話関係みたいなものをつくる手法として、あなたの提案が試していることに特有の効果があるのは模型を見て実感しました。手法として考えていることが、効果としても実感できるプレゼンテーションになっていることはすばらしい。ただ、手法の実証としては分かるのですが、建築の設計としてはもう少し何か展開があるんじゃないかと思うんです。とりわけなぜ集合住宅を選択したのか。また、なぜ平屋にしたのか。例えば、もっと立体的なプログラムでもこういうことはできたんじゃないかと思うんです。高いところと低いところがあって、斜めに見上げるようなことが絡んできた時にどういうことが起こるのか。光の入り方によってどうなるのか。そういうことを展開していくと建築の設計としてより高度になったのではないかと思いました。

篠原：個人的には、他人の生活が景色になるというのは、ちょっと違和感があるのですが、窓の調査をやったら、窓が見える窓が好きという人が結構多かったんですよ。意外と別の人が住んでいる景色が心地良いと思う人はいるみたいですね。こういう空間がどんどん延びて街の中に差し込まれていっても面白いかなと思いました。この中の関係だけじゃなくてどんどん延びてほかの住宅や畑などと関係をつくりながら増殖していくとか。

羽鳥：プライバシーに関わるところが閉じていて、人に見せられるところで映像的な体験ができるから、より開けようとするきっかけになる、というふうになっていたらもっと良かったかな。それができないのであれば、こういうことは住宅ではなく別の用途で展開した方が良かったのではないか、そういう印象をもちました。

吉村：映画の分析は面白いのですが、本当に小津の映画とこの空間が関係しているのかな。小津の構図はこんなに動的じゃないと思うんです。この空間を見てから、小津の映画を想像できないんですよね。小津のスタティックさとはあまり相容れないような気がします。僕はこれを見ると、エドワード・ホッパーの「ナイトホークス」という絵画を思い出します。絵画の中にもう1個フレームをつくって、フレーム・イン・フレームで、絵の中にもう1人そのシーンを観察している人がいるような錯覚を起こすんです。ホッパーはそういう構図の絵をたくさん描いているのですが、これはそれにすごく似ていると思います。僕としては、小津の映画というよりも、ホッパーの絵画にインスパイアされたと説明された方が、すんなり腑に落ちるんですけどね。

出展者コメント
──トウキョウ建築コレクションを終えて

長い学生生活の最後にこのような機会を得ることができて本当によかったです。1人で悩み続けたことに誰かしらが興味をもってくれたことがなによりも嬉しいです。

馬とすれちがう建築

世田谷、馬事公苑の付近では、馬が信号待ちをし横断歩道を渡る光景に遭遇することがあります。その際、馬の大きさやリズム、蹄鉄の音、視線などによって、横断歩道という人のための場所が、自然にふれているような癒しと、すこしの緊張感を纏う場所に変わっていることに興味をもちました。そのような人と動物の生活する場所を完全に分けてから考えるのではない、人と動物の居場所が重なってくることで、人工的な空間に自然を拡張していくような建築のあり方を考えました。

都市の中で馬を管理する騎馬警官の警察署に注目

Name:
髙橋賢治
Kenji Takahashi

University:
東京藝術大学大学院
美術研究科　建築専攻
トム・ヘネガン研究室

Q 修士設計を通して得たこと
人間以外の動物の日常生活を知り、都市や建築が自然とどのように共生するべきかを考えるきっかけとなりました。

Q 修士修了後の進路と10年後の展望
横浜のアトリエ事務所で働いています。建築家として馬と関わっていく方法を探っています。

し、人の使う場所と馬の使う場所が重なってくるという視点を、警察や周辺市民と、飼育されている馬それぞれの生活空間の関係に取り入れました。

馬の生活と行動の分析結果を基にしたモデュロール、コンパス、分度器、雲形定規という４つの馬定規より得られる寸法と形体を手掛かりとしながら、積層、同じ要素を使う、ひとつながりの形、平面的に並べる、同じ場所を使うといった５つの空間構成を通し、馬と人の生活が重なってくるような建築モデルの提案を試みました。

上の写真は東京、世田谷で幼い頃から私が見てきた光景です。東京農業大学馬術部の馬が、付近にある馬事公苑という馬術施設での練習を終えて世田谷通りを渡っているところです。

プロセスA:馬定規を作成する

馬の生活や馬に関する建築のリサーチを通し、馬と人それぞれの居場所を描くための4種類の定規を作成する。人の居場所を人の寸法で、馬の居場所を馬の寸法で、共有部分は2つが重なる寸法を用いて設計を進める。

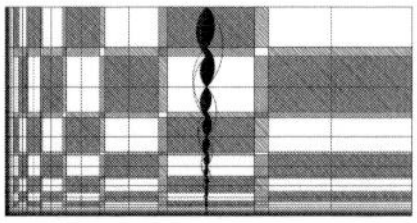

1.モデュロール

馬の後脚にコルビュジエのモデュロールを当てはめると、各関節や体高、歩幅などの寸法に近似する馬モデュロールが得られた。さらに人の背丈を1776mmと設定することで、人と馬の片方の数列が重なる「人馬のモデュロール」が得られた。

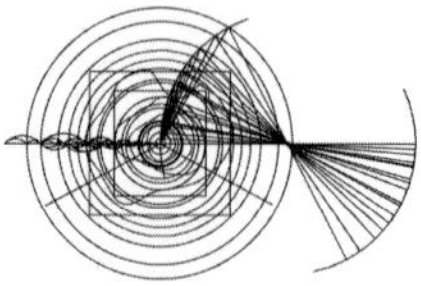

2.コンパス

馬と人それぞれに関する転回と集合の範囲を、モデュロールで得られた寸法を用い円に表した道具。

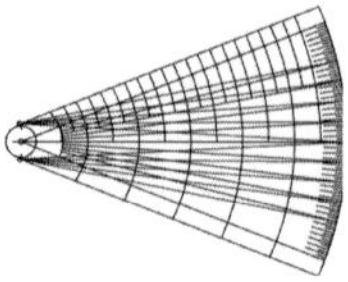

3.分度器

馬の登れるスロープや階段の傾斜、また開脚時の脚の位置を考慮するための道具。

4.雲形定規

馬の移動経路、移動パターンの分析から、馬が放牧される場所の形を設計するための道具。

馬定規作成のためのリサーチ

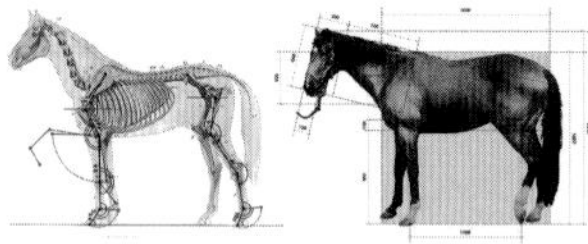

骨格と関節の動き/寸法とプロポーション

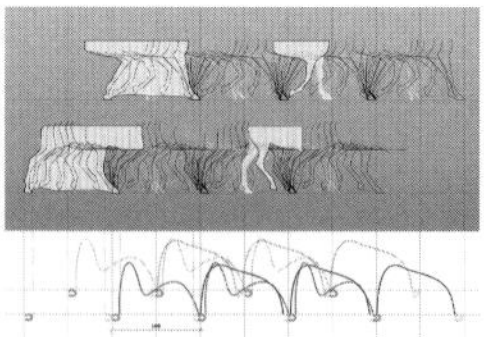

脚の運びとその軌跡

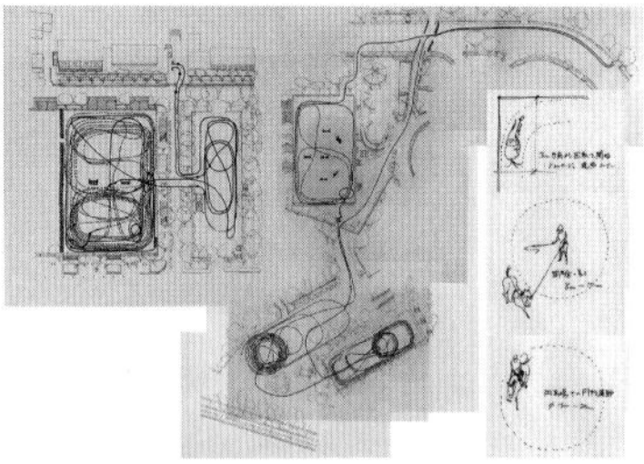

調教内容と活動範囲

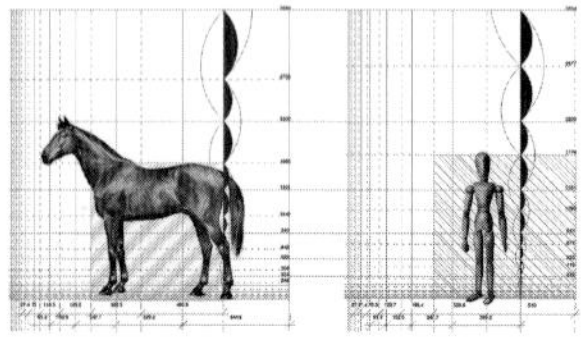

モデュロールの重ね

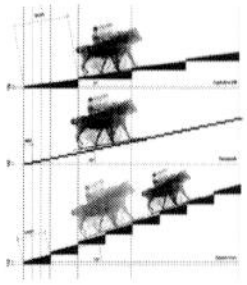

各地の馬階段の比較

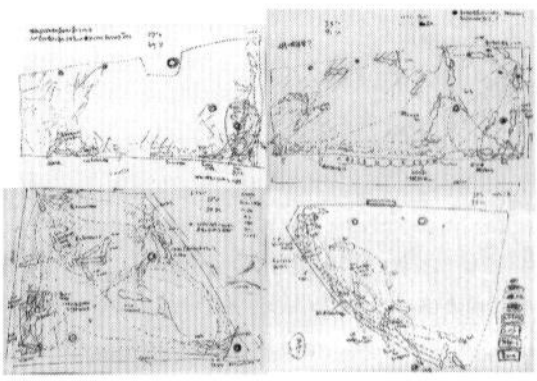

放牧場での行動のノーテーション

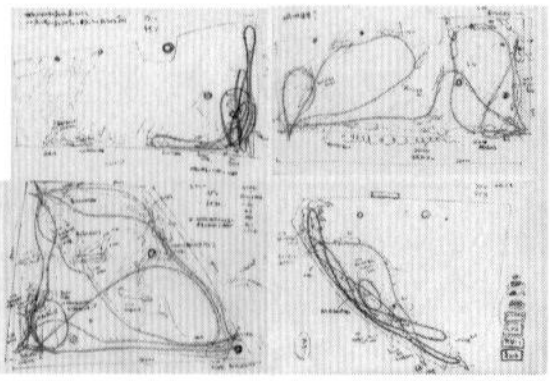

移動の軌跡

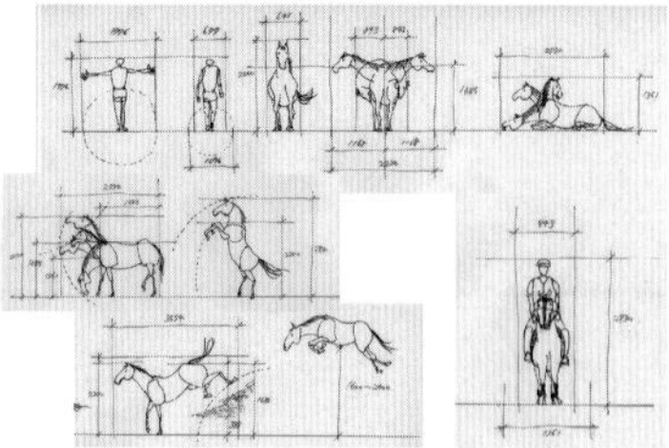

典型的な行動と寸法

プロセスB:馬と人が混ざり合うための構成

馬定規から得られる寸法や形を、馬と人の建築をつくる基礎として使用しながら、全体の構成としての5つのトピックを用いて、さまざまなレベルで馬と人が混ざり合う空間を考える。

1.積層する

人の仕事場を囲むように馬の居場所が配置され、今までの平面的な馬場構成に比べて管理が容易である。また馬の居場所が浮遊することで、GLを人のために開放できると同時に、馬の生活空間は登るにつれて人や周囲の建物から遠ざかり視界が開けていく。人が馬を飼育という関係が、馬が人を見下ろす、高層の建物の中でともに生活しているといった光景によって、両者が対等な存在として人々の目に映るのではないか。

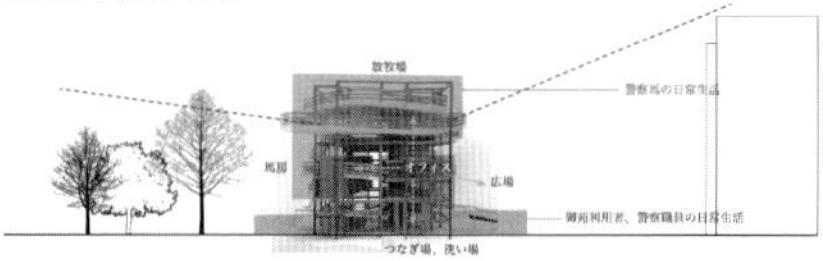

2.同じ要素を使う

ある要素のなかで、馬が人と同じような行為を行なっている様子をつくる。そのことで、人のためにつくられた形を、動物のための形に置き換えていくことができるのではないか。

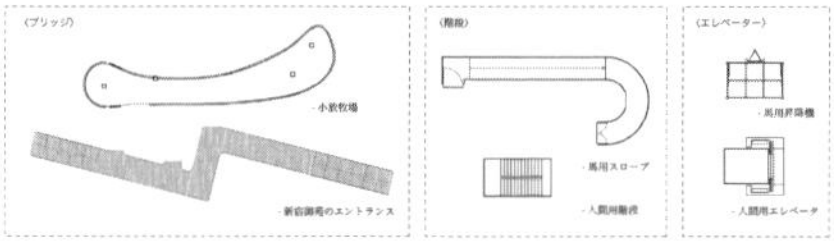

3.ひとつながりの形

1つのモジュールが、ある箇所では人のための、別の箇所では馬のための要素に変化する。そのことで、馬と人それぞれの居場所がシームレスにつながっている空間ができるのではないか。

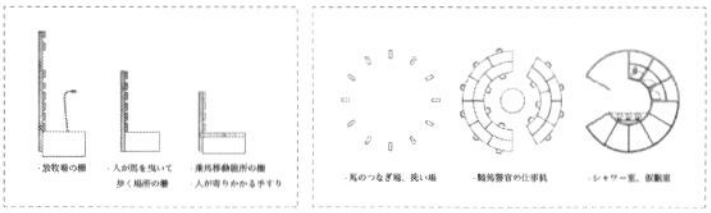

4.平面的に並べる

馬と人それぞれの行動が平面的に見えてくることで、互いの行為が空間を印象的に飾る要素になるのではないか。

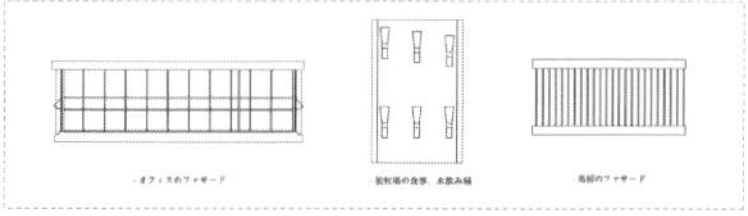

5.同じ場所を使う

馬と人が同じ場所を使うことで、人の居場所を直接的に馬の居場所に置き換えることができるのではないか。

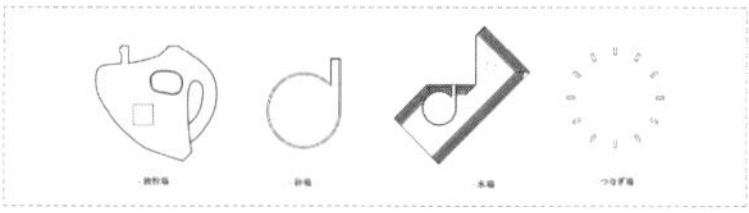

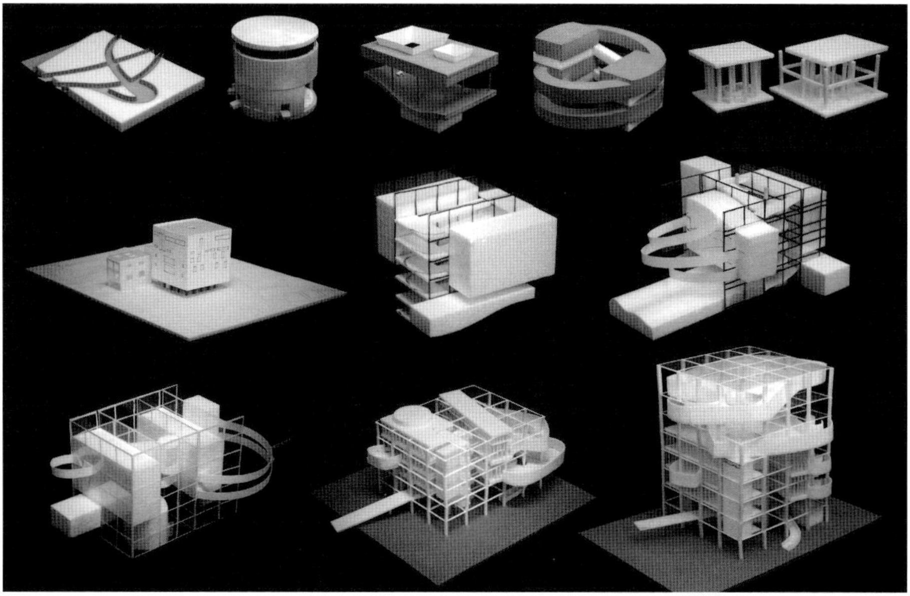

馬の居場所と人の居場所を重ねるスタディモデル

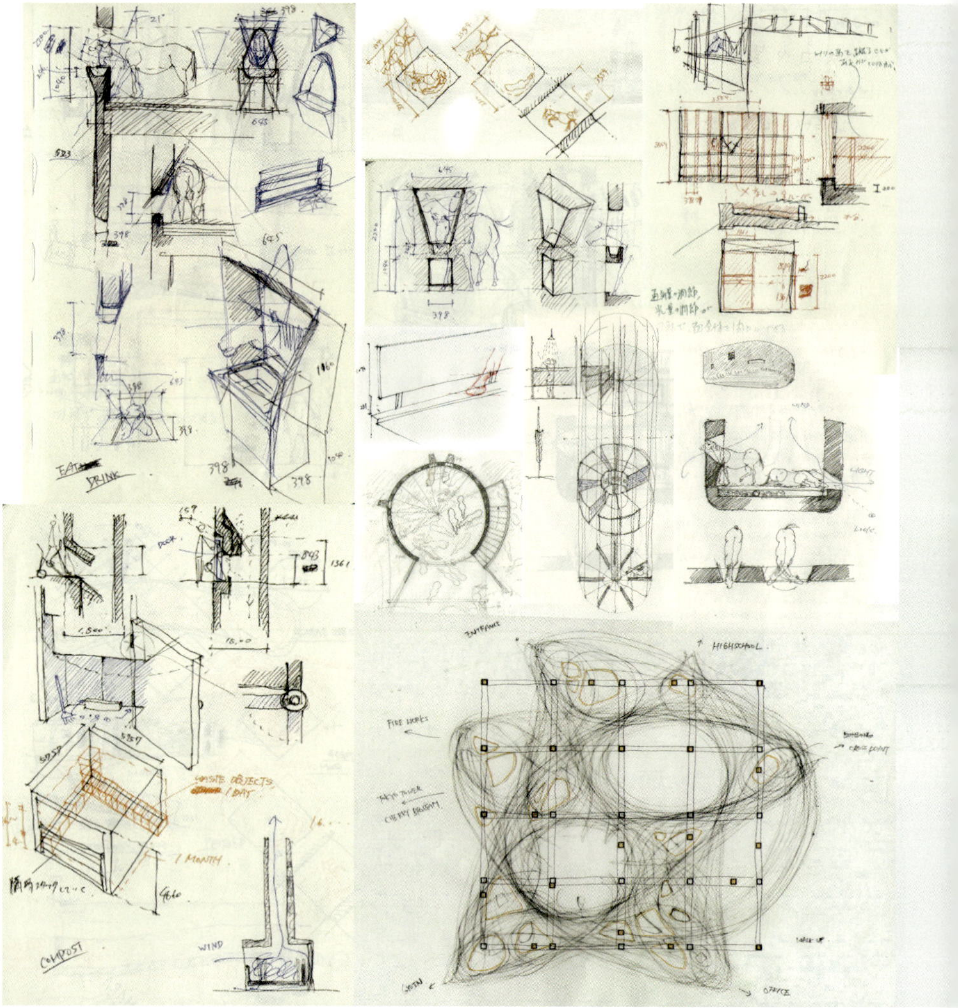

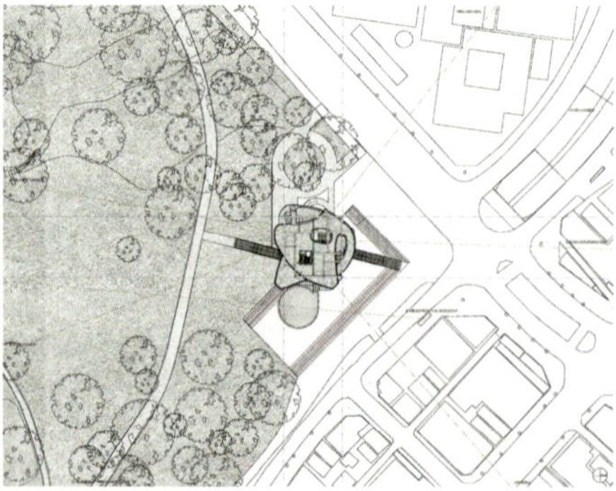

Site Plan

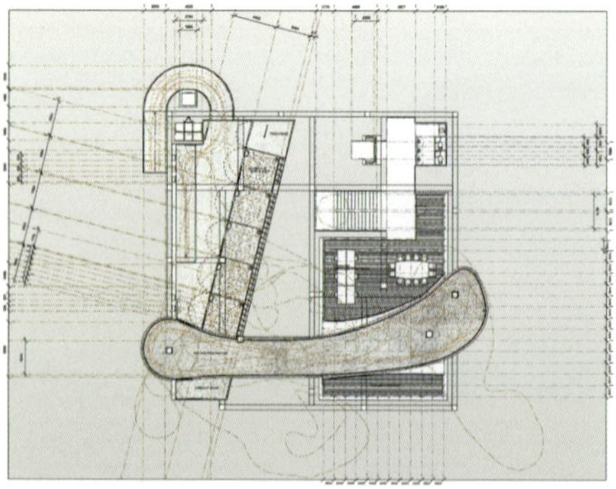

Plan 4th floor

馬と人それぞれの行動を
想定し、馬定規を用いて
形態と寸法を与える。

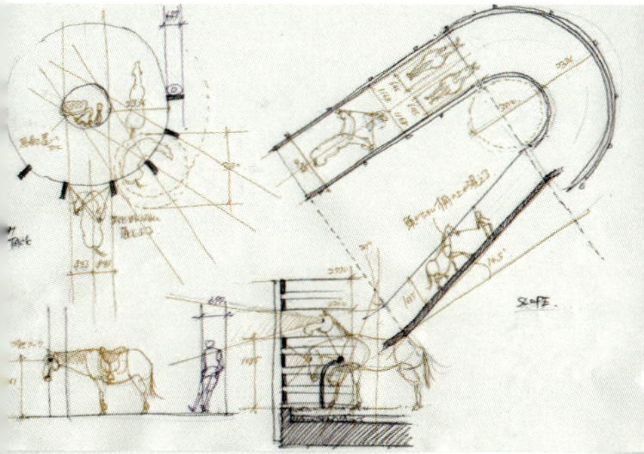

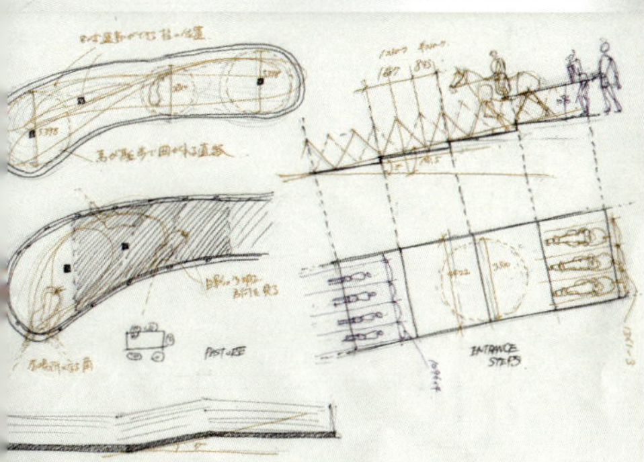

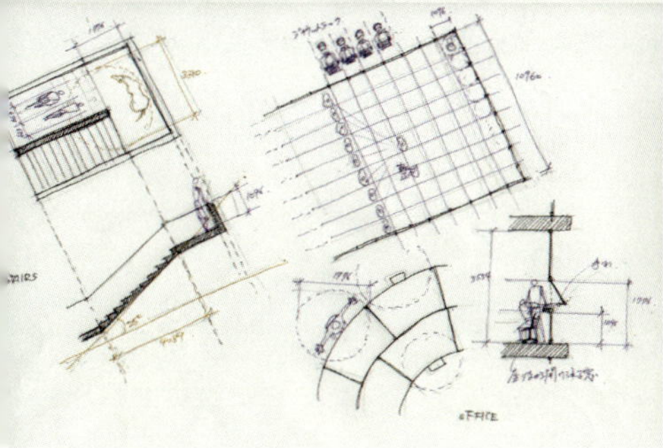

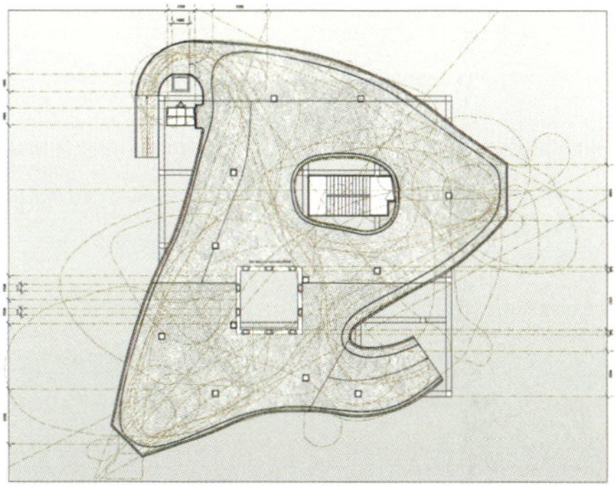

Plan 6th floor

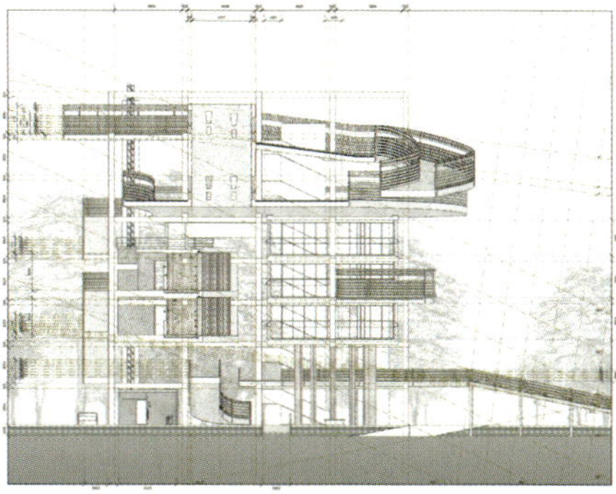

Section South-North

審査員・出展者コメント

審査員コメント@巡回審査

日埜：ここで使っているモデュロールが、人間のためでありながら馬のためでもある、三次元の空間をつくるための特有の寸法体系システムになっていると、すごいと思います。でも、ざっと見たところわりときままにやっているように見える。人間のためのモデュロールとは違うモデュロールが、建物のかたちを決めると何が起こるかは興味あるところです。馬と人間が使える部分を重ね合わせてつくったら、建物はこんなふうに変わります、と言われたら本当に面白いと思います。でも、ここでは「本当にそうだろうか？」という疑問が僕には残りました。

羽鳥：モデュロールの話が出てきましたが、かたちを決める時に、コルビュジエはどちらかというというと恣意性が強いと思うんです。例えば、コルビュジエの「カーペンター視覚芸術センター」の動線やかたちは、純粋に機能で決まっているわけではなく、あの動線を通って建物に入りたくなるようなかたちをしていると思うんです。一方で、ここで曲線をチョイスしたりとか、馬の行動軌跡からかたちを決める時に、自分の恣意性なり、審美眼がどういうふうにはたらいているのかが気になりました。

篠原：馬としては、平屋の方が良いのかもしれないけど、都市の中で積層された結果として、馬の動線が建築の要素になっているというのは面白いと思います。ただ、1階がもう少し抜けてもいいんじゃないですかね。1階の階高がひゅっとあって、すーっと通り抜けられると、気持ちが良いかもしれないですね。

吉村：窓が小割になっていたり、近代建築のモチーフみたいなものが散りばめられているような気がするのですが、コルビュジエやカーンの建築を意識しているのですか？

髙橋：コルビュジエやファンネレの工場のブリッジなどを参照していますので、その年代の色が出てしまったのかもしれないです。

吉村：意図しているというより、そういう建築が好きなんだね。

髙橋：そうですね。人間のつくった無骨な重厚的なものに馬が入っていっているという状況が、まずイメージとしてありました。

吉村：なるほど。自然のフェイクみたいなものにはしたくないと。むしろ人工物として自立したものと馬が対比されているわけですね。

出展者コメント
──トウキョウ建築コレクションを終えて

他の大学院の学生や建築家の方々と話ができる良い機会になりました。

自然の循環に身を置く建築たち

バイオミミクリーデザインを利用しての提案

生態系が誕生し38億年という歳月を経るにつれて、自然界は変わりゆく自然環境に対応し「進化」（淘汰）を繰り返してきた。その「進化」の過程で身につけた自然の英知を模し、建築に応用する。ここでは数多くある自然界のアーカイブに目を向けた。

自然界のアーカイブからそれぞれ生物の視点を変えて観てみる。生物が「進化」の過程で身につけたポテンシャルは生物によってさまざまである。視点の変化によってあきらかになる、生物のもつポテンシャルを観ることで形態や構成、システムといった要素の抽出を図る。そして、それらの要素を言語化し、簡単な図式化から理解を深める。そして、「空間」に置き換えることで設計への展開に導く。

最後に設計するにあたり、それぞれの敷地に自然界から抽出した要素を主題として設定する。要素の選択は敷地の特性や機能と既存の構築物、人間活動の総体、それらに沿って決定される。

Name:
山崎 拓
Taku Yamasaki

University:
滋賀県立大学大学院　環境科学研究科
環境計画学専攻　環境意匠コース
松岡拓公雄研究室

Q 修士設計を通して得たこと

人のつながりを大事にしようと思いました。建築の内外含めいろいろな人と話して影響を受ける環境が楽しかったです。どんなことでも建築に還元できると思います。

Q 修士修了後の進路と10年後の展望

組織設計事務所に勤務しています。勉強の日々です。10年後はオリンピックが終わって落ち着く頃なので、その頃に状況をみながら決めていきたいと思います。最後には地元の広島でのんびり事務所が開ければ最高です。

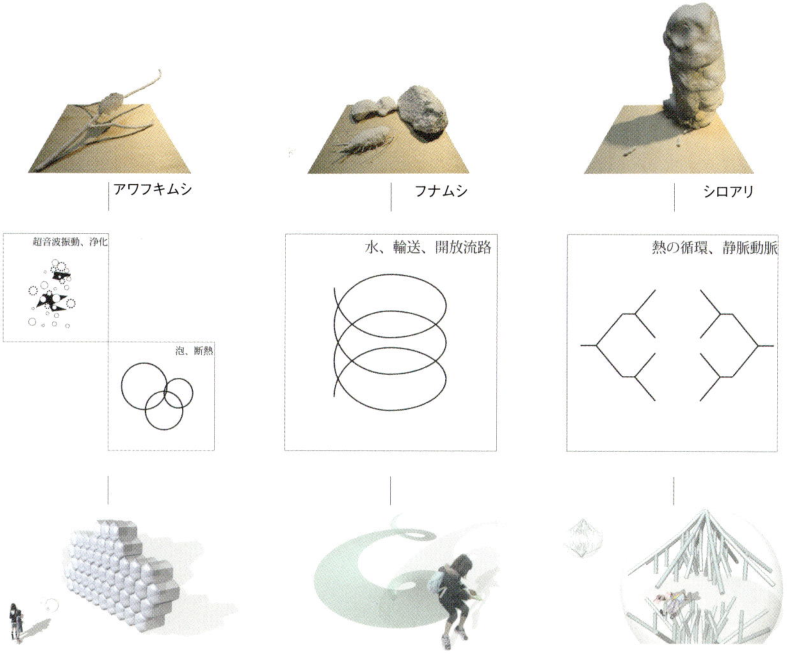

空間創造ツールへの過程

東京都児童会館跡地計画:アワフキムシ×ハチ×ジュモク——空気をゆすぐ

敷地　人工環境

渋谷地区ステップアップ・ガイドラインを今回の設計対象に踏まえて計画していく。渋谷地区ステップアップ・ガイドラインとは渋谷区の都有施設の移転・更新などを契機に、複数都有地の有効活用を行なうことで、周辺開発の誘発を図る事業である。渋谷駅周辺では大規模な再開発が進むとともに、今後は駅の機能更新などにより、さらなる利便性の向上が見込まれるなど、一層のポテンシャルの向上が期待されている。また、周辺には、大学や専門学校等の教育型産業、デザイナーやクリエイターの工房など、クリエイティブ産業が多く立地し、キャットストリートに面する商業地には多くの若者たちが集まり、にぎわう街となっている。渋谷の更なる魅力向上、ひいては次世代の東京、都市計画に「人工環境×自然環境」を取り込み都市環境改善を目指す魅力を引き出す計画である。

活用する都有地

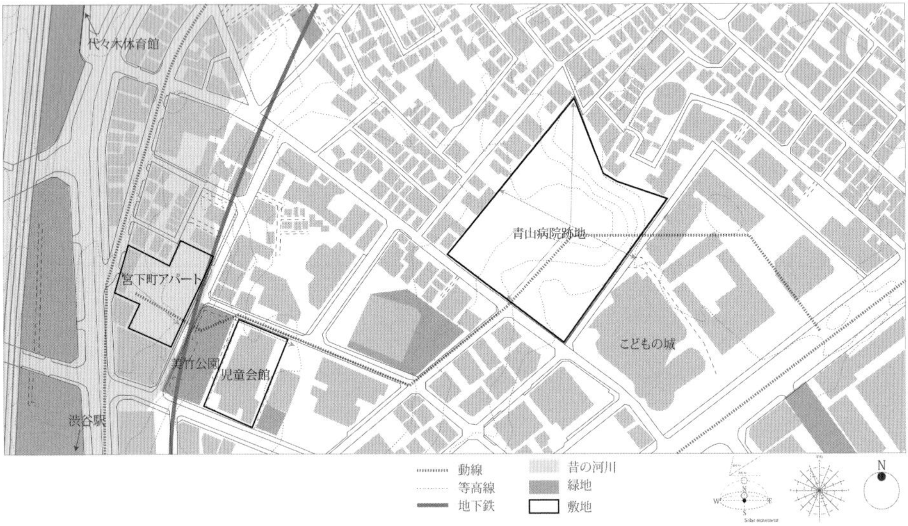

宮下町アパート跡地（約0.5ha）
宮下町アパートは平成20年度に廃止し、併存店舗のある棟を残して解体され更地となっている。渋谷駅東口に近く、かつ、キャットストリート（旧渋谷川）の入り口付近に立地しており、多くの人の流れがある。旧渋谷川に由来する谷地形であるため、美竹公園側の区道とは約5mの高低差がある。

東京都児童会館（約0.4ha）
児童会館は、昭和39年に設立された児童厚生施設であるが、都と区市町村との役割分担の観点から、機能移転を予定している。平成24年に閉館した。隣接して美竹公園や美竹の丘（特別養護老人ホームなど）があり、みどり豊かな落ち着いた環境にある。

青山病院跡地（約1.7ha）
青山病院は平成19年度に閉鎖し、現在は解体されている。敷地の西から北側は中低層の住宅街に接し、青山通り側はこどもの城などの大規模な施設とも接している。

水の循環を補完する建築たち

水の循環
01　海からの蒸散
02　雲からの雨水、集水
03　川、流れ、使用
この3つの機能
水の機能を補完する建築たち

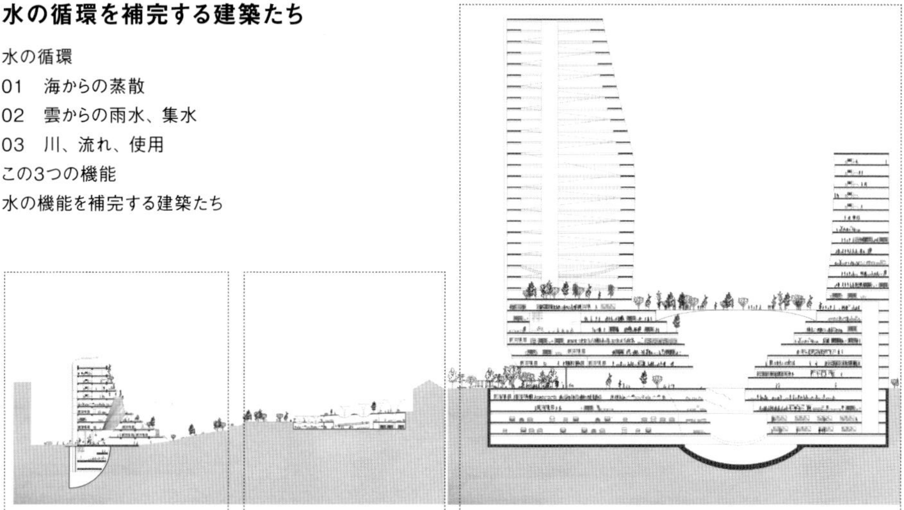

project 01
宮下町アパート跡地計画
フナムシ×ハス

project 03
東京都児童会館跡地計画
アワフキムシ×ハチ

project 02
青山病院跡地計画
シロアリ×ゴミムシダマシ

周辺計画

空気の石鹸 地下鉄風の空気浄化利用

雲を飲む ビルの上の湿潤温室空間

みずのおさんぽ 開渠水路計画

宮下町アパート跡地計画：フナムシ × ハス――水を羽織る

地下水を利用するためにハスの球体を地下に埋め、河川や地下水からの水の染み出しを生む。そして溜まった水をフナムシの脚の機構を使い引き上げる。地下水脈の位置は宮下町アパートの下で約14mに位置し、構造杭にアースチューブの要領でフナムシの足機構を挿入し、水を引き上げる。さらに、このあたりはもともと、渋谷川の谷間だったため渋谷川の水脈が多く、暗渠化されている。この河川水を利用することも可能である。

biomimicry
開放流路形成、撥水加工、
染み出し（小さな孔）

ハスの撥水加工
地下に埋まる半球状の内面に撥水加工を施し、無数の穴をあけることで地下水を染み込ませ貯水する。地下水位は13mと高く位置する。それは地下水の回復傾向による上昇のせいである。

フナムシの脚
今までの毛細管現象の流路システムは閉塞流路のため、高圧が必要になり、不純物付着による流路阻害など問題点があったが、このシステムは完全な開放流路であり、表面組織の微細構造が水の輸送を可能にしている。微細構造のもつ表面張力を駆動力として液体を吸い上げている。

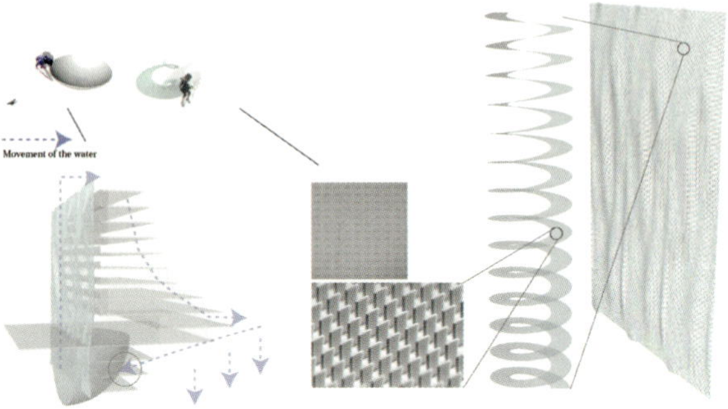

青山病院跡地計画：シロアリ×ゴミムシダマシ――雲の息継ぎ

高層ビルが多いということはそれだけ集水機能のファサードを付ける余地があるということ。また、構築物だけを縦につくり、高低差、気圧差から集水も可能である。青山病院跡地は海抜34mであり、東京低地の中でも高度に位置している。ヒートアイランド雲など高度の低い雲が午後には多く見られる東京なのでそれらを利用し、集水し、気温の低下を図る。また、縦に伸ばす構築物を煙突状にすれば、気圧差から大きな煙突効果を生む。

biomimicry
集水、メッシュ／パッシブクーリング

ゴミムシダマシの背中の集水機能

ナミブ砂漠に棲むゴミムシダマシは背中の特殊な構造で水滴を変換し水を収穫する。それは気温差による霧や大西洋から吹き付ける水分を含んだ風によるものである。東京で考えてみると。東京湾からの水分を含んだ卓越風やヒートアイランド雲などの水分を含んだ空気、更には高層ビルの気圧差により、上空の方が水分が存在しているため、同じように機能すると考えられる。

シロアリの蟻塚の熱環境

風を引き込み、流れをつくるため、長い吹き抜けを設けた。気圧差により煙突効果が生まれ、熱交換が行われる。入り組んだ中央部の中庭、地下からの風が建築内外部に引き込まれていく。

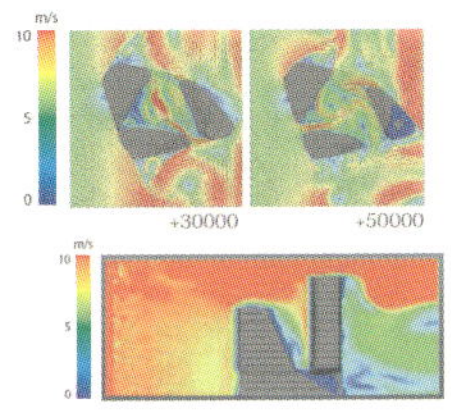

東京都児童会館跡地計画：アワフキムシ × ハチ × ジュモク――空気をゆすぐ

公園部分の拡大と階段状の建築により一体的な使い方ができる。大きくなった公園は活動の幅が広がる。また、階段状に傾斜がついているため、水を集めてくることができる。天然の蒸散機能をもった剥き出しの地面に還元するのも良いし、簡単な整雨をして利用する。クリエイターたちのインスタレーションに使用したり、バスケの後に浴びたり使用方法はさまざまである。

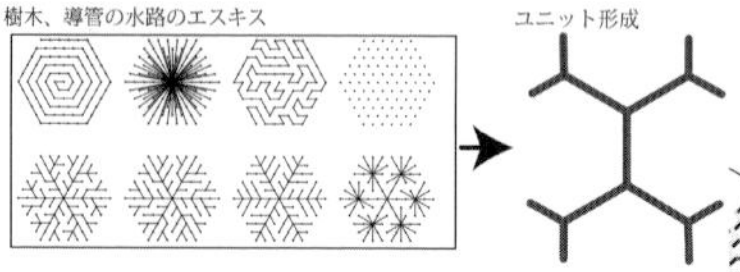

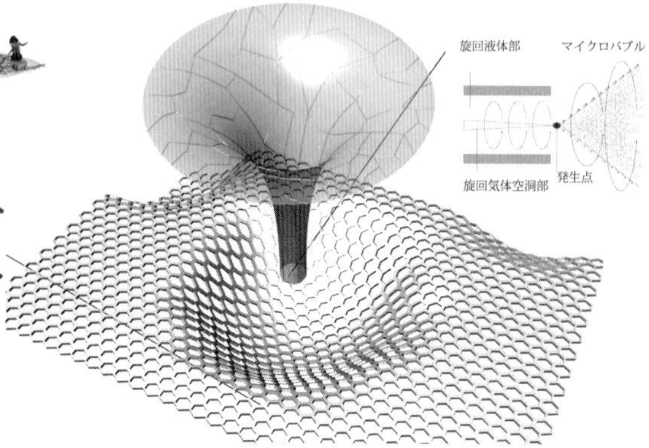

biomimicry
超音波振動、マイクロバブル、
気孔に水を送る導管システム、ハニカム

アワフキムシの泡の浄化能力、
超音波洗浄、→マイクロバブル

体長5～10mmのアワフキムシの幼虫は、自分でつくった泡の中で生きている。この泡は断熱材の働きをするので、巣の中にいれば外気の変化から身を守ることができ酸素呼吸もできる。ずっと泡の中にいるので排泄は、泡が壊れる時の超音波洗浄で浄化する。泡の能力は多様にあると思う。

樹木の導管とハニカムを一体的に利用する

枝分かれの構造は中心からの平均距離も合計長さもそこそこ短くできる。物理的に支えるにも、基部をそれほど太くする必要がない。木は根から葉まで水を届ける必要があるがその経路が短いほうが抵抗が少なくて都合がよい。ハニカム構造の中に埋め込みランダムに排気口を開けることが可能な形で表した。

審査員・出展者コメント

審査員コメント@巡回審査

クライン：この夢のような建築を信じたいのですが、実際本当にそうなるのかなという気持ちもあります。これを実現するためには、これからたくさん実験をしないといけないと思いますので、ぜひ頑張ってほしい。こういうものが実際の建築家の方たちにも伝わればいいなと思っています。

日埜：こういう技術がカップリングされる提案だとしたら、半分フィクションでもいいので、実際それがどれくらい効くのかという話に着地してほしいと思いました。エンジニアリングの問題として、定性的ではなく定量的な検証が欲しい。それをやると全然違うステップにいくと思うんです。どうしても、この造形が何となく好きなかたちをつくってるように見えてしまうんです。例えば論文だったら目標があって実験があって結論がありますよね。目標と結論が対応していることが大切なことになる。これぐらいでは実は効かないけど、たくさん使えば効くとかいうことでもいいかもしれない。いずれにせよある技術によってビルのかたちが変わらなくちゃいけないということにまで行き着いて欲しい。建物が与えている環境的なインパクトと建物の効果が釣り合うために、例えばビルは穴だらけにならなければならないとしたら、それはそれで面白いと思うんですよ。ある根拠に基づいて導かれる違う姿だから。

羽鳥：水をくみ上げるのに動力をいらないようにするというような問題意識の高さは非常に良いなと思ったのですが、ナノサイズで起こる現象が、こういうビッグスケールでも本当に起こるのかということについてはちょっと懐疑的です。頭ではどんなスケールでも起こると思うのだけれど、それを段々大きくしていくと最後は成り立たないということが実際にはありますよね。あと、生物はそれなりに清潔に保つ自浄作用などがありますが、建築の場合は野ざらしにされて微細構造が埃で埋まるとか、そういうことが起こるんですよ。僕も経験がありますが、こういう装置的な提案はなかなか難しいですよ。建築全体の問題として捉えてもらえないので、そこがもっと密接になっていけばいいかと。何が何でも都合の良い空間ができますというのは、一方で危険なところがあって、そこにどういう使い方で人が関与できるかとか、そういう部分にも言及があった方が良いと思いました。

山崎：ビッグスケールでも成立するかどうかについてですが、実際にフナムシのかたちをガラスでつくって、実験を行ないました。その結果、現在の科学技術でも成立することが分かっています。また、生物の自浄作用が働かないのではないかということについてですが、これは毛細管現象ではなく、表面張力を使った移動機構なので、詰まったりすることは起こりにくいと考えています。人の関与についても、人々がメンテナンスをしながらここで生活するライフスタイルを想定して提案を行なったつもりです。

出展者コメント
──トウキョウ建築コレクションを終えて

学生最後の一つの大きな目標に結果が出せなかったことが残念ですが「感謝」の気持ちが大きかったです。大学院まで応援してくれた両親や修士研究を支えてくれた言い切れない程、多くの方に支えられました。皆様、本当にありがとうございました！

全国修士設計展 公開審査会

審査員：

アストリッド・クライン／篠原聡子／羽鳥達也／日埜直彦／吉村靖孝

ワークショップかポエムか

篠原：予備審査の時から、審査員のなかでかなり得点を集めていた本田さんの「風景はリアクションする」(p.036)は、もとのリソースと新しい装置の関係がすごくシンプルで、簡単な操作によっていろいろな空間を生み出しているのがとても良いと感じました。次に、金沢さんの「歴史的文脈と商業論理に基づく空間構成」(p.044)は、突然大きな梁が家具みたいな装置になっているところが面白かったです。あと、池田さんの「吊り湯」(p.028)。崖と渓谷に共生するようなアメイジングな建築になっていてかなり好きです。鬼怒川温泉にこういうものができると鬼怒川全体のイメージが変わるような気がします。最後は仲俣さんの「ゆれる建築」(p.020)。どうして建築を揺らさなきゃいけないのかよく分からないのですが、何となく体験してみたいという気持ちにさせられるということで気になりました。

クライン：大きく2つのグループに分かれていると感じました。ひとつは、直接的にモノやシェルターをつくっている人たち。もうひとつは、建築を夢見て、将来のビジョンをもっている人たちです。私は後者の提案をした人たちが良いと思います。まず最初に、仲俣さんの「ゆれる建築」。確かに、なぜ揺れなければならないのかは疑問ですが、別の見方として、日本の建築は地震などで揺れる機会が多いので、こういうものができたら面白いのじゃないかと思うんですね。もうひとつは、池田さんの「吊り湯」。部屋でただ泊まるだけではなくて、いろいろなアクティビティがあるところが良いと思います。でも、自分は高いところが怖いので、ここには泊まりたくはないです(笑)。3つ目は、とてもポエティックな提案だった大島さんの「異邦人の日常」(p.012)です。すごく小さなところを意識しながら、それをより深く感じさせるような建築をつくっていて、とても女性的だと思いました。

羽鳥：僕は大島さんの「異邦人の日常」を評価したいと思います。非常にポエティックな提案に見えるのですが、居住者の視点、観光者の視点、根ざしている宗教、その場所がもっている時間軸の重みなど、さまざまなことを考えながら、非常に丁寧につくられていて、とてもレベルが高いと感じました。次に、僕自身の問題意識とも重なるのですが、東南アジアのスラム街を扱った、高橋（良至）さんの「Alley Renovation」（p.052）です。あまり全体像が見えないシステムの提案みたいに見えるんですけど、インフラから考えるという態度と、簡単なコンクリートブロックで解決するという方法は、本質的な意味でまちのコミュニティを新たに変えていく可能性があると感じました。最後に、本田さんの「風景はリアクションする」です。非常に優等生的ではありますが、バランスよくそれぞれのアイデアが緻密に再構成されて、バランスの良い提案になっていると感じました。使われ方による変化が、住民たちの自律につながっていくところもとても良いと思いました。

日埜：まず、大島さんの「異邦人の日常」は、ベルナール・チュミのマンハッタン・トランスクリプトなど、あるシークエンスをドローイングのシリーズでプレゼンテーションする80年代のプロジェクトを意識しているというのが印象的でした（p.019）。つまり、あるテーマでシークエンスを重層的に組み立てて展開する建築群ですね。水彩画っぽいタッチがそれを少しほわっと見せているので、チュミみたいにハードにはなっていませんが、そういう広い文脈から、自分なりの案をつくっているわけです。建築を考える蓄積が大島さんなりのやり方でそこに生きていることを評価したい。次に、高橋（良至）さんの「Alley Renovation」。スラムの問題は都市の問題においてとても重要な意味があるわけですけど、必ずしも格好良いわけでもないこういう問題について考えてくれる大学院の学生さんがいるのはすごく心強いと思いました。次に推すのは、金沢さんの「歴史的文脈と商業論理に基づく空間構成」。何よりも、とにかく断面があるということを評価したい。というのも、いまはフラットな空間を平面的に連結してできているものが多すぎると思うからです。これはきちんと三次元的な空間を組み立てていて、非常に完成度が高いと感じました。

吉村：全体的な感想からですが、予備審査の後で、日埜さんが「ワークショップかポエムか」という揶揄についてツイッターでつぶやいていたんです。先ほどアストリッドさんが言ったことと関係しているのかもしれないのですが、僕も今日皆さんの話を聞いていて、その印象が強くなったんですね。そういう目で見ていった時に、ポエム系では、大島さんの「異邦人の日常」と高橋（賢治）さんの「馬とすれちがう建築」（p.116）があると思います。大島さんは圧倒的な緻密さがあって、建築が蓄積してきた知恵のようなものが随所に織り込まれた設計になっている。建築家が描いたというより、観光客がスケッチしたように見えて、すごく面白いプレゼンテーションだなと思いました。ポエム系の一番ということで、大島さんに票を入れたいと思います。ワークショップ系では、単純な切妻の架構を架けて終わりです、というような一派がいる。例えば、本田さんの「風景はリアクションする」、中田さんの「漁村をつなぐ道と道の建築」（p.068）、浅田さんの「Re;Scaled Life」（p.084）。彼らには、建築家に対するアンチテーゼなのかどうかを質問したのですが、本田さんだけがそのことに対して明確な答えをもっていたので、本田さんを推したいと思います。もう1つは僕の個人的な関心なのですが、高橋（良至）さんの「Alley Renovation」と、馬場さんの「Elastic Morphology」（p.100）を挙げます。この2つは建築を構成する基本的な単位を刷新しようとする試みのように見えたんです。身近にある材料を自分たちで加工して、建築の全体をつくっていく意志を感じて、すごく現代的だと思ったんですね。電子レンジでチンして建築ができるとか、現場でセメントをモデリングすればそれでできるというのはとても面白いと思います。僕はそのなかでスラムの文脈と頑張って接合しようとした、高橋（良至）さんに1票入れたいと思います。

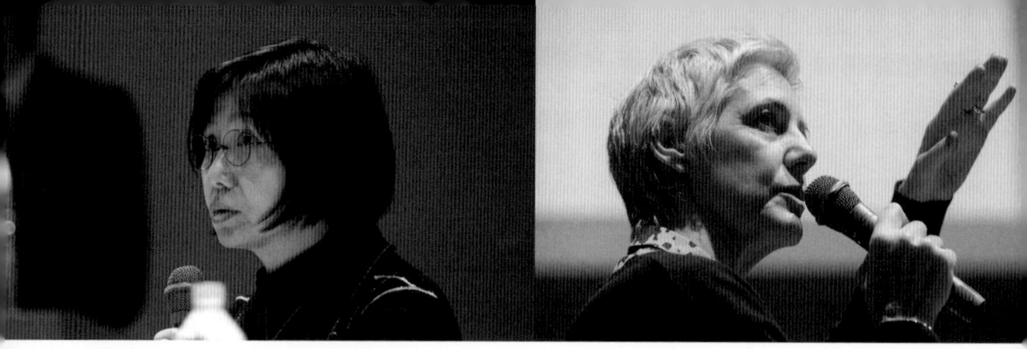

学生が小屋をつくる理由

クライン：高橋（良至）さんの「Alley Renovation」はとても面白いとは思うのですが、ただ直すだけとか、リノベーションだけをやっていてもしょうがないと思うんです。もっと夢をもって将来の建築のかたちを示してほしい。若いあなたたちが木造の小屋ばかりつくっていて、私はすごく心配なんですね。本田さんの「風景はリアクションする」も、すごくエレガントで、丁寧につくっているのですが、かたちとしてどうか……。これをトウキョウ建築コレクションのグランプリに選んだ場合、これが日本の代表的な建築と見られて、海外の代表的な建築と比較されるわけですが、本当にそれで良いのか疑問です。

羽鳥：ワークショップかポエムかという話と、小屋や地味な提案を日本代表にするのはどうなのかという話は、結構、根深い問題だと僕も思っています。ワークショップというのは、客観的に何か物事を考えて、決めていく手段としてはすごく有効だと思います。また、ポエムについては、自律的に何かものをつくっていく態度であったり、そういうものが色濃く出ている提案のことを言われているのかもしれません。でも、それぞれの提案が、他律的に出来上がる側面と自律的に出来上がる側面をもっていると思うんですよね。確かに、地味な提案はハイコンテクストすぎて、海外に行った時に弱いかもしれないですが、その提案の意義自体を考えると、必ずしもそうだろうかという気がするんです。すごく元気で派手だから訴えるものがあるということとは逆に、なぜこれが日本の代表なんだろうと思わせることで逆に驚きを与えるということもあるのではないか。

吉村：コミュニケーション不全のことをポエムと言うのだとしたら、大島さんの提案は非常に知的で、全然ポエムじゃない。あと、小屋系の議論に関しては、派手さを競うチキンレースのような現状に対して、冷めた感覚が出始めていると思っています。とにかく派手なものが雑誌に取りあげられていることに対する反抗みたいなものが、いま小屋をやろうとしている人たちの感覚の中にはあるんじゃないか。

一方で、僕は「ゆれる建築」が全然分からないんですよ。チキンレースのダメな派手さが出ていると思います。やはり目的が問われないのはつらい。あと、鬼怒川の「吊り湯」に関しては、そもそも温泉地のホテルや旅館が大型化したことが、街を衰退させる1つの原因になっていると思うのですが、そのことに対して何も解答がない。建築をつくれば人が来るんじゃないかというのはちょっと楽観的過ぎるような気がするので、僕はちょっとこれは推せないなあと思いました。

篠原：鬼怒川の提案は、自然と建築がどう付き合うかというのが大きなテーマで、崖は基本的には人を拒絶しているけど、人間がつくった構築物と崖のこんな共生の仕方があるというのは、ひとつのブレークスルーでもあると思います。「ゆれる建築」については、ふわふわっと乗ってみると違う景色が見えてくる気がして、その場所の力をエンカレッジする作用がひょっとしてこの建築にあるかもしれないと思ったんです。そういう

意味ではこういう建築があってもいいのじゃないかと私は思っています。

クライン:チキンレースだったとしても、私は小屋よりも「ゆれる建築」にチャンスあげたいと思うんですね。いつもと違うものを考えた結果、派手になるのはいいと思うんです。建築や環境を感じる方法はたくさんあって、それぞれ人の感じ方は違う。いろいろな人がいるので、若い人にはもっとディスカバリーして、そういう体験ができるものをつくってほしいという感じがします。そういう意味で、池田さんの「吊り湯」は非常にディスカバリーしていると思います。こういう視点から建築を体験できるという提案を評価したいと思います。

日埜:揺れることについてシンパシーはあって、みんながどこかの方向に集まると建物全体が傾くということに惹かれる部分はあるんだけど、例えば動線がどうなっているのかとか、もっと展開してからじゃないとこのアイデアは出せないんじゃないのかな。

羽鳥:本当は、揺れることの楽しさと、普通に安定している良さ、その両方が提案に盛り込まれていないといけないと思うんです。使用者に対する設計者の責任みたいなものにも言及してほしかったですね。そこが薄いと感じたというのが正直なところです。「吊り湯」の場合、人は来るようになるかもしれませんが、これをつくるのに結構お金がかかると思うんですよ。例えば、崖を回復させるプロセスのなかで仮設の足場みたいなものが必要になると思うので、そういうものを流用して、こういう体験ができる空間をつくりますというような話であればもっと納得できるかもしれない。模型もすごく迫力があるから推したいと思ったんですけど、そのへんの論理的な整合性が弱いところが、最終的な説得力の弱さにつながっていると思います。

クライン:難しいですね。いまの票を見ると、篠原さんと私、羽鳥さんと日埜さんと吉村さんの間にラインが引いてあるんですよね。

篠原:それはジェネレーションギャップ?(笑)

クライン:どうかな。予算が必要とか、技術的に足場がどうこうというのは、確かにその通りですが、じゃあ小屋をつくった方が安いねとは言いたくないんですよね。

羽鳥:崖に飛び出してお風呂に入れるとか、そういう体験自体は僕は否定していないです。ただそのつくられ方であるとか、あの崖に対しての負荷というものもちゃんと考える必要があると思うんです。自然に配慮しているように見えながら、実は自然に配慮していないんじゃないかとかというところが僕は疑問だし、「ゆれる建築」も、新たな体験をさせたいと言って、ユーザーに対して何か配慮しているように見えて、実はそうじゃないんじゃないかというところが、推せない理由です。

吉村:僕も別に建築は揺れちゃいけないって思っているわけではないんですよ。例えば、吊り橋は揺れるじゃないですか。ただ、吊り橋はスパンをとばすという目的があって、それにこたえるために軽量化していて、安定を犠牲にしていると思うんですね。それは目的がはっきりしていて、その中で生まれてきたことだと思うのだけれども、「ゆれる建築」が積層していることの目的が何なのかがまったく分からない。きちんとその文脈を探すべきだったと思うんですよね。

修士設計にみる建築の未来

篠原：作品が絞られてきましたが、ほかの作品についても一通り言及したいと思います。皆さん、いかがですか。

日埜：曲げ木のアーチを提案した馬場さんの「Elastic Morphology」は、要素技術なので、ものすごく展開がありそうなんですよ。例えば、NURBS曲線を与えると、デジファブでこういうかたちがつくれちゃうというようなことが可能だと思います。あとは電子レンジだけでそういう曲面がつくれて、めちゃくちゃ軽量構造であるというプレゼンテーションからは、この技術がもっている可能性の広がりが見えてくる。こういう技術を、半分は研究として、半分はプロジェクトとして出していて、すごく面白いと思いました。

クライン：中田さんの「漁村をつなぐ道と道の建築」についてですが、いろいろな場所に屋根を架けるだけで、ちょっと休憩をとったり、水の音を聞きながら遊んだり、自然を味わえることができるのは面白いと思います。でも、やはりかたちが……。

吉村：川にしても土手にしても、公共空間の中のバリアになっている場所ですよね。例えば、車いすの人が来たら人的介助が必要なわけですよ。でも、そういう人的介助の拠点としての建築と考えると、屋根が架かることによって人が常にいるような状況がつくりやすくなるというストーリーがイメージできる。バリアフリーにするのじゃなくて、段差があるところにあえて建てていくと、交流のきっかけになったり、豊かなコミュニティができるかもしれない。そういう想像力が膨らむ提案だと思いました。

羽鳥：平山さんの「渡り鳥を介した国際交流」(p.060)についてですが、年間相当な数の野鳥が超高層ビルなどの建築にぶつかって死んでいるんだそうです。だから、野鳥保護を専門にやっている方たちは建築の人間に厳しい、というようなことを言っていました。そういう視点で動物のことを考えると、もっと建築の様相が変わる必要性があると感じました。そこまで踏み込んで、人と動物が関わる建築の全体的なあり方を考えると良かったのかなという気がしました。

次に、咸臨丸とドックの再生を提案した増田さんの「都市の航海記録」(p.076)なのですが、この周辺は再開発されて観光地化するらしいんですよ。それをポジティブに捉えて地域の活性化などの提案につなげた方が、こういった巨大なものをつくる時には良かったんじゃないかと思います。すごくパワフルで模型も良くで

きているので、もったいないと思いました。

あと、バイオミミクリーによる建築の提案をした山崎さんの「自然の循環に身を置く建築たち」(p.124) についてですが、僕も「ソニーシティ大崎」のバイオスキンなどでこういう試みをやっているので、僕の方から言及しておきたいと思います。提案をよくよく見ていくと、水を動力なしで吸い上げるということを実験で確かめていたり、要素技術もおさえている。ユートピアな提案だとは思うんですけど、こういう欲求は社会に潜在的にはあると思うんですよね。非常に網羅的な提案ではあるけれど、よく考えられていると思いました。

吉村:では、福田さんの「映画のような建築」(p.108)については僕の方から言及します。巡回審査(p.115)でも言ったのですが、小津映画の構図はもっとスタティックな感じがしていて、本人の分析も基本的には四角に正対する構図の分析をしているのに、建築になった時にいきなり斜めを向き始めるということが最後まで理解ができないんです。そこで飛躍をしてしまうと、最初に小津を引いた意味がほとんどなくなってしまうのではないかという気がしました。

クライン:髙橋(賢治)さんの「馬とすれちがう建築」は、馬がペットとして一緒に住んでいると考えると、面白い提案になったのではないかと思います。もっと馬のコースと人間のいる場所が交差した方が良かったと思うんです。

羽鳥:アウトドア的戸建てコミュニティの提案をした浅田さんの「Re;Scaled Life」についてですが、僕はわりとキャンプに行くので親近感が湧く内容でした。確かにアウトドアの道具はすごく軽くて汎用性があって、生活の意識ががらっと変わるということが実体験としてあります。これは、断熱材などが自然素材でできているので、小屋が朽ちていっても、自然に対して影響を与えないということなど、けっこう考え尽くされている提案なのですが、ちょっと表現で損しているところがあると思いました。今後、縮小していく経済状況のなかで豊かな空間をつくる例としてはシェアハウスなどがありますが、これはシェアするのではないもう一方のオルタナティブを示しているのではないかと感じました。

クライン:太田さんの「面の書き換え操作による形態変化を用いた設計手法の提案」(p.092)を最初は応援したかったんですね。変わったかたちで、こういう住み方もあるんじゃないかと。ただもうちょっとディベロップしないと、建築として成り立たないんじゃないかな。これは建築と言うより、アートインスタレーション

になってしまっているので、建物としてもうちょっとレベルアップしないといけないんじゃないかなと思います。

何のための建築か

篠原：出展者の皆さんも、いままでの審査に反論や質問があれば、コメントをしてほしいと思います。

仲俣：ゆれる建築の仲俣です。僕はチキンレースをやっているつもりはないんですけど、そういうことをやってないと世界記録は出ないと思うので、やはりこういう方法も必要だと思います。あと、動線が解けていないから説得力がないという話もあったのですが、行けないところでも一番下にスロープがついているものがあって、そこから行けるようにしています。

日埜：基本的な前提が変わった時に、建築がどう変わってくれるかを見たいんです。だから、スロープがありますというだけではすまないんじゃないかなあ。これはそもそも結構クレイジーな提案なわけだから、難点をフォローするだけでない何かを期待しているんですよ。

山崎：バイオミミクリーの山崎です。建築が好きな先生たちなので建築の話がたくさん出たと思うのですが、建築のための建築になりすぎていて、じゃあ一体誰のための建築なのか、何のための建築なのかが分からないと感じました。僕は環境のためにやるということを決めていたのですが、人のためなのは大前提なので、その次が何のためなのかを聞いてみたいと思いました。

羽鳥：環境のための建築をつくると言っても、じゃあその環境は何のための環境かというと、人にとっての環境は、人のための環境でしかあり得ないんですよ。環境のためにといって、コストやエネルギーをかけなきゃいけないというのは、太陽電池パネルの不法投棄が問題になったりと巡り巡って逆に環境負荷を与えていたりすることがいま往々にして起こっていますよね。そういうことを含めて、環境のための建築をつくるということが、一体どこのレベルで考えられているかということが重要なんだと思います。人々の生活が成り立たないと山崎さんの提案も成立することはないわけでそういった意味でも、直近の生活や環境に寄与できている建築が、ゆくゆくは広域の環境にもつながっているのじゃないかと思うんですよね。

平山：渡り鳥の平山です。修士計画のあり方に関して感じていることなんですけれども、最終的に出てきたものは、ひとつの言葉やアイデアで説明できない方が、僕はものづくりをする人間の態度としては正しいような直感があるんですけど、それについて何か意見をいただけると嬉しいです。

日埜：巡回審査（p.067）の時に、船形なのにリブ構造の外側の外皮のシェルがないのは意味があるのかをたずねたと思います。別に何もかも言葉で説明できなくちゃいけないということはないんだけど、ただ、このプロジェクトにおいてそのかたちは非常にキーになる部分だと思うんですよ。だから、どうしてそのように決めたのかを聞いてみたかったんです。でも、そこに重層的な意味があるということと、どっちつかずで説明できないということは違うと思いますよ。

浅田：アウトドアの浅田です。完成した瞬間がかっこよ

かったり、機能が素晴らしかったりするところが評価そのものになっているような気がします。僕は時の流れを経て建築の味が少しずつ出たり、使う人によって微妙なずれが生まれたりすることによって、更新されていく建築の価値のようなものを見出したいと思っています。スクラップアンドビルドが続く現在の状況のなかでも、そこに意味があると感じているのですが、そのことについていかがでしょうか。

日埜:こういう場で古びていくものが評価されないと言うけど、別にそんなことはないと思いますよ。15年前だったらかっこいいものばかり選ばれていたかもしれない。でも、今はそうじゃなくなっている。最初のほうに小屋型の話をしたのは、要するにそういうことですよ。ビジュアルインパクトだけで評価される時代じゃなくなってきていると思います。

スラムから建築が変わる

吉村:では、最後に各受賞者の発表をしたいと思います、グランプリは、今までの議論で審査員の評価が集中した、大島さんの「異邦人の日常」に差し上げたいと思います。大島さん、おめでとうございます。

続いて個人賞ですが、吉村賞は高橋(良至)さんの「Alley Renovation」です。これは、建築を構成する単位が変わる可能性があるということを、予言的に言ってるんじゃないかと思いました。例えば、日本で木造の小屋組を建てる時、その土地の木のサイズがあって、川で運ぶためのサイズも決まっている。そういう単位が家屋の建ち方を決めていると思います。でも、3Dプリンターやレーザーカッターを使ったデジタルファブリケーションが社会で実働し始めた時に、もしかすると、建築をつくる単位が変わってくるかもしれない。この提案はそういうことにもつながっているんじゃないかなと思ったんです。実際に工場に頼らない社会変革みたいなものが起きたとしたら、スラムから始まるというストーリーは、単に美しいだけじゃなくて、十分あり得る話だと思って評価しました。

日埜:僕の個人賞は金沢さんの「歴史的文脈と商業論理に基づく空間構成」です。繰り返し議論のなかに出ている重層性や社会性といったものはそんなに強くない案ですが、空間をちゃんと組み立てるということを非常にしつこくやっていて、図面をじっくり読み取らないと、どういう空間になっているのかすら分からないところまでいっています。変化がどんどん起きるような仕掛けを丁寧に組み立てていて、こういう案が評価されるといいなあと思うので、彼にあげたいと思います。

羽鳥:僕の個人賞は本田さんの「風景はリアクションする」です。こういう地味な提案を修士設計として出すことに対しての葛藤がありながら、でもやっぱりそこに必要性を感じて逃げなかった。難しいトライをやり切ったと思いますし、かなりの密度で表現し切っていたという印象があります。自分の設計でどういう風景ができ上がるのか、自分はどういう風景をつくりたいのか、ということをじっくり考えて、隅々まで表現し尽くした。非常に優等生的な提案だとは思うのですが、彼の葛藤と努力を称えたいと思います。

クライン:私は仲俣さんの「ゆれる建築」にあげたいと思います。もちろんパーフェクトではないんですけれども、意外な視点から建築を見ているところがよかったです。派手すぎてチキンレースにならないように、これからもゆれる建築で頑張ってほしいなと思います。

篠原:篠原賞は初志貫徹で、池田さんの「吊り湯」に差し上げたいと思います。つくりあげるプロセスの問題や、環境に負荷を与えているんじゃないかという指摘もありましたが、やはり場所に力を与えるような提案になっているという思いは変わりませんでした。池田さんは鬼怒川の出身で、ずっと見られてきて、その問題意識の中からこういうジャンプをして、この吊り湯ができたということを評価をしたいと思います。

小屋派にも設計力を

篠原:では最後に、各審査員から、総評を兼ねてグランプリの大島さんの作品についてコメントをいただきたいと思います。まず私からですが、大島さんは非常にプレゼンテーションがきれいで、フェリーで体験する都市であるとか、見かけた葬儀であるとか、そういう風景をヒューマンなスケールですくい取って建築化しているところが秀逸でした。今日は本当にキラキラとするいろいろな才能に出会って楽しかったので、皆さんにそれを伸ばしていってほしいと思います。

クライン:最初は大島さんの水彩の絵にあんまり引っ張られたくないと思っていました。繊細さがとても伝わってくる絵なのですが、これだけだとちょっと簡単すぎだなと思って。でも、模型も丁寧につくっていたし、話をした時にこの提案に対してものすごい情熱をもっていることが伝わってきて、とても良かった。皆さんも、きれいな絵を描くだけではなくて、心から話すことが大事だということを分かってほしいと思います。今日ここでプレゼンテーションした人たちは皆すごい才能ある人たちなので、将来に期待しています。

羽鳥:大島さんは感覚的にいろいろ決めているのかなと思っていたのですが、どんなマテリアルを使うのか、それはどういう意味をもっているのかというところまで、実は考え尽くされていてとても驚きました。遺跡に対して何を付けるのか、それはどういう順番で腐ってなくなるのか、戦争によって崩された城壁をどう保全して、どうアクションしていくかということまで、きちんと丁寧に考えられていて、今日の評価に値する提案だったと思います。大島さんのつくりこみは修士設

計というゲームを超えた、本当につくりたいという思いが伝わる表現でした。これは皆さんに言えることですが、学生の提案というのは構想レベルで終わってしまうことが多い。だけど、実際には実物ができて、本当の意味で建築家として評価されるようになると思うので、慢心しないでその実力が発揮できるように頑張ってほしいと思います。

日埜：大島さんは非常に大きいスケールを扱っていますが、きっちり見ていくとそこにはメリハリがあって、変化があって、ある種の人生みたいなものが垣間見える瞬間まである。一本の映画を撮ることができそうな密度の高いものだったと思います。丸やアーチのボキャブラリーを繰り返しながら丁寧に紡いでいって、充実したシークエンスをつくりだすことが考え続けられていて、素晴らしいと思いました。全体の感想ですが、一つひとつの提案をじっくり見ていくと、いかによく考えてきたのかが読み取れるような作品ばかりで、本当に立派なことだと思いました。皆さんが建築の専門性をもって、奥行きのある作品をつくっていくことが、日本の建築文化を支えることにもつながっていくと思います。今回の提出作品を見て、そうした厚みがあることを実感することができました。

吉村：大島さんの提案は、予備審査の時も一番高い点を入れていて、やっぱりこれをグランプリにせざるを得ないと思いました。一言で言うと、設計がうまいんですよ。彼女が考えていることが凝縮されていて、彼女が語らなかったとしても読み取れる。現場のシークエンスだけじゃなく、建築の歴史の重層、彼女がデザインしたスケール、ものとものが当たるところのマナー、そういうものからちゃんと真意が読み取れるんです。これは覆りようがない設計の力だと思います。これをふまえて、小屋をつくった人たちにはもっと設計を頑張ってほしいですね。このレベルで小屋をやってくれないと、小屋の良さは伝わらないと思います。何だか、建築家のチャラチャラっぷりを批判したいと言っている人たちが、実はいま一番小屋がアツいんじゃないか、みたいなところに寄っていっちゃって、チャラチャラ小屋をやっている感じがしちゃうんですよ。小屋がもっている普遍性や蓄積が読み取れるような状態までもっていって、そこに自分が何を加えるのかということも明確にしないといけない。それにはやはり設計する力が必要だと思うので、しつこくトレーニングをして身につけてほしいと思いました。

全国修士論文展

中世重層建築論

「全国修士論文展」開催概要

今年度の「全国修士論文展」は、全体テーマである“Look back ” and “Look forward”のもとに、サブ・テーマとして“Look forward new fields”を掲げました。学生がこれまでに得た専門知識を、分野の枠を超え多角的に議論し、別の視座から新たな可能性を見出すことを目的としています。

論文展の審査基準は、学生らしい元気のあるもの、独自性や発展性のある論文を軸に選考します。学術的な評価に捉われず、先生方と学生がともに柔軟な発想や切り口で議論を掘り下げていくことで、学生本人だけではなく、研究を志す後輩たちの指針になることを望みます。

展示は3月4日(火)~3月9日(日)までヒルサイド・フォーラムにて、一次審査を通過した論文のパネル展示に加え、すべての出展者の方々の梗概の展示を行ないました。

3月7日(金)にヒルサイド・プラザにて開催した討論会では、建築業界の各分野でご活躍されている先生方を審査員に迎え、公開討論を行ないました。発表者は異なる専門分野の先生方や出展者と活発な議論を行なうことで、大学や分野ごとに完結してしまいがちであった論文を題材に、論文の相互理解を促すのみならず、社会のなかでの研究の価値や位置付けについて考えていきます。

修士論文はひとつの節目ですが、そこで完結するものではないと考えます。討論会を通じて新しい視座を得ることは、学生のその後にとって糧になるはずです。

トウキョウ建築コレクション2014実行委員

全国修士論文展審査委員

○コーディネーター

松田 達　Tatsu Matsuda

建築家／東京大学助教／宮城大学、東京藝術大学非常勤講師。1975年石川県生まれ。1999年東京大学大学院工学系研究科建築学専攻修士課程修了。隈研吾建築都市設計事務所を経て、パリ第12大学パリ都市計画研究所DEA課程修了。2007年松田達建築設計事務所設立。建築系ラジオ共同主宰。主な作品に「JAISTギャラリー」(2012年)など。主な著書に『ようこそ建築学科へ!』(学芸出版社、共著)。主な受賞に、空間デザイン賞、石川県デザイン展金沢市長賞など。

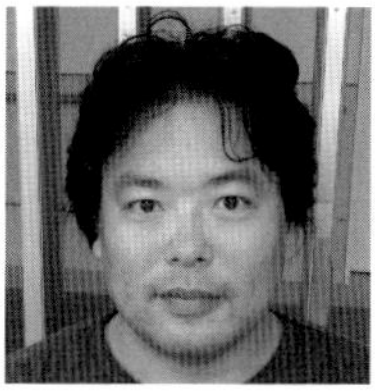

五十嵐太郎　Taro Igarashi

東北大学大学院工学研究科・都市・建築学専攻教授。1967年フランス・パリ生まれ。1992年東京大学大学院修士課程修了、2000年東京大学大学院博士課程学位取得。ヴェネチアビエンナーレ国際建築展2008日本館コミッショナー、あいちトリエンナーレ2013芸術監督など、建築を専門としながら芸術、都市に関する活動・執筆も多い。2014年芸術選奨新人賞受賞。主な著書に『ぼくらが夢見た未来都市』(PHP新書)、『空想 皇居美術館』(朝日新聞出版)、『3.11/After 記憶と再生へのプロセス』(LIXIL出版)など。

岡部明子　Akiko Okabe

千葉大学大学院工学研究科教授／環境学博士。1985年東京大学工学部建築学科卒業後、磯崎新アトリエ(バルセロナ)勤務を経て、1989年東京大学大学院工学系研究科修士過程修了。1990年、堀正人とHori & Okabe, architectsを設立、建築などのデザインを手がける。主著に『サステイナブルシティ』(学芸出版社)、『バルセロナ』(中公新書)、『ユーロアーキテクツ』(学芸出版社)ほか。主な受賞作品に「Megacity Skelton メガシティの小さな躯体」で2013年SDレビュー奨励賞など。

金箱温春　Yoshiharu Kanebako

建築構造家／工学院大学特別専任教授／東京工業大学連携教授。1953年長野県生まれ。1977年東京工業大学大学院総合理工学研究科社会開発工学専攻修了。1977年横山建築構造設計事務所入社。1992年金箱構造設計事務所設立。京都駅ビル、表参道ヒルズ、青森県立美術館などの構造設計も手掛けている。主な受賞作品に、「福島潟自然生態園」(1998年)で日本建築構造技術者協会(JSCA)賞、「宇土市立網津小学校」で(2014年)第54回BCS賞など。

深尾精一　Seiichi Fukao

首都大学東京都市環境学部教授(2013年まで)。1971年東京大学工学部建築学科卒業後、1976年東京大学大学院工学系研究科建築学専攻博士課程修了。1977年から首都大学東京工学部助教授、1995年から同大学教授。専門は建築生産。「寸法調整におけるグリッドの機能に関する研究」で2001年度日本建築学会賞論文賞受賞。『建築構法』(市ヶ谷出版、共著)など著作多数。

前 真之　Masayuki Mae

東京大学工学系研究科建築学専攻准教授。1975年広島県生まれ。1998年東京大学工学部建築学科卒業、2003年東京大学大学院工学系研究科建築学専攻博士課程修了。2004年建築研究所研究員などを経て、同年東京大学大学院工学系研究科客員助教授に就任。2008年より現職。建築環境を専門にし、住宅のエネルギーに関する幅広い研究に携わる。主な著書に『エコハウスのウソ』(日経BP社)など。

外皮性能および暖房方式による不均一温熱環境の快適性・省エネルギー性に関する研究

Name:
清野 新
Arata Kiyono
University:
東京大学大学院
工学系研究科　建築学専攻
前真之研究室

Q 修士論文を通して得たこと

設計者とエンジニアの間にある見えない溝を埋めるためには、まず数値として共有されるものを、感覚的に共感できるものに落とし込む必要があるということを実感しました。

Q 修士修了後の進路と10年後の展望

Arupに勤務します。デザインとエンジニアリングの枠を越えて、建築設計に携われればと思います。

1. 研究背景・目的

外皮性能やプラン、暖房方式の違いによって、住宅内には上下温度分布・平面温度分布・放射温度分布・ドラフトなど、複雑な不均一温熱環境が形成される。不均一環境では、人体の快適性が損なわれ消費エネルギーが増加するおそれがあるが、既往の評価法は空間の中心点や平均値での評価が主で、空間分布に言及しているものはない。平成25年の改正省エネルギー基準では、外皮性能と一部の暖房方式による温熱環境を消費エネルギーの観点から評価しているが、平面温度分布やドラフトの影響は考慮に入っていない。他の不均一温熱環境の既往研究でも対流式暖房（エアコン）と床暖房の比較が主で、不均一温熱環境を形成しやすい放射パネルやストーブなどの放射式暖房の評価には至っていない。

本研究では図1に示すように、建築的要因である外皮性能や設備的要因である暖房方式によって生じる不均一環境を、快適性と省エネルギー性の観点から評価することを目的とする。実測とCFD解析によって不均一環境の特性を把握した上で、4章でさまざまな条件での不均一温熱環境を比較・評価する。

2. 不均一環境の実測

不均一環境に関する既往研究は、エアコンと床暖房によるものが多く、近年注目されている木質バイオマス燃料を利用した薪ストーブに対する知見は少ない。本章では、ストーブを使用している実住宅の温熱環境の実測と、実験室におけるストーブの燃焼実験を行なうことで、ストーブ使用時の詳細な温熱環境を把握する。

2.1 実住宅の実測

実測では、全国3カ所の4つの住宅で薪ストーブ使用

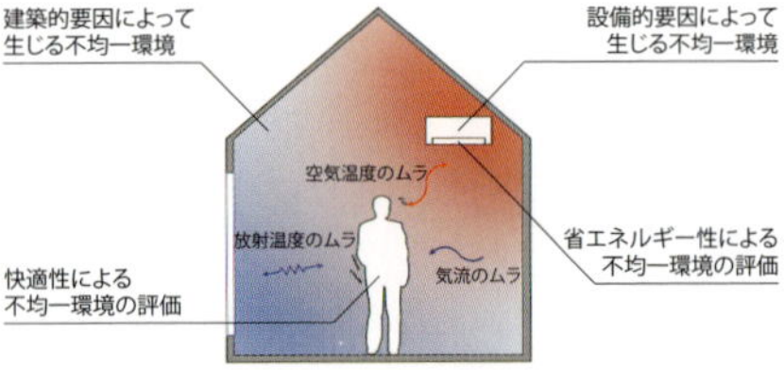

図1 不均一環境の要因と評価の4要素

時の温熱環境を計測した。実測結果から、外皮性能やストーブと吹抜けの位置関係が不均一環境に大きく影響することが分かった。外皮性能の高い住宅ではストーブを使用している主居室とその他の居室の温度差が小さいが、外皮性能の低い住宅では居室間温度差が大きくなった。また、ストーブが吹抜け直下に設置された住宅では、暖気が上昇して1階と2階の温度差が大きくなった。

2.2 薪ストーブによる温熱環境の把握

薪ストーブはエアコンや床暖房と比較して、投入熱量の把握や温度制御が難しく、詳細な温熱環境を把握するための実験を行なった。燃料の重さから高位発

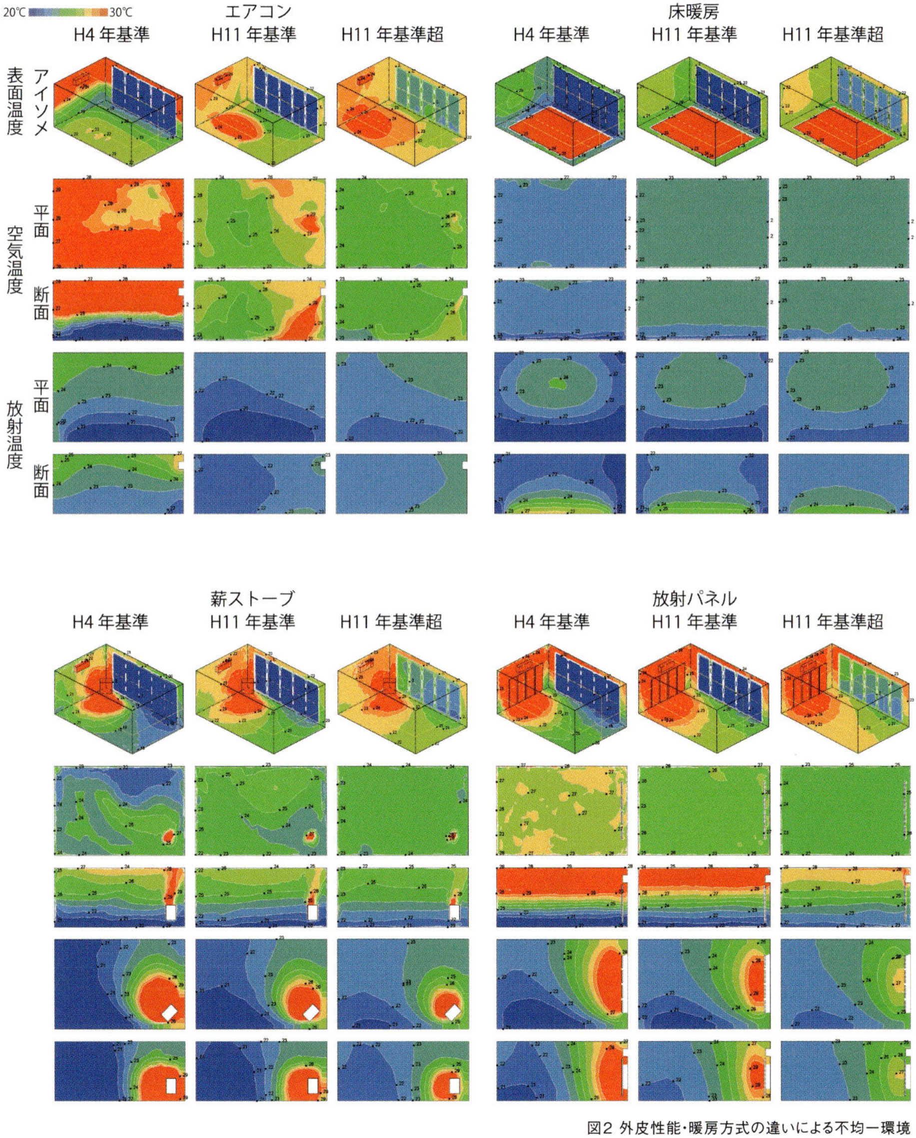

図2 外皮性能・暖房方式の違いによる不均一環境

熱量を、室表面温度・ストーブ表面温度から放射による放熱量を、給排気温度・給気風量から排気熱量を求め、高位発熱量から放射による放熱量・排気熱量を引くことで対流による放熱量を算出した。実験より、燃料の量、給気量を増やすと最大出力が上がって表面温度が高くなり、上下温度分布と放射温度分布が大きくなることが分かった。

3. CFDによる不均一環境特性の把握

2章の実測・実験を踏まえて、CFD解析では不均一環境を形成するさまざまなパラメータを変化させて、各要素と快適性・省エネルギー性の関係性を求める。CFD解析では、外皮性能・開口性能・床面積・暖房方式の4つのパラメータを変化させて、居室連続暖房を想定した定常計算を行なった。外皮性能および開口性能は各省エネルギー基準を元に3種類、床面積は4.5畳・8畳・12畳・16畳・18畳の5種類、暖房方式はエアコン・床暖房・薪ストーブ・放射パネルの4種類で計60ケースの計算を行なった。2面外気、2面間仕切のモデルで外気温は5℃、隣室温度は外皮

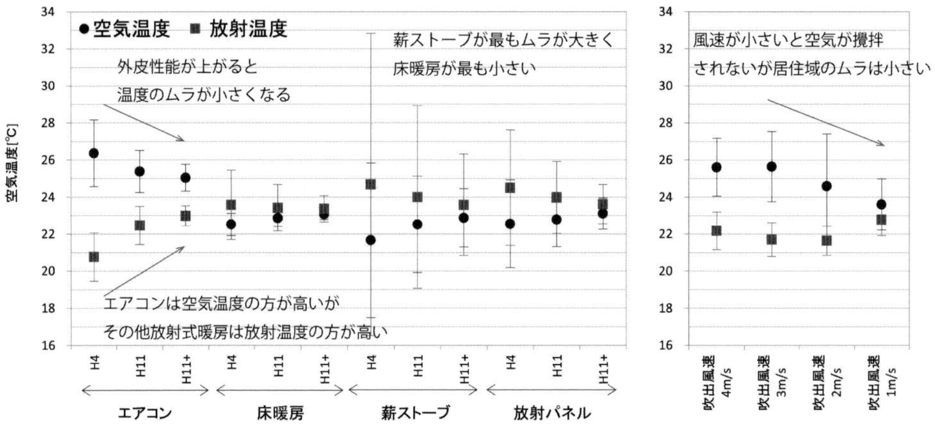

図3 空気温度・放射温度による比較

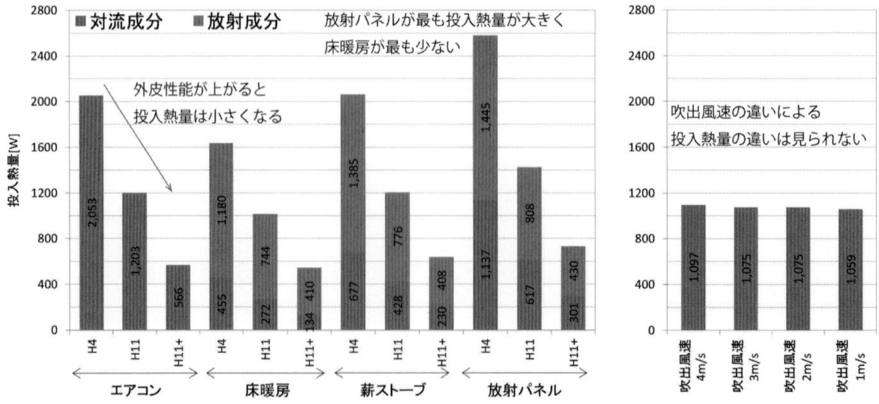

図4 投入熱量による比較

性能に応じて隣室温度差係数から算出した。各暖房方式の投入熱量は、居室の外周部0.6mを除いた床から高さ1.2mまでの空間をグリッド状に分割して観測点を設定し、居住域観測点の体積平均PMV=0となるように、エアコンでは風量一定で吹出温度で、床暖房・薪ストーブ・放射パネルは敷設面積一定で表面熱流で制御を行なった。

3.1 パラメトリックスタディによる不均一環境の特性把握

図2に、床面積12畳・外皮性能各暖房方式のCFD

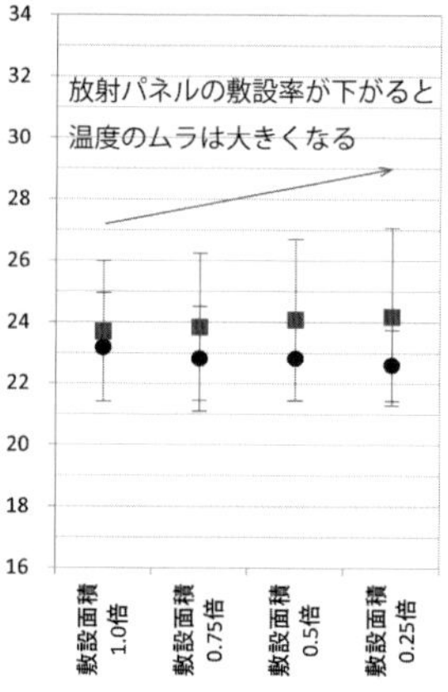

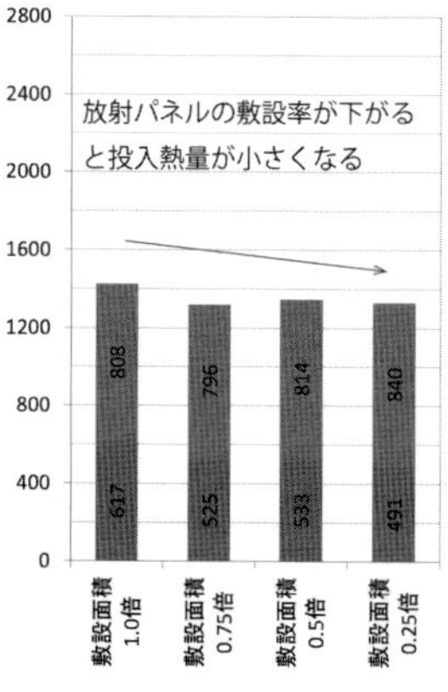

解析結果を示す。対流式のエアコンでは、空気温度が高く放射温度が低い状態でPMV=0となる。外皮性能が低いと投入熱量が増え、吹出温度が高くなるため上下温度分布は大きくなる。床暖房では、空気温度は低いが居住域の放射温度が高くPMV=0になっている。空気温度の分布はほぼ見られない。薪ストーブでは、表面からの自然対流によって上下温度分布が生じている。ストーブ表面温度が100℃を超えるため、放射温度分布が大きい。放射パネルでは、表面温度は40～60℃程度だが、表面積が大きいため薪ストーブ以上の上下温度分布が生じている。各暖房方式で、外皮性能を高くすると投入熱量が減り、吹出温度や表面温度が下がり室温と近くなるため、空気温度・放射温度の分布は小さくなる。追加解析として、エアコンの吹出風速を上げると吹出温度が下がり、上下温度分布は小さくなるが気流が大きくなる。このことからエアコン暖房では、吹出風速・吹出温度で、上下温度分布と気流による快適性のバランスを取る必要があると言える。同様に放射パネルで敷設面積を大きくすると、表面積が大きくなり表面温度が下がるので、上下温度分布は大きくなるが放射温度分布は小さくなる。放射パネルでは敷設面積・表面温度で、上下温度分布と放射温度分布による快適性のバランスを取る必要があると言える。

図3に、平均空気温度・放射温度を比較したものを示す。対流式のエアコンでは空気温度が常に高く、その他放射式暖房では放射温度の方が高い。外皮性能を高くすると各標準偏差（分布の大きさ）が小さくなり、また空気温度と放射温度の差も小さくなる。投入熱量が減り暖房温度と空気温度・放射温度の差が小さくなったためである。図4に、各暖房方式・各外皮性能での投入熱量を比較したものを示す。外皮性能が高くなると投入熱量が小さくなり、暖房方式間の差も小さくなる。

3.2不均一環境評価指標の提案

これら解析結果を元に、不均一温熱環境を快適性の観点から評価する方法を提案する。ASHRAE Standardでは、快適な温熱環境について、「PMVが快適な範囲内で、かつ床表面温度・上下温度分布・ドラフト・不均一放射による不満足者率が低い状態」を推奨している。本研究では、既存の評価指標であるPMV・PPDに加え、床表面温度による不満足者率（PDf）、上下温度分布による不満足者率（PDv）、ドラフトによる不満足者率（PDd）、不均一放射による不満足者率（PDr）を合わせたPPD*を用いて不均一環境評価を行なう。PDf・PDv・PDd・PDrはASHRAEに記載された式を用い、PPD*は式（次頁参照）より算出する。PDfは床温度が25℃の時に最小で25℃から離れると不快に、PDvは上下温度差が大きくなると不快に、PDdは気流が大きくなると不快に、PDrは放射温度分布が大きくなると不快になることを示している。図5に、横軸に床面積あたりの投入熱量[W/㎡]、縦軸にPPD*をとり、各解析結果をプロットしたものを示す。各暖房方式で外皮性能が高くなる（＝投入熱量が小さくなる、グラフの左側に向かう）ほどPPD*が小さくなり、分布が小さくなっていることがわかる。薪ストーブと放射パネルでは、床面積が大きくなると投入熱量が増え表面温度が上がるためPPD*が大きくなっている。床暖房で床面積に関わらずPPD*の傾きが一定なのは敷設率一定の解析条件のためである。

4. 快適線図・エネルギー線図による不均一環境評価

3章の結果を受けて、外皮性能や暖房条件を変えて解析ケースを増やすために、質点系の熱回路網計算に上下温度分布・平面MRT分布・平均風速の計算モデルを組み込む。

4.1 不均一環境をモデル化した熱回路網計算の作成

CFD解析より得た傾向を元に、空気温度を上下3層に、MRTを平面方向に9点に分割し、上下温度分布と居住域平均風速をモデル化して導入した熱回路網計算ツールを作成した。上下温度差率（以下Rv）を定め、各暖房パラメータとの相関式を求めた。エアコンは、吹出風速と投入熱量の関数とRvの比例関係を、薪ストーブ・放射パネルは暖房表面温度・空気温度・暖房表面積の関数とRvの比例関係を元にモデル化を行った。床暖房では上下温度分布は生じない。居住域平均風速も同様に、吹出風速と投入熱

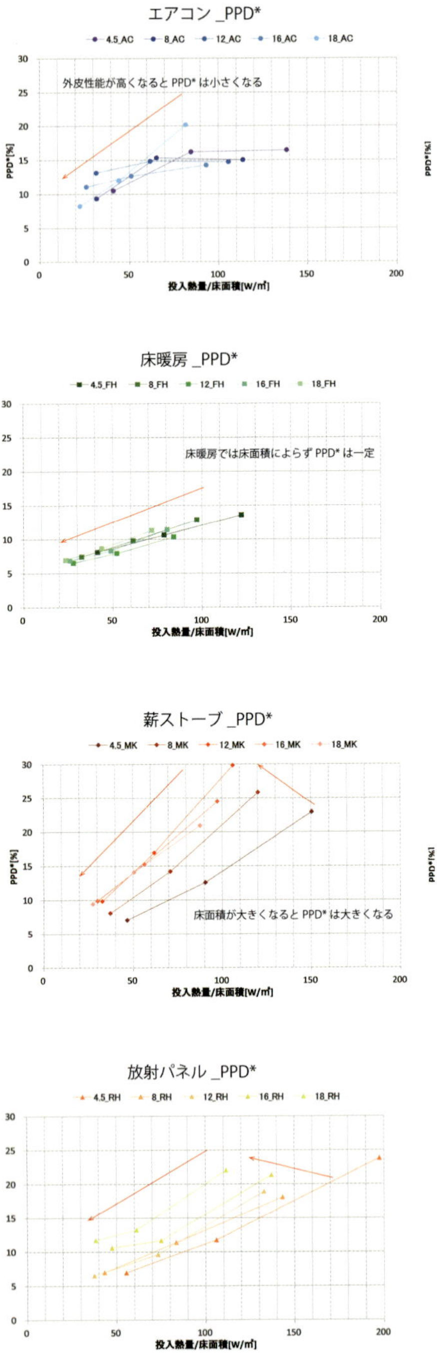

図5 PPD*による不均一環境評価

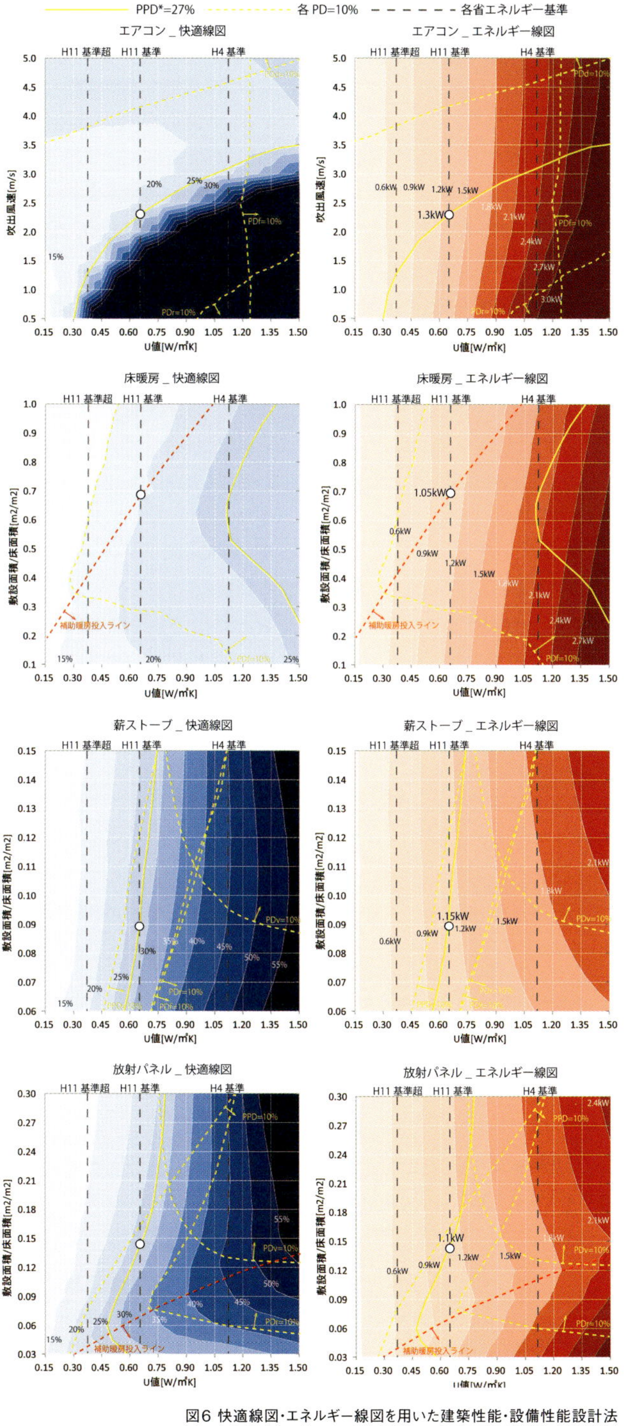

図6 快適線図・エネルギー線図を用いた建築性能・設備性能設計法

量の関数との比例関係より求めた。

このモデルを用いて、外皮性能と暖房方式・敷設率を変化させて計算を行なった。外皮性能はU値（値が小さいほど外皮性能が高い）0.15～1.5W/㎡Kの10段階で、暖房条件は暖房方式ごとに吹出風速・敷設面積を10段階で変化させた。床暖房・薪ストーブ・放射パネルは上限温度を設け、PMV=0に足りない熱量は補助暖房で補った。熱回路網計算とCFDで投入熱量・温度・PPDは概ね同じ傾向が見られ、作成したツールの確からしさが確認された。

4.2 建築的・設備的要因による不均一環境評価

計算結果を元に、図6のような快適線図・エネルギー線図を作成した。各線図は、横軸が建築性能を示すU値、縦軸が設備性能を示す敷設率で、コンターは快適性を示すPPD*と省エネルギー性を示す投入熱量から構成される。この線図により、建築性能・設備性能を快適性・省エネルギー性の観点から等価に比較することが可能となる。各暖房方式の快適線図・PPD*の要因を分析すると、エアコンでは、風速が小さく外皮性能が低く（投入熱量が大きく）なると、PDvが大きくなるが、PDdは小さくなる。またPDvが大きくなるのに合わせて、天井表面温度と床表面温度の差も大きくなり、PDrが大きくなる。床暖房は、上限温度が低く補助暖房を必要とし、PDfと補助暖房によるPDdが支配的で、上下温度分布は発生しない。薪ストーブ・放射パネルはほぼ同じ傾向を示していて、敷設率が上がると低温でかつ人体に対する暖房器の形態係数が大きくなるので、放射環境は均一になりPPDとPDrは小さくなる。一方で敷設率上昇に伴い表面温度は下がるが表面積は大きくなるので、上下温度分布は大きくなりPDvが大きくなる。放射パネルは薪ストーブと比較して上限温度が低いので、敷設率が小さいと補助暖房を必要とする。

4.3 快適・エネルギー線図を用いた建築性能・設備性能設計法

各線図を用いた建築性能・設備性能設計法を提案する。ASHRAEに基づいて、PPD=10、PDf = PDv = PDd = PDr = 5、PPD*=27を閾値として定め、これらの値を下回るよう外皮性能と敷設率を決定する。以下に設計法の流れを示す。

i)設計の初期段階でPPD*が閾値を下回るようにU値を定める。

ii)仮にU値0.65（平成11年基準）と定める。PPD*が閾値を下回り、補助暖房を必要としない敷設率を求める。（エアコン：2.3m/s、床暖房：0.7、薪ストーブ:0.09、放射パネル:0.14）

iii)定められたU値・敷設率から投入熱量を比較し、暖房方式を決定する。（エアコン：1.3kW、床暖房：1.05kW、薪ストーブ：1.15kW、放射パネル：1.1kW）

以上より、不均一環境を評価するPPD*という指標を用いることで、快適性を担保しつつ省エネルギーな建築性能・設備性能を設計することが可能となる。

今回提案したPPD*は、単純な快適・不快を示す指標というよりは、快適性の分布の大きさを示す指標である。本研究では、住宅などの居住者が長時間滞在することが予想される比較的安定した空間を想定しているため、PPD*が小さい（＝快適性の分布が小さい）ことを良しとしたが、利用者の滞在時間が短く環境のムラが許容されるような空間ではPPD*の値を大きくすることも考えられる。今後は空間構成など不均一環境を形成する他の要因も含めた検討が必要になる。

［式］

$$PPD^{*} = 100 - 100 \times \frac{(100-PPD)}{100} \times \frac{(100-PDf)}{100} \times \frac{(100-PDv)}{100} \times \frac{(100-PDd)}{100} \times \frac{(100-PDr)}{100}$$

コメンテーター・出展者コメント

松田:PPD*をつくった時は、重み付けはしていなかったと思います。重み付けをする可能性はありますか。またそれをしなかったことの理由があれば教えてください。

清野:PPD*はすべてのパラメーターで同じ係数をかけています。住宅内のリビングなど長時間滞在するような空間を想定していて、そういった空間ではすべての要素が統一で寄与するという仮定のもとで、PPD*を計算しています。例えば寝室のように上下温度分布があまり影響しない空間だったら、その重み付けを減らしたり、開口部が大きな部屋では不均一放射の影響が強くなるようなことが考えられるので、そういった空間では不均一放射の係数を大きくするといった発展の可能性はあると考えています。

岡部:空間が均質よりも不均質な方が快適なのですか?

清野:一概に均質な空間と不均質な空間が、どちらが快適かという評価はできないと思います。この論文で扱っているのは、住宅のようにある程度長時間滞在し、また空間の均質性を求められる空間を想定しています。PPD*という指標は単純な快適性を表す指標ではなく、空間の快適性の分布の大きさを示す指標です。この研究では安定した空間が求められる住宅では、PPD*が小さい値の方が快適、と評価しています。逆にある程度温熱環境にムラが許容されるような、スケールの大きい公共施設などの空間では、PPD*というものが、もう少し幅をもたせられるような空間になりえると思っています。

五十嵐:僕は一次審査では清野さんに票を入れていませんでしたが、今日の発表を聞いて、不均一環境という概念が面白いなと思いました。岡部さんがそれは良いことなのか悪いことなのか質問されていましたが、空間全体を点で捉えて、抽象的に記号で全部表現するのではなく、こういうところが不均質な場合によって満たされるという考え方自体が「ちょっと世界の見え方が変わるな」と思いました。

前:清野君は数千回の計算を非常に時間かけてやっていて、そういった積み上げがあってこの結果が出てくるというところを僕は見ていました。それは本当にすごいことだと思います。また、すぐにでも役に立つ、最後の線図までまとめていて、設計者の役に立ちたいという思いが伝わりました。ただ今日の議論の中では、不均質と均質の受け止められ方が皆さん違ったように、もう少し一般の人に伝わるようにしたいですね。

出展者コメント
──トウキョウ建築コレクションを終えて

環境のムラや微気候を利用する考え方は、自分が思っているほど一般には浸透していないことを感じました。研究では数値として共有されるものを扱いましたが、それと並行して、感覚的に共感できるものを設計できるよう目指していきたいと思います。

中世重層建築論

Name:
鬼頭貴大
Takahiro Kito

University:
東京大学大学院
工学系研究科　建築学専攻
藤井恵介研究室

Q 修士論文を通して得たこと

「モノの見方」です。先行研究と一次史料を地道に追うことで、綴られた歴史に内在する筆者の主観を意識するようになりました。今後は何事においても客観性・主観性を重要視していくことになるでしょう。

Q 修士修了後の進路と10年後の展望

現在は、日本建築を専門とする設計事務所で働いています。今後は設計者として経験を積んで視野を広げ、ゆくゆくは研究と設計を両立させていけたらと考えています。

序章 日本建築における重なり

0.1 研究背景および目的

日本建築の変遷における大きな流れの1つとして、平面の複雑化が挙げられる。それは仏堂や住宅において顕著であり、井上充夫氏の『日本建築の空間』を始めとして、さまざまな研究がなされてきた。その一方で、楼や閣と称せられる重層建築の上層平面にはダイナミックな変遷は見受けられない。重層建築についてはこれまで各論は数あれど、その変遷を論じたのは太田博太郎氏に限られる。

本研究では禅宗の台頭によって楼や閣が普及する中世に焦点をあてる。重層建築の上層には下層と一線を画す設計意図が存在していたのではないだろうか。重層に対する当時の意識をあきらかにすることが本研究の目的である。

0.2 重なりの系譜

法隆寺金堂は「重なり」をもつ最古の例である。まずは屋根が二重であり、さらに裳階《もこし》が取りつく。また上層には勾欄《こうらん》がめぐり、二層の外観である。そしてその隣に建つ五重塔は屋根こそ五重だが、内部空間は単層の建築である。

仏堂や塔婆《とうば》以外に寺院伽藍を構成する「重なり」として楼門や鐘楼、経蔵（経楼）、鼓楼がある。法隆寺の場合だと経蔵と鼓楼はともに楼造（註1）である。楼門は多くの寺院や神社で見られ、時代・様式を問わず楼造である。

鎌倉時代に禅宗が伝来してくると、日本に新たな「重なり」が導入される。1つは円覚寺舎利殿に代表される禅宗様仏堂で、身舎《もや》の四面に裳階が取りつき、二重屋根とする形式のものである。もう1つの「重なり」は「閣」と称せられる建築である。建長寺指図（図1）には「千仏閣」と「円通閣」という2つの「閣」の存在が確認できる。また禅宗寺院には三門が設けられる。今日に見る三門のほとんどが二重門（註2）であることから、鎌倉時代から三門は二重門であったのだろう。

さらに禅宗様と合わせて中世建築を語る上で欠かせない技術に野屋根という「重なり」がある。元の屋根に覆い被さるように野屋根を設けることで、仏堂の拡張改造を可能とした。また野屋根が最初から計画

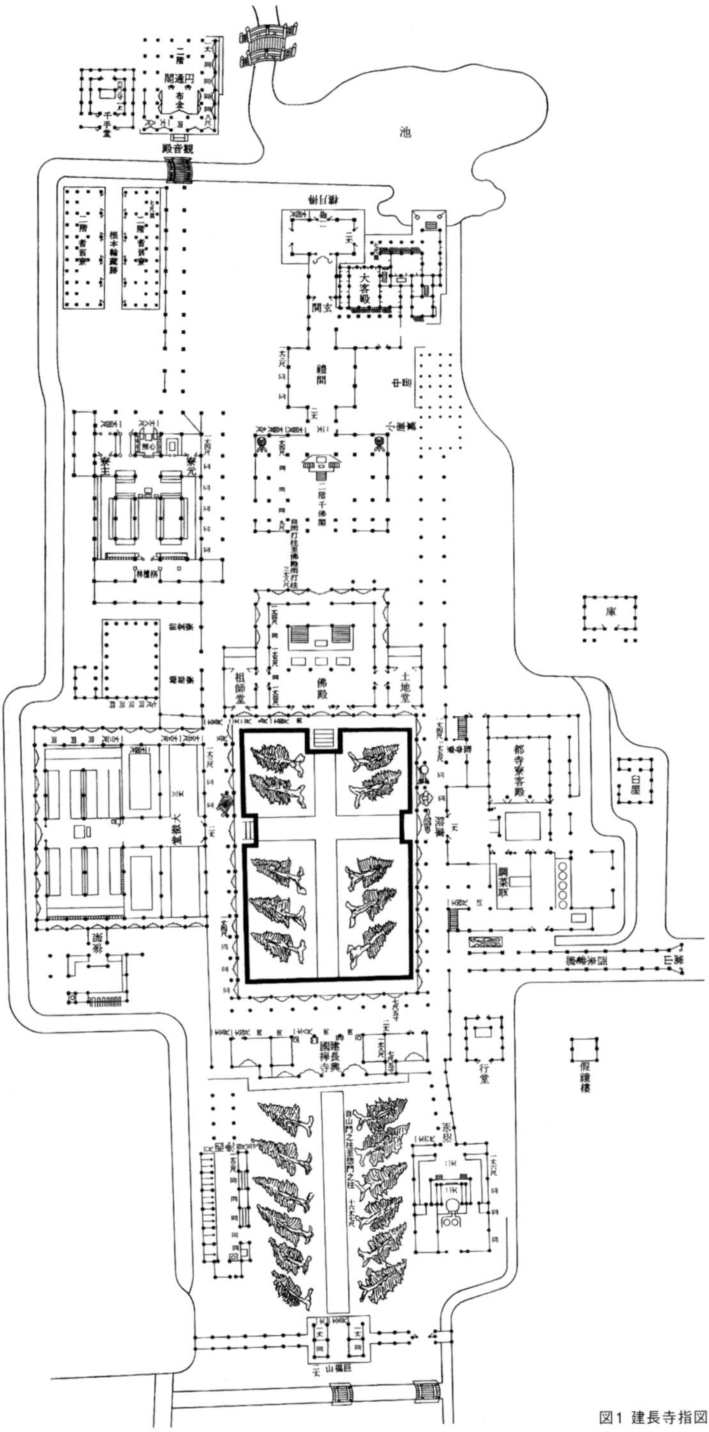

図1 建長寺指図

される場合は屋根と天井の重なりの間に小屋組み空間が生じ、その後、桔木《はねぎ》を収める空間という意味合いも合わさって普及していく。

時代が下り室町時代には、楼閣建築が多く存在していたことが記録されている。将軍邸や禅宗寺院に「〇〇閣」と呼ばれる楼閣や三門が建つようになる。その後戦国時代に入り城郭建築が生まれるなかで天守が登場し、姫路城天守（五重六階地下一階付）のような巨大建築へと発展する。

第1章「二階」とは何か

1.1「二階」の用例

中世において重層建築を表す際には多くの場合「二階」が用いられ、今日使われる「重層」や「二層」という言葉はほとんど用いられなかった。古代においては法隆寺金堂や西大寺弥勒金堂を「二重」と形容していたが、中世に入って標準語が「二階」に取って代わったようである。

「二階」と形容されることが最も多かったのは楼門である。ここで注意しなければならないのは、中世文書における楼門とは現代における定義（註3）に当てはまるものだけではなく、東福寺三門の前身建物（五間三戸の二重門）も含め複数の種類を指し得る語彙であったという点である。

西を晴れとする法勝寺では、行幸の際にも用いられた西門は「西二階門」や「西大門」と表記された。伽藍には大小いくつもの門があり、その中で西門と南門だけが「二階」と形容されたことから、門を形容する際の「二階」は二層や二重といった形態だけでなく、伽藍における重要性を指し示すことがあきらかとなった。

また「二階」と形容された仏堂もいくつか存在した。平泉中尊寺二階大堂、鎌倉永福寺二階堂、鎌倉再建東大寺大仏殿、書写山円教寺大講堂がそれである。これらは、それぞれの地域において他の堂宇に比べて大規模であり、それを端的に表す言葉が「二階」であった。

1.2 小結

中世の「二階」は現代と比べて多義的であり、建築以外にも寝殿造の調度として用いられた二段の棚を指した。建築では一間一戸の楼門から鎌倉再建東大寺大仏殿の二重屋根までも指し示す言葉であった。しかし「二階」は形態を表すだけではなく、宗教的意味合いと当時のスケール感覚を内包し、建築の即物的側面を超えた表現であった。

第2章 積層の構法

重層建築を構法の視点から考察すると、大きく3種類に分類することができる。1つは楼造の系統で、上層の柱が井桁に組まれた柱盤の上に載る構法である。この特徴は柱盤が外観に現れる点である。楼門だけでなく法隆寺金堂や平等院鳳凰堂翼廊も井桁組の柱盤の上に上層柱が置かれている。もう1つは柱盤が井桁に組まれない構法で、野屋根が発達し、柱盤を含む小屋組みを隠すことが可能になったことで生まれた構法である。多くの三門、金閣を始めとする楼閣建築で用いられている。最後は通柱と挿梁もしくは挿肘木《ひじき》を用いて二層をなす構法である。金閣の初層および第二層、円教寺食堂がこれにあたる。

第3章「閣」の指し示すところ

中世の京都では多くの「閣」が建てられ、それらは懺法《せんぼう》が行なわれる印であった。夢窓疎石《むそうそせき》によって禅宗の「閣」に庭園建築の要素が付加され、無縫閣が誕生する。それから派生して、足利義満によって住宅建築の中にも禅宗様と「閣」がセットとして取り込まれ、金閣が誕生する。世俗化の道を歩み出した「閣」は、豊臣秀吉が飛雲閣を京都新城に造営する段階で完全に世俗化される。しかし禅宗様という意匠はなお引き継がれており、これは禅宗様が禅宗を超えて普遍的な意匠へと昇華したことを物語っている。

近代に入ってからは複数階建ての洋風建築を「〇〇閣」と名づけるようになる。「閣」が禅宗によって本格的にもたらされた影響か、渡来の高い建造物を「閣」と呼ぶ感性が近世、近代と受け継がれてきたようである。

第4章 夢窓疎石の痕跡

夢窓疎石は生涯を通して塔を好んだが、自身が身を置いた寺院には塔を建てず、塔に替わるものを計画していたことがうかがえる。

夢窓が中興した西芳寺では、無縫閣（舎利殿）に塔と似た意味合いが込められていた。鎌倉時代には舎利信仰が芽生え、小塔や宝塔といった工芸品を塔と見なす慣習があった。無縫閣の中にも宝塔が置かれ、その中に舎利が収められていた。舎利殿かつ「閣」は北山殿舎利殿（金閣）の特徴そのものである。ここから金閣が無縫閣を参照して設計された可能性が浮かび上がってくる。

第5章 無縫閣からの継承

5.1 金閣と銀閣

金閣は五間四間の初層・第二層の上に方三間の閣を有し、銀閣は四間三間の初層の上に同じく方三間の閣を載せる。両者を比較すると、プロポーションの違いと屋根勾配・軒の出などから、金閣はより水平性を、銀閣はより垂直性を意識した建築であると言えよう。しかし最上層の柱間寸法はほぼ一致する(表1)。

5.2 金閣と飛雲閣

飛雲閣第二層下段の間の正面(北面)と側面(東面)には同じ意匠が用いられている。日本建築において正面と側面が同じ立面を有する例は限られており、その中でも四面同じなのは塔を除いて金閣の第三層だけである。そこで飛雲閣と金閣の寸法に着目すると、縁を含めた寸法がほぼ一致するのである（表2)。下段の間は、金閣第三層の立面を意識しただけでなく、実測も含めて参照したことがここからうかがえる。柱間寸法に関連性は見出せないが、それは飛雲閣が成立した時代では床に畳が敷き詰められるようになっており、柱間が畳に規定されるという新たなルールに則った設計がなされたからであろう。

5.3 小結

金閣・銀閣・飛雲閣は共通する寸法を有している(図2)。「閣」の上層が建築全体の比率や木割などとは切り離された概念のもと設計されたことがうかがえる。

また西芳寺に執着した足利義政が建てた銀閣が金閣と同じ寸法を有しているということは、その寸法が無縫閣由来であるという可能性も示唆している。「聳える方三間の宝形造」は塔の特徴でもあり、ここに「閣」と塔の意味合いが重なり合って生まれた無縫閣の姿が浮かび上がってくるのである。

表1 金閣・銀閣比較

銀閣（第二層）	18尺6分
金閣（第三層）	18尺5分

表2 金閣・飛雲閣比較

金閣（第三層、縁含む）	25尺1分
飛雲閣（第三層、縁含む）	25尺9分

第6章 論

飛雲閣の第三層（図2参照）は摘星楼と言い、方二間の部屋に二間一間の付属空間が取りつく構成となっている。

日本の寺院建築において方二間を有する例は、法隆寺五重塔の五重、法起寺三重塔の三重、薬師寺東塔の三重、当麻寺東塔の二重および三重に限られる。これらの塔はいずれも飛鳥時代、もしくは奈良時代に建てられたものである。その次に古い当麻寺西塔（平安前期）は三間三重で、それ以降も方二間を有する塔は建てられなくなる。

飛鳥・奈良時代は今日の日本建築史で語られるような「様式」が確立していなかった時代であり、試行錯誤の積み重ねだったと言えよう。それでは「様式」化する過程で取捨選択されていった意匠のうち、結果捨てられた方二間は元々どこからきたものなのだろうか。

筆者はその由来が出雲大社の方二間にあると考える。稲垣栄三氏は「出雲は塔のイメージをもって建てられたといってもよいかもしれない」とし、「掘立てで立っている法隆寺五重塔の心柱は、出雲の正方形平面の中心にある太い柱とよく似た存在」(註4)であると言及している。筆者は稲垣氏の主張に加えて、出雲と法隆寺の五重平面がともに方二間である点を指摘したい。さらに出雲は正面の右一間だけが開口部になっており、法隆寺も北面右一間だけに連子《れんじ》窓が入っている。飛雲閣も背面の右一間に引戸がある。三者は方二間であるだけでなく、開口部の位置まで共通しているのである(図3)。

日本において塔を建てる当初の目的は仏舎利や経典を奉安するためであったが、それが平安期に入ると密教が塔自体を大日如来と見立てるようになり、奉安される主体が仏舎利・経典から仏像へと変わっていく。

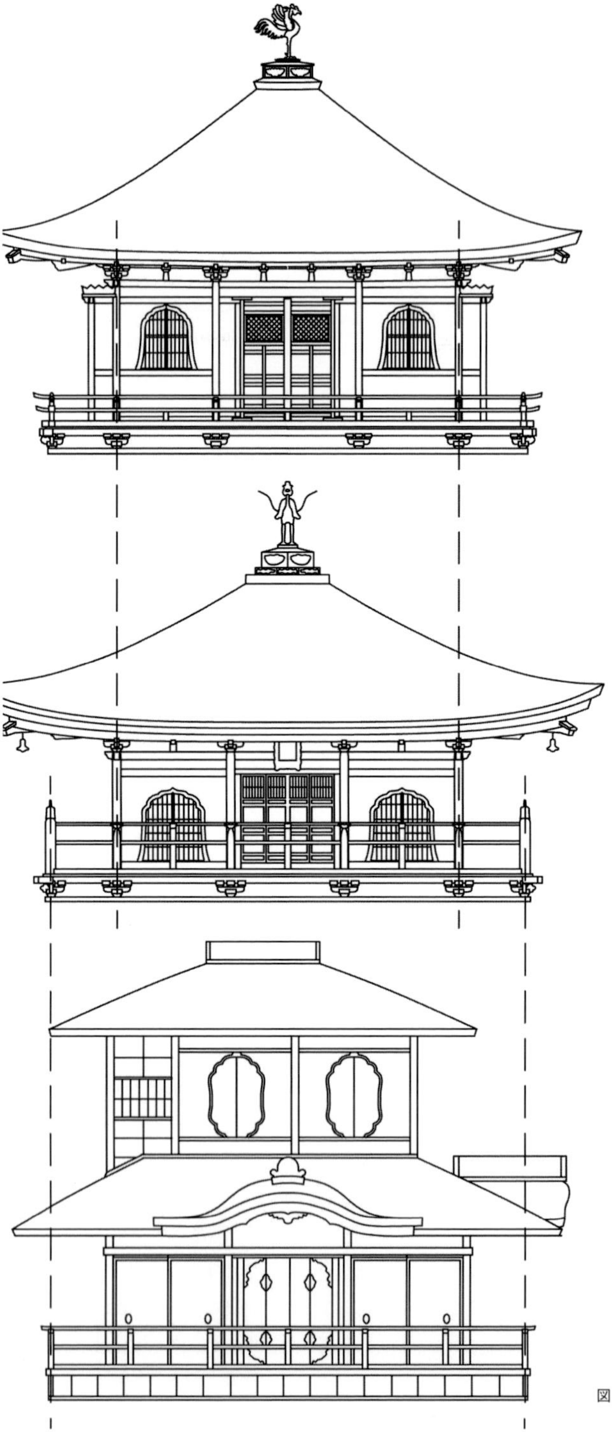

図2「京の三閣」比較
（筆者作成）

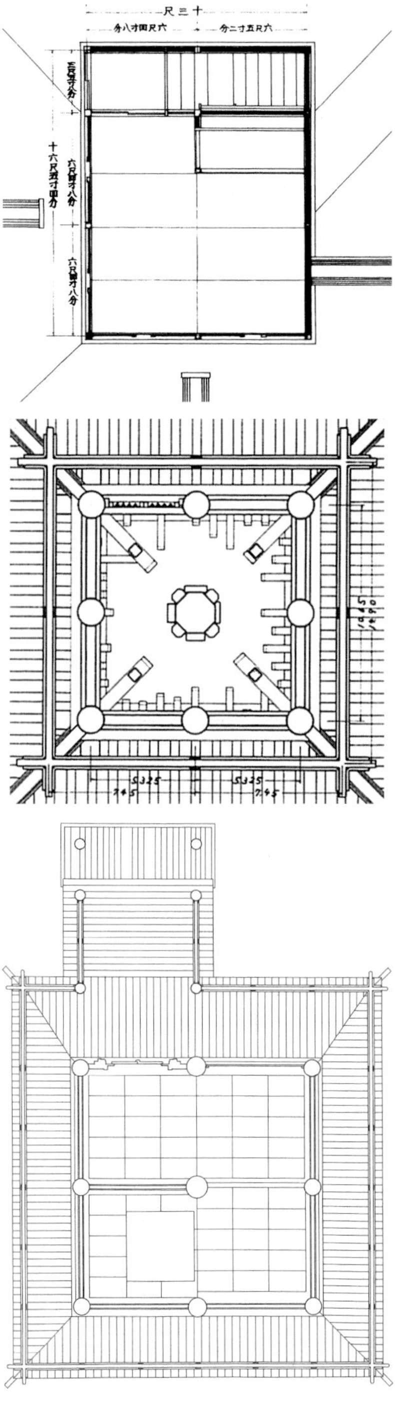
図3 飛雲閣(上)、法隆寺五重塔(中段)、出雲大社本殿(下)

そして平安前期成立の当麻寺西塔以降に建てられた塔は、例外なく方三間のみで構成されている。密教によって塔から方二間が排除されたと言えよう。

では密教が台頭するまで、仏塔にも出雲大社由来の方二間が混合していたとは考えられないだろうか。すると飛雲閣の第三層に隠された方二間は、大陸由来とは違う流れを意識して古代特有の意匠を部分的に引用したと考えられ、同時代の寺院建築に復古性の強い意匠が用いられた流れとも整合するのである。

飛雲閣を設計した秀吉は、武家社会で生まれた書院造りの上に義満由来の閣を載せ、さらにその上に出雲大社由来の方二間を載せ、過去の武家政権を凌ぐ存在として、また自らを神格化する象徴として飛雲閣を計画したのではないだろうか。

終章 重層に求めたもの

7.1 重層の特殊性

重層建築は古代から特別なものであった。法隆寺金堂・中門は階上空間を設計趣旨とはしていなかったものの、柱盤を井桁に組み、その上に上層柱を置く構法は楼造に通じるところがある。それが時代を下って平等院鳳凰堂では、中堂は一見すると二階建てのようだが構造的には単層建築で、裳階と勾欄によって塔同様、階上を意識した意匠に留まっている。

古代に見られる階上への意識は、中世に入る前後から「二階」という表現を生むに至った。禅宗の影響が大きいのは間違いないが、禅宗伽藍に限らず「二階」が用いられるようになったのには、古代から続く階上を特別視する意識あってこそだろう。「二階」は広義では地域を代表する大規模建築(二重屋根が条件)を形容する言葉として、狭義では伽藍の重要な重層建築を表す時に用いられるのであった。「二階」は総じて階上への意識の表れであった。

禅宗では、上層を仏像や舎利を安置するための空間と定義し、夢窓疎石の影響から塔の最上重だけを切り取ったような方三間の「閣」が誕生する。その後「閣」は次第に禅宗から遠のき、形態としての「閣」が後の天守への試金石となり、望楼式天守へと発展する。

望楼式天守ではとくに最上階の意匠にこだわりを

見せるなど、内外ともに見栄えを意識していたようである。一方、層塔式天守は少し違った系統のようで、屋根の収まりや軸部に望楼式とは異なる合理性が見受けられる。層塔式が仏塔のような外観となったのは偶然ではないだろう。古代においては実現しなかった重層建築としての塔はついに中世末期から近世にかけて現れたのである。江戸城天守は「五重塔」であった。しかし構法的には実現したものの、五重塔が元来人が日常的に立ち入るものではなかったように、外観が五重塔に似た層塔式天守は結局確固たる用途はなく倉庫等に使われる次第であった。

かくして中世末から近世初頭に急激に興隆した重層建築は、その活力を使い果たしたかのようにその発展に終焉を迎えたのであった。

7.2 古代との接点

法隆寺金堂と中門は、ともに上層平面ありきで下層平面が設計された可能性があり、両者の下層平面規模は大きく異なりながらも上層のそれが近い値をとる。このことから法隆寺では、一定規模の上層を支えるために下層が決定されたことが示唆される(註5)。塔においても、法隆寺五重塔と法起寺三重塔の類似性や当麻寺東塔の計画寸法から、最上重から柱間寸法が決定された可能性がうかがえる。

これらの設計手法は、金閣—銀閣、金閣—飛雲閣の関係に似ている。古代と中世では上層(上重)に対する思想は同じではないにせよ、「特別扱いする」という共通項が見出せる。重層建築の重層たる所以が伽藍計画や建築単体の見栄えというもっともらしい理由だけからくるものでないことをあきらかにすることができた。

重層建築に秘められた想いはおよそ言葉では表現し尽くせないものなのかもしれないが、本研究を通してその片鱗を垣間見ることができたのは幸いである。

[註]

1) 二階の建物で、下層に屋根がなく、二階に勾欄をつけて上下層の区切りとしている建物。(『国史大辞典』)
2) 上下層ともに屋根をつけた門をいう。(『日本国語辞典』)
3) 二階造りの階境に屋根を設けず「腰組」、「勾欄」をめぐらせる形式の門をいう。(『日本建築辞彙〔新訂〕』)
4) 稲垣栄三著「古代の神社建築」『神社建築史研究　I』P.202、中央公論美術出版、平成18年
5) 清水重敦・山下秀樹著「飛鳥・白凰期寺院における二重建物」『奈良文化財研究所紀要』平成19年

[出典]

図1　建長寺指図／関口欣也著『名宝日本の美術　第13巻　五山と禅院』小学館、昭和58年
図3　飛雲閣:京都府教育委員会『国宝本願寺飛雲閣修理工事報告書』昭和42年、法隆寺五重塔:法隆寺国宝保存委員会『国宝法隆寺五重塔修理工事報告書』昭和30年、出雲大社本殿:『日本建築史基礎資料集成〈一〉社殿I』p.148、中央公論美術出版、平成10年

コメンテーター・出展者コメント

深屋:読み物としてとても面白いと思い、感心しました。結構大胆な仮説もありましたね。二間論を古代につなげるというのもすごい。そこから日本の固有の歴史に線を引いていましたね。今日はあまり触れられていませんでしたが、大陸との関係について、もう少し付け加えて説明や位置づけがあれば聞きたいと思います。

鬼頭:大陸との関係性は、本論にはある程度触れています。例えば、塔は中国だと実際に登れるものがいくつも存在しています。濱島正士氏によると、朝鮮半島を経由した際に、登る塔から登らない塔になったのではないかとのことです。また、禅宗の三門と中国に残っている最古の楼閣建築、独楽寺観音閣は、非常に似た構法で関連性はあるのですが、今回は、本論において少し触れただけで、基本的には日本国内での変遷を語ろうと思いました。

五十嵐:結構、力技でした。そもそも日本人が3階建て、4階建てに住み始めたのは、戦後と言ってもいいほどつい最近で、それまでは、ほとんどの人たちは平屋で暮らしていたわけです。そういう背景があって、日本建築における複層の建物は特殊な意味をもっていて、以前からとても関心がありました。鬼頭さんの論はきわめて大胆な仮説があって、それが日本建築史においてどう評価されるかは抜きにしても、高さを軸にした日本建築論は聞いていて大変に面白かったですね。

鬼頭:それに関係することですが、僕は国外に何年か住んでいて、2年前にはパリにも留学していました。フランス語には地上階を表す言葉として「rez-de-chaussée」があり、日本でいう2階がフランスでは1階に相当します。イギリスも1階はロビーで、その上から1階、2階です。床とはなんだろうか?と幼い頃から気になっていました。たまたま建築という分野に進み、たまたま日本建築を専攻した上での研究であり、五十嵐先生と興味の分野が被ったのかなという印象を受けました。

僕の指導教員は藤井恵介で、東京大学の歴史研究室です。その系譜を簡単に言いますと、 辰野金吾がイギリス留学時に、日本の建築についてまったく説明できなかったことにショックを受け、それがきっかけで帰国した後に日本建築史という分野を創設したと言われています。太田博太郎という大先生が頂点に君臨していて、そして現在では、彼の通史が1つの定説となっています。ただ、太田博太郎は大きな物語を書く人でした。それに対して稲垣栄三と藤井恵介、そして日本建築に関わる多くの学者は、太田博太郎の敷いたレールに乗りつつも、部分的にはもう少し精度のよい解釈があるのではないかと、日々研究してきたと言えるでしょう。

僕としてはせっかくこの大学にいるのだから、ということで、自分でも物語を綴りたかったのです。そして大枠、大きな流れを語る人間がいても良いのかなと思い、特に興味のあった重層建築をテーマに綴った次第です。

出展者コメント
——トウキョウ建築コレクションを終えて

修士課程の軌跡を振り返る良い機会でした。私の場合、修士課程のほとんどが修士論文へ向けての勉強と研究だったので、今回多くの方と意見交換をすることができ、研究生活のあとがきとも言えるような体験となったことをうれしく思います。この場をお借りして感謝の意を表したい。

リスボン・バイシャ地区の復興プロセスに見る一貫性と適応性

Name:
葛西慎平
Shimpei Kasai

University:
東京大学大学院
工学系研究科　建築学専攻
太田浩史研究室

Q 修士論文を通して得たこと

リスボンの復興プロセスには長期的計画を実現するために一貫性と適応性が見られたこと。この事象はこれからの建築と都市を考える1つの指標となると思います。

Q 修士修了後の進路と10年後の展望

建築設計に携わり、実務経験を積みます。将来はこれまでに見て触れて考えた経験を忘れずに、ずっと愛される建築を実現できるよう技術を身につけ、自分に正直に建築と向き合っていたいです。

序章

研究の目的と背景

本研究は震災を経験したリスボンの復興プロセスをあきらかにし、都市居住に共通するであろう復興の原理や持続可能な都市についての示唆を得ることを目的とする。リスボンは1755年の大地震および津波によって大打撃を受け、その後再建された都市として知られる。しかし計画策定から建設に至るまで、建設後から現在に至るまでの過程にどのようなことが起こり変容したかはあまり知られておらず、その過程から学ぶことは決して少なくないと考えられる。

リスボン・バイシャ地区はヨーロッパ最大級の地震と津波を被った地区であり、震災の様子や復興に関してテキストのみならず図版が多く残されており、震災後250年以上経過し復興のプロセスを追うのに十分なほど時間が経っており、長期的な視点での観察が可能である点を考慮すると復興都市の研究を行なう最適な土壌があると考えられる。

研究方法については日本で得られる文献・情報の他に、ポルトガル・リスボンでの現地諸機関の利用によっての資料収集を行なった。(規則集Regulament、建築更新図面Remodelação Planta、古地図や地積図など）また、当該地区のファサードの現状については現地調査(2013年7月～8月)も行なった。

論文の構成と既往研究

本論文は全6章と序章、結章で構成される。第1章においてリスボンの歴史的成立過程、都市構成を研究における前提作業としてあきらかにし、第2章でリスボン大津波における復興計画の策定プロセスをあきらかにする。第3章ではリスボンでの資料収集の際に入手した『Monumentos』に収容の図に基づき作成した年代別建物分布図を用いて計画の実践プロセスを追う。第4章からはその後の変容に着目し、古地図・地積図を用いた街区変化の軌跡（第4章)、現地で入手した更新図面からみた建物更新の実態（第5章)、現行する「バイシャポンバリーナ保護詳細計画規則別稿」に収容の図を用いたファサード変化の動態（第6章）といった異なる3つの側面から計画実施後の変遷を分析する。

本国ポルトガルにおけるリスボンの都市再建に関する研究は計画、都市史、構造などそれぞれの分野で非常に多岐にわたって行なわれているが、それらを包括的に扱い、その後の変容を空間的に論じているものは少なく、より詳細な議論が必要である。また日本においては歴史学的見地からの計画案の紹介にとどまっており、他の既往研究においてもその後の計画案の実践、変容について空間的な分析を交えながら論じているものは見られない。

第1章 リスボンの都市形成史と震災前の都市構成

リスボンはプレローマ、ローマ、イスラム、中世、近世と各時代で異なる文化体系で都市が成形されてきた。そして最も影響があった時代はイスラム期で、この時期にいわゆる密集したイスラム都市化が進められた。

震災前の都市構成としてはテレイロ・ド・パソとロシオ広場の2つの広場の存在が際立つ。大航海時代を迎え都市の拡張が進むもリスボンの都市構造そのものには大きな変化はなく、市内は已然イスラム都市の様相を呈していた。つまりリスボンは「拡張はするが更新できない都市」であり、そのジレンマを孕んだまま、震災当日を迎えるのであった。

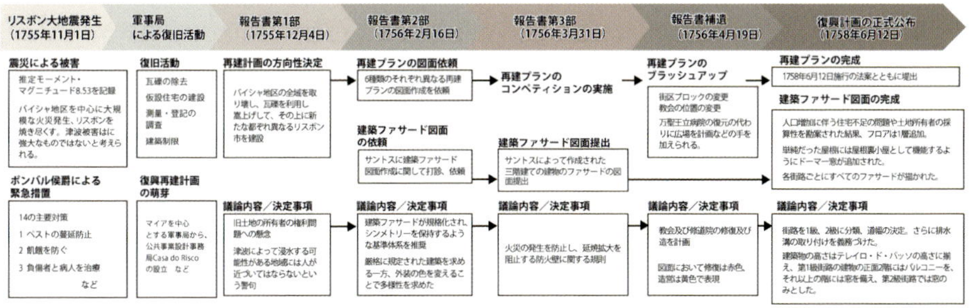

fig.1 復興計画の策定プロセス

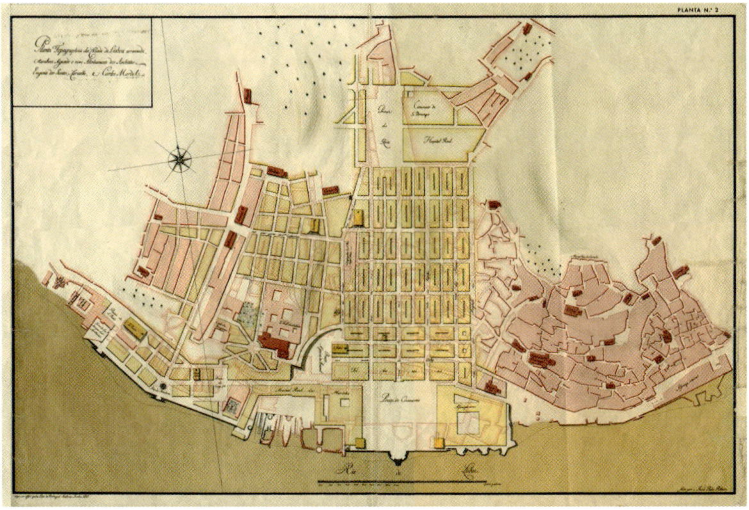

fig.2 コンペで提出された都市計画図面（Museu da Cidade, Lisboa所蔵の都市計画図より引用）

第2章 震災と復興計画の作成プロセス

リスボン大地震といえば津波のカタストロフとして描かれた図が多く存在するが、その被害実態を確認すると大津波が襲った震災というイメージとは様相は異なり、津波は平均潮位で2m、最高潮位であっても4mが津波到達ラインであろうとする研究が現在主流になっている。被害のほとんどが地震による建物の崩壊とそれに伴う火災によるものであると考えられた。

復興計画の作成プロセス

震災直後の措置でその敏腕性を発揮した、後のポンバル侯爵は陸軍工学技官長の地位にあったマヌエル・ダ・マイアを中心に公共事業設計事務局Casa do Riscoを設立した。瓦礫処理や仮設住宅の建設などの復旧活動が含まれ、後に復興計画の策定もこの部署で行なわれ、復興計画において政治家で法的権限をもったポンバル侯爵と復興計画を考案するマイアとその部下軍事エンジニアたちの協力体制が認められる。再建作業において最も重要視されたものに各地区の区画測量・登記調査があり、所有者同士の間で必然的に争いが起こるであろうとして徹底的に調査が行なわれた。

震災の1カ月後に「復興計画指南書」ともいえる報告書「Dissertação」がマイアによって提出された。第1部で被災地の所有を巡る問題を勘案した結果、再びバイシャ地区を再建することとなったが、マイアは安易に浸水地域を再建することに警告をしている。また新しい区画で都市を再建することに伴う旧土地の建物所有者の権利問題が再建事業の障害になることを指摘し続ける様子がうかがえる。第2部ではコストが少なくてすむ単純かつ対称的、規則的な建築が求められ、第3部では火災の発生と伝播を防ぐために一連のルールに沿ってプログラムされた建築の原則を確立した。(fig.1)

このように報告書「Dissertação」はそれぞれの全体の一部を形成する3部が段階的に開発され、追加で提出された補遺の提出二年後に施行されることとなる。また民間の資本ベースで復興を行なうために規則の遵守が求められたが、一方、増築を認める緩和的法律も同時に組み込まれている点も興味深い。

コンペでは6つの都市計画図面が提出されたが、共通点として2つの広場は維持され街路で結ばれており、また敷地の南側で街区が切り替えられた。これは予想される浸水域ラインと重なり合うことから、リスボンの街区構成は一種の震災での経験を都市空間に投影したものと理解できる。(fig.2)

復興住宅については建築の高さ、ボリュームは均一に律され、一切の装飾を禁じ、建物の階層が上がるたびに窓枠は次第に小さくすることなど、非常に厳格に構成された。当初は3層で構成されたが土地所有者の採算性などを勘案し、最終的に4層となった。

ガイオラ構法の開発

この復興計画でもたらされたものに、まず資産所有権の改革が挙げられる。先行して行われた区画測量・登記調査に基づいて、土地の所有を認めた上で5年以内に自力で再建できない場合は強制競売にかけ、実現できない旧土地・建物所有者を追い出し、新たな開発意欲のある土地所有希望者を参入させることを可能にした。これはリスボンの建物が密集し、利権が複雑なイスラム都市構造であったという従前の問題を、復興を機に解決したと言える。

新たに提案されたもので最も影響力があったものにガイオラ構法が挙げられる。内部は軽い木でフレームを組み、外壁は石で固くつくられ、例え地震の揺れによって外壁が崩れても、木造の格子が床を支えて人命を守るという二重の構造が採用された。またこれは、内部は地震に強く外壁は火災に強いという震災経験からのリアクションであり、建物の規格化、作業の迅速性の観点からプレファブ方式が採用された。(fig.3)

第3章 復興計画の実践と再建後の都市構成

建設順序を見ていくと、まず中央沿いの街路が資産所有権改革で引き起こされた競売の対象となり、集中補填された。2つの広場は震災直後から非常にニュートラルな場であり、建設期には市場や建材の荷解き場として機能した。これはいわば復興の要となる場所同士をネットワークでつなぐことが最優先されたと理解できる。その後、土地の競売範囲が全域に広げられ、ここからは建設を担った民間の動向として、建設順序を見ていくと、敷地の南側での建設ラッシュを確認できる。これはテージョ川が見える場所に土地の再分配が集中したことを意味し、震災後15年足らずで川の近くに住むことを渇望したリスボン市民の姿を浮かび上がらせる。また震災遺構となっていた3つの教会周辺で比較的早い段階で建設が行なわれている点が確認される。教会はコミュニティー施設であり、そこへ寄り添うように建設が始められたことは、信仰の深い敬虔な信者の存在を想起させる。このように、市民の住観念や宗教観念もまた復興の順番に大きく影響を与えていたことが推測される。

再建後の都市はコメルシオ広場とロシオ広場が継続され、新たに2つ広場が追加された。そして最も大きな変化として街路構成の再編が挙げられ、街路を街路幅で第1級と第2級に分けた上、南北方向の第1級街路には表通りになるよう、華やかな名称が与えられた。一方、南北方向の第2級街路には各ギルド名称を、東西方向には宗教的名称が付けられた。このことから街路組織はギルトが縦糸、宗教が横糸となって再び都市に編み込まれたと理解できる。(fig.4)

第4章 街区変化の軌跡

基本的にバイシャ地区では街区が大きく変更することは確認できない。また再建後火災は頻繁に起き、建物が焼け落ちてもその度に街区は元に戻される復元性が認められる。一方、バイシャ地区における広場は各時代の都市問題と変容を受け止める場として頻繁に変化し、また変化のないバイシャ地区と相対するように、バイシャ地区の東側と西側で建物を解体し小さな広場をつくり、バイシャ地区の北側と南側では大通り建設を伴う大規模開発がなされた。(fig.5)

第5章 建物更新の実態

更新図面からは均一だった復興住宅に時代ごとの流行を取り込んでいることが確認でき、時代の変化に対応すべく自由な増改築を行ない適応させながら住みこなす姿が浮かび上がる。また建物は相隣する建物を所有した上で隔壁の撤去によって拡張し、屋根・地下・中庭方向には物理的に空間を増やすことで容積率を増やして変容してきた。この変化は所有権を動かしながら、ガイオラ構法がフレキシブルに利用されてきたことに起因し、土地や建物を国や政府が買い上げての復興ではなし得ない現象が起きていたと言える。(fig.6)

第6章 ファサード変化の動態

バイシャ地区を南北に走る7本の街路を対象に、ファサード変化の分析を行った。

サントスによって描かれた立面図と現況のファサードを見比べ、A:地階部分[1層]、B:中階部分[2〜4層]、C:屋根部分[5層以上]とし、その変化の量を街路別に測定した結果、変化動向としては屋根部分の変化度は第1級街路よりも第2級街路のほうが大きく、また中階部分においてもファサード刷新の影響を切り分けると第2級街路の変化量が断然多いことがうかがえる。

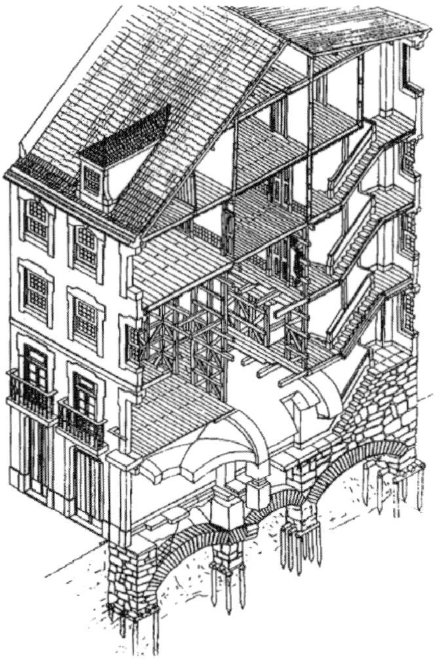

fig.3 復興住宅で使用されたガイオラ構法
(Jorge Mascarenhas《Sistemas de Construção V》Livros Horizonte, 2005, p. 310-311より引用)

広場構成

属性	名称	意味	サイズ（㎡）
継続	Praça do Comercio	商業	190×178
	Praça de Rossio	草原	190×87
新設	Praça da Figueira	イチジク	114×105
	Praça do Município	自治体	61×59

計測は地理情報局 Centro de Cartografia で得られた GIS データに基づく

教会構成

配置	名称	特徴
街区ブロック	Igreja de São Nicolau	新設、位置だけ継続
端の凹部	Igreja da Vitória	新設、正面に広場なし
	Igreja de São Julião	新設、正面に広場
街区ブロック	Igreja De São Domingos	遺構利用
の一部	Convento do Corpus Christi	建物内部で一部遺構利用
	Igreja de N.S. da Oliveira	新設、位置だけ継続

街路構成

等級	名称	意味	道幅（palmo）
第１級	Rua Augusta	アウグスタ王妃	56
	Rua Aurea	金座	56
	Rua da Prata	銀座	58
	Rua do Comercio	商業	65
第２級（大）	Rua dos Fanqueiros	呉服屋	45
	Rua de Santa Justa	サンタ・ジュスタ教区	43
	Rua da Assunção	アスンシオン教区	44
	Rua da Vitória	勝利	45
	Rua de São Nicolau	サン・ニコラウ教区	42
	Rua da Conceição	受胎	41
	Rua de São Julião	サン・ジュリアン教区	46
第２級（小）	Rua de Sapateiros	靴屋	37
	Rua dos Correeiros	革細工師	32
	Rua dos Douradores	鍍金師	34
	Rua do Crucifixo	十字架	37

※1palmo=22cm

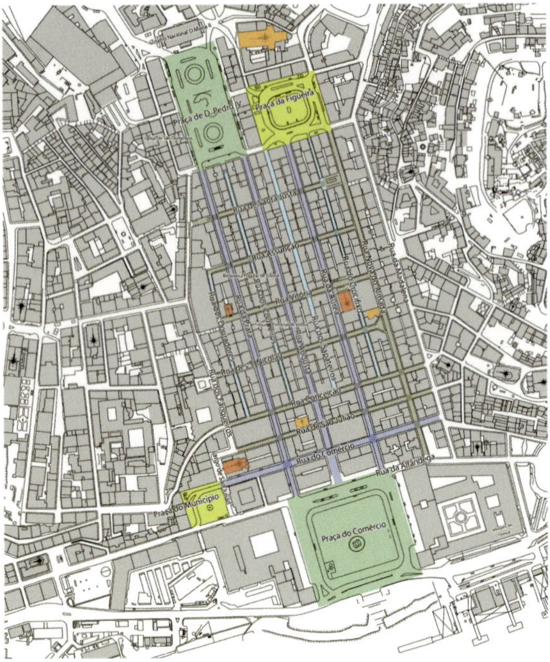

fig.4 再建後における各都市構成要素

このように第１級街路と第２級街路のファサードの変化の現れ方には異なる傾向が認められる。第１級街路沿いの変化傾向は基本的に銀行やホテルによる建物刷新など単発の大きな変化によるもので、計画策定時には無かった新たな用途によって引き起こされた。一方、第２級街路沿いはバルコニーの設置や窓枠の交換など住環境を巡る小さな変化が頻繁になされ、相対的に第１級街路よりファサード変化が多いことがあきらかとなった。（fig.7）こうして、均一につくられた都市は、時代の変遷とともに、第１級街路沿いではより商業街的に、第２級街路沿いではより住宅街的に、その役割を変えていった。（fig.8）

結章

本研究のまとめとして、リスボンの復興とは国や政府による一方的な「上からの復興」でもなく、民間による「下からの復興」でもなく、国と民間の両者の目的を了解しながら構築された相互的な復興手法であると言え、そこには２つの一貫性と適応性が見られた。

民間の資本をベースとした復興住宅の開発という方法がとられ、計画通りの復興住宅を建てるためには規則による厳格な追従が求められたが、一部増改築を許可する法令によって緩和し、開発欲をもった所有者の要望に答えることで、困難に思われる民間の資本ベースによる再建を完遂した。ここに１つ目の計画にみる一貫性と適応性が認められる。

しかし土地と建物の所有を認めることは、所有者の開発を容認することでもあるため、計画によってつくられた景観が崩される可能性があった。そこで重要な要因だったと考えられるのがガイオラ構法の存在であり、地震と火災に対応すべく２種類の構造が導入されたことが、結果的に手の加えやすい場所（内部の木造箇所）そして手の加えにくい場所（外壁部分）の異なる

各時代ごとの街区変容点

1780-1808（計画図との差異）
1808-1856（街区の変化）
1856-1911（街区の変化）
1911-1975（街区の変化）
1975-2013（街区の変化）
バイシャ地区

教会による影響での街区変化	a, b,
新設街路による街区変化	c, h, j, k,
建設中の一時的なもの	d, e, o,
街区ブロック一部が広場に変化	f, g, m, n, l, r,
街区ブロック全体が広場に変化	s, a'
火災による街区変化	i, p, c'
交通問題による街区変化	q, y, x, d', e'
複雑街区の単純化	u, z
港湾埋立地の拡張	v, w, b'
工作物の挿入	o, t

2013 年現在の街区
以前の街区

（Centro de Cartografia da Faculdade de Arquitectura da Universidade Técnica de Lisboa 所蔵の古地図・地積図より）

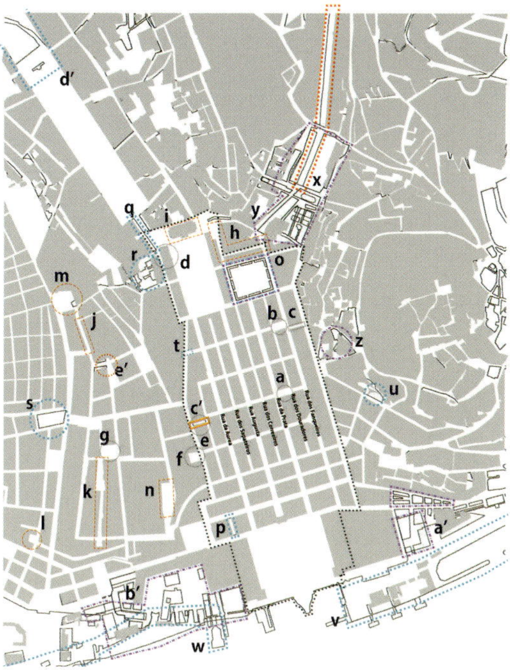

fig.5 1808-2013年までの街区変容状況

性質を生み出した。建築自体は自由な増改築がなされ、時代の変化に対応できるも、外層部分は比較的変化せず、景観が保たれる効果をもたらした。ここに2つ目の構法がもたらす一貫性と適応性が認められ、このガイオラ構法が一種の変化の方向性を規定する条件となり、隠れた秩序として体現され機能したと結論づけられる。

建物の個性化	容積率の増減	ガイオラ構法への手入れ
内装更新	フロア増築	構造補強
駐車場化	建物結合・分割	構造入れ換え
エレベータ設置	地下利用	建替え
	中庭室内化	

（Arquivo Municipal de Lisboa 所蔵の建物更新図面より）

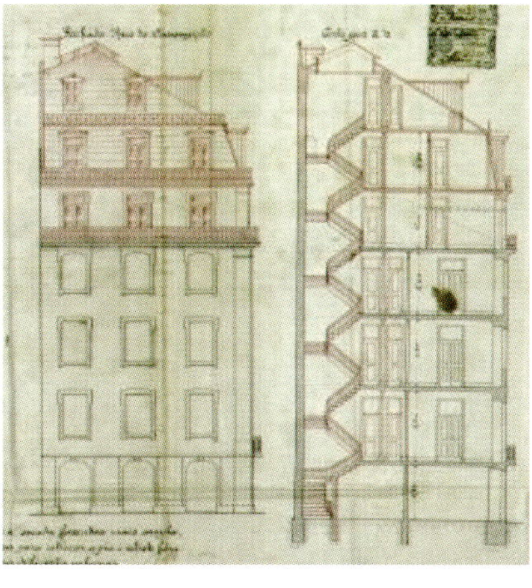

fig.6 建物更新図面の一部と変容類型（容積率の増減）

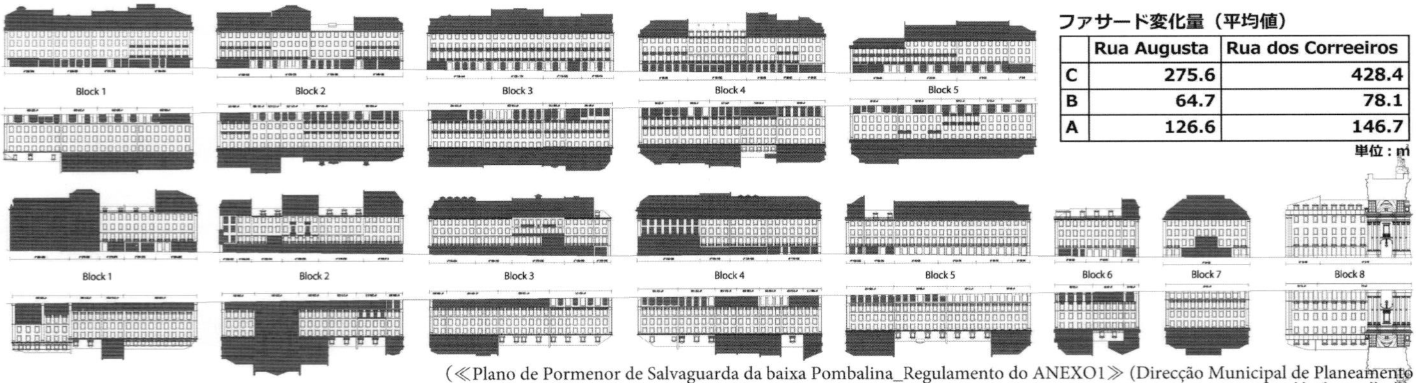

ファサード変化量（平均値）

	Rua Augusta	Rua dos Correeiros
C	275.6	428.4
B	64.7	78.1
A	126.6	146.7

単位：㎡

（≪Plano de Pormenor de Salvaguarda da baixa Pombalina_Regulamento do ANEXO1≫ (Direcção Municipal de Planeamento Urbano/Direcção Municipal de Conservação e Reabilitação Urbana/IGESPAR-DRCLVT) に基づいて作成）

fig.7 第１級街路と第２級街路に見る変化量の一例

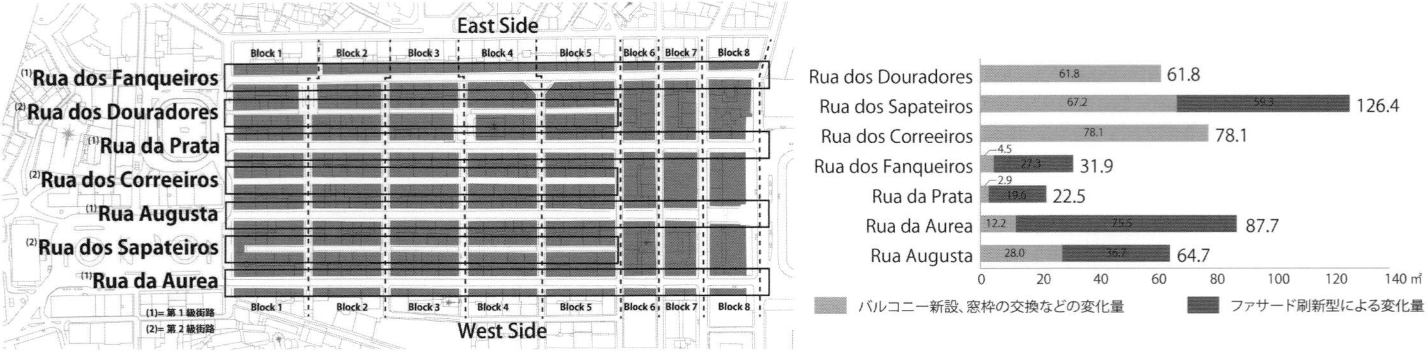

fig.8 調査対象街路と中階におけるファサード変化量

コメンテーター・出展者コメント

松田:二重の構造というガイオラ構法は大変興味深いですね。リスボン以外の場所で行なわれているのでしょうか?それともリスボン特有の構法なのでしょうか。

葛西:構法の視点から言うと、ガイオラ構法はフランスでもよくある内部が木造で外側をモルタルで固めるというものです。同様の構法を取り入れている都市がポルトガル国内ではリスボン以外で1カ所あります。ヴィラ・レアル・デ・サント・アントニオという都市で、リスボンと同様にポンバル公爵が都市政策を行なった都市として知られています。

松田:ガイオラ構法の構造は、混構造で、さらに壁でも柱でも支えているということでしょうか?

葛西:そうですね。壁でも支えていますし、内部の木造フレームでも支えています。

金箱:今回、葛西君が取り上げている1755年の地震の被害状況をもう少し詳しく教えてください。

葛西:被害にあった場所は、もともと建物が密集していた街区でした。津波による影響はほとんどなく、実際には地震と火災で燃えたと言われています。しかしその後、整地する際にだいぶ建て壊しを行なっています。残されたのは被害の少ない教会だけで、基本的に建物のほとんどが建て壊されました。私は建物と建築の違いは何かを常々考えていました。「建てること」が建築であって、建物に思想が入ることが建築の面白さであると思っています。ガイオラ構法には100年といった長期的な視点で考えた時に、法律で縛らなくてもみんなが守ってしまうような隠れた秩序が存在したと思います。そこが非常に面白いところだと感じました。

出展者コメント
——トウキョウ建築コレクションを終えて

修士生活の集大成を建築関係者のみならず多くの方に見ていただける機会を得たことは大変有り難く感じています。また同時代のさまざまな分野で研究されている方々と横断的に議論できたことは、論文の可能性を広げる機会であり、貴重な経験となりました。

大規模シェア居住における創発的混住に関する研究

Name:
北野貴大
Takahiro Kitano
University:
大阪市立大学大学院
工学研究科　都市系専攻
横山俊祐建築計画研究室

Q 修士論文を通して得たこと

やってみることの重要性。企業にアポイントを取るのも、アンケートを配るのも、ヒアリングを分析するのもわずかな創意工夫でまったく違う結果になる。その工夫を考える好機は自分で失敗することでしか得られない。

Q 修士修了後の進路と10年後の展望

ディベロッパーに就職し「関わる人が泣いて喜ぶことをしなさい」という部長の偉大な言葉を10年後、後輩に身をもって伝えられるように精進したい。

第1章 研究について

1-1. 研究の背景・目的

進行する個人化に反抗するように、社会では人づき合いのある暮らしが見直され、広まっている。非血縁者同士で集まって住むシェア居住でも、小規模や条件的な運営の上では安定的で平和な暮らしが営まれ、なおかつ混住という有意性が確認されている。しかし大規模のシェア居住では、経済面のみを求めての入居者や契約内容の簡便さから、仮住まい的な短期入居者が多く、そこで繰り広げられている生活に着目し、意味の発見に関する研究はなされてこなかった。

本研究では、多様な暮らしが混在しながら、創発的に共存することがシェア居住の本来的な意義とし、大規模シェア居住を対象とする。大規模シェア居住の実態や特質をあきらかにし、創発の存在や可能性についてあきらかにし、これからの暮らしに示唆を与えることを目的とする。

大規模シェア居住

1-2. 言葉の定義

シェア居住：共用のスペースをもち、個人の生活が私室で完結しない共同生活のあり方。

創発：意図をもたず、互いが局所局所でしか判断していないが、できる秩序。

混在度：共同体内での役割や、そこで行ないたい生活意識の違いを尺度とする指標。

第2章 調査について

30名以上が居住するものを大規模シェア居住とし、関西圏に存在する空間や運営方式にばらつきのある6つのシェア居住を選出した。各事例に対して、管理人への聞き取り調査で運営実態を、居住者への聞き取り調査から生活実態をあきらかにし、大規模の特徴が顕著に表れていた3つのシェア居住（b,c,i）でアンケート調査を行なった。

第3章 調査対象の実態

建物タイプや運営方式の概要を示す（表1）。

第4章 大規模混住の特性（表2）

4-1. 空間の使われ方

個室で団らんを行なう個室コミュニティ型や、個室の形骸化に近い共用部生活型など、さまざまな生活が存在することがアンケートより分かった。ヒアリングではほとんど個室で生活を行なうが、気分転換として共用部を使うことを楽しんでいる居住者もおり、そういったことが許される大規模混在の実態をまとめ、特性を記述する。

4-1-1. 埋没性のある生活

大規模シェア居住では、食事場所の選択などによる生活配分の個別化が実現しており、さらには人づき合いの有無や場所による密度調整なども気兼ねなく行なえている。大人数や大規模な建物では個人が埋没するような環境がつくられ、個人生活の確立が容易となる。局所的な個別の生活は、混在的創発を生み出す要因としても考えられる。

4-1-2. 混在する共用部

共用部は居合わせの場として認識されており、居住

		(d)	(g)	(a)	(b)	(i)	(c)
建物属性	許容人数	120	31	123	90	110	48
	個室/ﾄﾞﾐﾄﾘ	120(0)	31(0)	123(0)	70(10)	70(20)	48(0)
	用途変更	×(寮)	×(荘)	×(寮)	×(2LDKﾏﾝｼｮﾝ)	×(寮)	○(ｵﾌｨｽ)
	個室内容	ﾍﾞｯﾄﾞ、冷蔵庫、机	ﾐﾆｷｯﾁﾝ、冷蔵庫、布団	洗面、ﾍﾞｯﾄﾞ、机、冷蔵庫	ﾍﾞｯﾄﾞ、冷蔵庫、机	ﾍﾞｯﾄﾞ、冷蔵庫、机	なし
	玄関位置	共同玄関	各個室	各個室	各個室	共同玄関	各個室
	共用部ﾀｲﾌﾟ	動線リビング型	独立リビング型	ダイニングキッチン型	クラスター型	一体型	分散型
	共用部設備	カラオケ、 大浴場	特になし	大浴場	シアタールーム	特になし	インテリア充実

建物ダイアグラム

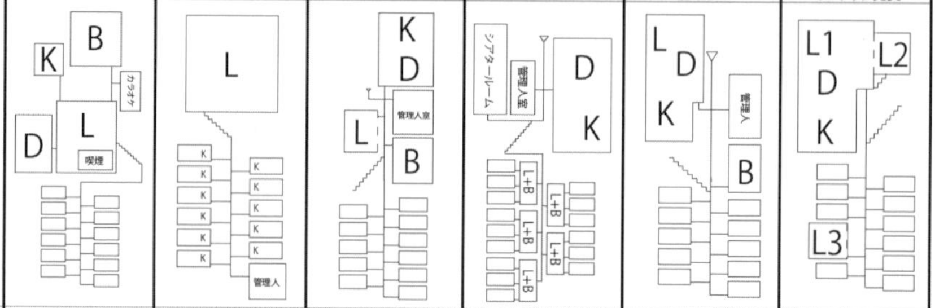

		(d)		(g)		(a)			(b)			(i)			(c)	
運営属性	管理人	ほぼ常駐		常駐		ほぼ常駐			常駐			非常駐			非常駐	
		運営側	居住者	運営側	居住者	運営側	副管理人	居住者	運営側	副管理人	居住者	運営側	副管理人	居住者	運営側	居住者
	ｲﾍﾞﾝﾄ企画	●	×	●	×	●	▲	×	×	●	●	×	●	●	▲	●
	掃除	●	▲	●	×	●	▲	×	●	●	×	●	●	×	●	▲
	ルール	●	×	●	×	●	×	×	▲	●	●	▲	×	×	▲	●
	躾	●	●	●	×	●	×	×	▲	×		×	●	●	×	×
	責任	●	●	●	×	●	▲	×	▲	▲	●	×	●	●	×	●
	運営タイプ			運営主導					副管理人(居住者)			放任				

		(d)	(g)	(a)	(b)	(i)	(c)
入居者属性	居住者数	110	28	80	80	70	42
	入居者層	20-80代	20-30代	10-60代	20-40代	20-30代	20-60代
	男：女	6：4	4：6	5：5	5：5	5：5	5：5
	日：海	10：0	4：6	7：3	7：3	6：4	10：0
	介護	●	×	×	×	×	×

表1 シェア居住の運営方式一覧

者は日々小さく変化するメンバーと過ごすことを楽しみ、個人活動や個の登壇が許容されることに親しんでいる。食事など生活の場としても機能している共用部は、ついで交流・ふとした集合などをも引き起こし、大勢でする食事などは無秩序であるが、居住者の中でハレ空間として求められている。その一方で、人の気配や安心を求めて共用部に来る居住者もおり、意識の混在が見られる。

4-1-3. 居合わせによる非日常

仲の良いグループで企画された共用部での誕生会では居合わせの人も祝い、大きな会になったり、共用部でカメラ調整をしていた人のまわりに興味をもった人が集まってきて、みんなでカメラを持って出掛ける出来事にまで発展するなど、居合わせによる非日常の創出が起っている。誘い合わせでもなく、洗濯を取りに行ったついでなど、ふとした瞬間に起こることが多く、無意識的なハレの場として、居住者の生活に張り合いをもたせている。その出来事によって、新たな弱いつながり、突如とした強いつながりを生むなど、人との関係性や共用部に対する意識に強い影響を与えている。

4-1-4. つながりのある自律分散生活

大勢がいる大きな共用部に行くことを目標としているような人見知りの居住者が、分散した共用部で近所づき合いをしていたり、共用部にはほとんど行かないが、気分転換としてみんなの顔を見て共用部で飲むコーヒーにやすらいでいる光景がある。大規模が引き起こす埋没性や、大規模な共用部のおかげで個人生活の確立ができ、自分らしい暮らしのなかでも弱いつながりやふとした出会いを享受している。人づき合いありきの生活だけではない暮らしの混在は、人づき合いが苦手な人への気遣いを生んだり、認知症の人をみんなで見守ろうという連帯感が見られたり、居住者同士の弱いつながりを育んでいる。自律分散的な生活は、全体としての自律性や連帯感を高めている。

4-2. 人づき合い

アンケートでは、家族以上の関係と答えるほどの強い関係や、団らんとしての癒やしはあるが、他人としか思えないなど実用的な人づき合いも存在する。その一方で、個室でほとんどの生活を送っているが、人づき合いに満足している居住者や100人を相手に世話をやく居住者など、平均的なつき合いではない、大規模独自の人づき合いも存在しており、実態をまとめて特性を記述する。

4-2-1. 弱い関係性

小規模にはない小さな生活の重なりや間接的コミュニケーションが多く存在し、共用部に行けば誰かいる・夜遅くに帰ってきても電気がついているなど、居住縁的な安心を育んでいる。そういった安心は、名前も知らない人から料理のおすそ分けをしてもらう・体調の気遣いをされるなど、弱いつながりを実現している。さらに相手のパーソナリティを知るきっかけにもなっており、そういった素地がイベントを起こすなど、ハレ空間の創出要因や自己表現のきっかけとして機能している。

4-2-2. 強い関係性

1つめはチームを組んでごはん当番をする・病気の人の看病をする・誕生日を祝い合う・頼みごとをする・躾合うなど家族の補完のような強い関係である。次に、イベントの企画・共同調理・外出・旅行など非日常的な場面では頼みごとや助け合いが顕著に行なわれ、強い関係が発揮される。3つ目は生活の重なりが強い村のような環境では、ごはんを食べる量やルーティンなどから相手の体調やスケージュールが把握されており、認知症の人をみんなで見守るなど強い共助が発揮されている。

4-2-3. 複層的なグループ形成

シェア居住内には弱いものから強いつながりまでさまざまであり、大きさも即時的に変化するなど、複層的で漂流的な人づき合いが繰り広げられている。それぞれのグループで起こる出来事は個別的であり、そのまとまらない無秩序さを楽しみにしている居住者もおり、偶発的な出来事を引き起こしたり、混在度を強化させたりしている。

4-3. 運営

強いルールや制度の少ない大規模シェア居住では、

		出来事・実態	a	b	c	d	g	i
応じた生活	人付き合い	個室コミュニティ	●			●		
		距離調整	●	●	●			●
		食事場所の選択		●	●		●	●
		能力の発揮	●	●	●	●		●
		室の使い分け	●		●			●
	個人生活	個室価値の変化			●	●		●
		埋没性			●	●		
		共用生活とカゴ生活						●
		即時的な生活			●			
混在的な共用部	混在	交流の場	●	●	●	●	●	●
		無秩序な大勢食事		●	●		●	●
		意識の混在	●		●			●
		曜日による変化					●	
		混在的な行事				●		
	局所的	個の登壇		●	●	●	●	●
		個人活動	●	●	●		●	●
		居合わせの場	●		●		●	●
		小さな出会い			●		●	●
	変化	メンバーによる変化			●			●
		小さく変化する			●			●
	偶発	即時的なイベント			●			●
		ふとした集合		●	●		●	
		ついで交流		●	●	●		●
		開かれた場			●	●		●
	散乱	小さな居場所			●	●		
		小さな出会い			●	●		
弱いコミュニケーション	複数	SNSでの交流	●	●	●		●	●
		間接的			●			●
		習う						●
		安心感	●	●			●	●
		遠巻きの参加	●					
		開けっぱなす扉		●				
	単数	気遣い				●		
		料理付き合い	●		●			
		おすそ分け	●	●	●		●	●
		共用物・貸し借り		●	●			
		生活の重なり		●	●		●	
強いコミュニケーション	日常	料理の作り合い	●	●				●
		ごはん当番	●	●	●			
		悩み相談	●	●				
		村				●		
		助け合い				●		
		躾け合い				●		●
	非日常	能力の補完		●				●
		イベント				●	●	
		共同作業				●		
		気遣い・看病	●	●	●			●
		外出・旅行			●		●	●
		誕生会	●		●			●
		トラブル				●	●	
コミュニティ形成	強い	家族	●	●		●		●
		血縁						●
		補完				●		
		ドミトリ・クラスタ・個室	●	●		●		●
		スタッフとの				●		
	小さい	近所付き合い			●			●
		小さいグループ			●			
		個人的な付き合い			●			●
	タイプ	一体的	●	●			●	
		複層的			●			●
		漂流的			●			●
		即時的			●			
		独立的						●
	手招	手招きありの関係	●	●		●	●	
		手招きなしの関係			●			●
自律的な運営	運営	設えの提案		●				
		作られたルール		●	●			
		自活精神			●	●		●
	ハレの場	話し合い・会議			●	●		
		住民発起イベント	●	●	●			●
		全体イベント	●			●	●	
	集住意識	暗黙のルール		●	●	●	●	●
		お互い様・連帯感				●		
		共同生活・気遣い		●	●	●	●	●
		気遣いの成熟・順応	●			●		
		自主的な掃除			●	●		
		人生のステップ	●					
		退去者	●	●		●		
		地域との関係	●					

↔

特性
生活の個別化
人付き合いの個別化
表現性
埋没性
混在性
即時性
偶発性
弱いつながり
大規模共助
無意識の補完性
つくれるハレの場
大きくても家族
さがせる居場
連帯性・集住意識
フラットな人付き合い
感化・影響

表2 聞き取り調査でみられた実態と特性

創発 つながりのある自律分散生活

創発 匿名の連鎖

	個室と共用部の関係性	人付き合いと個室の関係性	人付き合いと共用部の関係性
クラスター型	一体生活＋個室生活	個室展開＋個室コミュニティ	共用部団らん＋無関心
分散型	共用部生活＋公私分離	無関係	共用部団らん
一体型	一体生活＋共用部生活	外コミュニティ＋個室コミュニティ	共用部団らん＋実用

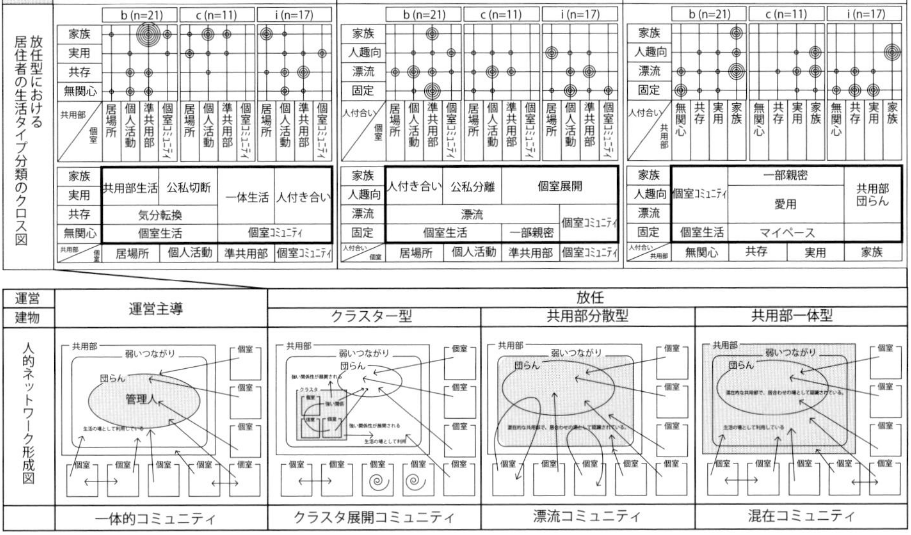

表3 各シェア居住の自律メカニズム

集住意識によって自律的に運営されている。食事場所を選ぶ・全体への気遣い・人づき合いが苦手な人への気遣いなど、個人個人が行なっている、その人らしい意識と、共用部はキレイに使う・共用物は必ず返す・挨拶をする・共用部には私物を置かないなどの、全体が認めている暗黙のルール・連帯感など、2つが発揮されている。そういった自律性はトラブルがあっても局所的に解決する・行事への関わり方が自由・自文化を導入する・人づき合いのフラットさを引き出すなど、混在的でまとまらない創発を実現している。

4-3-1. 無意識の補完

暮らし方の混在は、居住者の安心につながっている。気遣いの得意な人によって新しい入居者のスタートが安定していたり、共用部に1日5時間もいるような生活が、夜遅く帰宅する人の安心につながっているなど、無意識的な安心が存在する。その安心は、共用部に無理に行かなくてもいい・共用部に行けば誰かいる・困った時に頼れる人がいるなど、さらなる安心を引き出し、各生活の安寧につながっている。

4-3-2. 匿名の連鎖

名前も知らない人からひじきのおすそ分けをもらう・シンクに溜めていた洗い物が誰か分からないが処理してくれているなどの匿名的な出来事が存在する。そういった出来事は、おすそ分けのお返しをしたり、洗い物を見つけた時に自分がしてあげる側になったりと、次の匿名的な出来事へと連鎖し、集住意識を刺激し、自律的な運営の基礎となっている。

第5章 放任型の自律メカニズムについて（表3）

5-1. 運営主導型と放任型の比較

運営主導型（シェア居住方式運営:d,g,a）は、共用部での個人活動などが少なく、交流の場としての性格が強い。連帯感・集住意識などはよく育まれているが、一体的なコミュニティである。一方で、個人活動や個の登壇、居合わせの場としての意識も強く、共用部はとても混在的である放任型（シェア居住運営方式：b,c,i）は、自律的な運営・生活が創発の素地と考え、以下で詳細に述べていく。

5-2. 放任型の空間特性からみた自律メカニズム

【(b)クラスター型】3個室に1つある共用部から人づき合いは始まる。個室と共用部どちらでも人づき合いを行ない一体的に生活している居住者と、個室で人づき合い・生活を行ない気分転換のように共用部を使う居住者の、大きく2つに分類される。前者で起こる強いつながりが共用部で展開され、シェア居住の核的な働きをしており、自律運営の基礎となっている。

【(c) 共用部分散型】対象の中で最も共用部が分散しており、個人生活の確立に共用部を居住者全員が使っている。公私分離も激しいが、共用部で漂流的に過ごし、個人的なつき合いやフラットな関係性が創出され、漂流的な弱いつながりによって自律が保たれている。

【(i) 共用部一体型】1つしかない共用部の使われ方はどこよりも混在的である。しかし、個室コミュニティ・個室生活型・一体生活型・共用部生活型など共用部での過ごし方や意識はさまざまである。そういった意識の混在があたりまえの状況を許容している、受け皿としての混在的な共用部の存在が自律につながっており、創発を生む素地としての可能性ももつ。

第6章 結論

安定的な運営主導型に対して、放任型は居住者自身で助け合いやハレの場の創出など、自律的に運営しており、混在的である。その自律性の形成過程は空間特性に大きく影響を受ける。クラスター型では閉ざされた小さな共用部でできた強いコミュニティが大きな共用部でも展開されており、強い関係性が保たれている。分散的な共用部では、個人生活の確立が容易で、自律分散的な個人生活が広がっており、漂流的な弱いつながりが全体として存在している。一体的な共用部では生活の重なりが多く、間接的なコミュニケーションによる弱いつながりが一体をつないでいるが、それだけではなく個人的なつき合いを求めて個室同士のつき合いも盛んである。

以上の生活特性により、①生活の重なりによる出会い確率の高さ、②漂流的で匿名的な弱いつながり、③生活意識の混在を許容する集住意識、この3つが創発素地として確認でき、質の違った創発景が実現されていた。①からは家族性や、ふとした出会いから団らんやイベントに発展するような非日常、②からは自律分散的な生活や無意識の安心など、③からは匿名の連鎖や集住意識、居合わせの非日常などが創出されていた。創発は居住者に無意識的なハレの場を創出し、張り合いのある生活を実現し、自律分散的な生活が全体の自律運営性を高め、無意識の安心は、居住者の安寧や集住意識を刺激し、匿名的な出来事の連鎖を引き出すなど、さまざまな影響とともに豊かさの獲得に寄与している。

コメンテーター・出展者コメント

松田：今回の結論として、どのタイプが良いのか、もしあれば教えてください。

北野：最後に3タイプを出しましたが、それぞれ質の違うもので、どれが良いというのはありません。しいて言うなら、共用部一体型と呼ばれるものは、ある意味、特徴のないシェア居住で、逆に言えば入居者も特徴がなくて、いろいろな生活パターンの人が居住するという意味で創発を引き出す「混在度」が高く、自分は評価しています。

岡部：実際に北野さんは放任型の大規模シェアハウスに住んでおられるのですか?

北野：僕は小規模シェアハウスに住んでいます。

岡部：研究としては、住人100人の放任型シェアハウスが失敗するとどうなるのか、そちらを考えるべきかなと思いました。

金箱：シェアハウスに住んでいる人たちの年齢層による違いや、住み始めてから時間が経って人間関係や空間の関係が変化したか、そういうことまで調査したのであれば紹介ください。

北野：居住年数による変化は、すごく複雑になったので追えていません。年齢層の幅があると、論文中にも登場した「無意識の補完」が行なわれていました。年齢層の幅よりも生活スタイルの違い、同じ20代でも人づき合いが好きな人、嫌いな人がいて、そういった差異の混在が生活に濃く反映されていたと考えています。金箱先生がおっしゃった、データをどう見るかという時に、そのデータの背景にある、熱量みたいなものを失いたくないと感じながら研究をしていました。

松田：それこそ創発的なものがこういう場で生まれるといいなという感じがしますね。

五十嵐：関西弁の言葉がたくさん引用されていて、たぶん楽しく研究しただろうと想像がつきますし、雰囲気は伝わるのですが、フレームは一体どうなっているかは分かりませんでした。インタビューの数もあまり多くないですよね。住人100人に対して5、6人のインタビューで、そこのコミュニティの特徴を断定できるのか、論文として言い切ってよいのか、疑問です。共同で住むことに対して、自分の知っている古いイメージとはもちろん違うのだろうけれど、その違いがもう少しクリアになればもっと良かったかなと思います。

深尾：今、梗概が手元にありますが、図2に用途変更という欄があって、「×（寮）」とか、「×（荘）」とか書いてあるなかで、2LDKマンションが「×」で、オフィスが「○」になっています。オフィスが用途変更だというのは分かりますが、2LDKが「×」というのはどういうことなのでしょう?

北野：ちょっと不安定なところがあります。僕が意識していたのは、オフィスは土足で入るように床仕上げができていて、2LDKや寮などは靴を脱ぐ仕上げになっていて、それらがシェアハウスにリノベーションする時に影響していたので明記しました。そういう意味で「用途変更」というのは適確ではありませんでした。

深尾：もう1つの質問は、シェアハウスは「寄宿舎」だという国土交通省の見解がありますが、この6つの中では、確かに寄宿舎だと思われる事例はどのくらいあるのか教えてください。

北野：それはないと思います。契約の仕方などが異なるだけで、きちんと生活の設備は整っていて、住宅だと思っています。

出展者コメント
——トウキョウ建築コレクションを終えて

井の中の蛙大海を知らず。この場に来られたことは名誉なことですが、それ以上に素晴らしい修士の方と話を交わせたことが、人生の糧となっています。さらに、私の拙い修士論文に関わっていただいた素晴らしい人たちに感謝を伝えられる場でもあるように感じていました。運営各者様ありがとうございます。

南京(中華門・門西地区)の都市空間構成とその変容に関する研究

——城中村と「大雑院」化

Name:
井上悠紀
Yuki Inoue

University:
滋賀県立大学大学院
環境科学研究科　環境計画学専攻
布野修司研究室

Q 修士論文を通して得たこと

私は、南京という都市のすべてが魅力と感じられるほど、この地に惚れ込みました。何事にも興味を抱き、突き詰めて考えてみることの重要性を知り、視野の広さを得たように思います。

Q 修士修了後の進路と10年後の展望

中高層規模のマンションやオフィスの設計が中心の組織設計事務所。この仕事から都市と建築がどのように更新されるのか、生産の仕組みを知りたい。10年後、多分野の仲間と知り合い自分のスタンスを確立していたい。

序章 研究の目的と意義

本研究は、都市組織研究の一環として、南京の中華門・門西地区を対象に(図1)、都市空間の形成と変容をあきらかにすることを目的としている。

南京を研究対象とする理由は、主に次の3つである。①南京は「中原」から遠く離れた江南の地に位置し、六朝の「建康」(222〜589年)、南唐の「江寧府」(937〜975年)を経て、明朝において華南で初めて全国を統一する首都(1368〜1421年)となる。中国都城の基本理念として『周礼』考工記(「匠人営国」条)があり、それが規定する都市モデルはグリッド街区を基本として方形の都城が建設されることが一般的であるとされるが、明代の「応天府」城においては、その『周礼』の理念が大きく歪められて都城が建設されたようである。その具体的な都市空間構成を明

図1 南京(中華門・門西地区)

らかにすることはきわめて興味深い。②10の王朝において、計450年間首都として栄えた歴史をもつ南京の都市空間構成には、それぞれの時代の空間構成が重層している（図2）。その重層性をあきらかにすることによって、南京の都市空間の変容過程をあきらかにすることができる。南京において、このような今日の都市に至るまでの空間構成の変容をテーマにする研究は少なく、大いに意義がある。③南京に最後に首都がおかれた中華民国時代には、南京旧城の都市空間構成が中国最初の近代国都計画案である「首都計画」と、その実施によって大きく変容することとなる。民国時代以降の南京旧城の具体的な変容をあきらかにすることは、中国都城の20世紀における変容をあきらかにする大きな意味をもっている。

次に、中華門・門西地区を、臨地調査の対象地とする理由は、次の2つである。④中華門・門西地区は中国の伝統都市居住形式「四合院」と、それらの集合により構成される街区が比較的良好な状態でまと

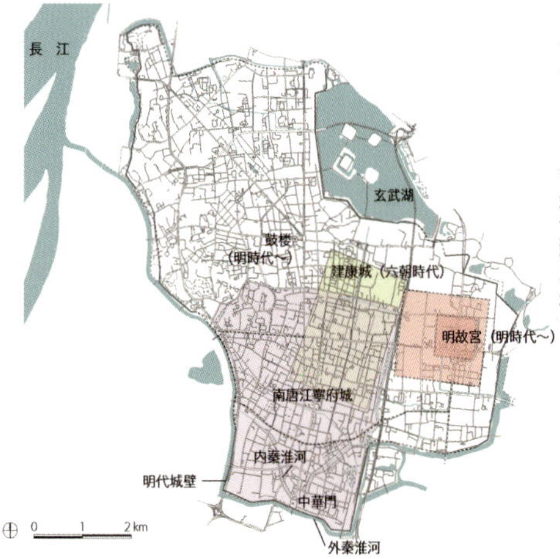

図2 南京旧城における都城の変遷

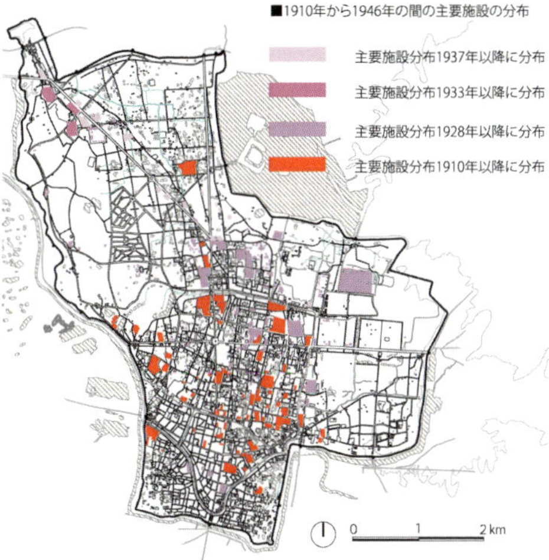

図4「首都城市地図資料」にみる政府管轄施設分布の変遷

図3 大雑院化する伝統四合院住居

まって残されている。周辺には、同様の地区がいくつか存在していたが、それらは、ここ数年の間にほとんどが破壊され、今まさに観光等を目的とした、再開発の途上にある。中華門・門西地区は、南京における伝統的な都市居住形式とその変容パターンをあきらかにするのに最も相応しい地区である。⑤中華門・門西地区は、近年、人口の流入が激しくその居住環境は大きく変化しつつある(図3)。中国において、都心部にこのような人口過密地域が形成されることは、一般的に「城中村」と呼ばれ、言い換えれば、都市内集落である。中華門・門西地区を事例に、「城中村」化する都市居住環境をあきらかにすることは、現代的意義をもっている。

第1章 南京旧城の都市形成

1-1 都市形成史

中国都城南京の歴史は、春秋戦国時代に呉を征服した楚の「金陵」に遡る。三国時代に孫権が呉(222～280年)の都とし、「建業」と称した。そして東晋、南朝の宋(420～479年)・斉(479～502年)・梁(502～557年)・陳(557～589年)の「建康」、これら六朝時代の都はずっとこの地にあった。南京は明朝(1369～1643年)において、江南(長江以南)における最初で最後の統一王朝の首都となった。

1-2 六朝「建康」

東晋から南朝にかけての「建康」がどのように設計されたかは、考古学的にも文献史学的にも不明な点が多い。最新の考古学研究において武廷海(2011年)が示す六朝建康城は、きわめて整然とした回字形をした都城である。ただし、城郭内の居住区画、坊里の存在などははっきりしない。

1-3 明「南京」

明太祖洪武帝(朱元璋)は、六朝の『建康城』と南唐の『江寧府城』を含み、山や河を囲い込む壮大な京城を建設した。京城の東側隅に、新たに配された宮城と皇城を除いては、明代以前の市街地を商業区としてそのまま利用し、グリッドパターンをとらない。

第2章 南京旧城の都市空間構成

2-1 中華民国南京国民中央政府の首都計画

田中(1996年)によると、『首都計画』では、旧城は中山大道(中山北路、中山路、中山東路)を中軸線とする3極構造をなす。新たな都市の街路体系では、旧城内外に公園区が点々と配置される。これらの公園区をつなぐ林蔭大道と環城大道によって、旧城を8区に細分化する大街区が構成される。

2-2 首都城市地図資料

清末～中華民国時代の南京の都市構成の変容については『老地図』(南京出版社、2012年)による首都城市地図資料を基にあきらかにすることができる。入手した首都城市地図資料は全部で9枚(1898、1910、1928、1933、1937、1938、1940、1943、1946年)あり、政府管轄施設分布の変化に着目すると、中山大道沿いの北西方向に、徐々に市域が拡張していることが分かる。一方、城中と城南の旧市街地は、清末から変化が少ない(図4)。

第3章 中華門・門西地区の空間構成

3-1 中華門・門西地区の概要

中華門・門西地区の南側と西側は城壁によって限られている。そして、地区内を流れる内秦淮河は、古来、南京における物資流通の拠点であり、商業の発祥地とされる。

3-2 街路体系

街路体系は、大きく3つのレベルに分けて考えることができる(図5)。第Ⅰのレベルは、商店が集中的に分布し、地区の居住者以外の人もこの街路を利用するため、調査対象街区の中で、最も主要な街路であると言える。第Ⅱと第Ⅲのレベルは、商店は少なく、ほとんどが住居である。地区の居住者が通行に利用するための街路である。とくに第Ⅲのレベルは、第Ⅰのレベル、第Ⅱのレベルの街路から分岐して街区内部の各住居への固有の通路となる街路であり、街区内部に住処をもつ、地区の限られた居住者が利用するものである。

3-3 地域施設の分布

中華門・門西地区に立地する諸施設は、地区内の建物のほとんどを占める住居を除くと、政府機関、教育施設、商業・工業に関する企業施設、医療・福祉施設、地域施設に分類できる。

地域施設には、主として、店舗併用住宅が多く、地区の居住者が店舗、業務の運営に従事していると考えられるが、その種別は多様である。利用者側の生活行為の観点から、次の11タイプに分類することができる。①公衆便所(10)、②公衆浴室(2)、③洗濯施設(2)、④食事施設(23)、⑤理容・美容施設(11)、⑥物品(食料品含む)販売施設(106)、⑦修理・加工施設(33)、⑧廃品回収施設(3)、⑨賭け事の施設(2)、⑩宿泊施設(3)、⑪移動手段の待合施設(1)。これら地域施設の分布は、基本的に、第Ⅰ、第Ⅱのレベルの街路沿いに分布する(図5)。特筆すべきは、地域施設の16%を修理加工業と廃品回収業が占めていることである。これらは城中村に多く見られる低所得者の職業である。この他に、リヤカー等によるごみ拾いを生業にする者が多く確認された。これは都市居住者の最低賃金層であると言われる。

3-4 街路設備とその分布

本来、近代化した諸都市の居住環境においては、住宅内部や、宅地内部に位置するはずの設備が、調査対象街区においては、隣接した街路空間に溢れ出して位置しているものがある。ここでいう「街路設備(図6)」とは、具体的にいうと、流し台、ごみ箱、洗濯場(生井戸)、物干し場である。街路設備を介した居住者の生活行為は、自身のプライベートな空間領域を広げる役目を果たしているようにも感じられる。

3-4-2 露店の分布

調査対象街区では、さまざまな露店が見られる。時間帯にもよるが、露店の分布は非常に明確に限定されている。露店は商店の一種に分類できるが、街路体系と一致しない分布が特徴である。また露店の営業者は、調査対象街区の居住者の場合もあるが、近隣の農村地区などから売りに来ている場合も多い。露店の利用者は、居住者である。飲馬巷(西)において、地域施設の分布と街路設備の分布が重複しており、公と私の境界は非常に曖昧である(図7)。

第4章 中華門・門西地区の居住空間とその変容

4-1 住居の類型

中国を代表する伝統住居は、前後左右の棟で中庭(天井/院子)を囲む「四合院」である。四合院の単位となる住棟は、東西南北に4棟を配して中央にある天井(中庭)を取り囲む形式をとる。

実測調査を行なった48軒の住居において、まず、単純な指標として、間口方向と奥行き方向の規模に着目する。間口方向のスパン数に着目すると、次の4つに区別できる。Ⅰ.間口スパン数1のもの、Ⅱ.間口スパン数2のもの、Ⅲ.間口スパン数3のもの、Ⅳ.間口スパン数4以上のもの。続いて奥行き方向は、天井(中庭)の数に着目すると、次の4つに区別できる。(0)天井がないもの、(1)天井が1つのもの、(2)天井が2つのもの、(3)天井が3つのもの。これらによって、11タイプに区別される。建築階数に着目すると、さらに2つを区別できる。①平屋建てのもの、②2階建てのもの。またここで、「Ⅲ.間口スパン数3のもの」で、「1.天井が1つのもの」は、天井と建物の位置関係から、次の2つに分類する。❶天井を囲まないもの、❷天井を囲むもの。以上により、18タイプに分類できる(図8)。

4-2 住居類型の変容パターン

実測調査を行なった48軒の住居において、宅地と平面構成に着目すると、その所有関係は非常に不明瞭である。これは、もともとは1棟の四合院の宅地であったところに、複数の世帯が居住する「大雑院」化が起こり、宅地内部の共有部分が多くなったことによるものである。この「大雑院」化による住居の変容の特徴の1つに宅地の分割があり、街区内部の宅地と住居の形態に着目すると、調査対象街区では、宅地の分割によって新たな住居類型が成立した可能性が指摘できる。「大雑院」化を考慮すると、次のように区別できる。①まず、四合院を出発点とする基本単位を確認すると、A.一進型、B.両進型、C.三合院型、D.三進型がある。②基本単位が展開するとA+AやA+Bあるいは、一部2階化が起こってA＋B＋一部2階となる。③「大雑院」化が起こると、天井と大庁を結ぶ中軸線上が共有空間となる。この特徴を考慮すると、Aが中軸線上で縦に宅地分割される「a.縦分割型」、その中軸線に対して垂直方向に宅地分割される「b.横分割型」、あるいは横分割が起こり、さらに分棟化する「c.横分割分棟型」に区別される。④新タイ

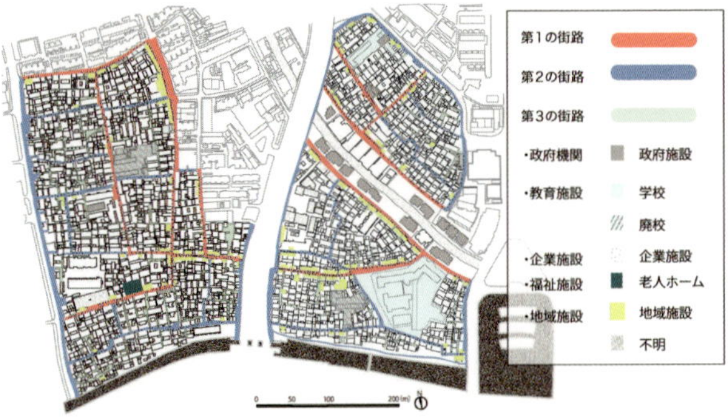

図5 街路体系と施設分布

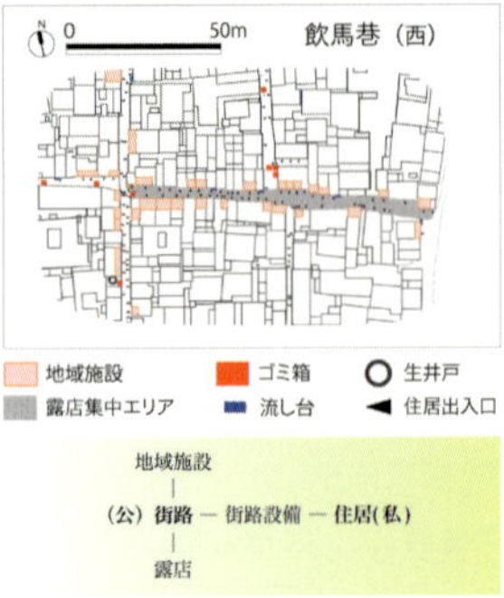

図7　街路設備と露店　飲馬巷(西)

図6 街路設備と露店

プとしては、街路に小間口を構える「E.店屋型」と、2階建てで中廊下をもつ「F.集合住宅型」がある。以上、①〜④を模式化すると、図9のようになる。住居類型の変容パターンは12タイプに区別することができ、その代表例を抽出した。実例としては、基本型とそれを踏襲したタイプA、B、C、D、A＋A、A＋Bが多く、また「大雑院」化したa、bが多数ある。

4-3 住居類型の立地

48軒の立地を見ると、以下のようである。まず、店屋型のEが、釣魚台と飲馬巷に集中して分布していることが指摘できる。これは、商店がとくに集中する街路の特質と一致している。集合住宅型Fは、中山

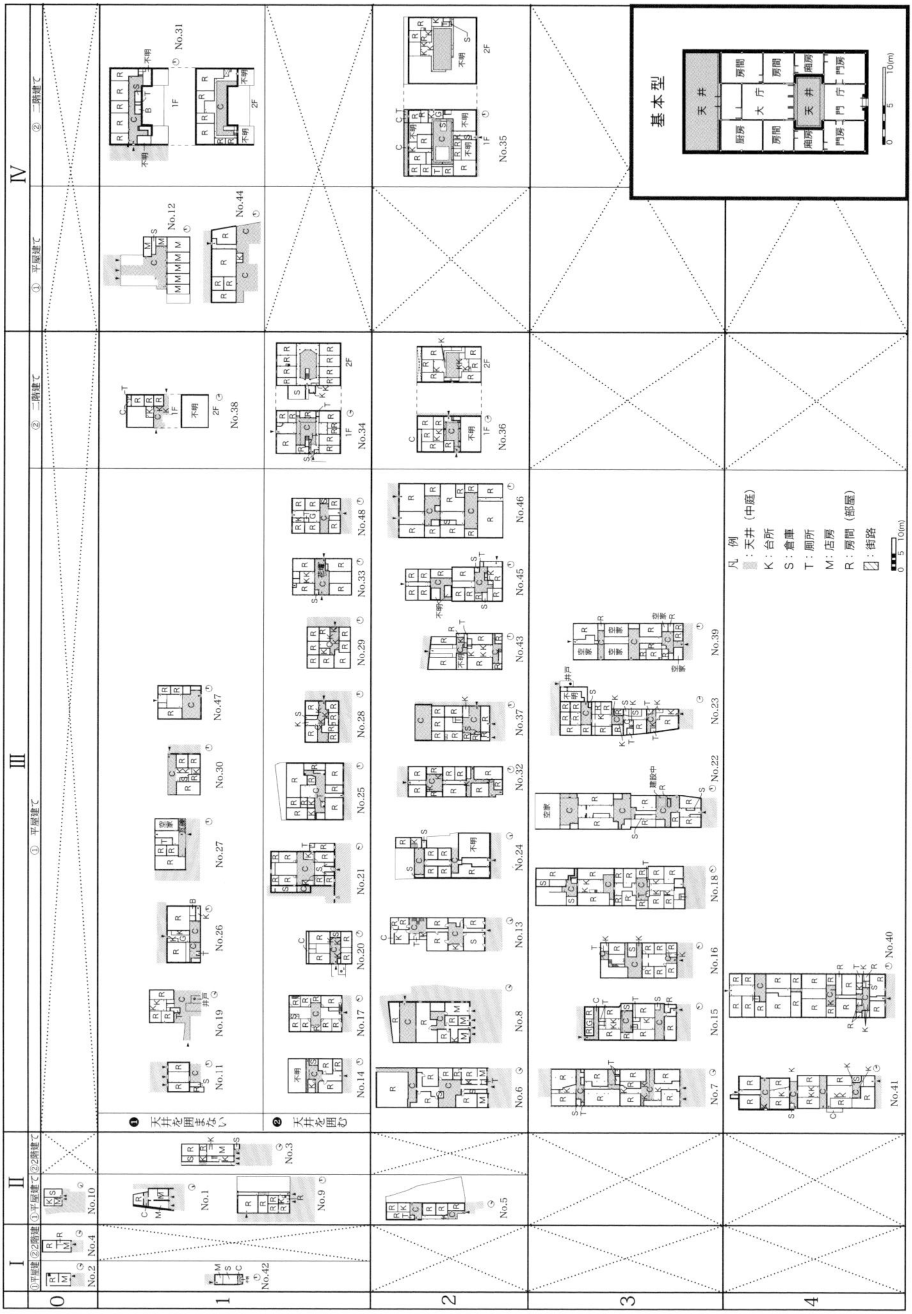
I
II
III
IV
①平屋建て
②二階建て
❶天井を囲まない
❷天井を囲む
基本型
天井
大庁
厨房
房間
廂房
門庁
門房
凡例
：天井（中庭）
K：台所
S：倉庫
T：厠所
M：店房
R：房間（部屋）
：街路

図8
住居類型

南路より西側の調査対象街区に偏って分布している。基本単位A、B、C、D、と、それらの展開型A+A、A+B、A+B+一部2階は調査対象街区に点々と分布している。もちろん、48の住居の選定の仕方によるが、それぞれの街区にほぼ満遍なく分布しており、グリッド街区でない中華門・門西地区における街区構成のおよその傾向を示していると考えられる。すなわち、住居タイプA、B、C、Dは中華門・門西地区の主要な住居類型として成立したものである。

結章

本論文で得られた主な知見をまとめると以下のようになる。

(1)六朝の建康城、明代の応天府城をはじめ、南京の都市形成に関わる歴代都城の空間構成については、文献史学的にも、考古学的にもあきらかになっていないことが多い。六朝時代は、方一里のグリッドに基づいた方形の都城形態であったと考えられている。明代に、それまでに形成された市街地を大きく取り囲むように築城された、巨大な応天府城の京城が建設されることを考えれば、異質の都市空間が、この地に重層していると言える。近代の首都計画が策定され、その計画の中核を担ったとも言われる「中山大道」の建設は、再び異質の都市空間をこの地に重層した。

(2)中華門・門西地区の調査対象街区において、街路体系は、その機能から3つのレベルに分かれる。とくに、秦淮河に平行に走る釣魚台、長楽街、糖坊廊、そこから、明代城壁に平行に西へ延びる飲馬巷に、とくに集中して商店が立地しており、その住居類型はE.店屋型であることが多く、調査対象街区は、秦淮河の営みによって発展した街区構成、街路体系の骨格を保持している。

(3)街路には、街路設備が点々と分布する。また、街路によっては露店が集中するが、その分布は街路体系を決める商店の分布に一致していない。地区が「城中村」化、街路の性質が変わった可能性が指摘できる。

(4)中華門・門西地区の住居は、南京における中国伝統都市住居「四合院」を基本単位に展開している。また、「大雑院」化によって過密居住が進み、宅地の分割によって細分化されたことによって新たな住居類型が成立したものもある。

以上、(1)~(4)により、本論文において、中華門・門西地区の住居類型とその変容をあきらかにしたことは、南京における都市空間の重層性の一端をあきらかにしたことになる。

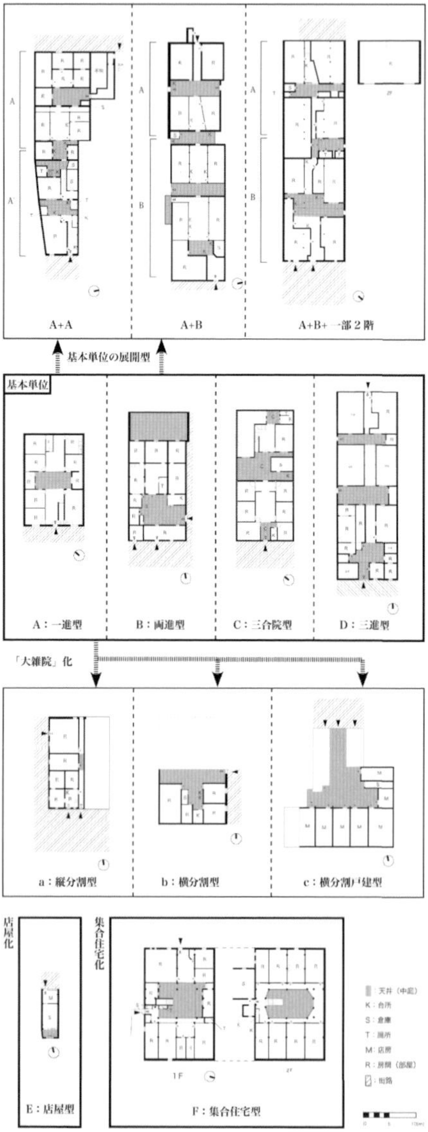

図9 住居類型の変容パターン

コメンテーター・出展者コメント

松田：最後の分類に11タイプ、あるいは12タイプとありますが、大雑院はタイプ分けがなされていませんでした。なぜ分類しなかったのですか?

井上：四合院の「大雑院化」は、どこの都市でもあることですが、私が調査した南京の地区は、過渡期なのか、四合院の型が割ときれいに残っている住居が多く見られます。それを1世帯ごとで類型化するよりは、複数世帯が住んでいるまま類型した方が街区の構成を考察しやすいと思いました。

私は、論文を書く上で、中国と日本の違いをいろいろと考えました。今回の調査対象地区は、中国政府にとっては劣悪な生活環境で、周辺の地域では全部解体して新しくテーマパークをつくる計画や、保存計画がなされています。私は初めて南京に行った時に、この地の歴史の深さ、都市の奥行きを直感的に感じて面白いと思いました。この地域を、古都・南京を語ることでポジティブに捉え直したい、日本人の視点として取り組みたいと思いました。

林：自分の研究室で台湾のサーベイをしていることもあって非常に興味深かったです。気になるポイントは、四合院の変容に、建築の構法がどう結びついているのか。例えば鉄筋コンクリート造（以下RC造）の技術が入ると、四合院の重層化が進むことがあるのか、という点を聞きたいです。

井上:本文には構造分布を書いていますが、発表で話さなかったのは、あまり類型と関係が見られなかったからです。地区内は、RC造で建て替えられたところと、四合院が残ってるところが分かれていて、四合院の一部がRC造になっているところも部分的に見られ、いつの時代にそうなったのか、現地調査やヒアリングなどから明確なデータは得られていません。ただ、四合院の形態がよく残っている地区では、四合院の型を維持したままRC造やレンガ造になっているところもあり、面白いです。

五十嵐：現物を見て調査したり、綿密に実測をしている資料を見ると、今回の論文に使わなかった、もしくは活かせなかったモノがあるのではないかと思いました。実際に人が暮らしていくなかで改変されていったことなどを見ているはず。

井上：調査で得たことのうち、梗概に入れられなかったことはたくさんあります。ティポロジアについても多くの気づきがあったのですが、それを実証するほどの緻密な調査はできませんでした。実測調査では、あの空間はどう成立してきたのかという点に重きをおき、なぜここにこういう地区があるのか、どういう政治的、また社会的状況だったのかについて、1、2章に織り込みました。

松田:論文を読むと、全後半で分かれていて、目的が2つあるように感じました。論文の構成をうまく変えれば、あるいは違う見方をすれば、たぶん言いたいことが論文としてまとまると思いました。それでも都市の調査方法の全体像が浮かび上がったのは良かったと思います。

井上：私の論文では、歴史の積み重なりを追うことが大きなテーマでもありました。長い都市の歴史のなかで、変わらないものは何なのかを考察することは、南京における都市の本質であると思います。フィールドワークの結果だけでは表現できない、都市の奥行きが1章、2章の歴史のなかにあると思います。

出展者コメント
——トウキョウ建築コレクションを終えて

研究をどう次につなげるのか?この問いに、答えられなかったことに反省しています。南京の都市の魅力をどう新しい建築に体現するのか、そして、歴史はどう未来に受け継がれるべきなのか。これからもずっと考え続けます。あの日、東京で出会ったすべての皆様に、感謝の意を表したいです。

データベースを用いた空間構成列挙手法の研究
――狭小住宅のボリュームスタディを対象として

Name:
吉田敬介
Keisuke Yoshida

University:
豊橋技術科学大学大学院
建築・都市システム学専攻
松島史朗研究室

Q 修士論文を通して得たこと
建築家の思想を再現し拡張することを目的として研究を行ないました。その過程で、技術から導かれるデザインに思想を拡張する可能性があると感じる一方で、建築家の思想を再現することの難しさを感じました。

Q 修士修了後の進路と10年後の展望
デザインとエンジニアリングの間を生きていたい。

1.1 研究背景

建築設計では通常、数多くの試行錯誤が行なわれる。スケッチや模型、コンピュータグラフィックスを用いてスタディと呼ばれる案の検討を行なう。その初期には室の関係性、大きさを考慮し、矛盾のない空間のつながり、法的な形態のアウトライン等の制約を理解、整理し、デザインに展開するためのボリュームスタディと呼ばれるプロセスがある。このプロセスにおいて、建築家はその作品で可能とされる多くのパターンを検討し、設計者がフィードバック（洞察）を得ることを目的としている。

建築家・西沢立衛は「Garden & House」のボリュームスタディを通して100回以上のボリューム検討を行なっている。また、建築家・長谷川豪は著書の中で、「狛江の住宅」（70m^2）において「500回のボリューム検討を行ない、2、3案へと収束し、空間構成を決定している」と記している。このことから建築家はボリュームスタディの段階において、ある一定数の検討の中から発展可能な構成を選び取っていると考えられる。しかし、可能性を検討する段階において、有限の設計期間のなかですべての可能性を検討することは、量的な問題があり不可能と思われる。この量的な問題に対してコンピュータを援用した空間構成列挙法を用いることで多量の検討が可能となり、空間構成を決定する際の選択肢を広げることができると考えられる。

これまで、平面計画や空間構成を対象としてコンピュータを用いて唯一の解へと最適化する研究や数学的、幾何学的に考えられるすべての平面プランや、空間構成をパターンとして列挙する全列挙型の既往研究がある。このような研究では、設計条件や室用途をあらかじめ絞ることで設計における空間構成のパターンを有限な組み合わせ問題として扱い、唯一の解や、全パターンを網羅することを可能としてきた。これらの研究はシステマティックに設計される病院や建て売り住宅では有効であると考えられる。しかし、建築家の関わる設計という創造的行為に対して、あらかじめ条件を絞って解を導くことは、検討段階での解の多様性を制限する可能性が大きいこと、そして網羅的に行なった場合には20程度の室数が計算量的に扱いにくい問題点が考えられる。そこで、条件を絞らず膨

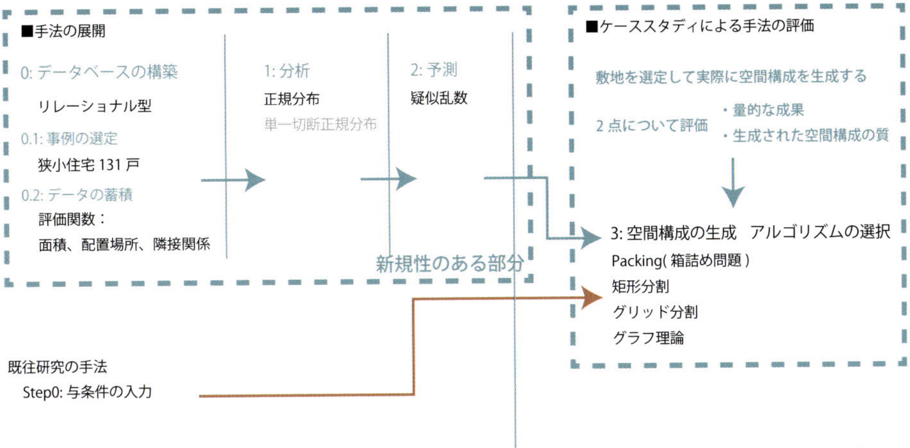

図3.1 提案手法のフロ

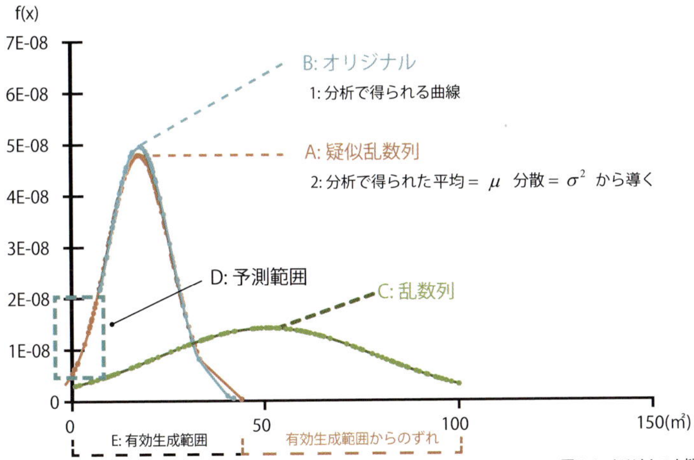

図3.2 オリジナルと疑似乱数の比較

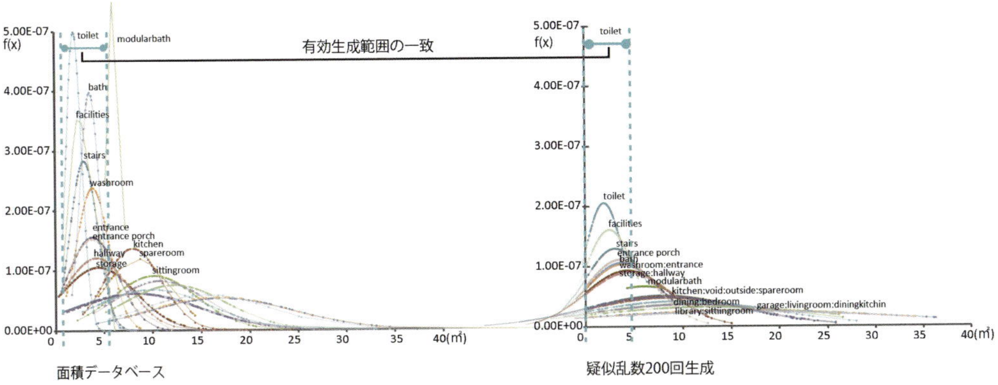

図4.1 面積データベースと疑似乱数の比

大な量の空間構成の中から可能性の高いものを選び取る行為が必要となる。

1.2 研究目的

本研究はデータベースを用いて空間構成のデータを蓄積し、傾向の分析、予測を行なうことで、空間構成という膨大な量の組み合わせの可能性がある中から、有益な組み合わせへと絞り込む手法を提案する。

この手法は、与えられた配置領域に成立する可能性の高い空間構成の組み合わせを列挙していくことを可能とし、設計プロセスの初期段階におけるボリュームスタディの検討数を増加させることで、空間構成の選択肢の幅を拡大することを目的としている。

2.1 空間構成列挙の背景

制約によってデザインは徐々に計算可能なものとして扱うことのできる領域を拡大してきた。古くは、ニューヨーク・マンハッタングリッドにて制定されたゾーニング法では、最大許容建設範囲の規制でセットバックによる高さ方向への無制限の拡張を生成原理として与えられ、マンハッタンの摩天楼のデザインが決定されたと言える。このような管理された生成原理のもとで建築家は形に差異を生み出すことが必要となり、与えられた制約のなかで考えられる空間構成を検討し、空間の差異につなげることを行なってきた。この行為は、現代では設計プロセスの初期段階にあたる、ボリュームスタディにて与えられた敷地に対して、考えられるすべての空間構成の可能性を探り、選び取る作業へとつながっている。建築家・丹下健三は代々木体育館の設計において50人のスタッフを用いて案を作成し、丹下自身が選び取った。このように建築家はボリュームスタディを通して、案を大量生成し、評価、洞察を繰り返しながら、発展的可能性のある空間構成を見つけていると言える。つまり空間構成列挙は模型やスケッチなどを用いて空間構成パターンを検討し、選び出す段階で用いられてきた。

2.2 手法の転換

前述したように既往研究では与条件を与えることで、すべての構成を網羅することを志向している。しかし、限られた時間でほぼ無限ともいえる網羅的可能性から意味ある情報にたどり着くには、別の方法論が有効であると考えられる。

コンピュータ・サイエンスの分野では、人間にとってはほぼ無限と感じられる膨大な情報を処理し、有意性が高いと考えられる情報をユーザに提供する仕組みが確立されている。例えばgoogleのページランクシステムやamazonのリコメンデーションエンジンのような探索アルゴリズムを用いたふるい分けの仕組みは、その最たるものであろう。建築デザインでも、大きさ、位置、関係性、形態等多くのパラメータをとれば、同様に膨大な情報となると考えられる。このように膨大な組み合わせの空間構成に対して探索的アルゴリズムを用いることで、有意性の高い構成へアプローチできると考えられる。

3. データベースを用いた空間構成列挙手法

データベースを用いることで与条件を必要としない、探索型の列挙手法を提案する。提案方法は図3.1に示すように、大きく分けて、「0:データベースの構築」、「1-2:分析および予測」、「3:空間構成の生成」の3段階からなる。

まず、データベースの構築では、本手法に適切であるさまざまな情報を関連づけ、検索、追加、並べ替えることで多次元的な関係性を把握できるリレーショナルデータベースを選定する。このデータベース形式は、手作業では扱うことのできない膨大なデータから関係性や傾向を知ることができる。

次に0.1では生成対象となる建築が属する建築群の選定および3次元化を行ない、0.2ではデータベースへ蓄積する評価関数を選択し、プログラムを用いて3次元情報からデータベースへのデータの抽出を自動的に行なう。そして、分析および予測の部分となる1において、室の属性を決定する上で重要となる閾値およびデータの分散を正規分布によって分析を行なう。最後に、2にて得られた分析結果をもとに疑似乱数を用いて、乱数の制御を行なう。図3.2に示すように、「C:乱数列」と「A:疑似乱数列」では、Eに示すように列挙する範囲に無駄が多いことが分かる。データベースから得られたオリジナルの正規分布に近似するデータを疑似乱数によって生成することで、可能性の範囲を絞り込むことが可能となる。さらに、「D:予測範囲」に示すように、オリジナルのデータから得られた傾向をもとに、新たな傾向を推察することで、新たな可能性として考えられる数値を生成することができる。これら分析および予測によって得られたデータを用いて、3ではグラフ理論とPackingを組み合わせたオリジナルの生成アルゴリズムを用いて、空間構成を生成する。

4. 狭小住宅のボリュームスタディを対象とした手法の展開

前章にて述べた手法の概念を、制約が多く計算性が高い狭小住宅を対象に具体的なプロセスを示す。

0-0.1：データベースの構築

狭小住宅131戸を分析対象とし、ボリュームスタディでの室決定要素にて重要となる面積、隣接室関係、配置場所の2つを評価関数として設定し、抽象化したボリュームの3次元化を行なう。

0.2：データ蓄積

作成した3次元CADデータをプログラム（Python, SQL）によって各評価関数のデータベースとつなぎ、大量のデータを自動的に誤りなく得ることができる。そして、これら膨大なデータをSQLにより行、列を指定し、アクセスすることで平均や分散など多くのデータとの関係性を求めることが可能となる。

1-2：分析および予測

分析では、各データベースの平均μ、分散σ^2を求め、正規分布曲線の作成を行なった。図4.1（左）は、面積データベースから得られた各室用途の面積データの分散と面積を正規分布とし、縦軸に確率密度関数f（x)、横軸に面積(㎡)を表す。f（x)が大きく曲線の裾野が狭い曲線は面積が限定的になることが考えられる。つまり建築家の裁量に依存する部分が少ないと言える。この図4.1（左）ではトイレ（toilet）や浴室（bath)、階段室（stairs）などが裁量の余地の低い空間として挙げられる。そして予測では、得られた平均と分散をもとに、疑似乱数を200回生成し、疑似乱数曲線を得る。図4.1（左）の設備（facilities）では、標本数が14と少ないためf（x)の値が大きくなる傾向があったが、疑似乱数による図4.1（右）では標本数が200となり、数値の補完が行なわれ、f（x）の値が小さくなっていることが分かる。このようにオリジナルのデータベースでは見られなかった部分についても予測しながら数値の生成が行なわれることを示した。この手法を面積同様、接続関係、配置場所にも行ない、すべてのデータの傾向から疑似乱数をつくり出すことを行なう。

5. ケーススタディ

4章で得た結果をもとに、本手法によって生成される空間構成の量と質の評価を行なう。事例対象の平均的な建築面積（51㎡）の千葉学設計の「黒の家」が建つ敷地を対象として、提案手法を用いて空間構成列挙を行なった。列挙した空間構成は、5時間で計3000個の重複しない空間構成(図5.1)となった。この結果は、通常、設計期間を通して生成、評価、洞察を繰り返す空間構成は最大でも500個であると考えると、本手法の量的優位性を示している。

そして、これら列挙した空間構成と既存建築物（千葉学設計「黒の家」)の空間構成を比較し、網羅できた空間構成のパターンについて、空間構成の一致率を用いて評価を行なうことで質を評価する。空間構成の一致率とは、図5.2に示すように、縦軸、横軸を室用途を割り当てた数字で表し、室用途同士の接続を示す位相的関係性のマトリクスの一致率によって、空間構成の一致率を計算する。

図5.3に示すように、生成された空間構成の既存建築物との空間構成の一致率を見ると、全体を通して約70%の2100個が10%以下の一致率、次に20%の600個が20%以下の一致率、そして、10%の100個が30〜40%の一致率となった。最大値はID2408の38%となっている。既往研究で触れたように、全列挙の場合はパターンを網羅することで100%の一致を得るのに対して、本手法で生成された構成では、3000個の生成によって38%の一致となる結果を得た。これは少ない生成数で有効な構成を生成できると考えられる。

6. 結論

本研究では、ボリュームスタディ段階での検討量の増加によって検討の質を向上させるため、データベースを用いて計算困難な空間構成の組み合わせの傾向と

図5.1 実験結果(3000個／5時間)

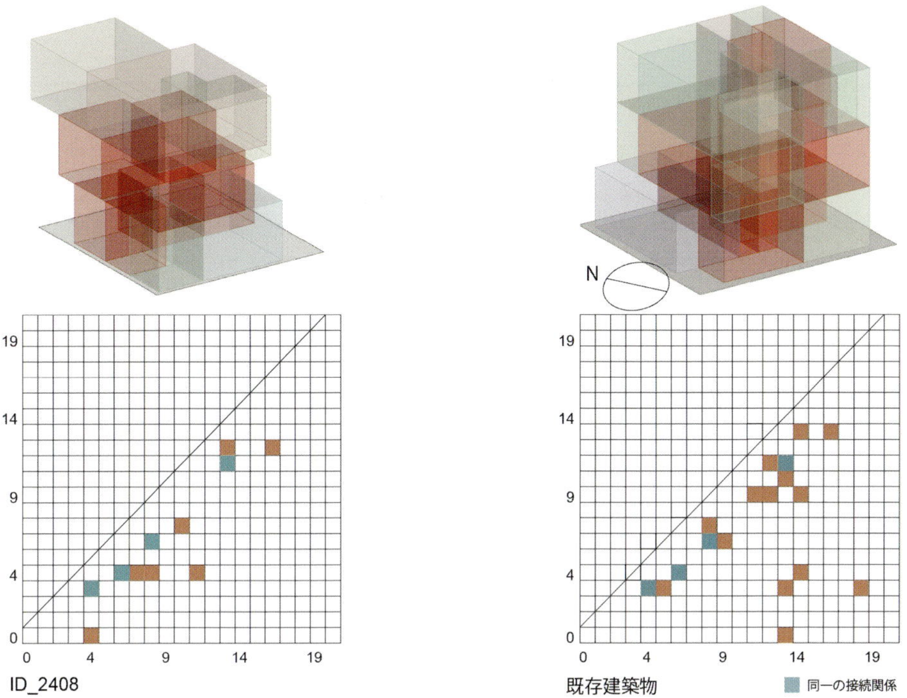

図5.2 空間構成の一致率

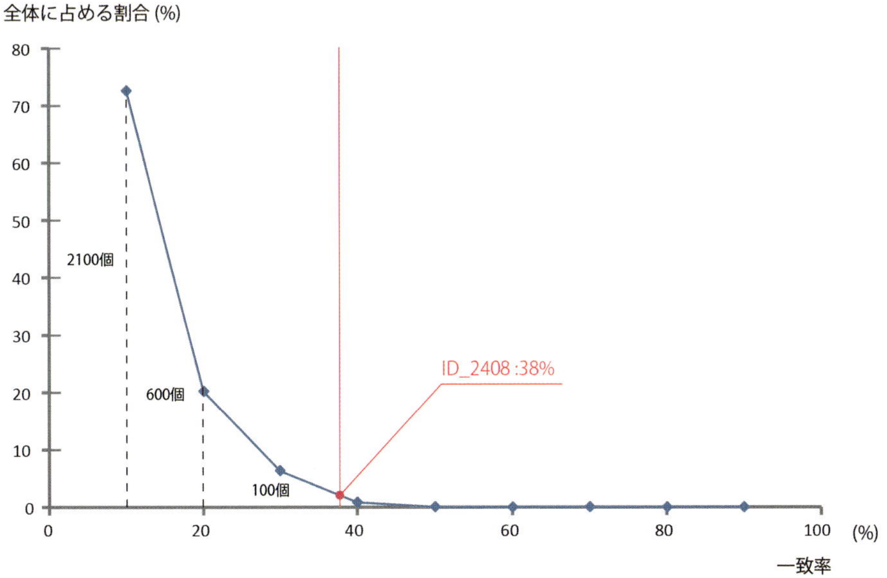

図5.3 全体的な生成空間の一致率推移モデル

関係性を導き出し、探索列挙型アルゴリズムを用いて有意性の高い空間構成から列挙することを提案した。ケーススタディを通して、生成された空間構成の中で室要素数は最小6、最大20となった。これは6!-20!の範囲で空間構成を探索していることを示し、すべてを網羅した場合に計算が膨大なため困難となる室数まで到達することができた。また、生成した空間構成の中で最大の一致率をもつID2408の38%は、少ない生成で有効な構成を生成できていると分かった。そして、通常は設計期間を通して、多くて500回程度の空間構成が生成、評価、洞察され、発展的可能性が選ばれていることから、本手法にて5時間で3000個を生成することは検討量の増加に貢献すると考えられる。これらの結果に加えて、空間構成として建築家が選びにくいと考えられる構成も発見することができ、建築家が空間構成を選択する際の思想のアシストとなる手法として期待できる。

コメンテーター・出展者コメント

金箱：狭小住宅のボリューム・スタディについての研究がとても面白いと思いました。人間が案を練る時は、確かに時間がかかりますね。相互の関係性を考えながら何かを探っていく時に、コンピュータを使ってデータベース化すると、結果は絞り込まれ、ある程度、考察時間の短縮ができます。そこで質問ですが、吉田さんの手法によって出てきたものは、相互の関係性まで網羅しているのでしょうか。人間が作業することの意味は、作業するなかで序列というか、各案の関係が生まれてきますよね。結果を全部同じ可能性として見るのか、もしくは序列があるのかをお聞きしたい。

吉田：同じです。この手法を判断する指標として、今回は狭小住宅を対象に、恣意的にサンプリングを行ないました。これが例えば、設計者自身が設計したものをサンプリングしていくと、その人のデザインしやすいようなものが考えられる、手の届きそうで届かないような可能性が生まれてくる、ということを念頭においています。

中島：どこでコミットしていくか、評価をするかという点が設計と絡んでいて面白いと思いました。以前に、前先生が「太陽は曲がらないけれど、風は曲がる。敷地のボリュームや配置は、絶対的な太陽との関係で決定しましょう。その後に開口の位置や面積を」という話をされていました。吉田さんの案は、その一部分を絞り込むスタディかなと思いました。その評価をさらにプログラムのループでコミットするといいのかな。

危惧するのは、もし同じ分野の人が集まって、同じウェイトで準備をすると、出来上がった空間が平均化されてしまうのではないでしょうか？　環境系の人の発言権が強い段階、または構造系の発言権が強い段階があって、それらが体系化されると本当の設計論になるのかもしれませんね。

吉田：データベースから実際に空間をジェネレートしてみると、意外と予想と反した結果が多いんです。ただ用途分けができない空間もあり、今後どのように扱うかは1つの課題だと思っています。

松田：最初に論文として見た時には、疑問点がいっぱいあると感じました。「38%の一致率」はどれくらい妥当なのか、3,000のうちいくつか選ぶことと比較して、妹島さんは81個の中から61個を選んだと例を挙げていますが、妹島さんが選んだ61個にはいろいろな意味が込められているはずで、それと500個とか3,000個というように、数で比較することに違和感がありました。でも最後に、自動化装置をつくりたいわけではない、設計者のアシストをするツールをつくりたいと語った時点で、なるほどと得心しました。

今日の議論で、吉田さんのシミュレーションの手法が他の分野とも関係性をもって展開できる、その応用が可能だということが分かった点においても、得るものが大きかったのではないかと思いました。

出展者コメント
——トウキョウ建築コレクションを終えて

さまざまな専門分野の意見を聞くことで、専門性をどう統合するのかというテーマをもつことができました。そして、継続して研究を続ける今後の自身の役割を少し感じた気がします。

同潤会と戦前・戦中期の東京郊外住宅地形成

——工業都市・川崎における「官」「公」「民」の住宅供給とその政策史的背景

Name:
林 直弘
Naohiro Hayashi
University:
明治大学大学院
建築学専攻 建築史・建築論
(青井哲人研究室)

Q 修士設計を通して得たこと

フィールドワークの楽しみを知りました。これらの住宅地がどのような産業・政治・地理条件のもとに形成されたのかを探る議論は、自分の視野を広げてくれました。

Q 修士修了後の進路と10年後の展望

鉄道会社に勤務しています。ポスト・オリンピックを迎える2024年の東京は多くの課題と向き合うことになると思います。その課題をチャンスへと転換できるような知識と行動力を今から鍛えたいです。

序章

0-1 背景

関東大震災を契機に創設された同潤会は、初の国家的住宅供給組織であり、都心にRC造のアパートメント・ハウスを建設する一方で、郊外部には木造戸建て住宅地を相次いで開発した。本研究はとくに1930年代後半の同潤会の東京郊外住宅地開発に焦点を当てる。戦前・戦中期の住宅政策の主題は労働者向け住宅の供給であり、国は「労務者住宅供給三箇年計画」を通じて住宅政策を一元化した上で全国各地に住宅を供給していく。そのなかで同潤会は自ら進めていた職工向住宅事業をフォーマットとして（1）国の住宅政策の策定、（2）各都道府県の建設計画の作成、(3)県営・市営住宅建設の各段階で大きな役割を果たした。この具体的な展開過程をとくに工業都市化の顕著だった川崎に注目して復元すると、「官」「公」「民」の各主体が相関しながら新たな枠組みによる住宅供給方法が実践的に試行され、その集積として川崎近傍の住宅地が形成されたことが見えてくる。

本研究のねらいは同潤会の郊外住宅地開発が社会政策のなかでどのような役割を担い、同潤会という組織の枠を超えて、行政や民間の住宅供給主体と相互関係をもち得たかをあきらかにすることで、同潤会の組織像を描き直すことにある。

0-2 研究目的

（1）とくに1930年代以降の東京郊外に注目して同潤会の事業展開過程を整理し、社会政策史的な文脈のなかに位置づける。

図1 川崎に現存する職工向分譲住宅(筆者撮影)

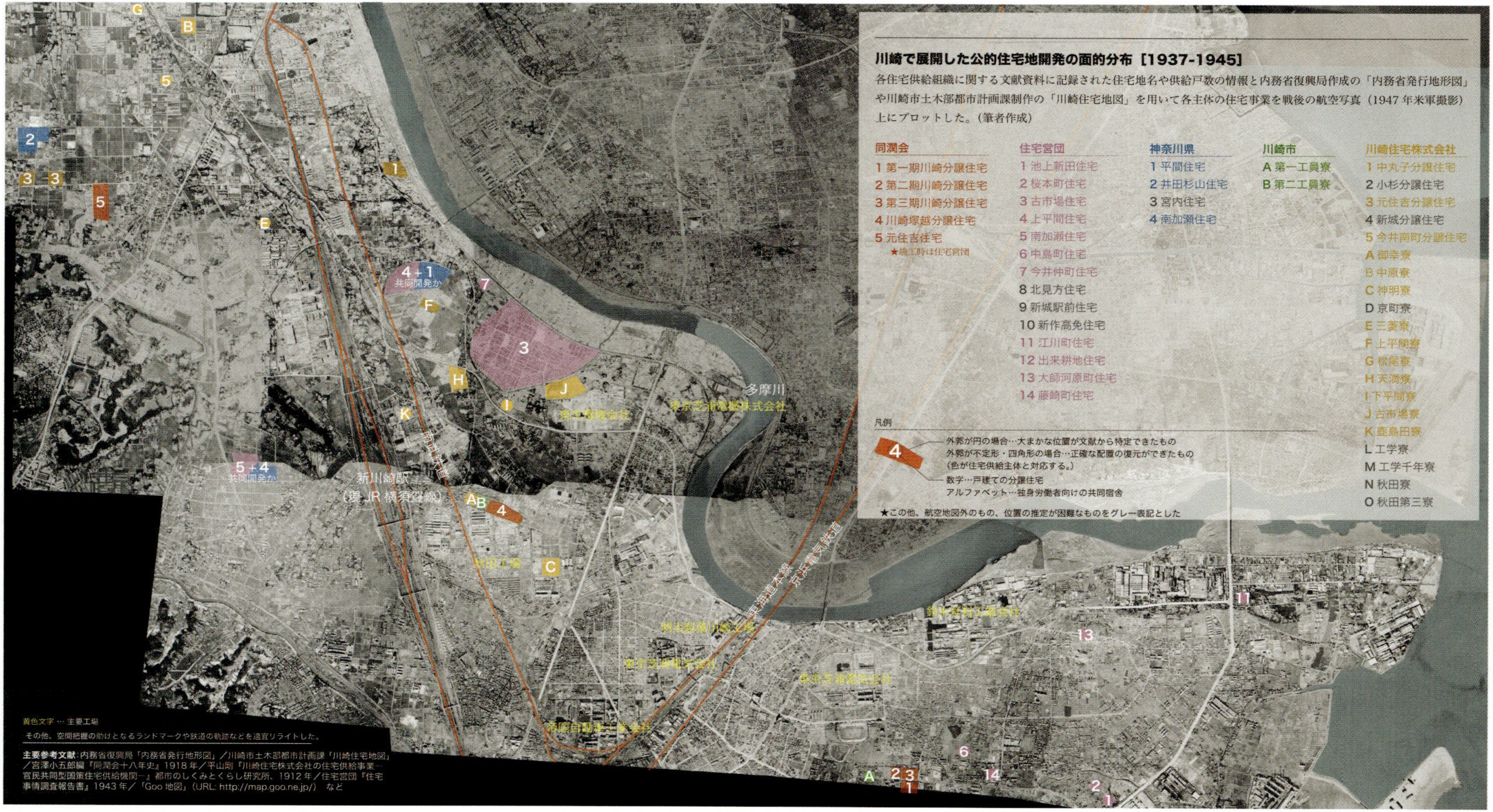

図2 川崎で展開した公的住宅地開発の面的分布［1937-1945］（「goo地図」の航空写真、文献をもとに筆者作成）

(2)戦前・戦中期における川崎での「官」「公」「民」の各主体の住宅供給をあきらかにし、その集積としての郊外住宅地形成過程を描く。

第1章 同潤会による郊外住宅地形成の展開

1-1 関東大震災と同潤会設立

関東大震災は木造の建物が大半であった都市空間に大きなダメージを与え、30万人以上が住居を失った。政府は1924年5月に義損1000万円を拠出し、住宅供給に特化して復興事業を行なう財団法人「同潤会」を組織した。

1-2 同潤会の応急復興〈仮住宅事業・普通住宅事業〉

i. 仮住宅事業：同潤会が最初に手掛けたのはバラックに住む人々の一時的住居としての仮住宅事業であった。この事業は政府が主導し同潤会に命じる形で着手されたが、竣工後は家賃不払いおよび撤去に際する立退き拒否に苦しめられた。

ii. 普通住宅事業：次に同潤会は独自の木造住宅地事業として普通住宅の建設を行なう。住宅自体の仕様改善、周辺相場よりも低い家賃設定などの工夫をしたが、震災から2年経ったこの頃の郊外における住宅需要は落ち着きつつあり、松江、砂町、瀧頭の普通住宅地などでは空き家が多数発生した。

1-3 同潤会の都心開発〈アパートメント・ハウス事業〉

普通住宅事業の打ち切りが決定すると、同潤会は開発対象の敷地を市街地中心部へと切り替え、力点を中産階級向けのアパートメント・ハウス事業に移した。計15カ所に展開されたこのRC造の集合住宅は人気を集め「同潤会」のネームバリューを確固たるものにした。しかしながら、松山巌は「コスト上からは木造であれば当時の建設物価から十倍の戸数を建てることができた。」と、本当に公的な住居を必要とする階層の人々には手の届かない住宅であった点を批判した。

1-4 同潤会の郊外開発

i. 勤人向分譲住宅事業：1920年代後半になると同潤会は東京郊外エリアに住民の所有を前提とした勤人向分譲住宅事業に着手した。勤人向分譲住宅は中産階級層の支持を集め、入居申込には希望者が殺到した。この事業は東京郊外の土地区画整理と並行して進められる場合が多く、川上悠介は「同潤会住宅の分譲住宅事業は、(中略)土地区画整理事業を成功させるために、当初からこれらの建設を踏まえた計画が行なわれていたことを窺わせる。」と東京郊外の住宅地形成の中での事業意義を評価した。

ii. 職工向分譲住宅事業：1933年、同潤会は深川区三好町、千住緑町等に150戸の職工向住宅を建設したのを皮切りに、労働者向けの住宅地を相次いで開発した。1931年の満州事変以降、工業都市における「労務者住宅問題」は住宅政策の主題になっていた。この事業は軍需企業の工場進出を追うように展開され、川崎市などでは市営住宅を建設する余裕のない市が労働者向住宅の建設を依頼する形で事業敷地が決定した。国内情勢がさらに切迫すると、政府は物資流通の統制を行なうが、優良な住宅供給スキームと認められた職工向分譲住宅事業は物資の特配指定を受け、いわば政府公認の住宅として事業が継続された。(図1)

1-5 事業領域の拡大

職工向分譲住宅が展開される一方で、民間企業や行政による労働者向け住宅供給は行き詰まっていた。1939年3月、同潤会は事業範囲を拡大する旨の例規改定を行ない、外部組織からの住宅建設依頼の募集を開始した。これに際して刊行された『工場向小住宅実例図集』には「公共団体、会社工場その他で、集団的に庶民階級のために住宅を供給せんとせらるる向は、十分御利用になりますやう希望します。」との文言とともに、職工向分譲住宅および独身者共同宿舎の図面が収録された。つまり、職工向分譲住宅が労働者向け住宅の1つのプロトタイプとして全国的に展開されたのである。

第2章 川崎の工業都市化と住宅問題の顕在化

2-1 川崎の原風景

川崎の明治期までの原風景は(1)東海道沿いの宿場の賑わい、(2)臨海部に広がる水産業、(3)多摩川水系が育む果樹園および水田として把握できる。

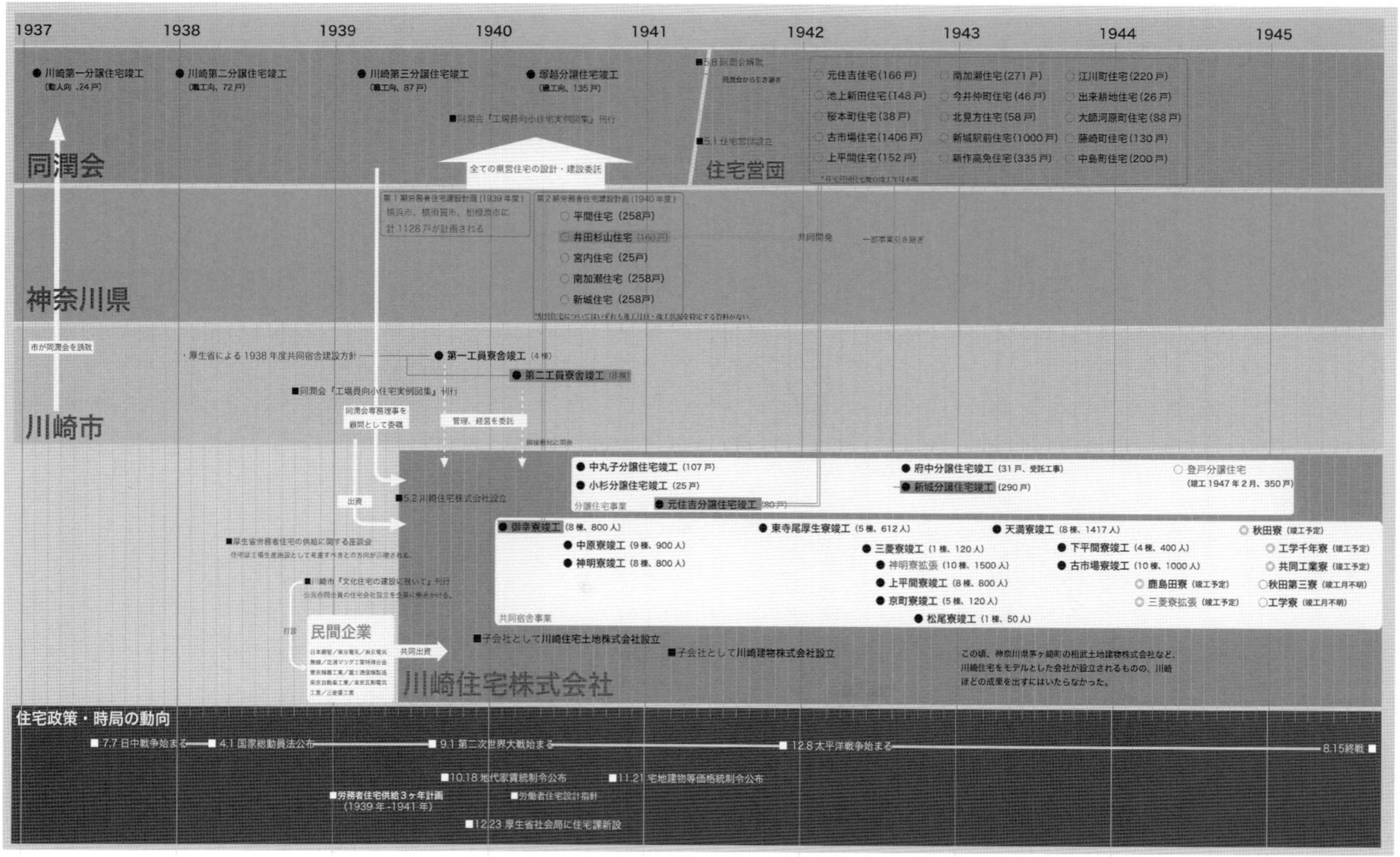

図3 川崎における住宅供給組織の事業展開[1937-1945](文献をもとに筆者作成)

2-2 鉄道の整備と工場の進出

漁村・農村の集合だった川崎一帯を工業都市へと転換させるきっかけとなったのが、1890年代末からの鉄道敷設であった。南北軸の京浜電気鉄道と東西軸の南武鉄道、十字に走るこの二本の鉄道によって、工業都市への構造転換が進んだ。1920年代前半に描かれた「川崎市鳥瞰図」などの絵図からは、現在の川崎駅近傍に瓦葺の建物がひしめき、湾岸部の埋立地には工場が並ぶ一方で、内陸側は依然として藁葺の民家が点在する農村的風景であったことが確認できる。

2-3 急増する労働者と住宅問題の顕在化

1930年代に入ると、行政の積極的な工場誘致もあって工業都市化は加速し、極度の住宅需給の逼迫が起きた。『川崎労働史』によれば、「近頃では新築家屋の柱一本立てばもう借手が押し合ふという始末」という状態で、1938年の空き家率はわずか0.8%であった。川崎における「労務者住宅不足」の問題は全国的にみても先鋭化したものであったと同時に、他の地方都市でも共有されうる重要な課題であった。それゆえに、川崎は「官」「公」「民」のさまざまな主体による住宅供給方法の実験場となるのである。(図2、図3)

第3章 川崎の住宅供給主体 ——「官」・「公」・「民」

3-1 同潤会

川崎エリアでの同潤会の住宅地開発は、1937年の川崎第一分譲住宅竣工を皮切りに4つの事業が実現し、計300戸の住宅を供給した。一連の事業は、財政に余裕のない川崎市が同潤会を誘致するという経緯で進められた。最初の川崎第一分譲住宅が勤人向分譲住宅事業、それ以降の住宅地は職工向分譲住宅事業であった。また、川崎第三分譲住宅では独身職工向の貸部屋がプランに組み込まれるといった変化が認められ、これには世帯主の家賃負担を減らし、加えて独身職工の住宅不足解消にも寄与する狙いがあった。(図4)

3-2 住宅営団

同潤会が解散し住宅営団が設立されると、すでに同潤会によって着手されていた数10〜100戸程度の規模の住宅地開発に加え、古市場住宅などでは1000戸単位の大規模住宅地が開発された。

3-3 神奈川県

「公」である神奈川県の労働者向けの住宅供給は、厚生省が1939年から定めた「労務者住宅供給三箇年計画」に沿って計画され、2082戸(うち川崎市に

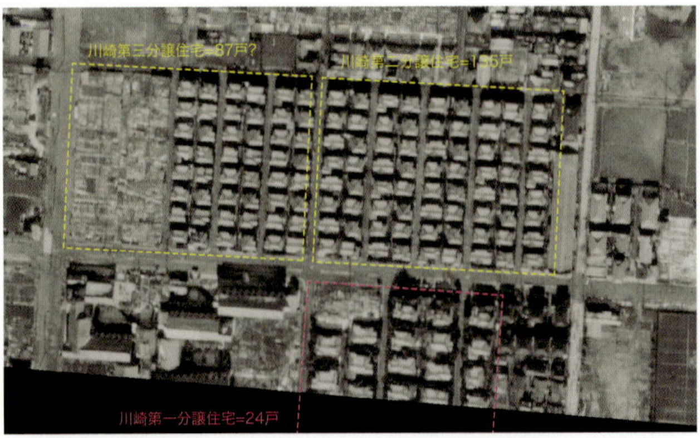

図4 同潤会による川崎分譲住宅(goo地図、1947年航空写真に筆者加筆)

は736戸）を県営住宅として建設する方針が固められた。同時に、これらの県営住宅建設を同潤会に委託することが決定し、県の住宅供給においても同潤会が大きな役割を担うことになった。

3-4 川崎市

同潤会誘致の成功もあり、川崎市は直接住宅建設をしていなかったが、県の場合と同様「労務者住宅供給三箇年計画」をきっかけに再び住宅供給を行ない、1940年5月までに2箇所に計6棟の工員寮舎を建設する。つまり川崎市における「公」の住宅供給は、県の世帯向け分譲住宅と、市の独身労働者向けの工員寮舎を両輪として進められたのである。このうち、御幸寮の建設にあたっては同潤会がすでに取得していた土地を川崎住宅株式会社に売却したという記録もあることから、土地の斡旋などで官と公が相互連携をしながら住宅供給にあたったことが分かる。（図5）

3-5 民間企業

1930年代以降の主な民間企業による住宅供給は（1）鉄道会社による沿線住宅地開発、（2）企業の工場に付随する社宅に大別でき、とくに労働者向け住宅供給の意味合いが強かったのは後者であった。ただし、この時期に社宅を整備できたのは富士瓦斯紡績、浅野セメント、日本鋼管のわずか3社に限られ、国による資材統制が強化されると、民間資本を主体とした住宅地開発を取り巻く諸条件はさらに厳しくなった。

第4章 住宅供給専門会社の登場

4-1 川崎住宅株式会社の設立

戦時期までの住宅問題対策は、一部の民間企業を除いては同潤会および自治体の住宅供給に依存していたが、なお増加する労働者の数に対応しきれてはいなかった。そこで川崎市は行政と民間企業の合同出資による住宅供給専門組織の設立を提唱した。この構想は市の社会課長島崎光輝らを中心に『文化住宅の建設に就て』と題したパンフレットにまとめられ、南武鉄道や日本鋼管をはじめとする9社の賛同を取りつけた上で1939年5月、公民共同の住宅供給組織「川崎住宅株式会社」を創設した。また、設立に際しては同潤会から専務理事が顧問として招かれた。

4-2 共同宿舎事業

川崎住宅はまず、とくに不足が顕著だった独身青年職工を住まわせる共同宿舎事業に着手した。このうち厚生寮、神明寮、天満寮については当時の『新建築』誌上に、その詳細なプランや概観および内観写真が掲載されており、労働者の生活をより具体的に把握できる。

4-3 分譲住宅事業

工員宿舎に次いで、中丸子分譲住宅を筆頭に戸建ての分譲住宅地の事業も展開された。公園や公設市場といった公共設備を併せて整備する方針は時間的・経済的制約によって変更を余儀なくされたものの、『分譲住宅申込書』には良質な住居であることを謳う

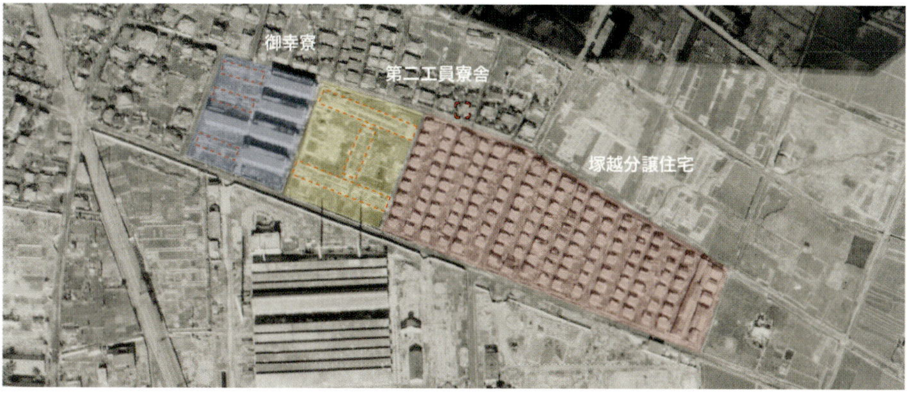

図5 御幸寮（川崎住宅株式会社）、第二工員寮舎（川崎市）、塚越分譲住宅（同潤会）の位置関係
（goo地図、1947年航空写真に筆者加筆）

論文展

「文化住宅」の文言が添えられた。この申込書に載せられた中丸子分譲住宅の平面図を、同潤会の川崎第二・三期職工向住宅の平面図と比較すると、おおよそ半分の住戸のプランが一致する。このことから、初期の分譲住宅事業は、同潤会の職工向住宅をフォーマットとして着手されたことが指摘できる。

第5章 住宅政策との同潤会

第5章では、第2章から第4章までに得られた知見をもとに、社会政策と同潤会の関係を整理する。1939年に国によって策定された「労務者住宅供給三箇年計画」は、各自治体の住宅政策を一元化したうえで全国に再分配する施策であった。この実施に際し、同潤会は自ら進めていた職工向住宅事業をひな形として（1）国の住宅政策の策定、（2）各都道府県の建設計画の作成、（3）県営・市営住宅建設の各段階において重要な役割を果たしたことがあきらかになった。（図6）

結章

本研究で得られた知見は以下の通りである。

（1）同潤会の事業は①応急復興住宅②中流階級向け住宅の質的追求③戦前の労働者向け住宅供給、と震災後を起点とする時間に応じて主題が移行し、とくに職工向分譲住宅以降の事業は、戦前の政策・経済および産業と密接な関係をもちながら東京郊外の農村的風景を住宅地に置き換えた。

（2）1930年代以降の川崎市では、同潤会、神奈川県、川崎市、民間企業が相互依存的に住宅供給を進め、神奈川県は委託、川崎市は事業誘致という形で住宅供給施策を同潤会に委ねた。1939年に川崎市と市内民間企業によって設立された川崎住宅株式会社には顧問として同潤会理事が参画し住宅地建設に関するノウハウを提供した。つまり、川崎で採られた公的住宅供給はすべて同潤会が介して実現していたのである。

（3）以上から浮かび上がってくるのは、戦時期の限定された時間・財源・物資のもとでの社会政策のインキュベーター（具現者）としての同潤会の像である。東京郊外住宅地形成が経済・産業・地理条件といった要素に規定されながら、多様な〈階層―社会―空間〉の集積として眼前に立ち現れたと捉えるのならば、1930年代後半の同潤会を中心とした住宅供給主体の果たした役割はきわめて大きかったと言える。

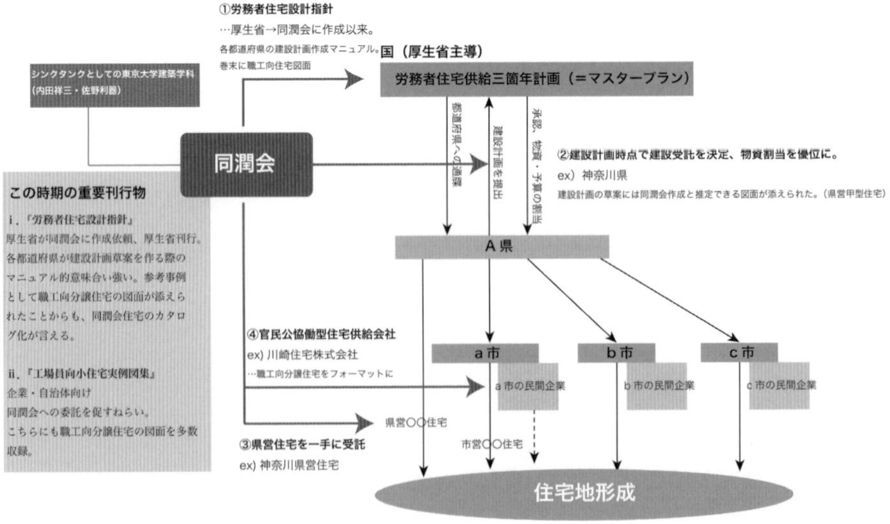

図6 1930年代の同潤会と住宅政策の関係（筆者作成）

コメンテーター・出展者コメント

前：川崎市の労働者住宅で同潤会が非常に大きな役割を果たしたということは分かりましたが、それが良いことなのかどうなのか、今後開発の参考になる点などありますか。

林：同潤会や川崎住宅の住宅供給の評価については、距離をおいていました。むしろ、日本住宅史は作品として優れたものを扱ってきましたが、実際はそれ以外の領域が郊外に膨大に広がっていて、そこを解明したいというのが一番の研究目的でした。実は今回の研究をするにあたって、僕は修士1年の時に、現存しないところも含めて、同潤会の住宅地を歩いて調査しました。上野下アパートが去年壊されて同潤会の歴史が幕を閉じたと言われますが、そんなことはなくて、普通の住宅地の中に同潤会住宅が増築されながら残っているところもありました。そういった視点で見ると、塚本由晴さんのおっしゃる郊外住宅の世代論が体感できたといいますか、同潤会による住宅地開発が第1世代としてあって、その後、現在のハウスメーカーに続いている。それがとても面白く、研究をする上でのモチベーションになりました。

深尾：私は林さんの「同潤会と戦前・戦中期の東京郊外住宅地形成」には本当は賞をあげたくないんです。発表を聞く限りでは「同潤会はアパートだけじゃないぞ」ということを世の中に知らしめるために、この論文を書いたっていうことでいいのかな。でもね、研究内容は川崎市に供給された住宅に関する調査なんですよね。非常に制度的にしっかりと良くできていると思ったのですが、副題と題名とが違う。だって同潤会全体について扱ってるわけじゃないし(笑)、つまり論文、学術的に言うとおかしい。それにも拘わらずこのタイトルで研究した意欲を評価し、深尾賞を差し上げたいと思います。

出展者コメント
──トウキョウ建築コレクションを終えて

分野を横断して研究について語り合えるトウキョウ建築コレクションの討論会は、とても刺激的な時間となりました。貴重な批評をくださった先生方、ともに議論をした出展者の方々、準備と運営に奔走してくださったスタッフの皆様、ありがとうございました。

ZEHの設計法及び電気需要平準化を見据えた蓄電池導入可能性に関する研究

Name:
中島弘貴
Hiroki Nakajima
University:
東京大学大学院
工学系研究科　建築学専攻
前真之研究室

Q 修士論文を通して得たこと

どれくらいの先の未来に問い掛けるかという想像力と、その未来を問うのに、さまざまあるパラメータのうち、どれが支配的な要素かを地道に探索する忍耐力。

Q 修士修了後の進路と10年後の展望

RIAの都市計画部。前真之研究室で学んだ環境工学の知識と地道な実測やシミュレーションなどで得た経験・体感を武器に、実感を伴いながら日本のまちづくりに取り組んでいきたい。

1. 背景と目的

・ピークシフトの必要性

東日本大震災と福島原発事故をきっかけに、日本の電力供給を取り巻く状況は先行きが不透明に、そして発電所の供給能力の不足が危惧されるようになり、今までの節約、省エネなど、総量を削減する議論だけでなく、供給能力を上回らないよう、電気需要が集中する時間帯の需要をいかに削減するかという、ピークカット・ピークシフトも重要視されるようになった。

・評価係数αとピークシフト時間帯

実際、平成25年に施行された改正省エネ法において、

1）ピークシフト時間帯（電気需要平準化時間帯）の設定

日中の電気需要が高まる時間帯をピークシフト時間帯として定め、

2）評価係数αの適用

その時間帯のみ電力系統からの買電をα倍（改正省エネ法では1.3倍）と換算し、他の時間帯に需要が移る、あるいは削減することを促すための評価係数αについて議論が行なわれている。

　また、電力料金体系においても、ピークシフト時間帯と同様に、電気需要が集中する時間帯にのみ電気料金を上げるピーク時時間帯料金がいずれ適用されることが予想され、エネルギー的にもコスト的にもピークシフトは今後の建物を考える上で、必要不可欠となっていくであろう。

・住宅から電力系統システム全体を考える

そのような背景のなかで、住宅1軒にはどのような影響を及ぼすのだろうか。本研究では、ピークシフトを考える上で重要となってくる太陽光発電と蓄電池を主眼において、評価係数αおよびピーク時時間帯料金の適用後に住宅がどれくらいのスペックをもつべきなのか、設備容量の設計法を検討していく。

　なお、この評価係数α適用前においては、蓄電池は評価上エネルギー消費が増えるとされている。というのも、充放電することでロスが生じ、そのロス分だけエネルギー消費量が増えるからである。ただ、それはエネルギーを使う側、需要側だけを評価した場合であり、エネルギー供給側の発電効率を加味した場合、

1. ピークシフトの必要性

発電所の供給能力が低下している現状、電気需要が集中すると、供給能力が足りなくなる可能性があり、ピークシフトの必要性がある

電力系統全体の１日の電気需要

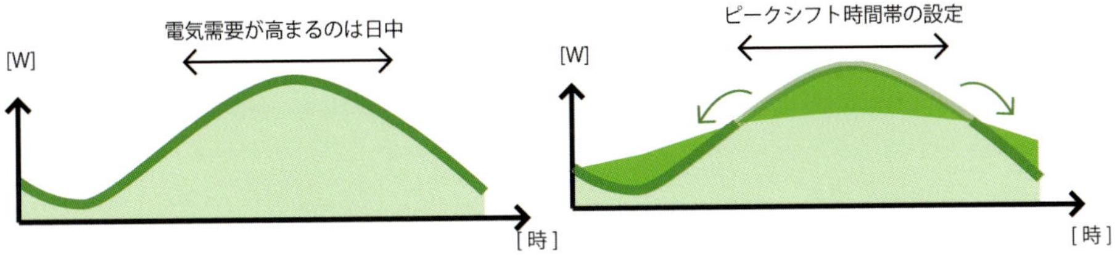

2. 評価係数 α の適用

電気需要が集中する時間帯に、電力系統からの買電を α 倍して、ピークシフトを促す

住宅の１日の電気需要 (評価係数 α 適用前)　　住宅の１日の電気需要 (評価係数 α 適用後)

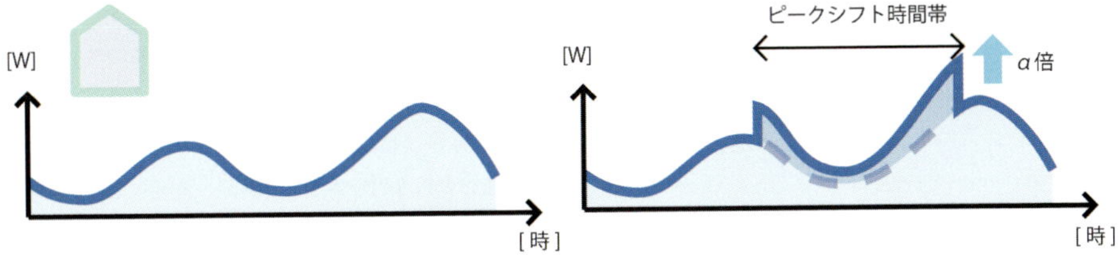

3. 住宅でピークシフト達成の手法

ピークシフトを達成するには、住宅では太陽光発電と蓄電池が主要な手段

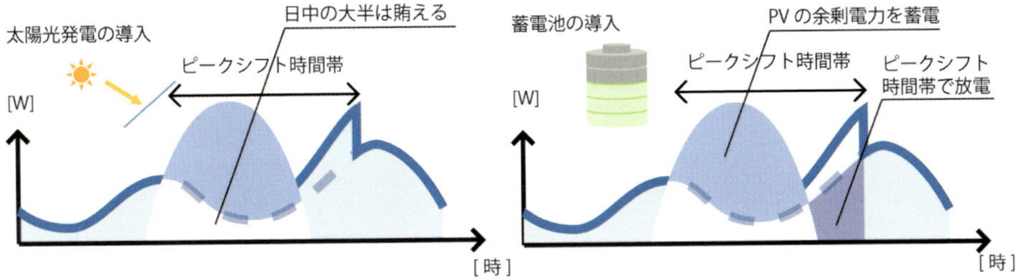

図１ 住宅におけるピークシフトについて

電気需要が高まると効率の悪い古い発電所を稼働させなければならないなど、ピークシフトをすることで供給側の発電効率が上昇する。評価係数αはこの供給側の効率上昇分を根拠として、係数の数値を決定している。充放電のロスと供給側の効率上昇とで相殺、あるいは省エネになることが蓄電池導入によるピークシフトで達成できる可能性がある。

2. シミュレーションの流れ

住宅がどれくらいのスペックをもつべきか検討する上で、まずエネルギー消費パターンを作成する必要がある。図2のような流れで、シミュレーションを行ない、エネルギー消費パターン作成からその各パターンに必要なPVおよびLiBなどの設備システムを検討するというのが本研究の流れとなる。

詳細に見ていくと、エネルギー消費パターンの作成および最適な設備システムを検討する流れは、

1）人がいつ在宅し、いつ入浴・空調するかなどの生活スケジュールの作成

2）建物の立地による外気温、日射量などの気象条件の入力

3）断熱仕様や窓面積、延床面積、プランなどの建物の仕様の決定

4）上記の入力に基づき、空調するのに必要な熱量の計算（熱負荷計算）※Extlaは前真之研究室開発のソフトウェア

5）生活スケジュールに基づく照明・家電、その熱量をエアコンで賄うのに必要な電力エネルギーの算定

→エネルギー消費パターン作成

6）エネルギー消費パターンにおいて、最適な設備システムの検討

となる。

本研究では、生活スケジュールは空気調和・衛生工学会の生活スケジュール自動生成プログラム「SCHEDULE Ver. 2.0」を用いて、4人世帯のものを作成、使用した。気象条件については、北見・岩見沢・盛岡・長野・宇都宮・岡山・宮崎・那覇の8地域について、建物は事業主基準における標準プランを採用した。

3. 太陽光発電と蓄電池を用いたZERO ENERGY HOUSEの設計法の提案

3.1 設計法の提案にあたっての計算手順

図3に示すように設計法の提案にあたっての計算手順を示す。

Step0）まず前述のように容量設計の前に各与条件下での負荷、エネルギー消費パターンのデータベースの作成を行なう。

Step1）次いで、エネルギー消費パターンに対して、ZEH達成に必要なPV容量の設計を行なう。

Step2）PV容量が決定したのち、PVの日中の余剰電力を貯めてピークシフトを行なうのに最適なLiB容量の設計を行なう。

3.2 負荷データベースの作成および評価係数αおよび料金体系の設定について

図4に評価係数αおよび料金体系の設定について示す。評価係数αおよびピークシフト時間帯（電気需要平準化時間帯）の設定は改正省エネ法に倣って決定し、αは1.3、ピークシフト時間帯は8時から22時に、料金体系は現状の実証実験、北九州市やサクラメント電力公社などの実験を参照し、決定した。

図5に代表地点8都市の評価係数α適用前後での負荷を示す。寒冷地から温暖地までのデータを示しており、寒冷地では暖房が、温暖地では家電がエネルギー消費としては大きい。

3.3 ZEH達成のPV容量設計

各条件で算出した負荷に対して、ZEH達成のPV容量を算出した寒冷地の方が暖房・給湯負荷が増えるだけでなく、日射量が減少するので、より必要PV枚数が増加する。パワーコンディショナー変換効率などによるシステムロスも加味して算出したものになっている。

3.4 評価係数α・料金体系変更に基づく蓄電池導入の可能性

前述の評価係数α・料金体系変更に基づき、LiBの導入効果について評価する。ZEH達成PV容量下での0、3、6、9、12、15kWhのLiB容量について検討する。宇都宮を例に、容量決定の過程について述べる。図6に示す夏期と冬期の1日の負荷の挙動を見ると、冷房よりも暖房の方がPVによって賄え

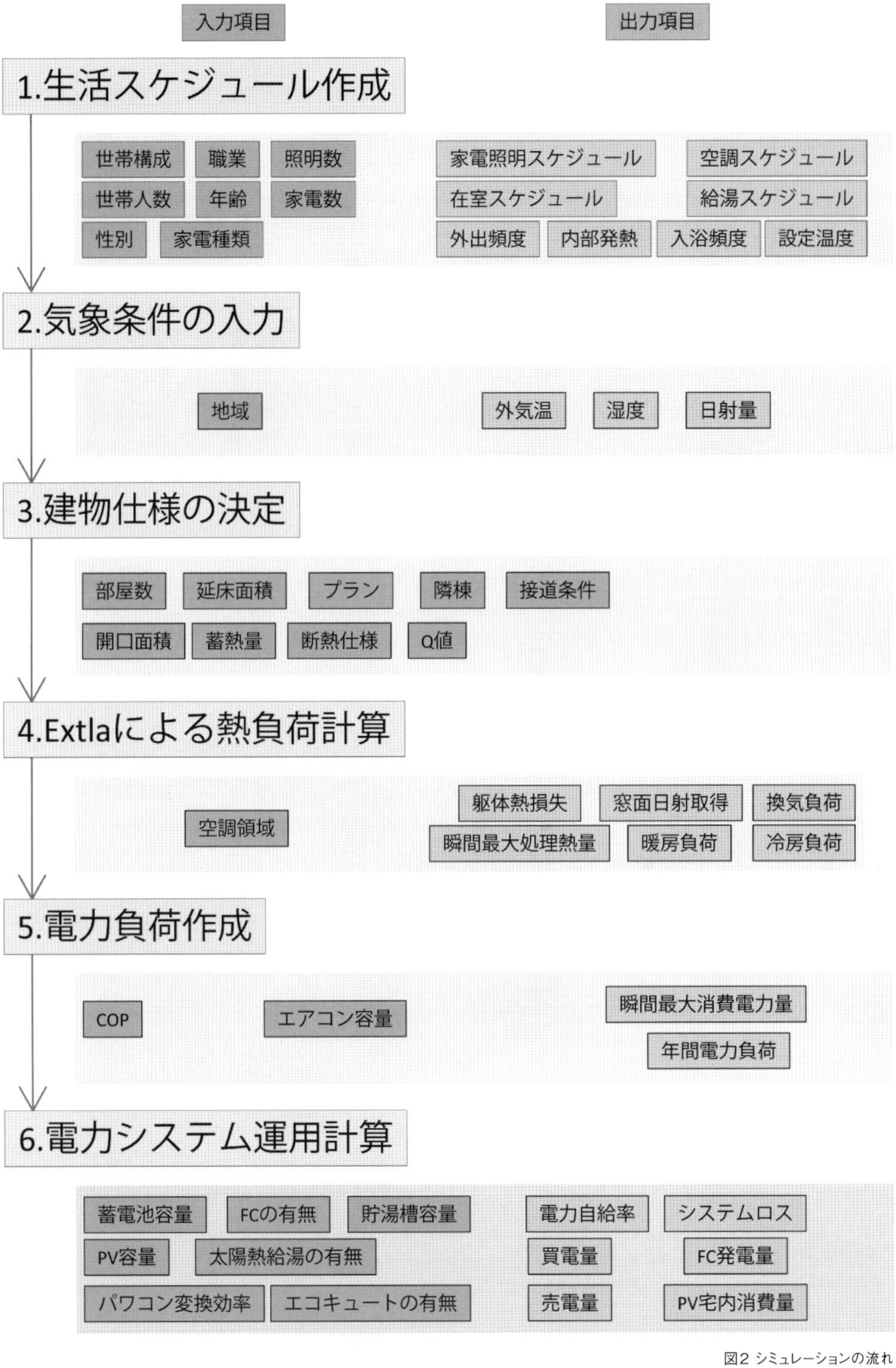
入力項目
出力項目
1.生活スケジュール作成
世帯構成
職業
照明数
世帯人数
年齢
家電数
性別
家電種類
家電照明スケジュール
空調スケジュール
在室スケジュール
給湯スケジュール
外出頻度
内部発熱
入浴頻度
設定温度
2.気象条件の入力
地域
外気温
湿度
日射量
3.建物仕様の決定
部屋数
延床面積
プラン
隣棟
接道条件
開口面積
蓄熱量
断熱仕様
Q値
4.Extlaによる熱負荷計算
空調領域
躯体熱損失
窓面日射取得
換気負荷
瞬間最大処理熱量
暖房負荷
冷房負荷
5.電力負荷作成
COP
エアコン容量
瞬間最大消費電力量
年間電力負荷
6.電力システム運用計算
蓄電池容量
FCの有無
貯湯槽容量
PV容量
太陽熱給湯の有無
パワコン変換効率
エコキュートの有無
電力自給率
システムロス
買電量
FC発電量
売電量
PV宅内消費量

図2 シミュレーションの流れ

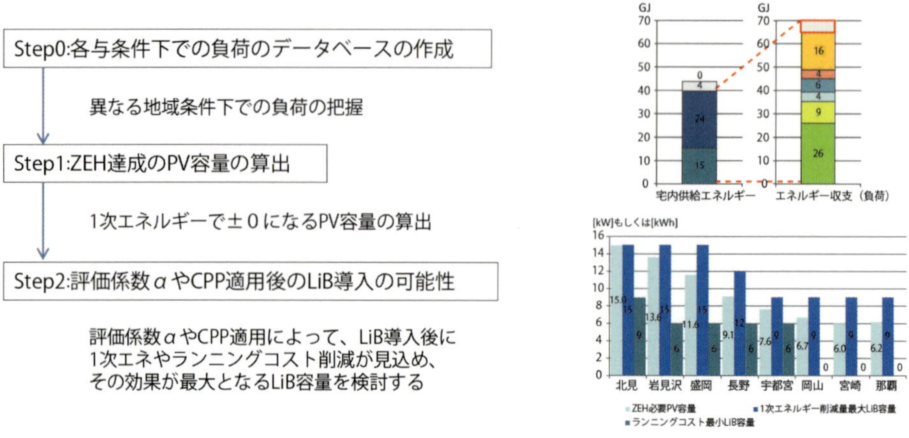
Step0:各与条件下での負荷のデータベースの作成
異なる地域条件下での負荷の把握
Step1:ZEH達成のPV容量の算出
1次エネルギーで±0になるPV容量の算出
Step2:評価係数αやCPP適用後のLiB導入の可能性
評価係数αやCPP適用によって、LiB導入後に
1次エネやランニングコスト削減が見込め、
その効果が最大となるLiB容量を検討する
GJ
宅内供給エネルギー
エネルギー収支（負荷）
[kW]もしくは[kWh]
北見
岩見沢
盛岡
長野
宇都宮
岡山
宮崎
那覇
ZEH必要PV容量
1次エネルギー削減量最大LiB容量
ランニングコスト最小LiB容量

図3 設計法の計算手順

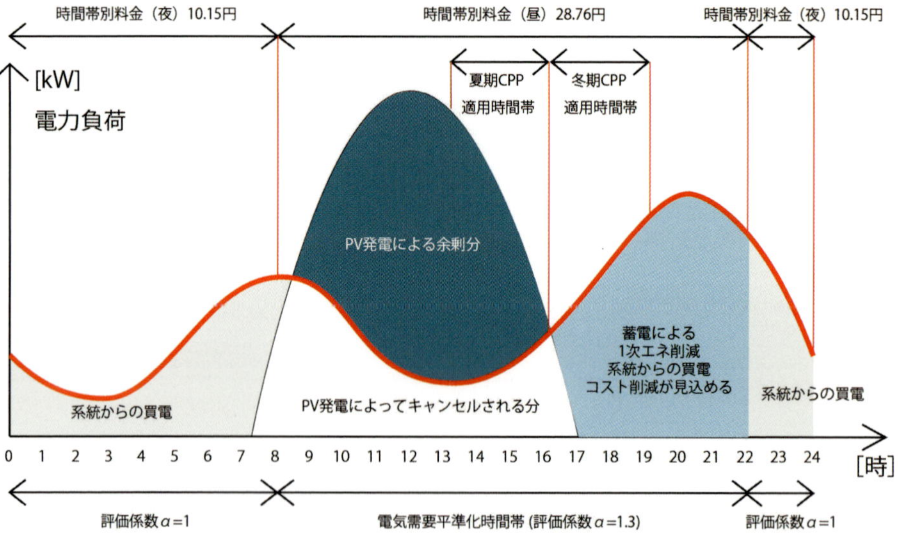
時間帯別料金（夜）10.15円
時間帯別料金（昼）28.76円
時間帯別料金（夜）10.15円
[kW]
電力負荷
夏期CPP
適用時間帯
冬期CPP
適用時間帯
PV発電による余剰分
蓄電による
1次エネ削減
系統からの買電
コスト削減が見込める
系統からの買電
PV発電によってキャンセルされる分
系統からの買電
0 1 2 3 4 5 6 7 8 9 10 11 12 13 14 15 16 17 18 19 20 21 22 23 24
[時]
評価係数α=1
電気需要平準化時間帯 (評価係数α=1.3)
評価係数α=1

図4 評価係数αおよび料金体系の設定

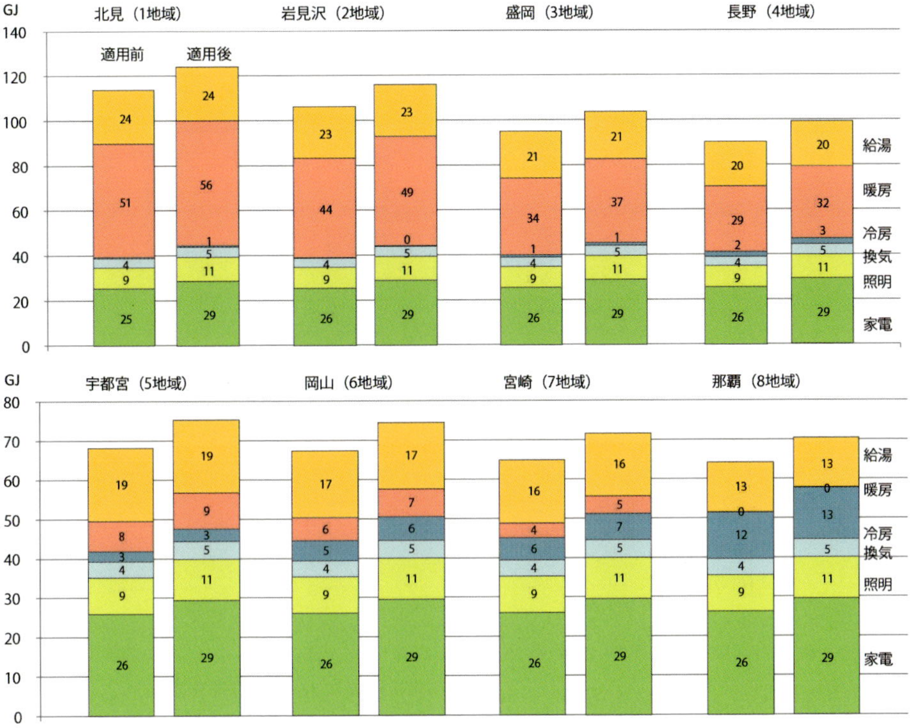

図5 各地点の評価係数α適用前後でのエネルギー消費量

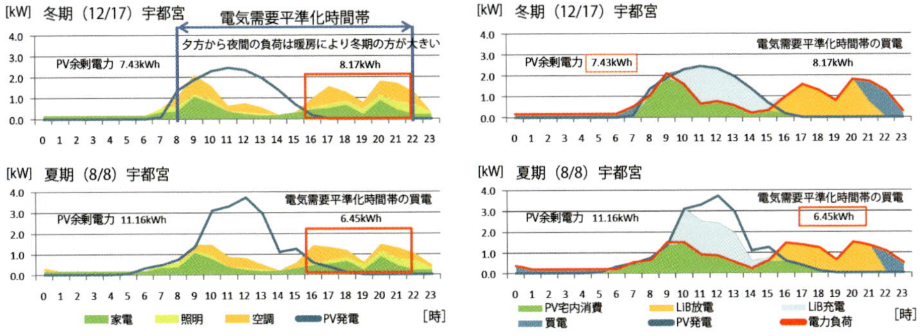

図6 冬期・夏期の1日のエネルギー消費の挙動

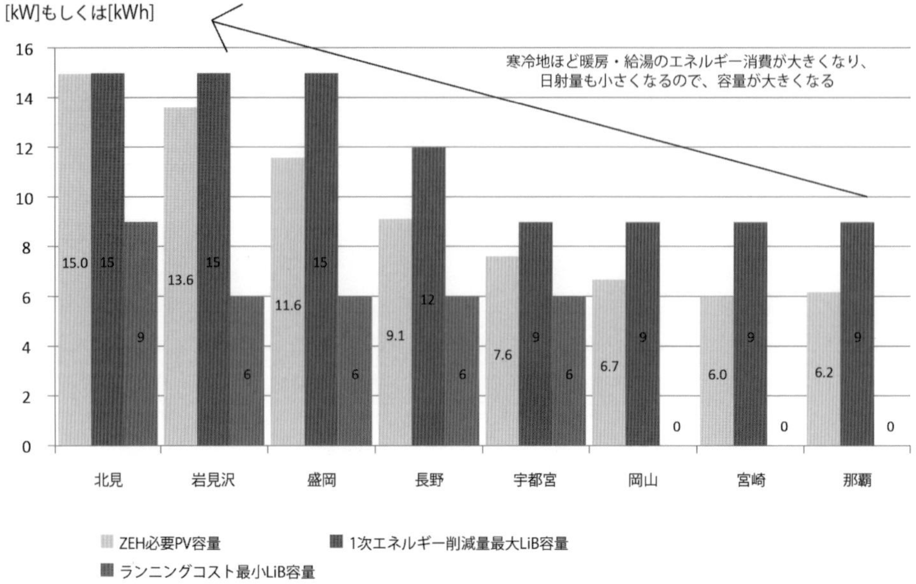

図7 各地点の容量設計の計算結果

ない負荷が大きく、冬期の方が蓄電の必要性があることが分かる。

すべての代表地点について、ZEH達成のPV容量、LiB導入kWhあたりの削減量最大およびランニングコスト最小となるLiB容量を図7に示す。評価係数αの影響で、PV容量が微減している。寒冷地の方が暖房負荷が増加し、夕方から夜間にかけての負荷も大きくなり、必要とされるLiB容量が増加していくためだと考えられる。ランニングコスト最小となるLiB容量の方が小さいのは、系統からの買電とPV売電の単価が等しく、CPPの時間帯のみ賄える容量であればよいのに対し、エネルギー消費量はピークシフト時間帯の削減をすればするほど効果があるからだと考えられる。

4. まとめ

地域別にZEH達成のPV容量のデータベースの作成および評価係数α、電力料金体系の導入を背景としたLiB導入の可能性について検討を行なった。ZEHが標準化することを鑑みれば、夏期はより一層の普及が予想されるPVの発電分で電気需要平準化時間帯の負荷のほとんどは賄われる一方で、冬期においては、夜間の方がより負荷が増加するので、蓄電のメリットが出てくることを示した。今後の課題としては、外皮性能のさらなる向上によって空調負荷が小さくなると、家電照明の負荷が蓄電容量設計においては重要になり、世帯差について、詳細な検討が必要となってくると考えられる。

[用語・略語の説明]
PV：Photovoltaicsの略。直訳すると光起電性のことで太陽光発電の原理の大本のことだが、太陽光発電そのもののことを指す。
ZEH：Zero Energy Houseの略。自然エネルギー利用などでエネルギー消費が±0になる住宅のこと。
CPP:ピーク時時間帯料金、Critical Peak Priceの略。
LiB：Lithium-ion Batteryの略でリチウムイオン電池のこと。本研究では蓄電池にLiBを用いて検討している。

コメンテーター・出展者コメント

松田：今日の発表や梗概の内容で多くの略語を使っていましたね。ZEHやPV、CPPなど、いろいろとありました。発表する際には、聞き手の理解を念頭におくといいかもしれません。これらの略語のうち評価係数αは重要だと思うので、もう一度説明をして下さい。

中島：電力需要は、時間によって、また夏期と冬期では高低があります。需要が高まると必然的に発電側の負荷が大きくなり、それを賄うために火力や水力など各種発電で調節しなければなりません。それは発電効率が下がることにほかなりません。そこで、エネルギー使用の効率化を図るために、電気需要平準化時間帯（8～22時）の買電量を擬似的に多くみなすことで電力消費を低く抑えようとしているんです。この時の擬似的な重み付けとして用いるのが評価係数αです。電気需要平準化時間帯の買電量をα倍するわけです。現在は、αは1.3と定められています。

金箱先生からシミュレーションによって結論が変わるというご指摘がありましたが、目標設定では苦労しました。蓄電池を導入するにあたり、既存のシステムからまったく電気を受けない、完全自立を目指すのか、もしくは既製品を活用するのか、その時にはどれくらいの容量のものを選択するのか……。さまざまな落としどころを検討しているうちに、評価係数αを調べて分かってきたことがありました。そして社会の前提と、今あるシステムと目指すシステムの適応性を見い出し、完全に自立しない時にどれくらいの広がりがあるかを考えました。蓄電池は、市場経済原理に則って普及させようというトップダウン的な側面もありますが、それらとどうせめぎ合っていくかという話も出展者同士で話をしていました。

前：東日本大震災から2年経っても、一般的には少しもエネルギーに対する関心は高まっていませんよね。結局、安いエネルギーが使える時代に戻りたいんでしょうね。でも、もうそんな時代には戻らないことは確実で、数十年後には逆に大きな問題となり、世間は大騒ぎしていると思います。それらを踏まえて、中島君の提案とこれからに期待したい。

出展者コメント
——トウキョウ建築コレクションを終えて

武器と教養という話があったが、両方を高めつつ、分野を横断する能力と自分の拠り所となる分野、双方が必要なのだとあらためて思った。

地名からみた現代日本に於ける古代社会の影響に関する研究
——古代地名の現在地比定の分析をもとに

Name:
庄子幸佑
Kosuke Shoji
University:
早稲田大学理工学術院
創造理工学研究科　建築学専攻
中谷礼仁研究室

Q 修士論文を通して得たこと

研究室の間、ずっと考えてきた千年村運動。千年村を抽出する手法をさらに地域評価の手法へと展開した。今後これをベースに、地域が存続することについて考えていきたい。

Q 修士修了後の進路と10年後の展望

香川県庁。瀬戸内海を古代から続く良好な生存環境と捉え、そこに適合する現代的な生存のかたちをつくることを目指している。10年後はこの地域で技術をもった人々と今後の生存に向けた試行錯誤を進めたい。

0 研究目的と方法

地名とは、人間あるいは社会の土地へ向けた呼称であり、その命名行為は古くから行なわれている。日本において、初めて全国的に地名を決定しようとした試みは、『風土記』の中に見られる（註1）。これは、当時の国の単位において、その統治を行なう国司を通して行なわれた。これらの地名を眺めていると、思いの外、現在の地名に通じるものが見え、しかも都市や郊外、農村地帯や沿岸部など地域的特性を無視できるかのようであった。これは少し大袈裟に言ってしまえば、古代社会が現在の社会までに影響を残しているということではないだろうか。

本研究は、古代を現在のなかに見出すこと、その手法を理論づけること、を目的とするものである。そこで、〈古代地名の現在地比定〉を古代と現在の地域を何らかの根拠の元に関係付けようとした試みとして評価し、その分析を軸にその手法を開発する（註2）。

上記の目的のために、以下の方法をとる。まず、これまで行なわれてきた地名比定の方法を分析し、その方法を古代と現在の関係性のなかで定義する。次に、『角川日本地名大辞典』を主たる資料に、古代地名に比定される現在地を次の観点から分析する。①古代地名と現在地が関係付けられる際の精度に着目し、地域ごとの古代社会との関係の有り様を相対的に評価する。②古代地名が現在地に比定される際の論拠に着目し、日本全国の比定地に対してその比定論拠の項目分析を行なう。これをまとめ古代を現在のなかに見出す方法として考察する。

1 比定行為の批判と定義の設定

1-1 歴史地誌学的比定方法

明治期の歴史地理学者・吉田東伍と明治期の地誌学者・邨岡良弼の〈古代地名の現在地比定〉の方法を分析した。吉田東伍『大日本地名辞書』（明治33年から40年、冨山房）および邨岡良弼『日本地理志料』（明治35～36年、東陽堂）を分析したところ、古代地名と大字・村名・浦名など「地名の類似性」を比定の論拠としていたことが分かった。

1-2 地名の類似を論拠に比定を行なう際のパターン分析

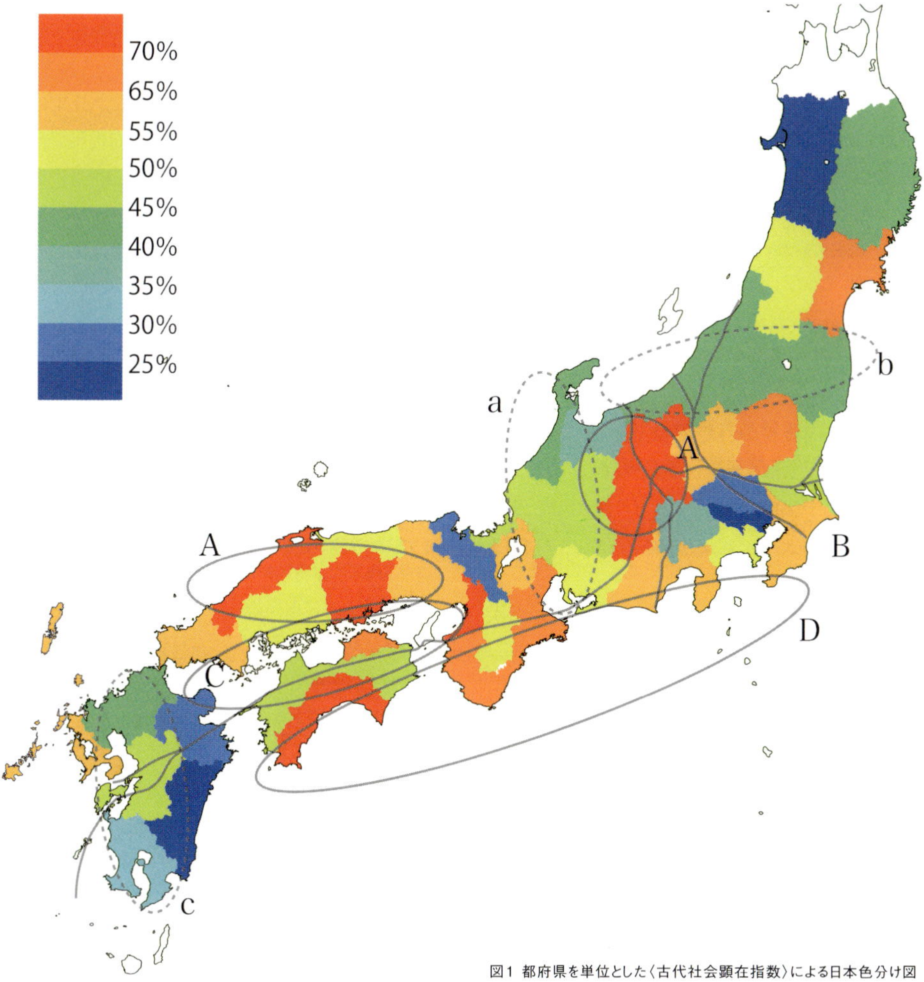

図1 都府県を単位とした〈古代社会顕在指数〉による日本色分け図

前述の2人の方法―地名の類似を論拠とする―について検証した。そこで、上総国（現千葉県）と越中国（現富山県）の古代郷名の歴史的変遷を追い（註3）、それと地名比定を比較分析したところ、以下が見られた。

A.古代から近世にかけて類似・一致の地名が確認できる

B.古代と近世に類似・一致の地名を確認できる

C.古代以降、類似・一致の地名は確認できないが、地域口承などにより古代からの連続性を確認できる

D.古代以降、類似・一致の地名は確認できないが、その古代地名に関連する事物の存在により現在地を比定する

つまり、比定論拠として、地名の類似性とされていても、地名の存続の観点からすると、異なる性格を有している。しかし、地名の歴史的変遷を追うための資料の限界、古代社会の現代社会への影響を問題としていることため、これらのパターンは加味しないことにした。

1-3 『角川日本地名大辞典』における古代地名の現在地比定に至る論拠

『角川日本地名大辞典』は、1978–1990年にかけて出版された辞典である。前述の吉田や邨岡の成果、その後の歴史学や地域史研究、発掘調査などの成果をとりまとめ、日本全国の地名の考証が成されており、ここではそれらを整理した。

1-4 比定行為の批判と定義の設定

〈古代地名の現在地比定〉は、【地名の音韻の類似・表記の一致】【古代国家機関との関係性】【古代集落存在の痕跡との関係性】などを中心に行なわれていることが分かった。これらの比定論拠としての確実度は、異なる。しかし古代社会が現在の社会のなかに垣間見えるという観点からは、すべて等価に見ることができないだろうか。そこで、試みに〈古代地名の現在地比定〉を以下のように定義したい。

――〈古代地名の現在地比定〉とは、現地域と古代地域とを空間的に結びつける行為である――

古代に郷名が存在し、それが国家に認識されていたということは、そこに社会集団が存在したことと同義である。つまり、我々が暮らす日本列島の何処かに、約4000近い社会的な集団が存在していたということである。〈古代地名の現在地比定〉という行為は地名の類似性や古代国家により認識されていた神社や郡衙、駅あるいは古代集落存在の痕跡の存在を通してその社会集団が存在したであろう地域を現在の日本のなかに見出す行為と言えると考えた。

2 現代日本社会における古代社会の存在

2-1 古代社会と空間的に結び付けられた現在地の抽出

〈古代地名の現在地比定〉を概観すると、比定の精度に異なりがあることが分かった。前章で、比定行為を空間における関係性としたために、その精度の違いは直接、古代社会と現代社会の関係性の強さを意味すると考えた。

1.単一の大字領域に比定される

2.複数の大字領域に比定される

3.市区町村（大字より上位の階層）に比定される

4.上記3よりも広大な範囲で比定される

5.現在地比定に関する説が異なる

6.比定地が未詳とされている

7.比定地に関する記述がない

全国（北海道・青森県・沖縄県を除く）の現在比定地に対して、上記の7類型へ分類した。（表2）上記分類中、1-4は現在地に比定が行なわれ、5-7については、比定することができないものである。大字領域（註4）に比定されるのは、3986地名中（註5）、1977地名、およそ50％であった。

2-2 古代社会と空間的に結び付けられた現在地の特性

ここで、一度、「古代地名の現在地比定とは、現代地域と古代地域とを空間的に結びつけることである」という視点のもと、大字領域に比定される現在地について、その特性を考えたい。比定行為では、地名や古代に関する事物をもとに現在と古代の空間的な引き合わせが行なわれる。つまり、ここで比定された現在地というのは、ほかの地域より古代に関連する事物を多く見ることのできる地域ということができる。そこで本研究では、現代社会と古代社会とを空間的に結びつける上での相対的な指標を、〈古代社会顕在指数〉と名付けた。

地域	現在の行政地区名	地名数	比定に関する記述の類型 1 単一大字	2 複数大字	3 市域に比定	4 広範囲	5 比定に関する説が異なる	6 未詳	7 比定に関する記述がない	辞書中の記載部分を未発見
		3986	886	1091	302	212	499	400	273	325
東北	岩手	18郷	3	0	1	1	0	7	1	5
	宮城	85郷	19	18	5	5	5	1	1	31
	秋田	25郷	3	7	6	3	0	2	2	2
	山形	40郷	7	12	10	3	0	2	1	5
	福島	79郷	12	21	12	0	4	16	11	5
関東	茨城	182郷	22	57	49	26	0	6	0	22
	栃木	30郷	12	5	0	0	7	0	1	5
	群馬	102郷	38	19	5	4	10	24	0	2
	埼玉	76郷	14	7	13	4	33	1	1	3
	千葉	179郷	31	58	0	0	39	28	3	20
	東京	36郷	4	3	1	0	11	9	1	7
	神奈川	82郷	16	25	5	0	23	8	4	1
中部	新潟	56郷	19	3	2	6	18	0	3	5
	山梨	31郷	4	8	9	0	10	0	0	0
	富山	42郷	7	9	0	1	3	21	0	1
	石川	56郷	15	9	7	14	6	4	0	1
	福井	74郷	30	3	3	16	6	11	0	5
	長野	67郷	36	11	1	1	9	1	2	6
	岐阜	144郷	38	30	19	5	15	10	20	7
	静岡	174郷	56	28	2	9	16	35	5	23
	愛知	137郷	40	25	8	2	46	5	1	10
近畿	三重	126郷	44	38	2	3	9	16	14	0
	滋賀	92郷	15	31	5	0	5	8	13	15
	京都	158郷	9	30	20	16	11	12	36	24
	大阪	148郷	9	94	4	0	29	0	4	8
	兵庫	233郷	41	87	35	12	14	14	15	15
	奈良	90郷	28	16	6	1	20	11	3	5
	和歌山	41郷	5	22	1	0	11	0	2	0
中国	鳥取	91郷	17	28	9	22	1	3	10	1
	島根	126郷	28	62	6	4	1	4	16	5
	岡山	188郷	78	67	3	4	10	7	6	13
	広島	127郷	25	32	7	4	20	19	5	15
	山口	85郷	18	29	4	0	29	3	0	2
四国	徳島	48郷	5	18	3	0	21	0	0	1
	香川	91郷	15	47	6	0	0	3	18	2
	愛媛	71郷	19	15	3	4	1	11	17	1
	高知	43郷	15	19	4	0	2	1	2	0
九州	福岡	183郷	38	26	8	13	9	31	23	35
	佐賀	39郷	14	1	0	3	1	9	6	5
	長崎	33郷	7	12	4	0	4	2	3	1
	熊本	98郷	9	35	3	0	30	18	2	1
	大分	60郷	10	7	1	15	0	17	7	3
	宮崎	27郷	1	6	5	5	4	3	3	0
	鹿児島	73郷	10	11	5	6	6	17	11	7

表2 現在比定地の比定精度による7つの類型化（全国統計）

都府県名		対象地名数	音韻・表記との関係性		地域地名との関連	『延喜式神名帳』記載の式内社	駅	郡衙／国府	古代集落遺跡	古墳	古代条里
		1977	1216	710	349(193)	402(153)	90	93	106	265	97
東北	岩手	3	1	1	1(1)	1(0)	0	1	0	0	0
	宮城	41	15	8	3(1)	3(0)	1	3	2	1	0
	秋田	10	4	2	0	0	0	0	0	0	0
	山形	19	3	1	1(0)	2(0)	1	2	1	1	0
	福島	36	16	7	5(4)	3(2)	4	1	0	3	0
関東	茨城	76	38	12	10(4)	5(1)	4	6	7	45	2
	栃木	34	19	5	2(2)	0	2	3	0	2	0
	群馬	56	36	19	11(9)	2(1)	3	1	1	3	2
	埼玉	24	15	5	1(1)	1(1)	0	0	0	0	0
	千葉	88	64	29	9(1)	7(3)	2	2	7	47	5
	東京	8	5	2	0	0	0	0	0	0	0
	神奈川	38	20	8	9(2)	4(3)	2	2	0	0	0
中部	新潟	25	16	8	5(3)	3(3)	2	2	1	0	0
	山梨	12	6	5	4(2)	2(1)	0	2	5	4	0
	富山	26	7	4	7(4)	4(4)	1	0	0	0	0
	石川	23	13	4	6(3)	6(6)	2	1	2	11	1
	福井	33	18	17	10(7)	12(9)	3	1	1	2	2
	長野	45	22	14	10(0)	8(6)	3	2	1	1	3
	岐阜	69	29	11	14(2)	5(2)	2	5	0	1	2
	静岡	84	41	15	10(8)	9(9)	0	1	0	1	0
	愛知	62	39	20	16(10)	21(17)	2	2	10	9	10
近畿	三重	79	51	33	20(7)	17(15)	5	4	5	5	6
	滋賀	46	26	19	14(8)	11(7)	4	1	0	0	2
	京都	39	26	12	6(5)	10(5)	2	1	1	3	0
	大阪	103	48	39	32(24)	36(16)	2	3	1	5	6
	兵庫	127	104	79	15(10)	17(9)	4	0	2	4	2
	奈良	44	17	10	10(6)	9(4)	0	1	0	2	0
	和歌山	27	12	7	6(4)	4(2)	0	1	2	2	1
中国	鳥取	48	33	26	11(5)	12(2)	1	5	2	6	11
	島根	91	48	36	16(13)	16(10)	7	5	1	2	1
	岡山	144	115	74	15(12)	5(4)	5	10	10	22	8
	広島	57	39	19	8(5)	1(0)	0	5	0	1	2
	山口	47	37	18	9(4)	1(1)	5	4	8	10	5
四国	徳島	23	14	7	5(3)	9(0)	0	1	0	0	2
	香川	62	52	39	5(3)	8(0)	4	2	4	20	13
	愛媛	36	25	22	2(0)	3(2)	1	0	2	3	1
	高知	34	25	12	10(9)	10(5)	0	0	10	23	2
九州	福岡	67	40	24	12(5)	2(0)	5	3	3	8	2
	佐賀	16	5	2	4(2)	0(0)	1	2	0	0	3
	長崎	21	8	4	3(1)	5(1)	1	0	4	5	1
	熊本	39	31	11	5(1)	0(0)	5	4	7	7	0
	大分	19	15	11	0(0)	0(0)	3	0	1	1	2
	宮崎	9	7	6	0(0)	0(0)	1	1	3	4	0
	鹿児島	31	11	3	7(2)	2(2)	0	3	2	1	0

表3 大字領域に比定される現在比定地の論拠分析（全国統計）表中、()としたものは表記の一致数を示す

2-3 古代と空間的に結び付けられた現在地の傾向分析

先程行なった全国の古代地名に比定される現在地の類型化を地図上に展開した。空間的限定性から現在の大字領域に比定されるものを〈古代社会顕在指数〉の高い地域とし、都府県毎でその割合による色分けを行なった。（図1）〈古代社会顕在指数〉の高い地域群とは、現在の大字領域に比定される地名が相対的に多く密集する地域である。〈古代社会顕在指数〉における地域的まとまりが見られた。

〈古代社会顕在指数〉の高い地域群（図1）

・古代の畿内にあたる地域とその外縁部、特に畿内より西側の地域（例えば、瀬戸内海を囲む地域）(A,C)
・中央構造線およびフォッサ・マグナ上の地域(B)
・黒潮文化圏（高知-和歌山-静岡-千葉）(D)

〈古代社会顕在指数〉の低い地域群

・中部地方のうち、愛知-岐阜-福井-石川(a)
・東北地方のうち、福島-新潟(b)
・九州地方全体(c)

3 大字領域に比定される地域の特性

3-1 大字領域に比定される地域の論拠分析

〈古代地名と比定される現在地〉の類型化により、相対的に〈古代社会顕在指数〉が高い地域群を示した。そこで、ここでは古代と現在がどのような要因で結びつけられているかを見るために、〈古代社会顕在指数〉が高い地域を対象として、比定論拠の分析を行なった。1-3『角川日本地名辞典』における古代地名の現在地比定に至る論拠に掲出した項目に従った。上記の項目に対する分析結果を表に示した（表2）。対

象の1977地名中、1216地名に音韻の類似を認めることができた。さらにそのうち、710地名が表記も一致したものであった。『和名類聚抄』に記載される地名が、約4000であることを考えると、およそ30%の地名が現在にも残り、さらに、そのうちの58%(『和名類聚抄』地名全体で言えば17%ほど)が表記までも残存している計算になる。

3-2 比定論拠の傾向による地域

ここでは数ある評価軸の中から、比定の論拠として地名の類似性を論拠としているものに着目した。古代地名が現在でも多く見ることのできる地域として、【瀬戸内海圏域】と【千葉-埼玉-群馬-新潟】が指摘できる。また逆に見ることのできない地域に【中部地方】【東北地方】が指摘できる。これも〈古代社会顕在指数〉と同様、地域的まとまりをもちながら、現在の社会に顕在していることを示していると考えた。

4 考察・古代社会を現在のなかにみるための手法

4-1 この手法の範疇

ここまで行なってきた古代社会を現代のなかに見出す手法の特質を検討した。基底となる地名は『和名類聚抄』(源順、931–938年)に記載される古代郷名である。古代の郷は課税を目的に編成された社会集団であり(註6)、『和名類聚抄』郷名は「九世紀後半の史料を参照したもの」(註7)とされる。この時代は、班田の授与が間に合わなくなったり、律令制の再編の実施(801年)や延喜の荘園整理令・最後の班田授与(902年)が行なわれたり、など国家によって国土と人民を支配する律令制が崩壊し始める時期であるという(註8)。また、個々の地名の歴史的変遷については、1-2で述べたように現時点では加味していない。

つまり本手法は、古代国家が管理・把握していた地域を基底とし、その影響が何らかの形で現在でも見ることのできる地域を範疇とするものである。

4-2 古代社会を現在のなかにみる手法

〈古代社会顕在指数〉および〈地名の類似を比定の論拠とした割合〉を地図上に展開したことから、古代社会と現在社会を空間的関係性のなかで考える際に

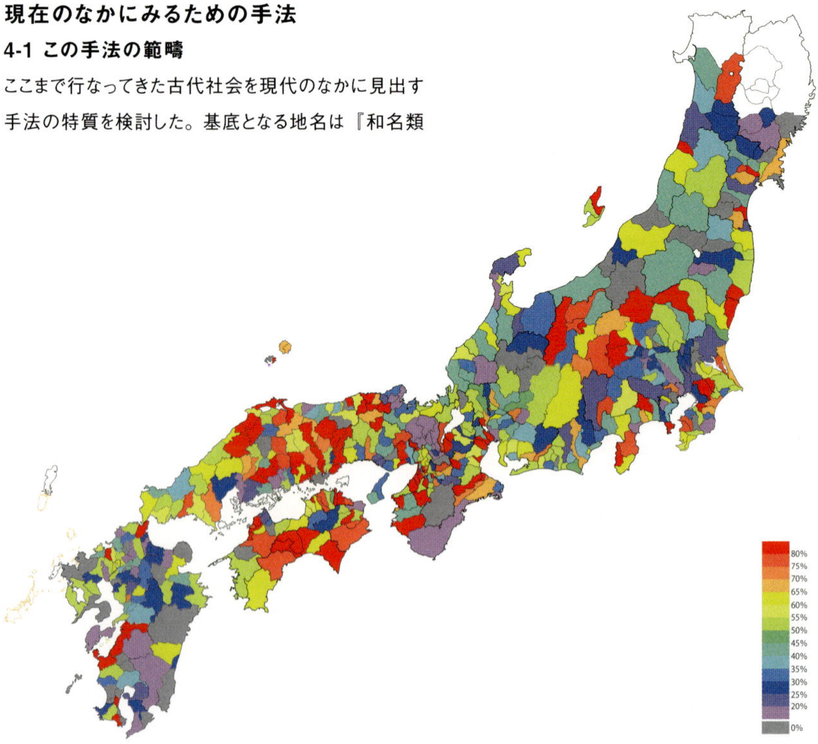

図2 古代郡を単位とした〈古代社会顕在指数〉による日本色分け図

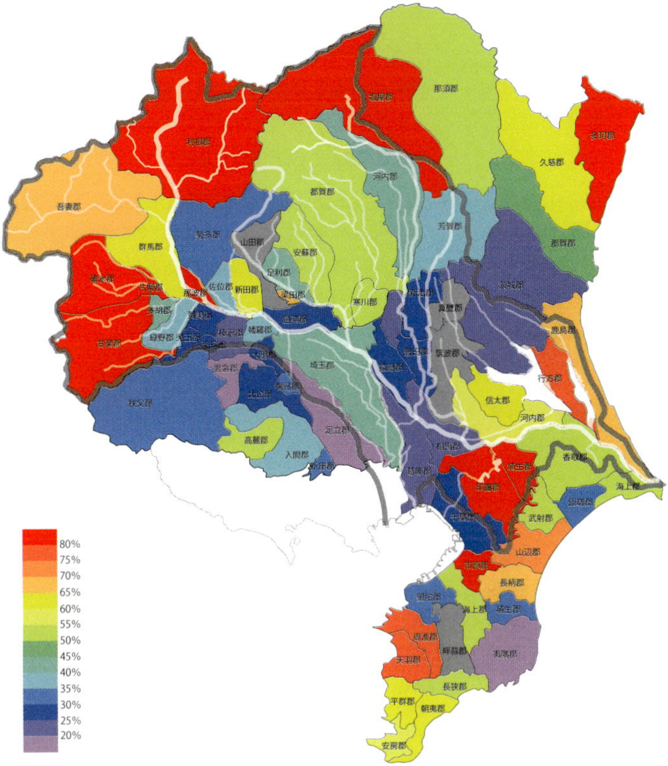

図3 古代郡を単位とした〈古代社会顕在指数〉による利根川流域色分け図
黒線:利根川流域
白線(太):利根川本流
白線(細):利根川支流

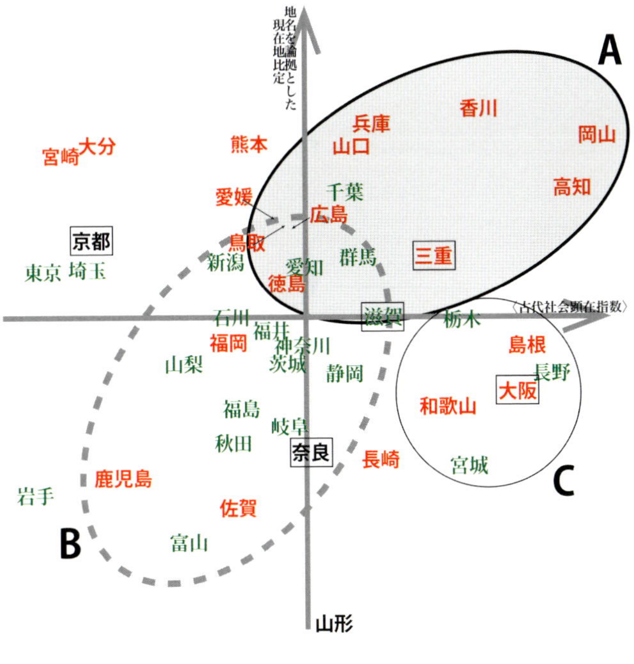

図4〈古代社会顕在指数〉と〈地名を比定の論拠とした現在地の割合〉による日本各地域マッピング、京都奈良以東を緑、以西を赤にした

は、圏域で把握する視点が必要であると考えた。そこで、国の下位単位である郡—在地の共同体と強く結びついた行政区画であり、数個から十数個の郷を含む—を単位として〈古代社会顕在指数〉を地図上へ展開した。(図2)

ここでは、そのなかでも利根川流域に注目してみたい。(図3)(註9)すると、利根川流域の上流部、特にその支流に〈古代社会顕在指数〉の高い地域群がみえる。この地域は、関東平野が山間部と接する地形・地質的特質をもつ。また下流部中の〈古代社会顕在指数〉が高い地域群に、常陸国行方郡や下総国印旛郡・埴生郡がみえる。ここには霞ヶ浦や印旛沼など比較的巨大な湖沼が存在する。対照的に、中流部から下流部にかけては〈古代社会顕在指数〉の低い地域群が続く。利根川が江戸期に大規模な開発が行なわれてきたことがその要因にあると考えられる(註10)。つまり〈古代社会顕在指数〉の高い地域群とは、中世〜近代にかけて開発が行なわれず、開発から取り残された地域と推測できる。これを肯定的に捉えると、古代から徴税が行なわれてきたにも拘わらず、持続可能な生活と生産を見込むことのできる地域であると考えた(註11)。

4-3〈古代社会見在指数〉と〈地名を比定の論拠とした現在地〉の割合のマッピング

ここでは、2および3にて算出した都府県域における〈古代社会顕在指数〉をX軸に、〈地名を比定の論拠とした現在地の割合〉をY軸にとり、マッピングを行なう。各都府県域における〈古代社会顕在指数〉および〈地名を比定の論拠とした現在地の割合〉の標準偏差をとり、四象限内にプロットした。(図4)

京都/奈良以西・以東の地域に傾向が見られた。(A・B)栃木・島根・長野・大阪・和歌山は地理的には異なるが、この象限内では近い位置にプロットされる。(C)地理・環境の枠組みを超えて古代との関係性が近似しているため今後の研究の展開と考えている。

結論

本研究は、現在の社会のなかに古代社会が顕在していることを見出したことを端緒に、以下2点をあきらかにしたと考える。

❶古代が現在のなかに存在していることを示すための手法の開発

❷政治体制や存立基盤の変化を受けながらも、生産と生活が存続してきた可能性のある地域の明示

これを踏まえ、今後は❷生産と生活が存続してきた可能性のある地域の詳細な分析による持続力のある地域の特性および律令制下に規定された場所に内在するであろう日本の〈古代的特性〉をあきらかにしていきたいと考えている。

[註]

1)『風土記』は和銅六年(713年)に中央官命によって諸国で編纂された。『続日本記』によると、①2文字の好字とした郡郷の名(地名)、②郡内の産物、③耕地の肥沃状態、④山川原野の名称の由来、⑤地域伝承や古老の知る事件について、国司に報告させた。

2)本研究は、〈古代地名の現在地比定〉を分析の主たる対象とする。この点で、地名研究の領域にも見えるが、研究の目的は古代社会を現代社会のなかに見い出すことであり、地名はそのツールにすぎないことが前提となる。

3)地名の歴史的変遷の確認については、『日本歴史地名大系』(平凡社、千葉県:1996年/富山県:1994年)を参考にし、文献および木簡などに記載される地名を確認した。

4)現在の大字に通じる行政区画は、近世の太閤検地および近世領主による検地に端を発するとされる。歴史学者の木村礎は、近世の村について「十六世紀後半の豊臣秀吉によるいわゆる太閤検地、それに続く徳川氏や諸大名の検地(幕藩検地)によって成立した公的性格を持つ小地域社会単位」とし、「それらの多くは大字や小字として、日本における基幹地名となっている」と述べる。明治21年の市制・町村制によって、統合再編された、大字より上位の概念である市町村と太閤検地の際に土地一筆ごとに命名された字の中間として、大字は位置づけられる。

5)『角川日本地名大辞典』が古代地名として掲出する『和名類聚抄』に記載される郷数は、写本による違いはあるが、四千十数個である。この値が三千台となっているのは、『角川日本地名大辞典』にて比定地を参照する際に辞書内から該当箇所を発見できなかったものや作業上のミスによることが考えられる。

6)明石一紀「編戸制研究の課題——学説批判」『編戸制と調庸制の基礎的考察:日・朝・中三国の比較研究』(校倉書房、2011年)を中心に既往研究を参照した。

7)p25、坂本賞三「大田文から見た郡郷・別名制について(Ⅱ)」『滋賀大学学芸学部紀要、人文科学・社会科学・教育科学(15)』(1965年)

8)『角川日本地名大辞典 別巻 日本地名資料集成』(角川書店、1990年)

9)国土交通省関東地方整備局利根川ダム統合管理事務所ウェブサイトで公開される「利根川流域図」を参照。

10)例えば、江戸前期に行なわれた「利根川東遷事業」では、①治水、②新田開発、③流通路の確保、④軍事目的としての外堀化が行なわれた。ちなみにこれが現在の利根川水系の基礎となっている。

11)利根川流域から外れるが、千葉県に注目すると、関東地域のなかでは比較的〈古代社会顕在指数〉の高い地域群が多く見える。これについて筆者の印象であるが、現千葉県は特に大きな地域構造の変動等がなかったように思う。そのために生業があまり変わらず、共同体が古くから持続してきたのではないだろうか。

コメンテーター・出展者コメント

松田:庄子さんの研究で「古代社会顕在指数」と「地名を論拠とした顕在地比定」が図表になっている点が興味深かったです。この2つが直交するには一次独立である必要がある、つまりは高校数学のベクトルの話でもありますが、影響し合っていないことをまず言っておかなければいけないと思うのですが、そのあたりはどうでしょうか。

庄子:すみません、すぐには分からないです。

岡部:私にとって、個人的に関心があったのが、葛西君の論文にあった一貫性と適応性です。そのヒントのひとつが庄子君の論文にあるかなと思っています。古代社会顕在化指数の説明で少し出てきましたが、大きな開発がされない場所は当然古代が残りますよね。しかしこれからに向けてヒントが詰まっているのは、大きな改変があっても、過去のレイヤーがしっかり見える場所だと思います。そこには変化しても持続し続ける知恵があるのではと思いました。葛西君の論文にもあった、大きな災害にあう場所というのは、自然から大きな恵も受けてきた場所でもあって、非常にダイナミックな変化があります。過去のさまざまな積層をしっかりと留めて、見える形にしておきながら新しい技術で違うものをつくっていく。そういったことが土地のもっている豊かさであり、建築と言わずとも建造環境の豊かさになるのではと思いました。ですから庄司君に岡部賞を贈りたいと思います。ただ松田さんが質問されたように、二つの変数が独立してるのか、ということに対してすぐに答えが出てこないのは不安になりますね。これは歴史分野の研究ですが統計的な手法を使って説得力を高めていくという点が大切で、そこをしっかり理論武装した方がより良いと思います。もう少し欲を言えば、具体的にどういう場所が一番ポテンシャルがあって、こんなドラマが展開していったとみせると、もっと納得できる内容になったとも思います。

出展者コメント

——トウキョウ建築コレクションを終えて

まず、この機会を設けてくれた運営委員会の方、講評会参加の先生方、発表者の方々に感謝したい。自分の研究は、千年村運動体と村の方々に支えられた研究だったため、異なる分野・領域の研究と議論するのは新鮮で、かつ大いに刺激になった。今後も精進したい。

地域における文化活動拠点の評価に関する研究

——墨東エリアにおけるアートプロジェクトを対象として

Name:
長尾芽生
Mei Nagao
University:
日本大学大学院
理工学研究科　建築学専攻
佐藤慎也研究室

Q 修士論文を通して得たこと

自分の考え、積み上げてきたものを伝えるための努力を惜しまない姿勢。

Q 修士修了後の進路と10年後の展望

卒業後は不動産業に携わります。人と住まいをつなぐ仕事を通じて、これからの「暮らし」について自分自身考え続けていきたいです。いつか自分で人と人、人とモノをつなげられる場をつくりたいです。

1. 序

1-1. 研究背景

近年、ストック活用として空き家の再活用が注目されている。カフェや店舗などが入居する場合が多いが、「文化活動」を行なうための場として利用されることもある。その場合、地域住民に対して活動内容がうまく伝わらず、不信に思われたり、不安を煽ったりすることも少なくない。

これらの場が増加した要因の1つとして、まちなかで行なわれるアートプロジェクト（以下、AP）の存在が挙げられる。APは特定の地域に密着して行なわれることが多く、住居、店舗、工場が作品制作や展示の場になり、通常とは異なる使われ方をすることで、人々に場の多様な利用を認識させている。しかし、これらの拠点はストック活用の面から見ると好ましいかもしれないが、それらの場の情報が不足していたり、活動自体の内容が見えにくかったりするため、地域社会で生活を営む住民の視点から見た時に、容易に受け入れられるものではない。

1-2. 研究目的

そこで、本研究では、文化活動拠点を「地域住民にとっての地域資本になりうるもの」(註1)として位置づけ、地域で行なわれる文化活動とそれを提供する場の関係を地域住民の視点から考察する。住民評価を通じて、文化活動拠点とまちの間にある課題を把握し、文化活動拠点が地域資本となるための指標を示すことを目的とする。

また、本研究では、人と人／人とモノのコミュニケーションを促す交流の機会を与える活動のことを「文化活動」と定義し、それらの活動が自発的に営まれている場を「文化活動拠点」とする。本研究で扱う「文化活動拠点」とは、APなどの文化体験を通じて、参加したアーティストや、興味をもった地域住民、まちづくり団体などが自発的に活動を始めた場のことを指す。このような場はAPの実施時には、展示やパフォーマンスの場として使われることもあるが、日常的には個人のペースで活動が展開されている(図1)。

1-3. 調査対象

本研究は、2009～2012年まで開催されたAP「墨東まち見世」(註2)が展開されている東京都墨田区の

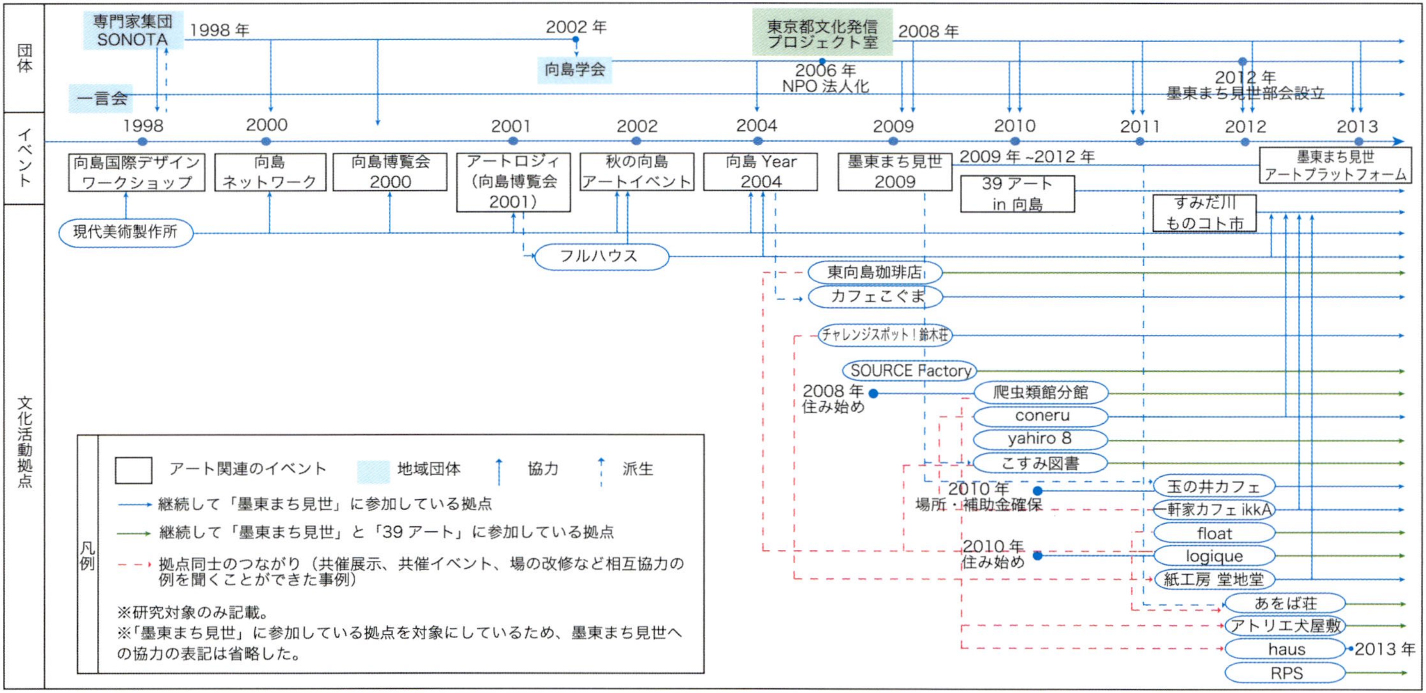

図2 墨東エリアの文化活動によるまちづくりの変遷（（社）日本都市計画学会、都市計画論文集、No.45_3 2010年10月、p.291 図2をもとに作成）

「墨東エリア」(註3) において、既存建物を利用した文化活動拠点を対象に研究をすすめる (表1)。対象は「墨東まち見世」において拠点として登録されており、かつ既存建物を利用しているものとした。本研究は拠点の設立プロセスを読み解くことに重点をおいていることから、ヒアリング調査を行なえない事例については分析から除外した。また、墨東エリアを調査対象に選んだ理由として、「墨東まち見世」開催後、年平均4～5件の拠点が設立され続けており、他のAPと比較して非常に多いことが挙げられる。

また、4年間継続展開した「墨東まち見世」は、2013年以降、プロジェクトの枠組みを変え、特定の期間を定めて行なうアートイベントを行なわなくなった。残ったのは文化活動拠点とそれをつなぐネットワーク、そしてそれを支える人々である。墨東エリアにおいて、今後の文化活動拠点の運営の指標を探ることは意義があると考える。

2. 墨東エリアの文化活動の変遷 (図2)

墨東エリアは日本有数の木造密集地帯 (モクミツ) であり、80年代から防災を軸にしたまちづくりに積極的に取り組んでいる。そんな墨東エリアにアートの視点が取り込まれたのは、2000年に行なわれた2つのアートイベントがきっかけである。向島の空き家、廃工場、遊休地などを展示やイベントの会場として使用し、それらを結ぶ路地とともに、モクミツの魅力として提示した。これらのイベントを企画した人々により結成されたまちづくり団体は、現在の「墨東まち見世」を主催する「NPO法人向島学会」へと姿を変え、2000年以降、毎年アートイベントを企画していた。その成果として、イベントに参加した人が墨東エリアに移住したり、もともとの住民が自発的に場を開放したりするなどして、徐々に文化活動拠点が登場してきた。2009年、それまでのAPに継続性はなかったが、「墨東まち見世」が継続展開されると、その拠点数は増大した。また、各拠点同士がネットワークを構築し、新たな拠点を設立したり、新たなイベントの企画をしたりしている。2013年、「墨東まち見世」は「墨東まち見世アートプラットフォーム」へ名称と仕組みを変更した。4年間継続展開した「墨東まち見世」を通して墨東エリアに生まれた、文化活動拠点やネットワークの持続と定着を目指すことを目的としている。以上を踏まえ、墨東エリアにおいては、APの枠組みを変化させることで、文化活動拠点の設立や各拠点の自発的活動を促しているといえる。また、文化活動拠点は地域住民にとって、APの派生効果として捉えられると言える。

3. アンケート調査

地域住民が自身の暮らすまちで行なわれる文化活動、文化活動拠点に対してどのような認識をもち、影響を受けているのかを把握するために、墨東エリアの中で協力が得られた3つの町会と1つの商店街の住民に対して、2013年11月～12月にアンケートを実施した (表2)。質問項目は拠点に対する認知度や利用頻度、墨東まち見世に対する関わりの度合いなどの計16問である。

3-1. 文化活動拠点への認識

墨東エリアにおける対象拠点の認知度を図3に示す。認知度が特に高い3件のうち、「カフェこぐま」は回答者の有効回答数2/3が認知しており、商店街が運営している「チャレンジスポット!鈴木荘」は全体の約1/2が認知している。カフェなどの活動内容の分かり

拠点名	設立年	拠点名	設立年
現代美術製作所	1997	堂地堂	2010
フルハウス	2001	爬虫類館分館	2010
こぐま	2006	logique	2011
東向島珈琲店	2006	float	2011
チャレンジスポット!鈴木荘	2008	玉の井カフェ	2011
SOURCE Factory	2009	一軒家カフェ ikkA	2011
coneru	2010	あをば荘	2012
yahiro8	2010	アトリエ犬屋敷	2012
こすみ図書	2010	haus	2012
Reminders Photography Stronghold			2012

表1 対象拠点一覧

町会/商店街名	世帯数	配布枚数	回収枚数	回収率
玉の井町会	830	40	12	30%
東向島一丁目中町会	650	300	159	53%
東向一南町会	700	650	138	21%
鳩の街商店街	45	45	19	42%
計	2225 (世帯)	1035 (枚)	328 (枚)	31.7%

表2 町会別世帯数とアンケート配布枚数および回収率

やすい拠点や、地域住民から信頼された商店街などの組織による運営が行なわれている拠点は認知されているものの、認知度が1%に満たない拠点もある。全体で見ると、100人以上が認知している拠点は5件のみで、20人に満たない拠点は10件ある。文化活動拠点の多くが地域住民に浸透していないことがわかる。

3-2. 個人の文化活動への理解度

「アート関係の知り合いの有無」からみた分析では、「知り合いがいる」と回答した人のうち約5%、「いない」と回答した人のうち約27%が、墨東まち見世関係者に対して「迷惑をかけられた」「不安に思った」「その他（何をやっているのかよく分からない）」などのマイナスな感情を抱いている（図4）。その他にも個人の文化活動を軸に分析を行なったところ、日常的に文化活動に触れる機会が多い人の方が、地域における文化活動に対して理解を得やすいことが分かる。

3-3. 小結

調査の結果、文化活動拠点は地域住民にまだ浸透していないと言える。そのなかでも地域住民と拠点運営者の信頼関係が拠点の認識に大きく影響していることから、運営者の地域との関わり方が拠点の認識において重要だと言える。また、カフェなどの分かりやすい活動内容を扱う拠点に対する認知が高かったことや、個人における文化活動の理解度が拠点運営者に対する認識に影響を与えていることから、文化活動拠点自体の可視化が拠点への認知に繋がると考える。地域における文化活動はまだ発展途上であり、まちとの関係性に着目した場合、住民との信頼関係の構築、活動の可視化が地域住民の文化活動拠点への認知を促すといえる。

4. ヒアリング調査

アンケート調査を通じて、文化活動拠点はいまだ地域住民に浸透していないことが分かる。本章では拠点の実態を把握するとともに、その設立から現在までの歩みを紐解き、可視化する。

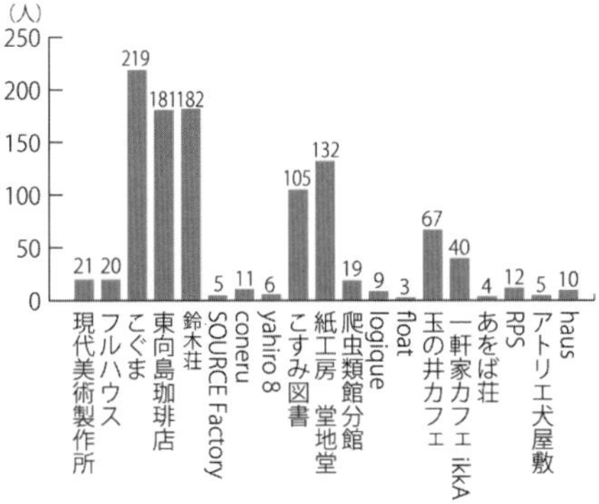

図3 対象拠点の認知度（複数選択）

活動目的／テーマ	内容	事例数
自己実現・表現	アート・デザイン・工芸などをテーマとした製作・表現・発信の場。	9
他者実現・創業支援	若手アーティストや自身の店舗を持ちたい人などに対する場所の提供や人的支援。	2
安らぎの時間の提供	誰もがひと息つける憩いの場。	2
地域ブランディング	地域の魅力を伝える場。地域の憩いの場。	6
コミュニティスペース・交流の場	人と人のネットワークをつくる場。異文化交流の場。	2

表3 活動目的（複数回答）

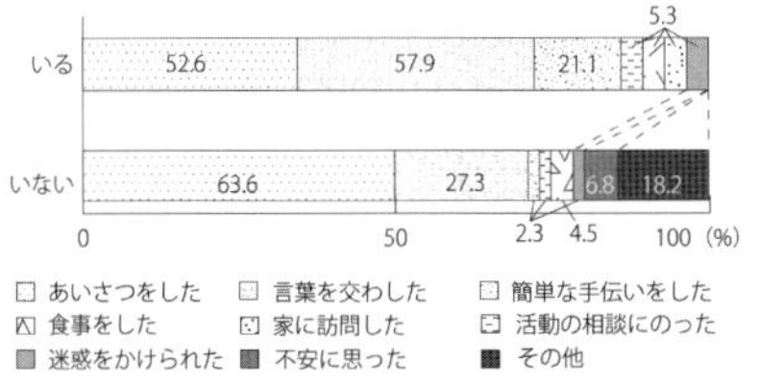

図4 アート関係の知り合いの有無別にみる活動者との関係

効果	活動内容	
	拠点内	拠点外
発表	展覧会／イベント	展覧会（他拠点と共催）／イベント
活動普及	学習講座（定期的に開催）／WS	WS／拠点の改修／運営者の技術を活かしたコラボレーション
人材育成	レンタルスペース／レジデンス／アトリエ	新しい拠点の設立／新住民の紹介
導入	飲食／物販（委託販売含む）／図書	手作り市／まち歩き

表4 活動内容と効果の分類

図1 文化活動拠点事例「あをば荘」イベント時の様子。木造2階建ての集合住宅を改装したスペース。2階に住人2名が住み、1階を展示やイベントなどに利用。住人とは別に、企画をしたいメンバー6名程度で家賃の一部を負担している。「墨東まち見世2012」がきっかけで場を設立。

4-1. 文化活動拠点の概要

(i)目的

活動開始当初の目的として挙げられているものを整理するといくつかのテーマに分けられた(表3)。

(ii)活動内容

活動内容を整理すると、拠点で行なう活動と拠点の外で行なう活動に分類できた。また、各活動により期待できる効果が異なり、各拠点はいくつかの活動を併用している(表4)。

(iii)拠点設立の経緯

活動を始めた動機に着目すると、場所を得た後に活動が生まれた「拠点先行型」、自身の活動が先にあり、場所を得た「活動先行型」の2タイプに分類できた。

(iv)運営

運営者の住居を文化活動拠点として使用している例は8件あった。また、1つの拠点により多くの人が主体的に関われるシステムとして、「日替わりマスター制」や、住人以外で場を利用したい人が家賃の一部を負担する「シェアメイト制」などのシステムを構築している。

(v)改修方法

拠点の改修の一部または全体をセルフリノベーションで行なっている拠点は11件だった。その中で、参加者を募り、WSを行っている拠点は4件で、該当拠点はそれぞれSNSやブログを利用して拠点設立までの様子を発信していた。

4-2. 目的と活動の変化

各拠点ごとに拠点設立プロセス図（図5）を作成し、活動開始当初から現在までの変遷に着目し分析を行なったところ、活動内容や目的に変化がみられた。目的と活動内容の変化のタイプは表5、6のように分類できる。また、各拠点の活動と目的の変化を照らし合わせると4つのタイプに分けられた（表7）。以下に変化タイプの特徴を示す。

追加	活動開始当初の目的に加えて、新たな目的意識が生まれた。
更新	活動開始当初の目的とは異なる目的意識へ変化した。

表5 目的の変化

拡張	当初の活動に加え、新しい活動を始める。
縮小	当初のいくつかの活動から、取捨選択して、ひとつの活動により集中して取り組む。
変更	当初の活動内容自体を変更している。

表6 活動内容の変化

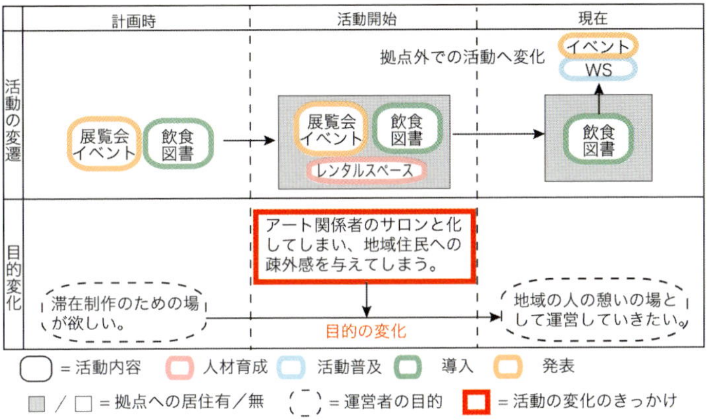

図5 拠点設立プロセス図（こぐま）

①タイプ:活動を続けるなかで、できることの幅が増え、それに伴い新たな目的と活動が生まれる。

②タイプ：運営者自身の目的意識は変化していないが、活動が変化していることから、外部からの影響を受けているといえる。

③タイプ：自身の目的意識が変化することにより、活動自体も変化した。

④タイプ：活動も目的意識も変化がみられない。商店街組合が運営している拠点が2つとも該当し、その他の拠点は活動開始当初から幅広い活動を行なっている拠点、もしくは設立年数が浅い拠点が該当した。また、運営者が居住していない事例が続き、該当した。

4-3. 小結

他者や地域からの影響を受けて、活動や目的意識に変化がみられた。拠点先行型では、活動を行なうために計画的に拠点を設けたわけではないが、運営者自身が柔軟に他者を受け入れ、活動を展開している。また、同様の活動内容でも、対象とする相手が異なることから、1つの活動においても多様な視点が必要だと言える。全体を通して「導入」の活動が増えており、拠点がなんらかの形で社会との接点をもとうとしていることがわかる。地域における文化活動拠点においては、計画的に場を用意することよりも、周囲の場への介入に対して柔軟に対応し、拠点自体が変化していくことが重要だといえる。

そこで、変化をもたらす要素として調査を通じて得られた「AP」「人」「システム」「ネットワーク」の4つに注目して、活動内容と目的の変化の関係（表7）において、場の変化が見受けられた①～③の変化タイプごとに、それぞれの要素が与える影響を表8にまとめる。1つの変化においてもさまざまな要因があり、これらがあることで拠点は常に変化し続ける場になりうる。

		目的		
		追加	更新	変化なし
活動	拡張	あをば荘、coneru、堂地堂、yahiro 8、float ①	—	logique、爬虫類館分館、東向島珈琲店
	縮小	—	こぐま ③	現代美術製作所
	変更	—	—	フルハウス ②
	変化なし	—	—	アトリエ犬屋敷、RPS、一軒家カフェ ikkA、玉の井カフェ、チャレンジスポット！鈴木荘④

表7 活動内容と目的の変化の関係

		AP	人	システム	ネットワーク
変化タイプ	①	—	自身の活動の幅が広がるにつれて、他のアーティストや作家により多くの影響を与え、他者のための場としての視点が生まれる（あをば荘、coneru）／活動の広がりから生まれたことを自分自身にフィードバックしたい（yahiro 8）	シェアメイト制（住人以外にも場を利用したい人を集め家賃の一部を負担してもらう制度）により、場に関わる人が増える（float、あをば荘）／チャレンジスポット！鈴木荘の入居者は商店街の行事に参加するルールがあり、それにより新しい入居者も地域と繋がるきっかけとなる（堂地堂）	システムを通じて生まれるネットワークや活動を続ける中で生まれる人との出会いを通じて目的や活動内容に変化が生じる。（すべて）
	②	各拠点の活動内容と AP が目指す方向の不一致による活動の変更（フルハウス）／ AP を実施することで、拠点全体を見渡したマネジメントが必要になることによる活動の縮小（現代美術製作所）	アーティストなどの他者のニーズに答えることで活動が変化（東向島珈琲点、logique）／文化活動拠点が増加することにより、自身の拠点の担う活動を縮小させた（現代美術製作所）	日替わりマスター制（曜日、時間毎にマスターが変わる）により、自身の活動の実践場所として拠点を活用できる（爬虫類館分館）／空きスペースを展示スペースとして利用（東向島珈琲店）	AP に参加したことにより、共通の目的意識の下動くネットワークが生まれる（現代美術製作所）／日替わりマスター制により、場の運営自体に関わる人が増え、活動内容に厚みが増す（爬虫類館分館）
	③	AP に参加することにより発表の場としての拠点が機能しやすい（こぐま）	アーティストの発表の場としての機能と住民の憩いの場としての機能を両立できず、活動を縮小（こぐま）	—	—

表8 変化タイプ別の変化の要素が与える影響

5. 結論

本研究は、個人の自発的な活動を営む文化活動拠点と地域との関係について、地域住民を巻き込んで考察を行なった。地域住民にとって文化活動拠点は、その実態や関わり方が伝わりづらい場所として認識されていた。一方、文化活動拠点は決して個人の想いだけでその場の意味付けがなされているわけではなく、地域において、自らの役割や居場所を模索している状態だと言える。文化活動拠点はどれも個人の想いが発端になって生まれた場所だが、それに地域というレイヤーをかけることで、場のもつ可能性が拡張されるだろう。

本研究では、文化活動拠点が、今後地域において継続的な運営をしていく上で必要な、「場の変化」という指標を提示し、その変化を与える4つの要素を導いた。地域においてサスティナブルな場として使われていくことが、地域の新しい歴史や魅力、コミュニティを形成することにつながるといえる。

【註】

1）社会学者の鳥越は、「地域資源」が使用可能になり、生活に密着したものを「地域資本」と呼んでいる。つまり、文化活動拠点が地域住民とより近い存在になることで地域資本になり得ると言える。（鳥越皓之：「景観論と景観政策」、農業漁村文化協会、pp.15-71、2009）

2）「墨東まち見世」は、2009年度から墨田区の北半分を占める墨東エリアを舞台に、東京都、東京文化発信プロジェクト室（公益財団法人東京都歴史文化財団）、特定非営利活動法人向島学会の三者共催で毎年開催されている、地域アートプロジェクト。地域の魅力を発信し、ネットワークを育て、まちの課題をアートで共有することを目的に活動を行なっている。

3）「墨東エリア」という呼称は広く共通認識の下に浸透しているものではなく、「向島エリア」といった表記もよく見られ、あえて共通の概念がはっきりしていない表記を使うことで、活動の広がりを狙っている。

コメンテーター・出展者コメント

前：アートプロジェクトの変化を与えるきっかけのひとつとして、ヒトを挙げていましたが、住んでいる人なのか、そうでないのかで意味合いが違うと思います。その区分をどう考えていますか。

長尾：ここでは住民も含まれていますし、その場でアーティストとして関わる人も含まれています。

今まではアーティストやアートに興味がある外部の人を受け入れて場を変化させているという研究はありました。そこに地域住民の視点を取り入れることで、集客だけではない評価があるのではと思いました。

五十嵐：僕の知る限りでは、このエリアは武蔵野美術大学や東京藝術大学出身のアーティストや学生が多く、アトリエを構えながら実際に住み込んでいる、というのが特徴だと思います。長尾さんの研究ではアートプロジェクトの認知について扱っていますが、どれくらい地域住民に認知されれば、評価されたことになるのでしょうか。

長尾：具体的な想定はないです。認知されることが活動の評価になる、とは思っていません。活動を続けていくなかで、地域住民からの不満の声があがったりしますが、別に悪いことをやっているわけではない、という理解くらいは浸透する必要があるのではと思っています。

出展者コメント
――トウキョウ建築コレクションを終えて

トウキョウという都市において、これから建築がどのように残っていくのか。私が今回取り上げた事例がこの問いに対する正解だとは思っていません。しかし、これらの事例がなにかしらの評価を得ることが今後の建築を考える上で重要だと考えています。修士論文はゴールではなくてスタートです。これからも探究心を忘れずに精進します。

全国修士論文展
公開討論会

コメンテーター:

五十嵐太郎／岡部明子／金箱温春／深尾精一／前 真之／松田 達（コーディネーター）

参加者:

清野 新（東京大学大学院）p.146／鬼頭貴大（東京大学大学院）p.154／葛西慎平（東京大学大学院）p.162／北野貴大（大阪市立大学大学院）p.170／井上悠紀（滋賀県立大学大学院）p.178／吉田敬介（豊橋技術科学大学大学院）p.186／林 直弘（明治大学大学院）p.194／中島弘貴（東京大学大学院）p.202／庄子幸佑（早稲田大学理工学術院）p.210／長尾芽生（日本大学大学院）p.218

研究への意思

前：皆さんの研究は非常に手間がかかっていて、充実したものになっていると思いました。客観的な視点で良いのですが、それが行き過ぎて、何の役に立つのかという視点までは分からなかった。修士論文はだんだん知識が深まって、社会的な意義や自分が何で生きていくのかといった意識が芽生える時期だと思います。研究をどう次につなげるのか、ぜひ聞きたいですね。

深尾：やはり建築という分野は学術論文として扱うには難しいと思いました。僕自身も30数年間、論文を高度にすればするほど、建築から離れていくと思っていましたし。

金箱：僕はまず、手法とそこから得られる結果に研究者の思いがあると思うのでそこをどう意識しているのかに興味があります。環境系のお2人はシミュレーションをやっていますが、方法によっては結論が変わると思います。それから計画でありながらコンピュータを使った吉田さんに興味があるので、聞いてみたいですね。

岡部：私は学生の皆さんの発想で、「あ、そんな風に考えられるのか」という、常識を1つぐらい覆されるようなことを期待して、今日来ました。発表自体は優等生のようなしっかりとした発表が多かったですが、多少荒削りでも今後、完成度が上がれば面白くなる研究に期待したい。また、仮説と反して、意外な結果が出てワクワクしたとか、そういう話をぜひお聞きしたい。

松田：まずここまでの基礎的な情報を押さえておく

と、一次審査では都市が６つ、計画が9つ、生産が２、環境が３、歴史が11、その他が２つ応募されています。そのうち今回の討論会で残ったものは、都市が１、計画が4、環境が２、歴史3。全体的な傾向では計画と歴史が多かったと言えると思います。

五十嵐：僕は一次審査で清野さんには票を入れませんでしたが、今日の発表を聞いて、不均一環境という概念が発見的だと思いました。岡部さんがそれは良いことなのか悪いことなのか質問されていましたが、空間全体を点で捉えて、抽象的に記号で表現するのではなく、こういうところが不均質な場合に空間が満たされる、という考え方自体が「ちょっと世界の見え方が変わる」と思ったんですね。それから一次審査の時から面白いと思ったのは鬼頭君の「中世重層建築論」です。僕は以前から日本の2階建以上の建築に興味がありました。この論文は、きわめて大胆な仮説ですが、日本建築のなかにある、高さの軸についてどう考えるかという点が面白かったですね。それから北野君の論文は30人以上のシェアハウスはすべて大規模シェアハウスとして扱っていますが、僕は絶対30人と100人の間には境界線があるべきだと思ってます。それがポジティブに捉えられれば、評価が高くなると思いました。

北野：僕は、30人以上はやはり同じだと捉えています。それは今の社会とすごく似ていて、30人くらいを境に、名前も知らないような関係が生まれてくると思います。今、そのちょっとした無縁社会を楽しめる状況になりつつあると感じています。

清野：僕は吉田君の、プログラムを用いて狭小住宅のボリュームスタディを行なっている点に興味があります。莫大な数のボリュームスタディが出てきた時に、それをどう評価していくかという点で、例えば、そのボリュームスタディの段階から、こういう温熱環境ができる、というような環境的なプログラムを組めば、新しい評価指標ができる。とても親和性があると思いました。

吉田：僕の論文では、設計のなかでコンピュータをどう使うかという手法を説明しています。一般的な設計データの使い方は、1つに答えを絞ろうする傾向が強い。そうではなく、いくつかの解から設計者が選ぶというように、人間の判断とうまく組み合わせて使えれば、と思ってます。

中島：僕の就職先は組織設計事務所の都市計画の部署です。都市計画に興味はあっても、僕たちの世代はなかなかマスタープランを描く機会に恵まれない。それでもできることはあるはずで、ボトムアップ的に、住宅という１つの計画単位において、どれくらい設備容量があれば足りるのか、そうすることで全国の発電所はどれくらい減らすことができるのか、全体のシステムまでコミットできないかと考えました。

松田：吉田さんの論文も、一種のボトムアップと言えますよね。吉田さんのシミュレーションに、例えば環境的な条件を入れることも考えられますか？

吉田：今回は設計者がどう発想を得るかという意識で研究をしましたが、例えば設計者が風の条件を入力すると、それに適合した形態が生まれる、ということはできます。さまざまな分野をどう統合していくかという点は僕も興味があるところです。

松田：北野さんの論文じゃないですけど、それこそ創発的な出来事がこの場で生まれそうですね。僕は今回、論文として良くできているものと、逆に学内では選ばれないが発想が面白いものを選びました。その中の1つは吉田さんの論文で、自分で設計をするための補助ツールをつくっていて、最終的には、論文よりも吉田さん自身が何かつくりたいものがあるのではないかという気がしています。

吉田：僕の研究は最終的な成果物のイメージが最初にあって、研究が始まっています。データベースをつくって実際に空間をジェネレートしてみると、予想と反した結果が結構多かった。そういった点からもこの研究を設計に使う価値があると思います。

松田：以前、松川昌平さんが、アルゴリズムは設計の自動化ツールじゃないと強く訴えていました。吉

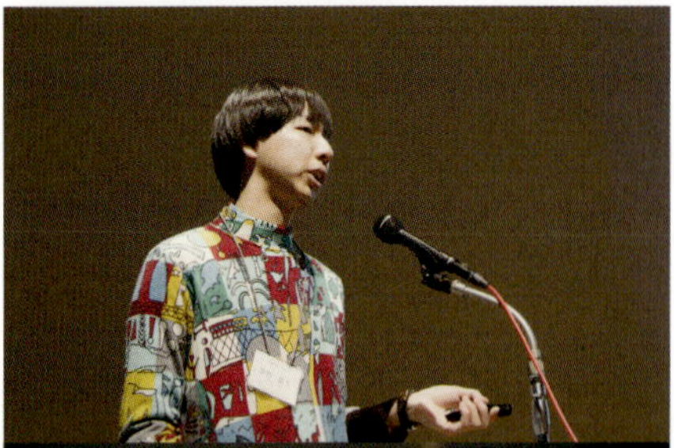

田さんの論文は、補助ツールとしてこのシステムを考えていて、これだけでは自動的に設計できないということを前提にしているように思いましたが、どうでしょうか。

吉田：そうですね、僕自身は、コンピュータより人間の手でつくる方が優れていると思っているので、コンピュータで全部ができるようになるとは思っていません。

歴史学は武器か教養か

鬼頭：今、設計プロセスの議論になっていますが、一応僕も論文ではその点を考えてきました。分野も時代も違いますが、500年前の人間がどう設計したのかという、設計プロセスを読み解くことをやってきました。

林：鬼頭さんの「重層建築論」は非常に興味深かったです。もう少し視野を広げて、ランドスケープの視点から考えた時、重層化はどういう意味をもっているのか聞いてみたいです。

鬼頭：重層建築とランドスケープについては、今回の発表では省きましたが、本論ではわりと触れています。例えば金閣では、順路通りに金閣の北側を回り丘を登って振り返ると、金閣の二重の屋根だけが切り取られたように見える場所があります。金閣は3層から成っていますが、視覚的な観点から言うと初層の上に2層分が建ってると言える。しかし構造的には初層と第二層が通し柱で一緒になっていて、その上に第三層が載るようになっている。構造と見え方が必ずしも一致していない点が、重層建築の面白いところでもあります。

松田：僕も鬼頭さんの論文はすごく面白いと思いました。楼とか閣とか塔とか、たくさんの言葉が出てきますが、その言葉の違いに定義があるのか聞きたいです。また、学内ではどういう評価だったのでしょう。

鬼頭：閣とか楼とか階とか層、漢字によって意味があるという点は、本論ではしつこいくらいに扱っていました。二階という言葉に注目したと学者も言っていますが、それに対して意味づけをしたのは僕が最初だと思います。二階という言葉が普及する前は二重という言葉が使われていました。階と重で、両方とも重なりという形態を表す言葉ではありますが、禅宗の到来によって意味が変わりました。現在でも、漢字や言葉の意味が少しずつ変化していくことがありますよね。そういったことは文献を通して、さらに文献にちょっとした飛躍を与えることで、一定の評価を与えられると思いました。学内の評価に関してですが、指導教員の藤井恵介は最終的に僕の仮説は大胆だとおっしゃいました。そこは僕も、修士論文だからこそ言えるうちに言ってしまえという、意図的に狙ったところはあります。しかし、仮説に至るまでの、細かい作業にはきちんとした評価をいただいたと思っています。

庄子：僕の論文は他の歴史系の方に比べて、弱いかもしれません。しかし、それがこの討論会で少し前進して、うまく進めるように展開できるといいなと思っています。

深尾：庄子さんの進路を聞きたいのですが。

庄子：僕は、香川県庁です。

深尾：なるほど。僕は建築で6年間勉強したんだから、やっぱり武器を身につけなきゃいけないと思うんです。中島さんは武器を身につけて、都市計画の分野にいくということだけど、庄子さんの論文は、僕にとっては武器ではなくて教養だと思います。でも教養も大学で勉強することは非常に大切で、教養と武器、両方必要です。庄子さんの論文は非常に興味深いですが、これが建築かと言うと僕には建築とは思えない。僕は建築が大好きで、非常に狭い分野での建築が好きだけど、建築をやっている人たちの興味はみんな広いから、どんどんすべてが建築ということになってしまっている。かつ今はそれを否定するといけないような場だよね。でも庄子さんの研究は建築ではないと思うんだよな。

庄子：僕の研究は「トウキョウ」と「建築」から一番離れていると思います。しかし都市を建築だけで語られることに違和感があります。この研究の背景には田舎にどういった価値があるのか、見い出すような視軸が必要だという意識があります。教養か武器かというと、僕を含め鬼頭さんや葛西さんの歴史分野の研究は、その研究によって、生きることとどう関係するのだろうと思うところはあります。

鬼頭：僕は歴史こそ教養であって、歴史を知っているから明日のご飯にありつけるわけではないと思います。ただ、僕は伝統建築を設計する事務所で4月から働くことになっています。寺社建築もやりますし、数寄屋建築もやります。偶然の一致ではありますが、例えば数寄屋建築は、僕の論文で扱っている中世、まさにその時から興隆し始める建築タイプです。働く事務所にとって自分は価値のある人材になり得ると、勝手に思っています。

深尾：僕には広い視野で研究する方がメジャーなように見えています。逆に建築そのものをもっと昔に遡って、建築って何だろう、と考える人が減っているように思う。その方が心配だと言いたかったんです。

前：今回10人の発表の中で歴史分野が半分というのは、すごいことだと思います。そもそも計画と歴史の応募数が圧倒的で、構造がすごい廃れてるわけじゃないと思うんですが。歴史を学ぶことは、それは大変素晴らしいですけど、それだけで解決できることは絶対ないと思います。しかも人口は2050年で30万人くらい減って、前代未聞のシュリンクが起きるかもしれない。僕はそんな未来に対して、テクノロジーを含めてこれからの日本をどうつくっていくかを考えることも必要だ思っています。

深尾：それから誤解されたらいけないので言っておきますと、建築の勉強のなかでは、教養か武器かって言ったら、歴史はすごく武器になると思います。僕自身はそうやってきました。

五十嵐：僕は鬼頭君の梗概しか見ていませんが、文章がちゃんとしてるし、対象は過去ですが、デザイン論としてしっかりしていると思ったんですよ。ものをしっかり見ることは設計者にとって非常に大切だと思います。それから井上さんの研究で感心したのは、野帳がついていて、実測をしっかりやっているんですね。梗概のバランスを見ると、都市史が前半にたくさんあって、最後のティポロジア的になるところでようやく一番本人のオリジナリティが出てくる。実測調査で見つけた面白さみたいなことは、本当にこの論に使われているのでしょうか。

井上：本論の前半部分の都市史と、後半の建築調査をどう結びつけるか、ということは２年間ずっと悩みました。布野先生に教えていただいたなかで、今、生きている世界が何によってできているのかを知れとか、歴史を勉強すると都市の見え方が変わると

か、そういうことを大切に研究をしてきました。対象地域は中国政府からすれば劣悪な生活環境ですが、いつからこの建築があったのか分からないような歴史の深さ、都市の奥行きを実測調査で感じました。ではなぜここにこの地区があるのか、社会的状況のなかでどう関係していったかも扱いたかったので、このような構成になりました。

松田：僕は一次審査で井上さんの論文を評価しました。それはやっぱり、緻密な調査と、南京という都市を全部自分で調べようとしている姿勢に感銘を受けたからです。でも論文としては、基本的には言いたいことは１つでなければいけないと思います。井上さんの論文は最後まで2つあるまま絞りきれていなかった印象でした。論文の構成をうまく変えるか、もしくは違う見方をすれば、論文としてまとまると思います。

葛西：僕もティポロジアを意識して書いた論文で、研究対象地をリスボンにしたのは東日本大震災に起因します。構造の話では、100年といった長期的な視点で見た時に、人が無意識に守ってしまうような隠れた秩序をガイオラ構法は取り組んでいた、という点が面白かったです。都市計画の話では、高台移転の際に、一番簡単な方法として被害のなかった場所に建てるということも議論されました。しかしあえて1番被害の起きていた場所にもう一度建て直すという選択をしていたり、白紙の状態からグリットを利用しているように見えますが、実際には教会の意向をベースとして行なっていたり、広場を残したり、そういった過去のまちをつなげていった点が新鮮に感じました。

金箱：僕は一次審査で葛西君に票を入れました。それは構造を扱っていたからということではなく、復興のプロセスに興味があったからです。一貫性と適応性、言い方を変えると規制と緩和という分析をしてますよね。東北の復興も、今はなるべく多くの人の声を聞こうということで、あちこちで住民の声を聞いたりしていますが、それも実はうまくいってないのではないかと思っています。そういった状況ではトップダウンとボトムアップの両方が必要で、それがリスボンでは緩やかな規制、ガイオラ構法だったと。では今の日本で、規制と緩和をやろうとしたらおそらく構法ではできないだろうね。何かそれに代わるようなイメージはありますか。

葛西：それを考えることが今後の課題です。ガイオラ構法のようなものが今の時代に通用するのかというと、多分通用しないことは分かっています。しかし法律で規制しないやり方があるというのは、僕のなかで大きなヒントでした。

岡部：一貫性と適応性の話で言うと、庄子さんの論文にちょっとそのヒントがありました。「古代社会顕在化指数」の話で、大きな開発がされない場所は当然古代が残る。だけどこれからに向けてヒントが

詰まっているのは、大きな改変があっても過去のレイヤーがしっかり見える場所ですよね。そういうところに、変化しても持続するような知恵があるのではと思いました。それは葛西さんのリスボンの研究にも近くて、大きな災害に遭う場所は、自然から大きな恵みを受けてきた場所でもあって、非常にダイナミックな変化がある。しかし過去の積層をしっかりと留めるような、見える形にしておきながら現在に適応していく、そういったことが土地のもっている豊かさではないかなと考えています。

林：庄子君の論文のような、さまざまな歴史のレイヤーの重なりとは、必ずしも震災や災害ではなくて、それは戦争や経済成長といった産業の大きい変転機も含むと思います。僕は川崎を近代以降扱ってきましたが、古来の地名の上に今、企業城下町と言っていいのでしょうか、東芝町などと企業の名前が地名としてあるような歴史の重なりを調査で感じました。自分の研究とも視座を共有し得ると思っています。

研究の視点

長尾：五十嵐先生からアートプロジェクトがどういった評価を得れば成功したことになるのか、というご質問をいただきましたが、やはり評価というと、良い悪いという点になると思っています。そもそも、指標を示せるかと思って研究を進めていましたが、まず地域住民に認知されていないことが調査を進めるなかで分かりました。なぜ個人の文化活動の拠点を評価しようとしたのかと言うと、ヒアリングの中で、初めて町で生きているという感覚があるとおっしゃっていて、個人が社会と関わる上で、新たな枠組みができる可能性がここにはある、と感じました。それを町単位、もう少し広い単位で拡張できないかという考えで、今回住民の意見を取り入れた研究をし

ました。社会と関わる新たなフレームという点では、北野さんの論文に共通点があると感じていてます。新たなシェア居住において、個人が地域社会に関わる上での新たな枠組みの可能性がある思いました。

北野：そうですね。僕は人づき合いやコミュニティがないことに興味があり、そんな希薄な関係性のなかで育った僕たち世代が、新たな枠組みをそろそろつくり出すのではと思いながら研究を進めました。

岡部：私の分野に最も近いものは長尾さんと北野さんだと思います。その方たちに、あえて辛口に言わせていただくと、こういう研究は人づき合いが好きじゃない人の方が研究者に向いていると思ってます。私はそうじゃない人間だから研究をしています（笑）。長尾さんの研究では活動の認識の話をしていましたが、最初の認識は苦情です。何も反応がないのは認識されていない。北野君のシェアに関しても、100人で放任型シェアの場合、失敗するとどうなるのかなとか、批判的な視点が研究には必要だと思います。

五十嵐：僕は大学の時、駒場寮に住んでいたので共同して住むという経験はしているんですが、正直言って、取り上げられている100人の空間イメージがよく分からなかった。僕の知っている古いイメージとクリアに違いが分かればもっと良かったのかなと思います。

これからを見据えて

司会:では審査員賞の発表をしたいと思います。

五十嵐:一次審査から鬼頭君の論文が良いと思っていて、今日も発表を聞かせていただいて、評価は変わりませんでした。ですから五十嵐賞は鬼頭さんに差し上げます。中世の話ですが、古代とつながっていたり、あるいは大陸との関係もあって、もっと展開できると思いました。何よりも意匠論として面白

かった。物議をかもし出すような点もあると思いますが、それも含めてとても意欲的だと思いました。

松田：僕からは吉田敬介さんに松田賞を送りたいと思います。吉田さんの論文は、最初はたくさんの疑問点がありました。しかし最後に、吉田君がやりたいのことは設計の自動化装置をつくりたいわけではなく、むしろ設計者のアシストをするものをつくりたい、という点に感心しました。また、今日の議論で、吉田さんの論文が、他の分野にも応用可能だということがかなりあきらかになってきた点も、大きく評価したいです。

岡部：私からは庄子さんにお贈りしたいと思います。1つ気になったことを言わせていただくと、発表の時に松田さんが質問されたように、2つの変数が独立してるのかということに対して、すぐに答えが出てこない点が不安です。これは歴史分野の研究ですが、統計的な手法を使って説得力を高めていくという点が大切で、そこをしっかり理論武装した方がより良いと思います。もう少し欲を言えば、具体的にどういう場所が一番ポテンシャルがあって、どんなドラマが展開していったかを見せると、もっと納得できる内容になったとも思います。

金箱：私は、葛西君に差し上げたいと思います。今回は私の専門分野とほとんど違う人たちの論文ばかりだったので、どう解釈すればいいのか、どこまでがオリジナルなのか評価に悩みました。しかし読んでいくなかで一番心に残ったのが、出てきた結論が1つの話ではなく、「一貫性と適応性」という2つの事象があったということ。さらにこの論文が、今後の日本にどう活かせるか継続して考えていただきたいという期待も込めて、差し上げたいと思います。

深尾：私は林さんの「同潤会と戦前・戦中期の東京郊外住宅地形成」にはあげたくないんです。「同潤会はアパートだけじゃないぞ」と、そういうことを世の中に知らしめるためにこういう論文を書いたっていうことでいいのかな。でもやってることは川崎市における、供給された住宅に関する調査なんですね。それが非常に制度的にしっかりと良くできていると思います。副題と題名が違うな。だって同潤会全体について扱ってるわけじゃないし。それにも拘わらず、このタイトルでやった意欲が、学術的にはおかしいなと思うけれど、この会は「意欲」を評価するということも含めて、この論文に深尾賞を差し上げたいと思います。

前：とても難しいですが、前賞は中島君に差し上げます。清野君は数千回の計算を時間かけてじっくりやって、たくさんの積み上げがあって結果が出てくるというところを僕は目の当たりにしていたので、それについては本当に感心しています。さらに論文ではすぐにでも役に立つ、線図にまでまとめていて、設計者の役に立ちたいという思いが伝わりました。それも大事ですが、中島君の話はもっとリーチが長くて、もしかすると数十年後に、エネルギーに大きな関心が集まった時に、力を発揮する研究だと思います。そのリーチに向かって、中島君は幅広い視点で、長く関わりながら何か提案をしてくれるだろうという期待を込めて、前賞を差し上げます。

五十嵐：博士論文まで書くと1人の立派な研究者ですが、修士論文だとやはり本人がやったジャンルについては僕よりその人の方が詳しいというレベルですよね。しかし単に知識だけでなく、少し違った考え方、新しい世界が見えてくるようなものがあると、読んでいるこちらも非常に面白い。そういった姿勢は学生にとっても次の考え方につながると思います。

松田：今日は始めに司会の方から、横断的な議論をしたいという話がありましたが、吉田さん、中島さんの設計の話から鬼頭さんの歴史の話まで、まさにアクロバティックな議論がたくさんありましたね。コンピュータを使った設計プロセスが中世建築につながるなんて、思ってもみなかった飛躍です。とても面白い討論ができたのではないかと思います。皆様、ありがとうございました。

木興プロジェクト
トウキョウ建築コレクション

プロジェクト展

「プロジェクト展」開催概要

「プロジェクト展」は研究室で行なわれているプロジェクトを展示し、また実際に社会で活躍されている実務者の方々と学生が議論を行なう場です。今年度は“Look back” and “Look forward”という全体テーマのもと、サブテーマを“Look back your distance”と掲げました。研究室プロジェクトは非常に現実に近い視点でものごとを捉えなければならず、多くの場合クライアントや予算、期限といった現実的な制約がつきものです。学生という性格上、その全体像を捉えてプロジェクトに取り組むことはなかなかありません。

この度のプロジェクト展においては、社会に出ていく学生たちが「現実」とどのように向き合っていくかを、各プロジェクトを通し、より横断的なディスカッションを行なうことで考えていきました。アウトプットの形式や具体性は異なるものの、それぞれの問題意識や課題の共通している部分に焦点を当て議論することで、学生たちが実践した過程を整理、相対化し、位置づけを明確化しました。また、専門家の方との議論だけではなく、社会人や来場者の方々との対話を通して各々が抱える課題を整理し、建築学生の将来における新たな可能性を見出す場となることを目指しました。

トウキョウ建築コレクション2014実行委員

プロジェクト展コメンテーター

○コーディネーター

門脇耕三　Kozo Kadowaki

明治大学理工学部建築学科専任講師／関東学院大学非常勤講師。1977年生まれ。東京都立大学工学部卒業。2001年東京都立大学大学院工学研究科修士課程修了。主な作品に「目白台の住宅」（メジロスタジオと協働）など。主な著書に『シェアをデザインする』（学芸出版社）、『SD2012』特集「構築に向かうエレメント」（鹿島出版会）など。

○アネックストーク1

宮台真司　Shinji Miyadai

社会学者／映画批評家／首都大学東京教授。1959年仙台市生まれ。東京大学大学院博士課程修了。社会学博士。権力論、国家論、宗教論、性愛論、犯罪論、教育論、外交論、文化論などの分野で単著20冊、共著を含めると100冊の著書がある。最近の著作には『14歳からの社会学』（世界文化社）、『「世界」はそもそもデタラメである』（メディアファクトリー）などがある。キーワードは、全体性、ソーシャルデザイン、アーキテクチャ、根源的未規定性など。

○アネックストーク2

森山高至　Takashi Moriyama

建築エコノミスト。早稲田大学理工学部建築学科卒業、同大学政治経済学部大学院卒業。斉藤裕建築研究所を経て1991年、株式会社アルス・ノヴァ代表。社会科学に経済学と建築学の統合を目指して活動中。特に公共建設物のコンサルティングに関わる。哲学・文学・マンガ・サブカルチャーへの造詣も深く、それらを統合したマーケティングと文筆活動を行ない、近年はマンガ原作なども手掛けている。著者『マンガ建築考』（技術評論社）など。

○アネックストーク3

齋藤精一　Seiichi Saito

株式会社ライゾマティクス代表取締役／東京理科大学理工学部建築学科非常勤講師。1975年神奈川生まれ。建築デザインをコロンビア大学建築学科（MSAAD）で学び、2000年からNYで活動を開始。その後Arnell Groupにてクリエティブとして活動し、2003年の越後妻有トリエンナーレでアーティストに選出されたのをきっかけに帰国。その後フリーランスのクリエイティブとして活躍後、2007年にライゾマティクスを設立。建築で培ったロジカルな思考を基に、アート・コマーシャルの領域で立体・インタラクティブの作品を多数つくり続けている。2009−2013年国内外の広告賞にて受賞多数。

海と人をつなぐ漁業体験施設

Group:
宮城大学 竹内泰研究室

本プロジェクトの概要

このプロジェクトは気仙沼市唐桑町（以下、唐桑）で地元漁師たちとともに議論を重ね、建設されたかき小屋「唐桑番屋」の利用を通して東日本大震災の津波で浸水した地域の低地利用の可能性を広げていった。当初は食の漁業体験施設としての牡蠣小屋の利用が行なわれていたが、ワークショップやイベントの会場など地域内外の人々が集まる場所としても機能し始めた。それらの利用をきっかけとして漁師は自ら海洋公園計画を企画し、ウッドデッキや浮き番屋の増設など、海と人、地域と地域、地域と企業とをつないでいく地域の拠点を形成しようとしている。

番屋を通じて生まれた唐桑との繋がり

2011年3月11日、東日本大震災における津波によって太平洋に面する沿岸部は住まいだけでなく産業にまで壊滅的な被害を受けた。震災から3年が経過した現在も住まいの復旧や防潮堤建設、浸水した低地の利用など大小さまざまな課題を前に、沿岸部で生活する人々は数年先の未来すら思い描けない現状がある。

我々、宮城大学竹内泰研究室は、震災直後に地震被害による影響調査を行なっていた。我々は調査

漁師との出会いをきっかけに建設された志津川番屋（2011年5月）

唐桑番屋の竣工(2011年10月)

震災後の気仙沼市唐桑町(2011年)

かき小屋「唐桑番屋」の開店(2012年4月)

を通して、沿岸部の住まいだけではなく産業にまで及ぶ深刻な津波被害の影響を目の当たりにし、沿岸部の復旧・復興のためには住まいと産業の再生が同時に行なわれなければならないと考えた。そして、震災から2カ月後、地元の漁師との出会いをきっかけに南三陸町志津川に仮設産業施設である番屋(以下、志津川番屋)を建設した。その後、志津川番屋を介して知り合った沿岸部の漁業の復興を支援する団体を通じて、唐桑とのつながりが生まれた。

唐桑は気仙沼市と旧本吉郡唐桑町の合併によってできた町だ。かつては遠洋漁業である鮪漁を主な生業としていた地域であったが、現代では牡蠣や帆立、わかめなど養殖漁業を生業の中心としている。東日本大震災では住まいだけでなく養殖関連施設も壊滅的な被害を受け、地域の産業は深刻的な状況であった。

漁協や漁師と議論を重ね建設された唐桑番屋

震災から7カ月後、我々は唐桑に番屋を建設した。番屋を建設するための土地は旧唐桑町が漁業体験施設用地として取得していたため、その方針に沿った番屋の活用を行なっていく方向性を確認した。そして、地元漁協や漁師たちとともに「唐桑における漁業体験

ウッドデッキから海へ足を投げ出しくつろぐ子どもたち(2012年8月)

海との関わりを強化するウッドデッキの敷設(2011年5月)

とは何か」について議論を深めていった。当初、漁協や漁師たちは漁業体験とは、漁の方法を地元の子どもたちに教えることだと考えていた。しかし議論を経て、地元の新鮮な海産物を提供するという食を通じた漁業体験、釣りやダイビング、地域の伝統行事の練習など多様な活動もまた、漁業体験のひとつの形になり得るという気づきが生まれた。そして、我々は唐桑の番屋における将来の活用に向けて2つの方針を立てた。

1.漁業体験の最初の段階として、番屋が牡蠣小屋に利用できること

2.将来、震災前のような海と陸との関わりを育む施設とすること

震災から1年後、地元漁師によって番屋がかき小屋唐桑番屋として利用されはじめた。このことは新聞等メディアを通じて広く知られ、ボランティアの人々も含め、観光客など地域外から多くの人々が訪れるきっかけとなった。また唐桑番屋は牡蠣の処理施設の復旧が進まず海産物の出荷が行なえない状況下で、地元に現金収入を与えるスモールビジネスを形成した。さらに、地元漁師が消費者の海産物を食べて喜ぶ姿を目にする機会を得たことは、漁業再生に向けての励みにもなった。

牡蠣小屋を通して地元の漁師たちは、唐桑の海がもつ、漁業だけではない新たな価値に気づき始めていた。そして、牡蠣のオフシーズンにおける番屋の活用

を考える新たな動きが生まれた。また番屋の活用における次の段階として、地域内外の人々の関わりが生まれる施設としての役割を求められるようになった。

番屋の利用を通して発見された唐桑の価値

唐桑の低地利用における事例で重要なことは、プロジェクトを通して地元の漁師たちが地域の小さな公共空間について考える機会を得られたことである。プロジェクトが段階的に進んだため、地元の漁師たちは地域の変化を実感するとともに唐桑の価値を議論し、震災前には認識していなかった唐桑の海の新たな価値に気づいていった。

震災から1年後、番屋が牡蠣小屋として開店した頃に番屋と海との間にウッドデッキが敷設された。これは番屋の計画段階から、震災前のような海と陸との関わりを取り戻すために計画されていた。ウッドデッキによって番屋は高い親水性を獲得し、さらに多くの人々が訪れ、地域内外における人々の交流拠点として番屋が発展し始めた。

2012年の8月と12月には東京のアーティストが地元の子どもたちを対象としたワークショップを開催した。8月のワークショップでは、参加した子どもたちがウッドデッキから足を投げ出す姿や海に降りて磯遊びをする姿が見られ、海との関わりに新たな視点を加えた。またさらに、地元の漁協や観光協会などを中心としてクリスマスパーティが開催され、イベントを通じて地域内の新たな結びつきが生まれていった。

プロジェクトを通して広がるつながり

現在我々は漁師の提案をきっかけとして、海と陸との関わりをさらに深めていくような新たな施設を計画している。これまでの具体的な利用の中で生まれた気づきを活かし、番屋の隣には海と人とをつなぐ漁業体験施設、海には浮き番屋を設置するなど、震災前にもなかったような人々と唐桑の海との多様な関わりを生み出すことを目指している。このプロジェクトはフランスのNGOからの資金援助を獲得し、現在は日本における共同出資者を探している段階である。こうした支援を通じて唐桑の番屋を取り巻く関係性はグローバルな

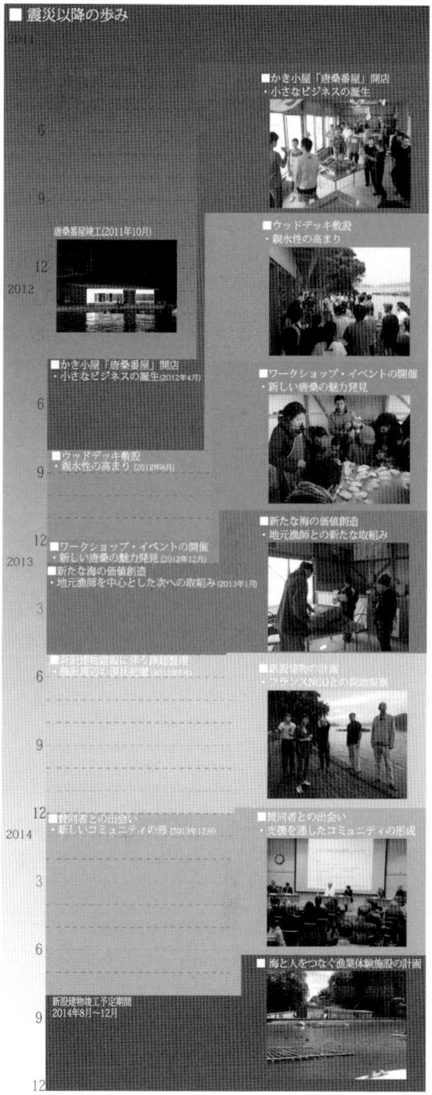

海と人をつなぐ漁業体験施設が計画されるまでの流れ

海と陸との関わりを強化するための新たな施設計画

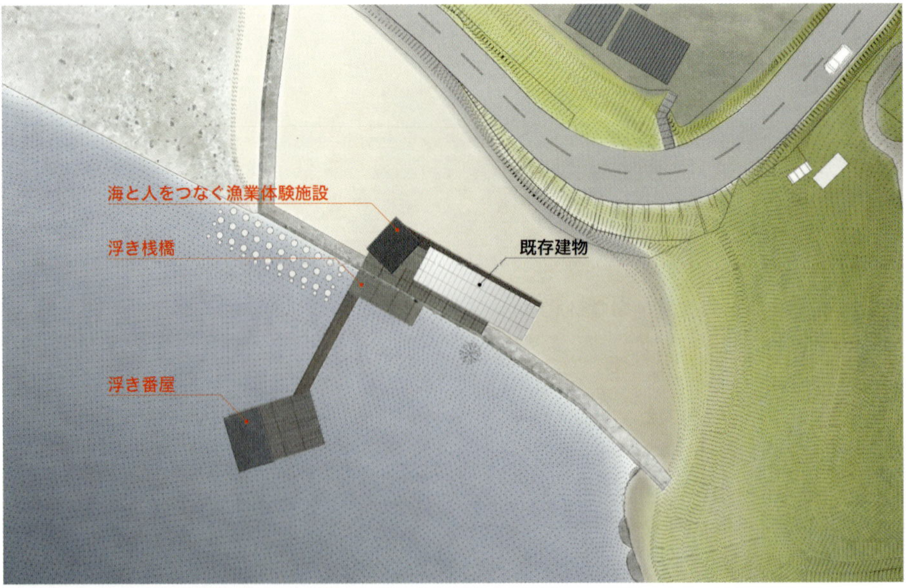

海と陸との関わりを強化する施設(図面)。既存の番屋に加え漁業体験スペースを建設。ウッドデッキも増設し、さらに親水性を高める。

広がりをも見せつつある。また、地元漁協は唐桑番屋周辺を巻き込んだ新たな活用を企画している。

唐桑の事例から低地利用について学ぶこと

唐桑における低地利用からは、以下5つの成果および学びが得られた。

1. 震災以前の土地の利用方針に沿って地元の漁師や漁協とともに番屋の利用について議論を重ねたこと。
2. 地域におけるスモールビジネスの形成を通して小さな公共空間について考えるきっかけが得られたこと。
3. 多種多様な人々が訪れたことで地元の漁師たちが震災前は気づいていなかった唐桑の海の新たな価値を認識したこと。
4. プロジェクトが段階的に進んだことにより、地元の人々が地域の変化を実感するとともに唐桑の海の新たな価値を考える時間が生まれたこと。
5. 地元の人々自らが、唐桑の海の新たな価値を発見するために行動したこと。

地域に広がる新たな変化

唐桑番屋での活動は地域における次の変化を促し、新たなプロジェクトが計画されている。隣の浜に住む漁師が、自身が所有する伝統的な蔵を、地域の人々が唐桑の美しい海を眺めながら音楽を楽しむ空間にできないか、と我々を訪ねてきたのである。しかし、この蔵から望む海の景色は低地を守るための防潮堤によって遮られようとしている。この新たな変化は唐桑の海の価値そして防潮堤の建設へ投げかけられた小さな問いかけである。

地域に関わり続けること

地域では時間の経過とともに、大小さまざまな新しい課題が生まれる。そのため、継続的に地域に関わりながらその変化を読み解き、その時々に応じて必要な議論を重ねていく姿勢が求められる。海と人とをつなぐ漁業体験施設は我々以外の新たなつながりを地域に形成しようとする空間であり、時間をかけ、そうした結びつきをつくっていくことは、唐桑におけるさらなる低地利用の可能性を広げるのではないだろうか。

[Project Members]
宮城大学 大学院事業構想学研究科:相澤啓太、工藤茂樹、千葉大生
宮城大学 竹内泰研究室:後藤沙紀、加賀谷咲、相原奈央子、織笠有加里、鈴木美咲

集合する人 寄り添う商と住
商業の場と居住の場の集合形態の再編

Group:
京都建築スクール実行委員会
(宮城大学 竹内泰研究室)

1. 京都建築スクールについて
1-1. 京都建築スクールとは

京都建築スクールは、インターカレッジの都市・建築デザインスタジオである。2009年に始動し、今回で5年目を迎えた。京都の大学を中心に大阪、兵庫、そして宮城から有志の教員・学生がチームで参加し、都市デザインをテーマとした共通の演習課題を行なっている。

1-2. 京都建築スクール2014の課題

都市のなかの〈商業の場〉のカタチを再編することが本年度の課題である。

戦後の高度経済成長期には日本中の都市で商店街が発展し、線状のアーケード街が形成され、さらには繁華街へと面的に拡大していった。しかしその後、都市郊外の田畑の中に大型ショッピングセンターが忽然と現れ、従来の商店街は衰退の一途をたどりシャッター商店街へと変化していった。

本プロジェクトの課題は、〈商業の場〉がどのように推移してきたのかを調査すること、そしてそこから解決すべき課題を発見し、活き活きとした〈商業の場のカタチ〉に向けた再編案を構想することである。

2. 宮城大学の提案
2-1. 対象地域

今回対象とした地域は京都三条会商店街であり、京都の長い歴史の中において重要な位置を占めていた三条通に現存している。商店街という形式は全国各地に多く存在し、課題に対しより普遍的に答えることができると考えたためである。

2-2. 京都市における歴史構造

794年にできた平安京以来、朱雀大路によって左京右京に分けられ、南北に走る大路によりそれぞれ四坊

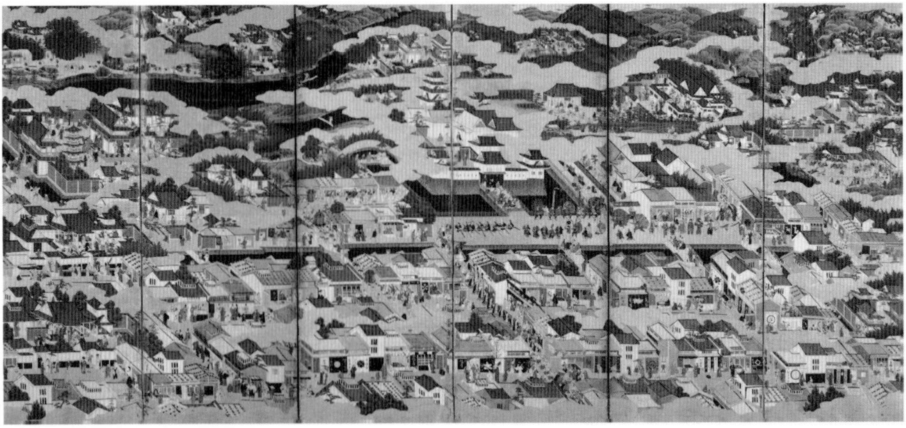

洛中洛外図(所蔵:国立歴史民俗博物館)

京都市内にある商店街のプロット図。現在約110カ所ほどある。(©2013 Cnes/Spot Image,Digital Earth technology,DigitalGlobe,Landsat)

アーケード商店街である京都三条会商店街の入り口。

に、東西に走る大路により九条に分け、碁盤の目の区画がなされた。平安京建都当初の条坊制によるブロックごとに区切られた都市の骨格は、現在の都市形態に至るまで常に影響を与え続けてきたと考えられる。

天下統一を果たした秀吉は、京の都市改造に取り組んだ。武家町の集約、公家町の整理を行ない、洛中に散在していた寺院を集め寺町を形成、正方形状であった町割りを短冊状に改め座の弱体化を進め、公家、寺院、町衆の分離を図った。さらには当時の市街地全体を「御土居」と呼ばれる土塁で囲むなど、秀吉の行なった大規模な都市改造が近世の城下町を形成し、現在のまちの姿にも大きな影響を与えた。

そして明治41年の三大事業により京都の今の都市の形がつくられ始め、さらに大正から昭和にかけて法規が定められ、都市のボリュームが法規によって形成されてきた。京都市政発足など、近代的な地方自治行政制度の確立過程を通して、近代都市としての都市基盤整備が進められた。

戦国時代にあたる16世紀初頭から江戸時代にかけて制作され、京都の市街と郊外を描いた「洛中洛外図」を見ると、南北軸の人々の流れや街並みが読み取れたことから南北軸が当時の町を形成していることが推測できた。詳しく見てみると、路面に対して間口を最大限に利用し商店が連なっており、商いによってまちがにぎわっている様子も分かる。ここから、現在の都市においても南北軸によって都市が形成されていると言えるのではないかと推測した。

しかしながら現存する商店街は、南北の軸よりも東西の軸の商店街の数が多い。その理由として、道路整備事業があげられる。大正12年から実施された道路整備による拡幅は烏丸通りから始まり、まず始めに南北軸の道路整備が行なわれた。この道路の拡幅によって南北軸における人々のつながりが希薄化していったと考えられる。

南北軸に続いて東西軸においても道路の拡幅がされ始めたが、東西軸の道路拡幅が行なわれている途中で国の予算がつかず、工事を中止せざるを得ない状況となった。そのため人々のつながりが希薄化せず、東西軸の商店街が持続することができたと考えられる。このような経緯により、南北軸の商店街が減少

三条会商店街 連続する立面。面の揃ったファサード／奥行方向の建ち方

していったのだろう。

2-3. 三条会商店街の現状

三条会商店街は、京都市内でも活気に満ちあふれている商店街であることが臨地調査によりあきらかになった。現代社会において商店街の抱える問題は根深い。しかし、三条会商店街をなんとか維持しようとする人々の姿勢は、物事を損得で判断するようなものではなかった。地域に根づいた人間関係と共助によって、今の三条会商店街が成り立っているということを強く感じた。

一方で空間的に見ても商店街は、連続する非常にリニアな空間、アーケードにより一体となる空間、そして間口の狭い店舗がたくさん並び歴史的素地を感じさせる魅力的な空間だといえる。

だが、例外もある。高度経済成長や技術革新による建築の高層化、利便性を追求した大型商業施設建設などがさまざまな場所で起こっている。三条会商店街にもいくつかそうした状況が見られた。

2-4. 商業再編のコンセプト

我々の提案は、三条通に形成されている商店街に形成当時のような人の流れを取り戻すことである。そして三条会商店街が今よりもさらに活き活きと生活していけるような場所になり、商店街がまちを豊かにしていくような提案をしたいと考えた。

三条会商店街はもともと歓楽街として賑わい、人々の生活の中で必要とされる機能が集合していた。そこでは、それらの機能を求めて訪れる人や、商業の場と居住の場が密接に関係していた。しかし技術の発展や社会状況の変化、テレビやインターネットの普及などさまざまな理由により、商業の場と居住の場の乖離が進んだ。

しかし他方ではその後の都市変化の過程で、周辺に二条駅や大学など人々の生活に関わる施設ができ、再び三条会商店街に人の流れが生まれ、商業の場が持続してきたという経緯もある。

そのため三条会商店街において商業の場の再編を行なうには、居住の場を再編することが必要だと考えた。人々の生活に関わる機能・施設が集合し、再びこの場所に人の流れが生まれることが、結果的に商業の場の再編につながると考えられるのである。

2-5. 容積率移転によって生まれる商業の場

商店街に面する敷地の容積率は200%とし、間口や建物高さ、敷地の形状などに極端な変化を与えないようルールを設定する。

その代わり残りの容積率は、商店街に面する建物の裏となるいくつかの敷地を対象に容積率移転を行なう。その敷地に建てられる建物は、生活に必要な場や活き活きとした生活が送れるような機能を備えていなければならない。

例えば人が生まれてから死ぬまでに必要な機能。医

療・福祉施設や娯楽施設、文化施設、さらには冠婚葬祭のための結婚式場や葬儀場などである。周辺との関係を考慮し、三条会商店街の西側には二条駅からの人々を呼び込むための文化施設や医療・福祉施設、東側には京都駅からの人の流れや祇園からの観光客を呼び込むための劇場やスポーツ施設を設置する。

容積率も存分に使用し、これまで以上に活き活きとした商店街となることが可能になる。施設へのアプローチは必ず三条会商店街の通りから入るような動線とする。多様な施設をバランスよく配置していけるよう、三条会商店街が元々形成している6つのブロックをもとにそれぞれ配置される。

施設と商店街、さらに各々の施設が相互につながり、商店街全体に人々の流れが生まれることが、我々の考える今後の商業の場のカタチである。それが本来は今も昔も変わらない、ごく当たり前の日常的な風景なのではないだろうか。

[Project Members]
宮城大学　竹内泰研究室：相澤啓太、工藤茂樹、後藤沙紀、加賀谷咲、田中尚弥、相原奈央子、織笠有加里、加藤由真、佐藤拓未、鈴木美咲

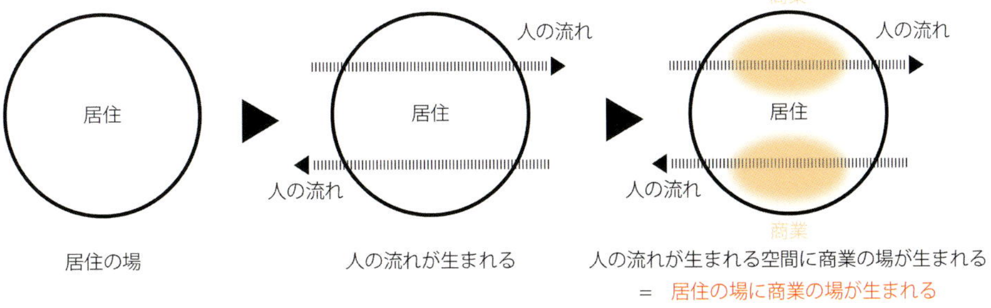

居住の場と商業の場の関係。居住の場をつくり出すことにより、商業の場が再編される。

1. 現在の三条会商店街（容積率400%）

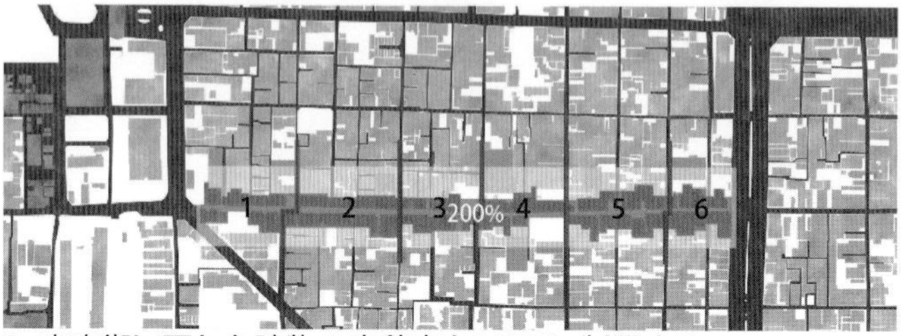

2. 商店街に面した建物の容積率を200%に制限する。

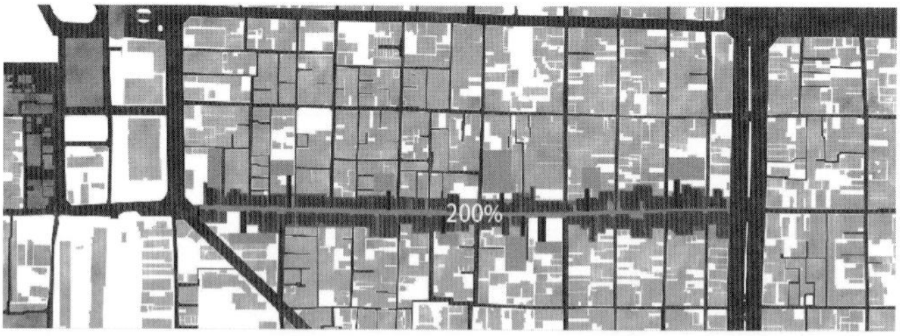

3. 高層建築の用地を確保し、商店街からの動線をデザインする

4. 容積率移転により周辺施設を高層化し豊かな生活空間を創る

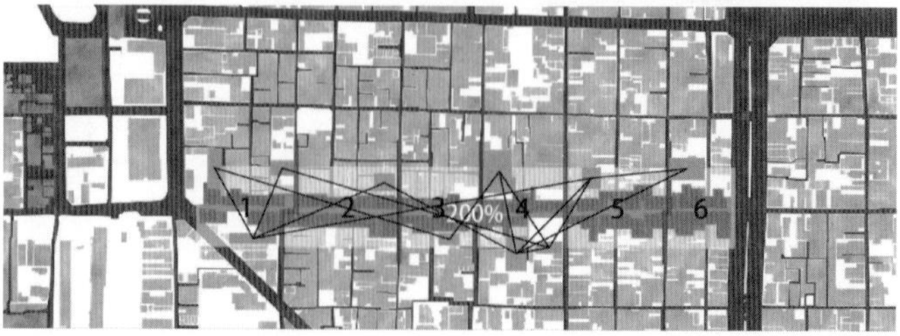

5. 施設と商店街、施設と施設をつなぎ一体的な生活空間を形成

三条会商店街における商業の場の再編プロセスのダイアグラム

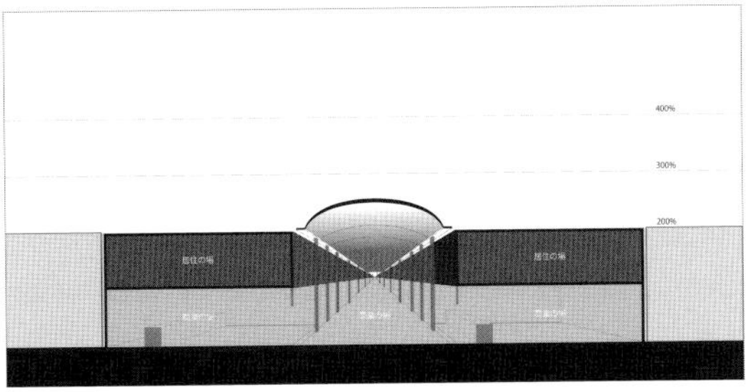

三条会商店街の建物の従来の立ち方(容積200%)。

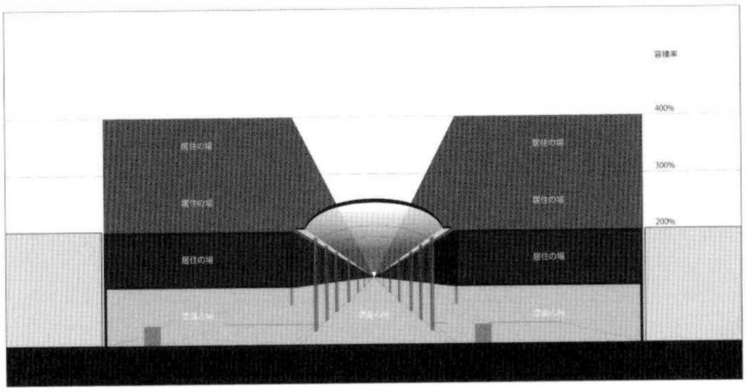

時代を経るにつれ、次第に建物高が増えてくる（容積400%）。

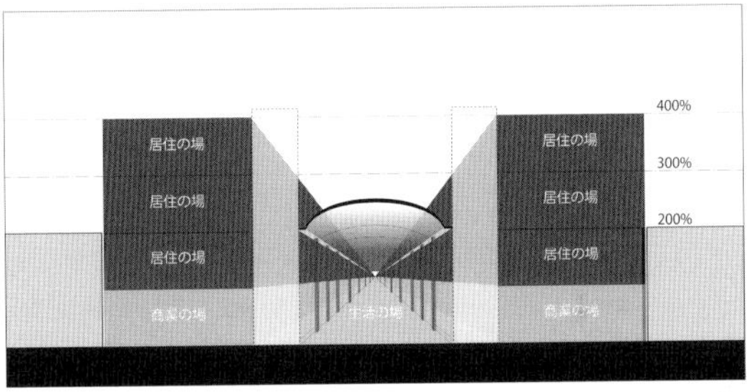

集合住宅やスーパーが商店街内に現れ、セットバックして建つ建物がでてくるようになる（容積400%＋セットバック）。

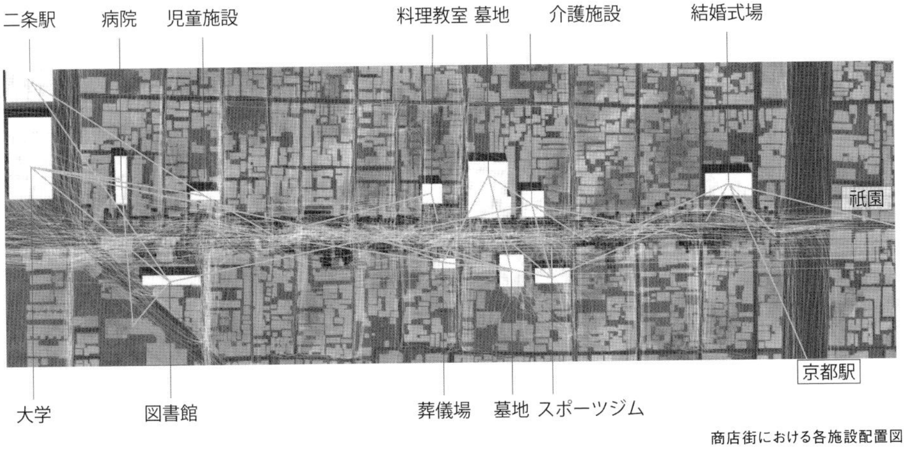

商店街における各施設配置図

新潟県新発田市の文化遺産を活かした地域活性化事業等プロジェクト

Group:
東京藝術大学 ヨコミゾマコト研究室

1. はじめに

本プロジェクトは、新潟県新発田市における活動をまとめたものであり、以下の2つに分けられる。1) 文化庁文化芸術振興費補助金に基づく「新発田市の文化遺産を活かした地域活性化事業」においての新発田市歩く旅のまちづくり推進協議会からの委託による歴史的建造物調査。2) 同市大栄町に位置する「浄土真宗長徳寺」における墓地再整備計画。

2. 歴史的建造物調査

2-1. 概要

「新発田市の文化遺産を活かした地域活性化事業」は、平成24年度からの3年間継続して実施されるものである。その目的は、新発田市に残存する歴史的建造物の現状を調査し、それらを活かしたにぎわいのあるまちづくりを構想するというものである。

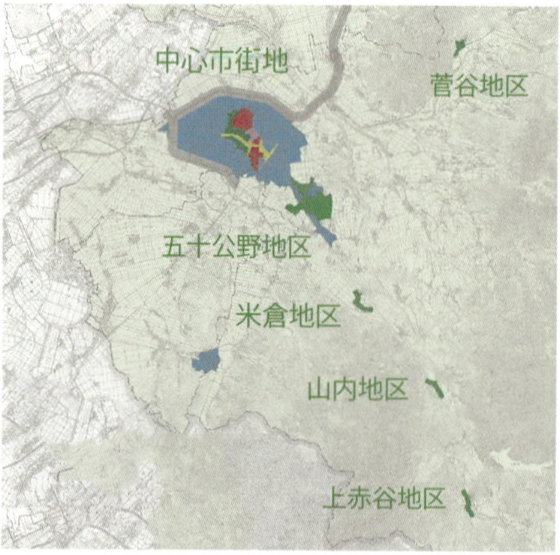

新発田市 景観計画区域「歴史景観エリア」

2-2. 1次調査

平成25年度に実施したのは、新発田市の指定している「景観計画区域」の中で「歴史景観エリア」に該当する5地区「五十公野地区・米倉地区・山内地区・上赤谷地区・菅谷地区」を対象とする調査である。1次調査は、住宅地図をもとに外観などから対象地区内の歴史的建造物の分布調査であった。平成14・15年度に市教育委員会が行なった同様の調査報告書があり、10年間における変化をつかむことができる。上記の地区のうち、「五十公野地区・米倉地区・山内地区・上赤谷地区」は旧会津街道に沿った町となっており、各地区ごとに特徴のあるまち並みを残している。「菅谷地区」は「菅谷寺」を中心とした集落であり、伝統的な建造物が多く残る。この1次調査では、対象となる建造物について2・3次調査の必要性を見極める評価も同時に行なった。

2-3. 2次調査

2次調査は2～3人程度×3チームで当該建造物の平面の実測調査を行なうものである。平面の実測をすることにより、その地区特有の平面構成や増改築の履歴などをつかむことをめざす。以前は煙出しであったところを閉じ、囲炉裏を廃し、洋間とされているケースなどもあり、調査では増改築に関するヒアリングも行なった。調査項目の中には、公開の可能性など今後の活用についてのアンケートも含んだ。

五十公野地区（1次調査）

山内地区（1次調査）

上赤谷地区（1次調査）

米倉地区（1次調査）

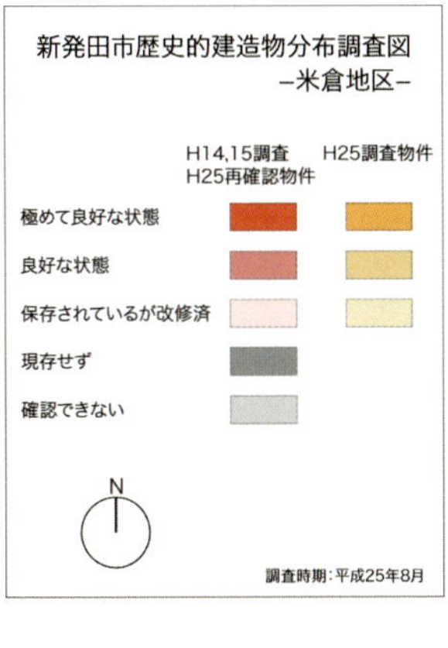

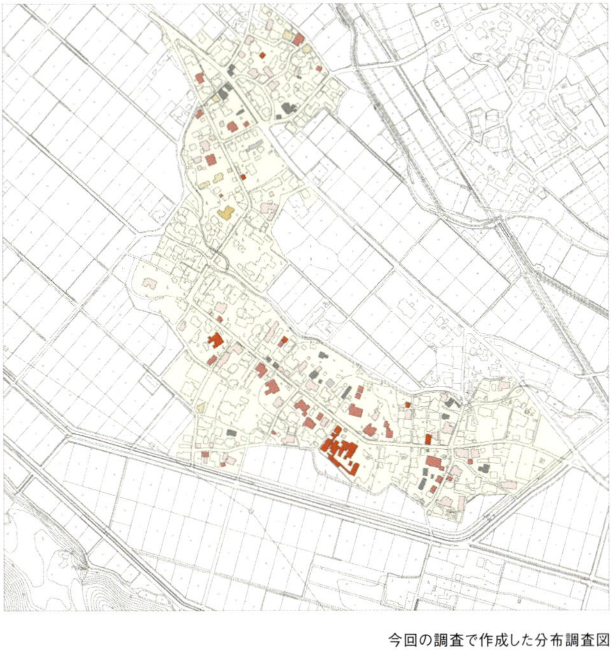

今回の調査で作成した分布調査図

2-4. 3次調査

3次調査では、2次調査の結果、歴史的建造物として重要であると考えられた建物の立面・断面・配置・外構などを細かく実測調査した。今回、トウキョウ建築コレクションに出展した「金升酒造」「白勢長屋」は、その一部である。「金升酒造」は新発田市豊町に位置する酒造会社であり、昭和5年に新潟市内より移築された蔵を含む十数棟からなる建築群である。平成25年度には市民による写真文化プロジェクト「写真の町シバタ」の展示会場としても利用され、市の観光資源としても活用可能な建築群であると言える。また、敷地内に良質な庭園があり、3次調査では庭園の実態調査も行なった。

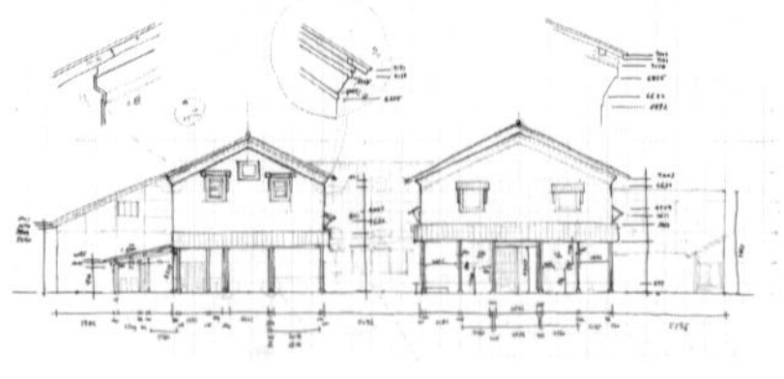

金升酒造1號蔵・2號蔵立面図（実測野帳）

金升酒造 庭園配置図

金升酒造 外観

金升酒造 庭園

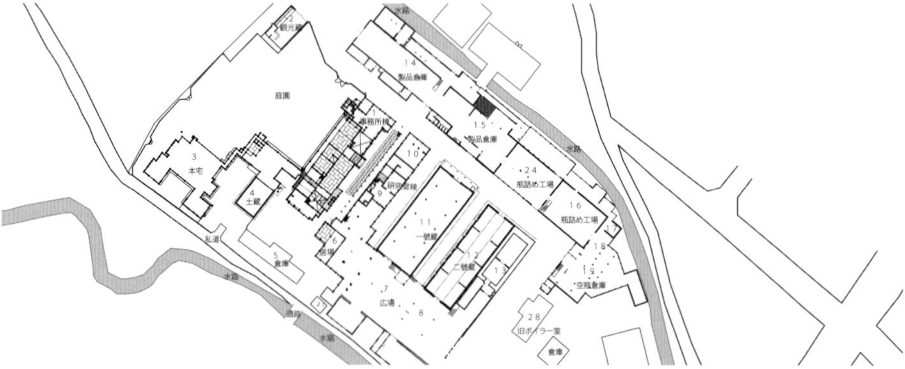

金升酒造 全体配置図

2-5.「白勢長屋」建造物個別調査および活用提案

「白勢長屋」は新発田市御幸町に位置する長屋である。明治20年頃に白勢家によって建てられ、後に現在の住人たちに買い取られた。8軒の連続長屋で、通り沿いのみ2階のある長屋である。今回の調査では8軒のうち7軒の実測調査を実施した。また調査結果を踏まえた活用提案も行なった。提案の対象は長屋のうちの1軒、「I家住宅」である。実測調査の際に行なったヒアリング調査の際に、活用の可能性がきわめて高いことを知り、活用提案をすることとなった。

本プロジェクトでは、復原改修およびカフェとしての公開を考えた。明治期から続く伝統的な建築物の価値を再認識し、建築物を保全しつつ、利用を促進する。観光客も一息つくことのできる街歩きの一拠点としての利用も想定し、地域活性化の核として提案した。

G家の柱にあった痕跡とヒアリングから、かつて蔀戸がついていたことが判明した。そこで改修に伴い蔀戸を復原することも提案している。

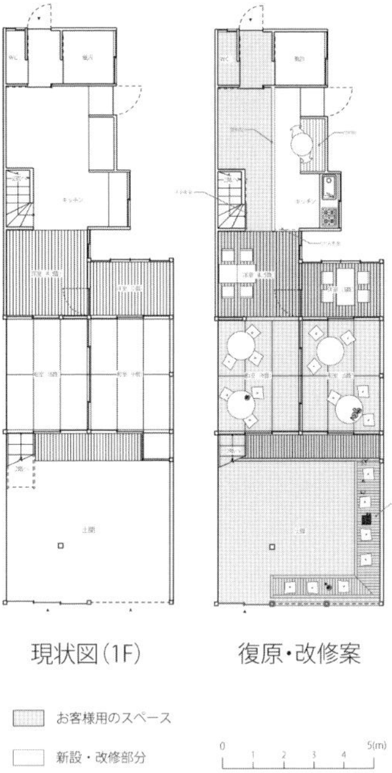

白勢長屋 カフェとして活用する提案

白勢長屋 外観写真

白勢長屋 活用提案 パース

3. 長徳寺墓地再整備計画

3-1. 長徳寺概要

浄土真宗長徳寺は新発田市大栄町に位置し、新発田城から延びる小路の軸線の終端に位置する。天正13年(1585)に関根慶順が開基した寺である。

赤穂四十七士の1人、堀部安兵衛の生家である中山家の菩提寺であり、安兵衛も14歳まで新発田城下で暮らした。境内には赤穂義士四十七体の木像が収められている義士堂、安兵衛が新発田から旅立つ時に植えたとされる石台松(初代は平成9年、老齢のため伐採され現在は二代目)、そして中山家の墓所がある。四十七士によって「吉良邸討ち入り」が行なわれた12月14日には毎年境内にて義士祭が執り行なわれている。

長徳寺における我々の活動は、墓地の再整備とそれに伴う永代墓の建設計画である。

3-2. 長徳寺墓地配置計画案

現在の墓地は大小さまざまな墓が無秩序に配置され、面白くもありながら、かなり雑然とした雰囲気となっている。人々は墓の隙間を縫うように移動しなければならない。墓石を移動させることを前提とし、最小限の移動回数で合理的に参拝路を確保するためにはどのような動かし方が最適であるか、ケーススタディとして、墓地区画の一部を対象とし、墓地再整備計画を提案した。

3-3. 長徳寺永代墓建設計画

無縁仏を合葬するための永代墓を、境内中心部に位置する白勢家の墓碑と駐車場の間の細長い敷地に計画している。コンセプトとして「空」という思想を仏教から引用し、抽象的な細長い空間の先に、トップライトから取り込まれたやわらかな光がぼんやりと広がる。

平成25年度は昨年度までの基本構想を元に、内部空間のディテールを検討し、設計を進めている。空間は3つに分けられ、細長く奥へと続く「納骨室」、来訪者が手を合わせる場所となる「参拝室」、遺骨を一時的に保管する「安置室」からなる。開口部分のプロポーションや仕切り壁の位置などを細やかにスタディしながら設計を進めている。

[Project Members]
新発田市歩く旅のまちづくり推進協議会
合同会社もば建築文化研究所:梅田太一・中村文美・海東壱子
STUDIO CINNAMON:寺阪桂子
多摩美術大学:堤 涼子
紫園忍穂:忍穂陽介
吉野浩樹園:吉野浩樹
東京藝術大学 ヨコミゾマコト研究室:ヨコミゾマコト・冨永美保・尾崎琢弥・鈴木理咲子・田坂創一・王 乾
[HP]
http://www.geidai.ac.jp/labs/yokomizo

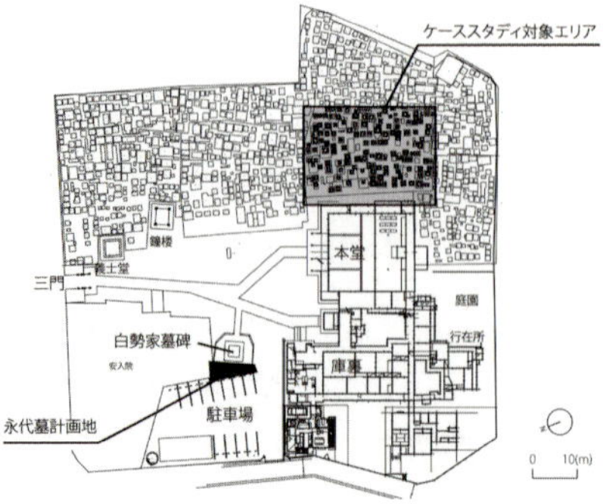

長徳寺 全体配置図

長徳寺 本堂外観

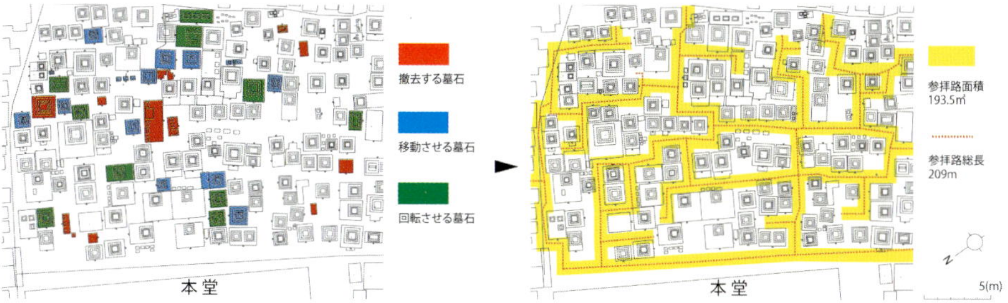

長徳寺 墓地再整備計画案

配置図

スタディ模型

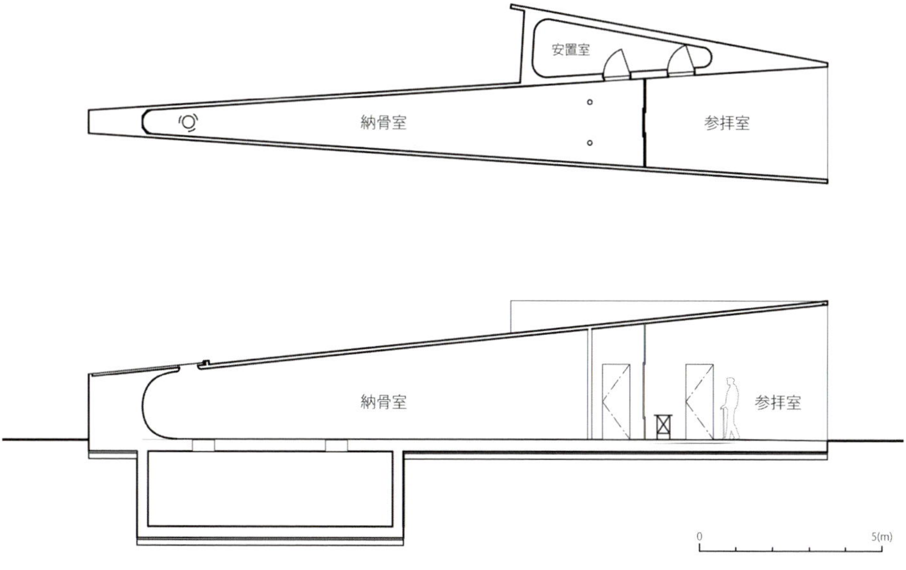

平面図および断面図

NIWA PROJECT

Group:
東京工業大学 那須聖研究室
＋千葉大学 伊藤潤一研究室
＋Bauhaus University Weimar
in the subject urbanism (Urbanistik)

1. ドイツ・ライプツィヒ地方における縮小都市のまちづくりワークショップ

2013年9月、学生有志団体が、ドイツの縮小都市ライプツィヒにて、地元住民の場所愛着を引き出すワークショップを行ないました。

プロジェクトの背景

ドイツ・ライプツィヒ地方はかつて工業の中心地として栄えた場所でしたが、現在は産業の衰退とともに街がスラム化し、急激な空洞化が進行しました。そんななか、政府はいくつかの都市再生プロジェクトを遂行し、現在は人口が回復しつつあります。これは、近接地域の人口減少を考慮するとかなり奇跡的な状況であるといえます。

成功の秘訣は、土地と余剰建物を積極的に市民に開放し自由に使える場所を増やしたこと。文化的な活動が花開き、若者の興味を引きつけました。

このライプツィヒ地方の事例は、「例え街自体が貧しくとも、人はポテンシャルを感じる場所を求める」という、縮小都市のひとつの解を提示してくれたように思います。

しかしながら、詳細に状況を見てみると状況は二極化しており、成功している西地区と、人口流出が依然として止まらない東地区に二分されます。

今回は、東地区の人口流出に歯止めを掛けるようなイベントを行ないました。

ワークショップの様子

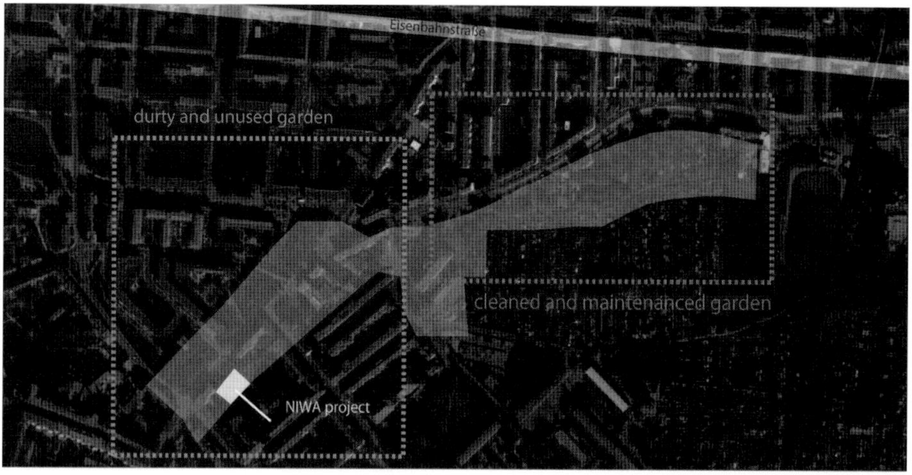

ライプツィヒ市がつくった公開緑地。東側は比較的活用されているが、西側一帯は手入れも行き届かず、単なる通り道となってしまっている。

ライプツィヒの大通り沿い。まちの治安は悪く、空き家で麻薬取引が行なわれることもある。

公開緑地

ソ連占領時代の記憶を残すためのアート作品

アーティストによるインスタレーション

2. ライプツィヒ東地区の現状

課題

・工業地域だったが、産業構造の変化により街が衰退。繁栄していた頃の集合住宅群は歯抜けになり、内部では麻薬の密売、ホームレスの居付きなど犯罪の温床となっている。また治安の悪化により人口減少に拍車がかかる悪循環が発生した。

・現在、市の政策・NPOの政策が功を奏し人口が上向きに。→空き家を安く若者に貸し出す代わりに固定資産税を免除する制度や、私有地を市が10年間借り上げ公開空地にする代わりに固定資産税を免除する制度等が見られる。

ワークショップの様子。多くの子どもが参加してくれた。

制度による街全体の公共性の拡大により、空間的に自由度の高い環境の中で住民によるインスタレーションなど、さまざまな創造的活動が目立っています。

例えばp.259最下段・左の写真は公開空地を活用したインスタレーションの一例です。この空地は地権者から一定期間借りたものですが、使い続けることで恒久的な空地となり、まちの質の低下を防いでいるのです。

このように、ライプツィヒでは市民が場所に愛着をもち、使うことで街を維持するような仕組みが多くあります。

また、この地区にはライプツィヒ市の政策によってつくられた緑地群があります。市が土地の所有者に働きかけ、市民全体のための一時的な公開緑地として、8～10年間開放してもらえるよう交渉しつくられたものです。このようにライプツィヒでは街の質向上のため、積極的な契約と緑化が行なわれています。

しかしこの緑地の使われ方は場所によって大きく異なり、東側はきれいに整備され、人々のさまざまな活動の場として使われているのに対して、西側一帯は手入れが行き届いていない状態で、人々の単なる通行の場となっています。

このままこの空間が有効活用されないと、期限が切れた時、契約が更新できず緑化が終了してしまい、街の質が再度低下してしまうという懸念があります。

そこで私たちは、この使われていない敷地を対象にインスタレーションを行ない、市民がこの緑地、ひいては街全体に対する興味をもってもらえるようなワークショップを行ないました。

3. サステナブルインスタレーション：概要

1. 活用されていない公開緑地を舞台に、木々の間にメッセージと植物の種を入れた封筒を吊るしておきます。
2. 訪れた子供たちやその家族に好きな封筒を1つ手に取ってもらい、その場で緑地に種を撒いてもらいます。
3. 参加者は自分の撒いた種が芽を出し花を咲かせる様子を見届けに、何度か緑地に足を運ぶでしょう。
4. 花が咲いたらそれだけで街を少し素敵な、幸せなものにしてくれるはずです。
5. 種が実ったら、それを取っておいてください。
6. また何度でも同じインスタレーションができます!

1
Take the envelop and open it
2
A letter and flower/wood seeds
inside envelop
3
Please come to the place often
where you put seeds
4
It will grow up and make your city
more happy ,affluent place.
5
If your plants make seeds,save it.
6
Re-create the installation!
again and again!!

封筒に同封した手紙の内容。どのようにサステナブルなワークショップにするか説明するため、図を記載した。

庭

準備風景。豊かとはいえないライプツィヒでの持続可能なインスタレーションを目指すため、極力費用をかけないよう心掛けた。

年齢を問わず多くの方に興味をもってもらった。

親子のコミュニケーションの一助にもなった。

部分的に日本らしさを散りばめた装飾。

折り紙の技術を応用し、一つひとつ折った封筒。

封筒を開けると、中には種とメッセージが入っている。

ライプツィヒ日独文化交流館でのプレゼンテーション

日独学生による手作りの料理

住民と都市を考える視点を共有していく。

このように、これは一過性のイベントでもありますが、住民が長期的に続けられ、場所愛着を育む仕組みも考えた、サステナブルインスタレーションです。

4. ワークショップの実地とシンポジウム

ワークショップには多くの子どもや周辺住民が参加してくれました。また、後日住民向けにシンポジウムを開催し、成果と今後の都市像についてライプツィヒの住民と活発な議論を行ないました。

私たちはライプツィヒの都市に種を蒔きましたが、同時に人々の心にも種を蒔いたと思っています。

将来的にこの土地に花が咲くのと同じように、「愛着」という花を、住民の心の中に咲かせてもらえたら、と願ってやみません。

[Project Members]
東京工業大学 那須研究室:川村悠可
千葉大学 伊藤潤一研究室:清水襟子
Bauhaus University Weimar
in the subject urbanism(Urbanistik):Diana Wi
特別協力:「"Das Japanische Haus" 日本の家」
大谷 悠・ミンクス典子

プロジェクト展
アネックストーク1

コメンテーター：
宮台真司、門脇耕三

参加プロジェクト：
海と人をつなぐ漁業体験施設（p.240）
集合する人 寄り添う商と住（p.246）
新潟県新発田市の文化遺産を活かした地域活性化事業等プロジェクト（p.252）
NIWA PROJECT （p.258）

公共性とワークショップ

門脇耕三（以下、門脇）：まずは皆さん自身が最近気になっていることやプロジェクトを通じて思っていることについて、ご自分の言葉で語っていただきましょう。

海と人（千葉）：私の所属している研究室は建築計画や建築のプログラムを行なっています。最近は設計や建築のプログラミングの段階でもっと社会のいろいろな状況を読み込みながら組むべきではないか、ということに興味をもっています。

商と住（工藤）：三陸沿岸地域では今後、高台防災集団移転が進むなかでどんどん住宅が再建されていきます。その時に地域にもともとあった、住宅形態を決定づける要素となるものをちゃんと介入させて、地域にふさわしい住宅を建てていくことが重要ではないかと考えています。

新発田市（田坂）：僕は個人的に道に興味があり、その道に対して建築がどういう風な建ち方をしているのかということが気になっています。例えば「白勢長屋」の前の道は普段から車が行き交う道です。しかし「白勢長屋」の人たちは道路に対してある程度公共性をもった土間空間をもっていて、それにより道路もコモンスペースに変わる可能性をもっている。その点で建築の可能性を感じました。

NIWA（川村）：縮小都市にやはり興味があります。ドイツだけではなく日本でもこれから本当に深刻になる問題です。建築学では小さなプロダクトから都市のスケールまで幅広くデザインする訓練をすると思うのですが、その中でどういったスケールを自分なりに選択し、弱っている街に貢献していくのか。そしてデザインをやっていない住民をどう巻き込んでいくのかに関心をもっています。

門脇：プログラミング、地域性、道を介した公共性、都市の縮小と人々の巻き込み方。どれも今の建築系の学生の興味を非常によく表していますね。皆さん、かなり公共性に興味をもたれている。それは2011年以前とはまったく違っていると思います。こういった状況が宮台さんからどのように見えるのか、ぜひ伺いたいと思います。

宮台真司（以下、宮台）：旧約聖書に洪水についての伝説がありますが、数千年に1度起こる大洪水や大津波について、忘れる者と忘れない者がいることについての教訓的伝承が、聖書に取り込まれたものです。東北でも東日本大震災に匹敵する貞観地震が869年に起こり、海岸から7キロの地点まで津波が達したという記録があるのに、それを参照できなかった。都市計画家も建築家も含めて、そういう僕たちのあり方が何を意味しているのか。そのことに皆さん敏感に反応していらっしゃるのだと思います。

自分たちが新しく築こうとしているものが何なのか、流れをよく理解し言語化する、あるいはイメージ化するために必要なボキャブラリーを鍛える。それによって3.11以降の新しいステージについての合意形成がやりやすくなるでしょう。チェルノブイリ原発事故の同年に出された社会学者ベックの『リスク社会』もそうした本です。

門脇：合意形成の話が出ましたが、おそらく皆さん悩みながらやっていると思うんですね。特に番屋のプロジェクト（海と人）は、なかなか一筋縄でいかなかったのではと思います。民間の力を使ってある程度公共的なものをつくろうという流れがあるなかで、プロセスが公開され周囲の人たちが何らかのかたちで参加可能性を担保されていることが非常に大事だと思うのですが、何か工夫されたことはあったのでしょうか。

海と人（千葉）：我々が常に気をつけていることは、説明にせよプランにせよ、できるだけ分かりやすくすることです。大学の人たちというのはつい難しい言葉を使ってしまう。地元の人たちも分かったような雰囲気にはなってしまうのですが、結果的に何も伝わっていない。そういったことが時間の経過とともに大学と地元の人たちとのずれを生んでしまったという事例も見ていました。

宮台：体験を通じた学びを目的とするグループワークという意味でのワークショップは演劇がルーツですが、これを最も頻繁に実践したのが1960年代の都市計画です。鍵はアウェアネス（気づき）。知識だけでなく価値観が変わることまで含みます。

ベアード・キャリコットという環境論理学者の議論に従えば、我々はニーズをもっていますが、そのニーズにしたがって環境開発あるいは都市開発を行なうと我々の尊厳が損なわれてしまいます。なぜなら我々の尊厳は、ニーズとしては意識されないような、1つの生き物としての「場所の全体性」と結びついている。それを人は薄々知っているにも拘わらず、言葉にできないし名指すこともできない。だからといって、それを無視すると、尊厳が脅かされる。それは被災地の復興についても重要なことです。

海と人（千葉）：僕たちはワークショップを行なっていません。それは、ワークショップというのがある意味で地元の人たちをある方向に誘導していくような手法なのではないかという問題意識をもっているからです。上から指示するのではなく、常に対等な立場で議論する。そういう関係性をつくろうとした時にワークショップは適さないのではと考えています。

宮台：アメリカでは熟議＝デリバレーションというものが提唱されていて、その成功はファシリテーター、つまり場を組織する人次第だといわれています。愚昧な展開を抑止できる手続きについて知恵をめぐらす卓越者が、実際、ワークショップには不可欠なんですね。単なるエリートと違い、この卓越者に要求されるのは、参加者たちにとって自分たちがそれを築いたと思えるような展開です。それは例えば、参加者の中でみんなが言いにく

いことを言える当事者をファシリテーターが見つけるプロセスだったりします。特に建築やまちづくりにおいてはきわめて重要です。だから上からか下からかという二者択一ではなく、ワークショップとはそれらを絶妙に組み合わせることが必要な場なのだという風に理解していただいた方がいい。

門脇：一方で千葉さんがおっしゃったワークショップに対する不信感が最近の建築系の人たちにあることも確かで、場合によってはそれが民意調達ためのエビデンス、あるいは単なる通過儀式に過ぎないという捉えられ方をされているところがありますよね。田坂さんも地域活性化の話をされていましたが、住民の方々の意見を聞くというプロセスはあったのでしょうか。

新発田市（田坂）：いろいろな人たちが全員そろって議論するような場ではなく、住宅の個別調査をした際に一対一でヒアリングを行なっています。主に歴史的建造物の履歴についてのヒアリングなのですが、その中に活用や公開に関する項目も含まれています。

宮台：例えばヒアリングでは、あれを選ぶかこれかを選ぶかというもともとのフレームがある時には意見が出てきやすい。でもワークショップでは、セッションを通じてフレームが変わっていくこと自体を目的とします。ヒアリングだと、前提を変えるということまで踏み込めない場合、民意調達の儀式に留まりがちです。

「ワークショップ」という言葉を使わなくても、ワークショップと似たことができる場合もある。例えば僕の親しい沖縄の若手建築家グループは、施主が「こういうものをつくってほしい」という要望に対して、「本当にそれが一番したいことなのかを検証してみましょう」というプロセスを挟むんですね。相手が最初に言っていることにこだわらず、相手がさらに柔軟に自分を掘り下げていくようサポートする。つまり実はヒアリングも、やり方によってはワークショップ的な真の願望への気づきをもたらすことができます。

地域性と
ショッピングモーライゼーション

門脇：街の歴史や地域性を引き継ぐことに関して、当然住んでいる方の意見を聞くというやり方もありますが、属人的な意見は聞かないというやり方もあり得ます。例えば街並みの調査をするとか、その場所の歴史を調べるとか、あるいは地割の遍歴を調べてみるとか。工藤さんはかなり丹念に街の内歴を調査されていましたが、どういう意図で調査をしようと思ったのですか。

商と住（工藤）：まずは京都市自体の都市構造と、対象エリアがどういう時代を経て現在の姿になっていったのか。それを正確に読み取ることから課題や今後どう変わっていけばいいかが見えてくると考えました。

宮台：例えば今から20年前に東南アジアを旅行すると、どの街にもいわゆる危ない場所がありました。そういった場所を、安心・安全・便利・快適からはほど遠いからと取り除くと、残念ながらもともとの盛り場としての色気を失ってしまうんですね。浅草もそうです。今から20年ぐらい前に仲見世通りのファサードを揃えたでしょう。一本横の参道の方が、まだガタガタで味があるんです。

消防法の問題等もあるので昔のままというわけにはいかないのですが、だからと言って統一的なファサードにしてしまえばいいわけでもない。もう少し僕たちの感覚に寄り添った計画が必要です。でも、そういう意見はヒアリングではたぶん出てこない。そういうのをどうされますか。猥雑じゃない三条通りなんて人が来ませんよ。

商と住（工藤）：三条会商店街のあの通りは、変えるつもりはありません。ただ店舗がなくなって戸建て住宅に建て替わるなど、今までの商店街の町並みが変わっていってしまっているんです。

宮台：2050年に向けた計画でしたよね。そうすると「居住と経営の一致」とか「昔ながらの三条会商店街」という言い方では、逆に目的を達成できなくなってしまう可能性があります。僕は「ショッピングモーラゼーション」ついて、否定的に捉えるより、むしろうまく利用した方が良いという考えなんです。

門脇：ショッピングモールが物を消費させる世界から、時間を消費させる世界に方向を転換させている。本屋にはソファがあって誰でもそこで本が読めるし、場合によっては隣のスターバックスでコーヒーを買って、飲みながら売っている本を読むことさえできる。そこにはある種の公共性が宿っていて、おじいちゃんもおばあちゃんも家族連れも来られる場所になっているというのが「ショッピングモーライゼーション」という議論ですよね。要は行き場もないしお金もないような人でも来られる場所として、現在のショッピングモールが機能している。三条通のような猥雑な場所も、かつてはまさにそうした場所だったと思います。そういう人たちが身をおける場所が、猥雑な場所から、現代ではすごく清潔で空調も効いて、しかもバリアフリーなノーマルな場所に置き換わりつつある。すると、かつてもっていた猥雑性のようなものを、現代の文脈において、あるいは2050年においてどのように評価できるのか。

宮台：地元商店的なものを取り戻そうと思っても、かつての社会にあった前提はもうありません。持続可能な経済システムの中に取り込むことはまずできない。地元商店街があるように見える高円寺や阿佐ヶ谷でも半分以上チェーン店で、オーナー自身が経営している商店はほとんどない。でも歩いている人は知りません。逆に言えば、ショッピングモーライゼーションの延長で猥雑なものを保つこともできるかもしれません。例えば一部のコンビニエンスストアは、昔の個人商店のように駄菓子も置くし、子どもたちにも話しかける。それがシステムの中で展開されている。社会学のなかでは、システムと生活世界とに分けて、生活世界とはもともとあったもの、システムというのは設計主義的なものだと言われます。しかし、ここまで汎システム化が進んだ僕たちの社会では素朴には生活世界は保てないので、システムを使って生活世界の模造品＝イミテーションをつくるしかありません。システムを使って、生活世界を疑似的に再構成するわけです。逆に昔ながらのやり方をすることによって、浅草仲見世通りのようなフラットな場所になってしまう可能性がある。

門脇：小規模商店主の集合体というものが立ち行かなくなってしまっているのであれば、まずそこは変えなきゃいけない。一方で商店街の構成のルーツはパリのパサージュ、店がウィンドウショッピングできるように軒を連ねて大きな屋根が架かっているという空間形式ですよね。実を言うとショッピングモールの空間形式とルーツも造られているものも一緒です。だから運営の形態だけ変えれば、もしかしたらあの猥雑性を現代のシステムによって維持していくことができるかもしれない。それは地域性の維持にもつながっていくかもしれません。そういう発想ならば、なるほど現代的だなと思えるのですが、「残るべき古きよきもの」と言ってしまうと、それは過去

の遺物を延命させようとしているに過ぎないのではないかという気もします。

ぜひそのあたりの分析をもっと深めていただきたいですね。おそらくそういう関係ができたのは、例えば街と地続きになっていることとか、見通しが微妙に利かないような店の並び方とかが影響しているのかもしれない。だとすると、もしかしたら別の運営形態に変えてもそういう空間性を引き継ぐことによって、今の人々の関係性とかコミュニケーションのあり方は引き継ぐことができるかもしれません。

体験を設計する

宮台：社会学にはいわゆる地理とは別に感覚地理という概念があります。いわば体験された地理です。僕は「体験を設計しろ」と言いたい。例えばアニメや映画は体験を設計していますが、体験を与えるものはフィルムだったりグラフィックだったりで、現実ではありません。建築や都市計画では体験の設計に現実を使えます。どういう体験が人々にとって大切なのか精査が必要だと思いますが、建築家も都市計画家も、体験を組織するためであれば、現実であれ、プロジェクトマッピングのごときメディアであれ、何でも使う覚悟がないと、今日の生活環境で意味をもつ都市計画なんてできないと思います。

門脇：それと関連して、建築家の内在的な欲望が最近どんどん稀薄になっているように感じます。何らかの外部的な要因を軸にして自らの提案を組み立てるという方向に建築家は向かいつつあって、おそらくみなさんもそういう傾向はかなり強い。

川村さんは、デザインというツールを使いつつもデザインに興味がない人まで巻き込むということをされたわけですが、そのあたりのジレンマをぜひ聞かせていただけますか。

NIWA（川村）：私は大学でずっとデザインばかりやってきました。ただデザインは世の中をよくする効果はあったとしても、それが世界を変えるということはあまりないと思っています。その中でも自分にできることを探して少しでも世の中を良くしたいなと考え、こういうワークショップをやっています。

宮台：ローレンス・レッシグというアメリカの有名な憲法学者でなおかつ著作権法の専門家が「アーキテクチュラルパワー」つまり建築ないしアーキテクチャーの権力という概念を提出したんですね。マクドナルドでは客の回転率を上げるために照明の照度とか、エアコンの温度とか、BGMの大きさとか、あるいは椅子の固さなど、可変的なアメニティを使って回転率をコントロールしている。コントロールされている側は、疲れたから次の場所に行こうと自己決定したつもりですが、アーキテクトから見ると確率論的には自分の思い通りに物事が進む。そういう設計を行なう人間を狭い意味での建築家に限らずアーキテクトと

呼ぼうと提案しました。アーキテクチャーやデザインという言葉は、そういう意味で拡張して使った方がいいんじゃないでしょうか。建物の構造とか建物に関わる導線とかだけで人々の体験を組織するのは、この情報化社会ではばかげています。川村さんが否定的におっしゃったのはマテリアルデザインのことで、体験のデザインについてはとても興味をもっているのだと僕は理解しますが、いかがでしょうか。

NIWA（川村）：人の体験をつくりたいという気持ちはあります。ただ私の場合、建築から考えるのではなく体験から考えるのでハードとして残るものにならないのだと思います。建築の学生でもソフトであったり、体験から考える人が増えてきているのではないかと思います。

門脇：そういう風に、建築系の頭もだんだん切り替わっているというのは、歓迎すべき事態なのだと思います。ただやはり言い方の問題として「自分はデザインをやっているんだ」と、おっしゃった方がいいのではないか。今まで我々がもっていた空間的なスキルや素養は、単にその1つに過ぎないというぐらいでいいのではないかなと思います。

建築×災害

門脇：最後にこのテーマである「建築×災害」について、宮台さんのお考えを自由にお聞かせいただけますか。

宮台：社会学でこの30年ぐらい注目されているのは、1000年に一度であれ一度起こってしまったらどうにもならない、予測不能・計測不能・収拾不能な災害も、高度技術社会化に伴う新しいリスクとして射程に入れるべきだという考え方です。そうした議論がベースになって、実はドイツにおける脱原発が正当化されたという経緯がある。まったく同じ流れが、小中学校の生徒をどう避難させるのかという問題について出てきています。片田敏孝さんという群馬大学の災害アドバイザー—の方が釜石の小学校で、「津波てんでんこ」という現地の言葉を使ったレクチャーを震災に先立ってしていました。まず、事前のマニュアルを一切信じるな。二番目にベストエフォート、つまり自分にできる限りのことはすべてやれ。三番目は、率先して避難せよ。一人逃げれば「逃げていいんだ」と他の人も逃げるようになるから、まず率先して逃げることが公共的なのだと教えていた。実はそれ

を実践した釜石の小学校では、親が連れ帰った1人を除いて全員助かったんですよ。これは何を意味しているのか。建物あるいは狭い意味でのアーキテクチャーによって災害から人を守るという考え方はもうやめようという発想なのですね。

田老地区という場所には高さ20mの堤防があったので大丈夫だと思ったら、それを乗り越えた波によって全滅してしまった。共同体がシステムに依存しすぎると、とんでもないことが起こるということです。巨大システムに依存してはいけない理由の1つは、それが機能しなくなった時に一貫の終わりになってしまうからです。だから巨大システムを利用するにしてもたいがいにして、自分たちの共同体自治で回せる領域を広げなければならない。

グローバル化、つまり資本移動の自由化が進んだせいで中間層が分解して共同体が空洞化し、それゆえに人々は孤独で、不安になり、いろいろなことが思い通りいかなくて鬱屈している。そして不安で鬱屈した人々を対象に俗情に媚びるだけの〈感情の政治〉が横行している。その結果、巨大システムへの依存が放置されてしまう。我々の社会が今どうなっているかというと、「社会はどうあれ経済は回る」状態です。賃上げ要求や増税要求があれば工場や本社を移転する。また「社会はどうあれ政治は回る」状態です。不安や鬱屈を〈感情の政治〉につなげれば貧困や格差を手当てしないで済む。グローバル化が伴う副作用です。そうしたことに抗うためにも、僕たちは逆に「経済や政治の巨大システムがどうあれ社会は回る」という状態をつくり出す必要がある。建築家や都市計画家がこの問題にもっとも現実的にコミットできる人たちだと思うんです。その意味で、3.11以降の皆さんの取り組んでいる課題は、「社会はどうあれ経済や政治は回る」という状況に抗って、「政治や経済の巨大システムはどうあれ自分たちの社会は回る」と言えるような、そういう関係性をつくるということですよね。そういう意味では、これからの建築家や都市計画家は、ニーズに応じるというよりも、むしろ折伏する。こうしないとあなたたちは生き残れない、あなたのニーズは間違っている、というところまで踏み込んでもいいのではないかと思います。

門脇：非常に共感します。やはり建築ができることは限られていると、もはや認識した方がいいと思うんですよね。

ではそこをどうするかというと、一つはやっぱり、僕らは今どうしようもなく巨大なシステムに巻き込まれつつある、それを拒否できない世界で生きているのだという認識ですね。皆さんがやろうとしていることは、その巨大なシステムを我々の生活のリアリティに沿った形で分節していくような作業だと思います。それによって我々自身が個を取り戻していくようなイメージですね。そして個が強くなるということが、実は最終的に災害にも強い社会をつくり得るんじゃないか。宮台さんのお話から、僕はそんなことを思いました。

皆さんのやろうとしていることはやはり重要なことだと思いますが、その時には宮台さんが最後におっしゃったことが、クリエイターとしてはとても大事だと思います。自分自身の欲望の所在を常にあきらかにしておかなきゃいけない。それは、すごくいいエールだと思います。

前橋中心市街地 空き店舗の 学生住宅活用

Group:
前橋工科大学 石田敏明研究室

00. 概要

本プロジェクトは群馬県前橋市中心部にある中央通り商店街において、かつて商業施設であった築48年の空きビルを学生向けシェアハウスにコンバージョンするプロジェクトである。

商業地として衰退する中心市街地を「住むまち」として再定義して、若者の居住人口を増やし、空きビルをコンバージョンした既存ストックの活用と保全を行なうことによってまちなか再生を目指した。また、同施設は前橋まちなか居住有限責任事業組合(MMKLLP)が運営するが、行政や自治会や商店主と学生とが相補的に扶助することで新たなコミュニティ育成モデル「前橋モデル」を、まちなかにつくることを試みている。2014年1月中旬に竣工し、春から入居をスタートする。

01. 現状

前橋市は関東北部に位置する人口34万人を擁する群馬県の県都である。商業を中心とした中心市街地は1960年代初頭から商店街のアーケード化が始まり、80年代にはほぼ完成する。この間に首都圏のデパート系列店舗の出店が相次ぐが、バブル崩壊後の1990年代以降これらの店舗が五月雨式に閉店し、中心市街地は急速な衰退化へと向かうこととなる。

提案模型写真。ガラスのファサードから内部へは多くの光を取り込み、外部に対してはまちに賑わいがあふれ出す。

前橋市の現状。今回コンバージョンをした建物は活性化重点地区にあり、中央通り商店街と馬場川通り商店街の両方に接している。

中心市街地の人口は1999～2009年の間に10.7％減少し、約15,800人となった。市は1999年の商業中心地である8番街区を核とした重点地区25haに加え、2011年には前橋市中心市街地活性化基本計画（2011～2016）を新たに策定し、JR前橋駅北口周辺地区を含む49haの区域を活性化区域に指定した。これにより、市は8番街区周辺商店街地域、前橋プラザ元気21とアーツ前橋周辺地域、JR前橋駅北口周辺整備地域を含めた3つの地域核を中心とした歩行者回遊軸の形成を図り、商店街と連携した文化とにぎわいのあるコンパクトシティ化を目指している。

02. 計画内容

中心市街地商店街には多数の空き店舗が存在し、放置された空き店舗の多くは取り壊されランニングコストの低い駐車場となってきている。まちの密度をこれ以上下げないため、市はさまざまな補助金を策定し新規店舗の開店を支援しているが、そもそも中心市街地内の若い世代の居住人口が減少している中で、あまり効果的には利用されていない。そこで本プロジェクトでは、まず若い世代の居住人口を増加させるために空き店舗の学生住宅活用を提案した。

改修前の外観

学生がまちなかシェア居住するメリットとしては「安価な住居費」、「新しいライフスタイルと居住の多様性」、「新たなコミュニティの形成」などがある。学生がまちなかに住むことによって、商店主は学生に里親的サポートを、逆に学生が商店街のイベントに参加することにより賑わいを呼び込むことが期待できる。そして、前橋市と同じような現状を抱える

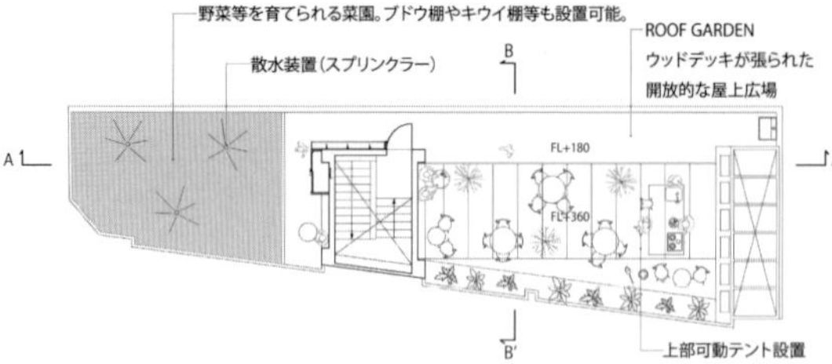
野菜等を育てられる菜園。ブドウ棚やキウイ棚等も設置可能。
散水装置（スプリンクラー）
ROOF GARDEN
ウッドデッキが張られた
開放的な屋上広場
FL+180
FL+360
上部可動テント設置
A
A'
B
B'

RF 平面図

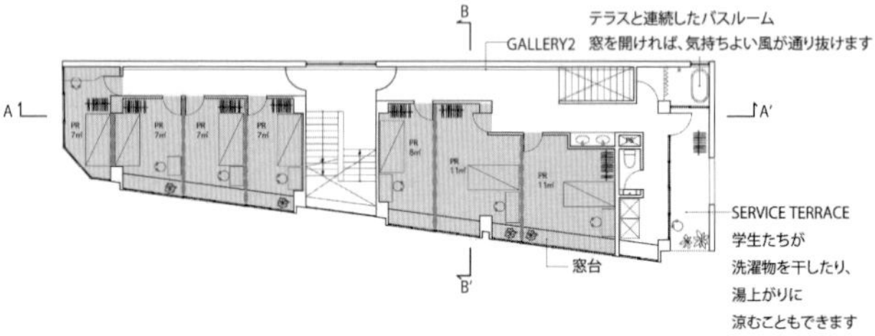
GALLERY2
テラスと連続したバスルーム
窓を開ければ、気持ちよい風が通り抜けます
SERVICE TERRACE
学生たちが
洗濯物を干したり、
湯上がりに
涼むこともできます
窓台
A
A'
B
B'

3F 平面図

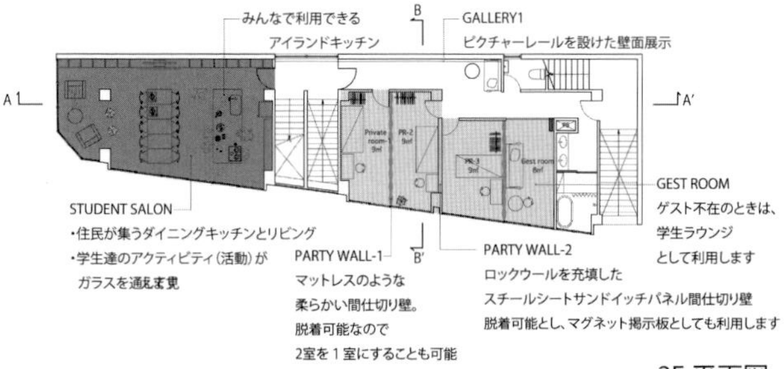
みんなで利用できる
アイランドキッチン
GALLERY1
ピクチャーレールを設けた壁面展示
STUDENT SALON
・住民が集うダイニングキッチンとリビング
・学生達のアクティビティ（活動）が
PARTY WALL-1
マットレスのような
柔らかい間仕切り壁。
脱着可能なので
2室を１室にすることも可能
PARTY WALL-2
ロックウールを充填した
スチールシートサンドイッチパネル間仕切り壁
脱着可能とし、マグネット掲示板としても利用します
GEST ROOM
ゲスト不在のときは、
学生ラウンジ
として利用します
A
A'
B
B'

2F 平面図

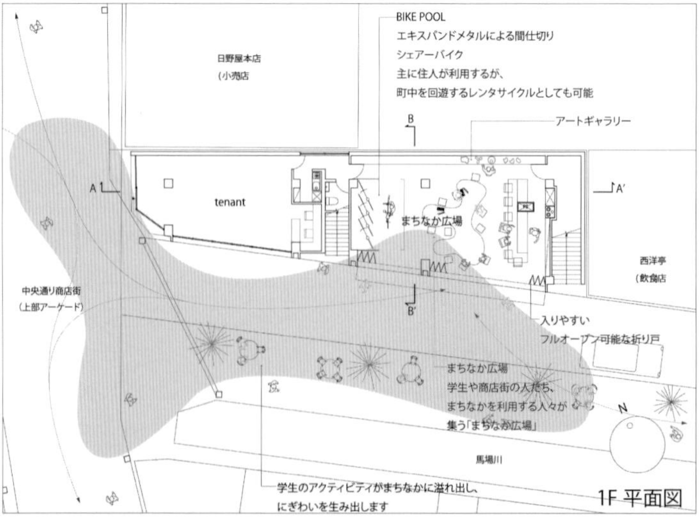
日野屋本店
（小売店
BIKE POOL
エキスパンドメタルによる間仕切り
シェアーバイク
主に住人が利用するが、
町中を回遊するレンタサイクルとしても可能
アートギャラリー
tenant
まちなか広場
西洋亭
（飲食店
中央通り商店街
（上部アーケード）
入りやすい
フルオープン可能な折り戸
まちなか広場
学生や商店街の人たち、
まちなかを利用する人々が
集う「まちなか広場」
馬場川
学生のアクティビティがまちなかに溢れ出し、
にぎわいを生み出します
N
A
A'
B
B'
1F 平面図

提案平面図。１Fには学生や商店街の人などまちなかの人が集う半公共的なスペース「まちなか広場」を設けた。

商店街は多くあり、他の地方都市へ波及・発展していくことができる。

計画建物は長い間空きとなっていた商業ビルであり、築40年以上経っていることから図面が現存しておらず、実測調査によって図面を作成した。また、新耐震基準（1981）以前の建物であったため、躯体調査の際には耐震一次診断を行なった。

提案は現状建物の面積を変えずに用途変更を行なっている。柱・梁をむき出しにすることで空間の体積をとり、個室の窮屈さを緩和した。また隣室との壁面は寄りかかるとたわむ「柔らかい壁」を採用し、シェアハウスにおける住まい方の提案をしている。

〈建築概要〉

構造規模：RC造3F、建築面積：161.74㎡、
延床面積：448.99㎡、1F床面積：148.51㎡、
2F床面積：151.89㎡、3F床面積：136.44㎡、
RF床面積：12.15㎡、
STUDENT SALON(2F)：46.33㎡、個室数：11、
共用：トイレ、ユニットバス、洗面所、ランドリー

03. シンポジウム

こうした提案をもとに中心市街地におけるまちなか居住を考える市民参加のシンポジウムを開催した。第一部では本計画である「前橋モデル」の構想を市民にプレゼンテーションし、中心市街地におけるまちなか居住の必要性を提案した。第二部ではまちなか居住の構想について、山本龍前橋市長、商店主代表、中小企業診断士、事業コーディネーター、学生代表を交えたディスカッションを行ない、前橋市のまちづくりの構想や取り組みをそれぞれの立場で議論し

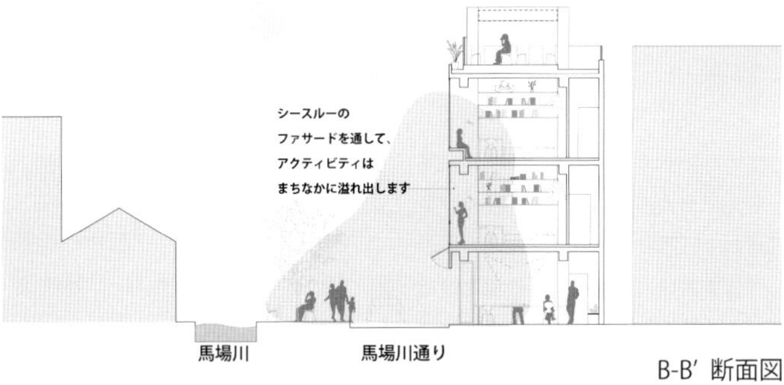
シースルーの
ファサードを通して、
アクティビティは
まちなかに溢れ出します
馬場川
馬場川通り

B-B′ 断面図

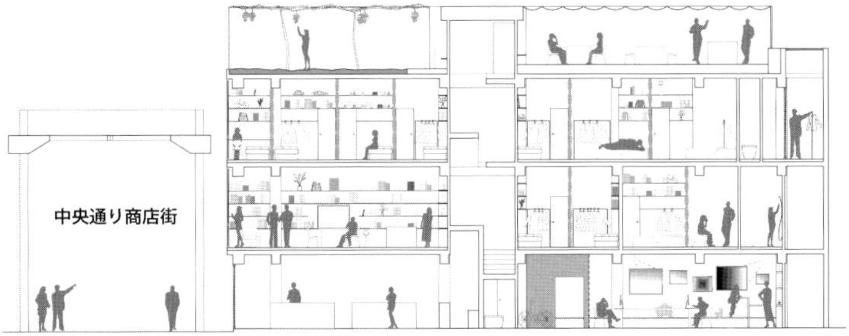
中央通り商店街

A-A′ 断面図

提案断面図。1Fの広場や2Fのダイニングキッチンの様子など、ガラス張りのファサードを通してまちなかに学生のアクティビティがあふれ出してにぎわいを生み出す。

シンポジウムでは前橋モデルのプレゼンテーションと議論が行なわれた。

実測調査を行なって初めて分かることも多かった。

た。まちなか居住についてはおおむね同意する意見が多かったが、資金面や実現性についての意見が多く聞かれた。これまでに何度も商店街活性化の試みがなされ失敗してきた前橋市において、市民の信頼を得るためにはプロジェクトのプロセスを丁寧に公開することが重要であり、本計画は建物竣工前からまちと建築との関係を築いていった。

04. 実測調査

実測調査は2012年4月～2013年10月にかけて4回行なわれた。現状図面がないことから図面作成、構造診断を目的として行ない、耐震一次診断については前橋工科大学の構造信頼性研究室に依頼した。仕上げを剥がして初めて分かることは多く、実施図面の精度を上げるため調査日以外も建物へ通った。

05. ワークショップ/オープンハウス

予算が厳しいことや学生への体験学習を目的とし、内装のペンキ塗りはボランティアを募って4日間のワークショップを企画した。参加者には学生だけではなく、まちなかの若者もおり、シェアハウスの広報としての意味もあった。また商店街からは昼食の差し入れがあり、新たに生まれ変わる建物を商店街が一体となって迎え入れた。そして2014年1月に無事竣工を迎え、入居者募集と同時にオープンハウスを行なった。

06. 今後の展開

2012年4月に始まり、約2年かけて「シェアフラット馬場川」は完成した。しかし、本プロジェクトは即効性のあるものではなく漢方薬のように徐々に効果が表れてくるものであり、竣工はスタート地点であると言える。学生の入居後も継続的に活動していくことが課題であり、研究室、入居学生、近隣住民、商店主が交流するためのハブとしてシェアハウスを運用することが必要である。そして数を1つずつ丁寧に増やし「住むまち」としての形づくりを実践していく。現在は空き家となった旅館のコンバージョンを本計画と平行して行なっている。プログラムは留

ボランティアによる壁塗りワークショップ。

オープンハウスには多くの人が訪れた。

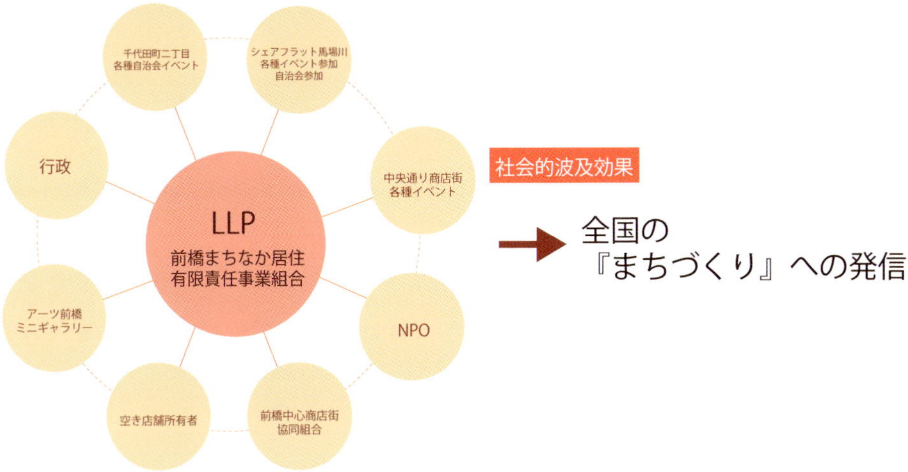

前橋中心市街地再生LLP構想会議を中心として行政をはじめさまざまなステークホルダーと連携し、
「前橋モデル」の社会的波及を目指す。

学生を対象としたシェアハウスであり、商店街のコミュニティの多様化を目論んでいる。今後は商店街や自治会が主催するイベントへの参加をサポート、家具製作のワークショップや屋上庭園の整備などを予定しており、本提案を軸にして学生と商店街との足掛かりを形成していきたい。

そして、コミュニティ活動を通したまちづくりとして本プロジェクトを位置づけ、「前橋モデル」を全国のまちづくりへ発信していくことが最終目的となっている。

[Project Members]
〈前橋中心市街地 再生LLP構想会議〉
指導教員:石田敏明
前橋工科大学 石田敏明研究室:黒岩 良、中澤宏行、矢端孝平、石飛尚弥、金 鍾相
前橋工科大学:吉田智大、今村 悠太郎、小澤聡美、小林奈央、藤木景介、山下 優、吉田祐理、渡邊圭亮
前橋中心商店街協同組合:植木 修、大橋慶人
グリンエネル:小林義明
[HP]
http://share-babakkawa.com/

Kashiihama Home For All Project

Group:
Kashiihama Home For All Project Team

概要

本プロジェクトは、建築、都市デザイン、発達心理、映像製作、さまざまな専門性をもった多分野多国籍のチームによるユーザー参加型のデザインプロジェクトである。

交流促進のための空間モデル“香椎浜みんなの家”製作を目的とし、企画、運営、設計、施工のプロセスを通して、ハードウェアとしての建物（空間構成と構造材料学研究）、ソフトウェアとしての企画運営（イベント企画とプロジェクトの推進）についてのアクションリサーチを実践した。

ユーザーとなる香椎浜留学生会館居住者を参加者とした全4回のワークショップ（ブレインストーミング、デザイン討議、材料伐採、施工WS）や関連イベントを含むそのデザインのプロセスを通して、そこに住む留学生たちと一体となって進めていくプロジェクトである。

背景

プロジェクトのフィールドとなった香椎浜留学生会館は、九州大学の留学生のための居住施設である。留学生である彼らは大学に所属し勉学や研究に励む一方、生活環境に順応できず心身を患う事例等もみられた。そこで、

香椎浜みんなの家竣工パーティ集合写真。最終的に約60人もの留学生が関わった。

第一回ワークショップでのブレインストーミングの様子

留学生の生活空間である香椎浜会館において、環境改善への寄与を目標としてプロジェクトが発足した。

「みんなの家」について

伊東豊雄氏を中心として立ち上げられた「みんなの家」のコンセプトについて、被災地における居住者の交流の場、拠りどころとなるような空間のあり方からヒントを得て、これを1つの指標とした。

そこで伊東氏より名称使用の許諾を得て、香椎浜みんなの家プロジェクトがスタートした。

メンバー構成

プロジェクトは、建築、コミュニティ計画学、発達心理学研究等を専門とする複数の研究室の教員、学生により企画運営された。建築については構造、施工実験等を含む竹構造学の研究と実践、コミュニティデザインについては各種ワークショップ、イベントの企画運営。発達心理学研究については、プロジェクト進行全工程における詳細な動画音声記録データ収集、分析を含むコミュニケーション実態調査を行なった。

基本構想の開始

2013年10月14日、第一回のワークショップにて交流スペースの企画、基本構想に関するブレインストーミングを行なった。グループに分かれてのブレストと議論、

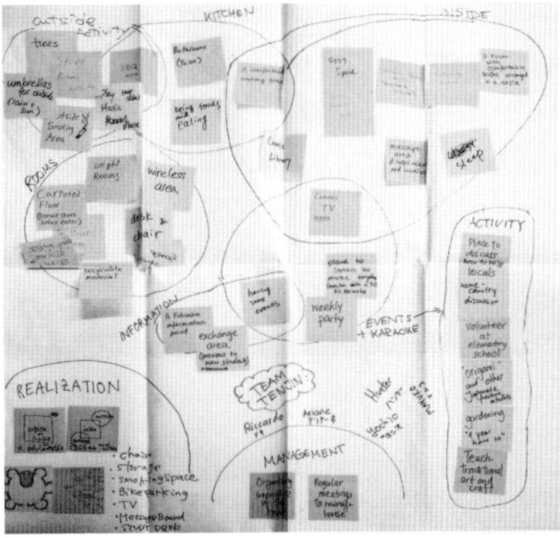

留学生とともにさまざまな意見・アイデアを出し合った。

竹材は周辺植生破壊のため伐採必要性のある竹林で伐採した。

アイディア共有のプレゼンテーションを行なった。多くの提案について意見を交換するとともに、居住者の日々の体感に基づく具体的議論、アイデアを得ることができた。

交流スペースの基本計画

続く10月28日には、交流スペース建築のベースデザインに関する第二回ワークショップを開催。第一回のフィードバックをベースとして建築学生らが作成した3案についてプレゼン、各案についてグループごとに議論を行なった。

参加者たちからは、期待やイメージ、要求について、具体的な意見や主張も出た。またそれぞれの案について利点・不利点をまとめ議論する中で、完成イメージの共有と今後に向けた留学生の主体的参加を促した。

材料取得工程

11月16日の竹伐採体験ワークショップは、九州大学伊都キャンパスにて、周辺植生破壊のため伐採必要性のある竹林で行なわれた。材料としての価値と伐採の必然性をもつ竹材についてその可能性を実践的に調査研究すべく、竹を主構造とすることと決定した。

このワークショップでは伐採、枝落とし、切断、運搬まで、20名ほどの参加者とともに行ない、1日で約4mのモウソウチクを60本程取得した。

設計施工

12月28日、第四回施工ワークショップを開催した。これに先立ち、第三回の竹伐採ワークショップから第四回の施工ワークショップまでの間、設計とさまざまな構造実験を行なった。竹材を組み合わせたフレームについて、正十角形の幾何学をベースとした複数のトラスをもつデザインにより、竹のたわみへの対処と剛性確保を図っている。材同士のジョイント部分は竹に穴をあけ、ボルトによる接合を行なっている。また構造計算より比較的大きな集中加重が発生するフレーム接合部を算出。それらの接合部の竹材節間にモルタルを充填することにより、強度を確保した。充填は横穴を空け、ボルト部分にスペーサーを設置して行なう。これをワンフレームとし、これらのフレームを9つ並べることにより空間を構成する。

竹による水平材、木材床、自重となる煉瓦壁面を設置、雨よけのテントを架構の内側にかけることにより空間を構成している。建物は全工程を自主施工する。

また構造実験では竹の物性値試験として、圧縮、引っ張りの強度実験。次に接合部の竹繊維方向、

フレーム加力試験の様子

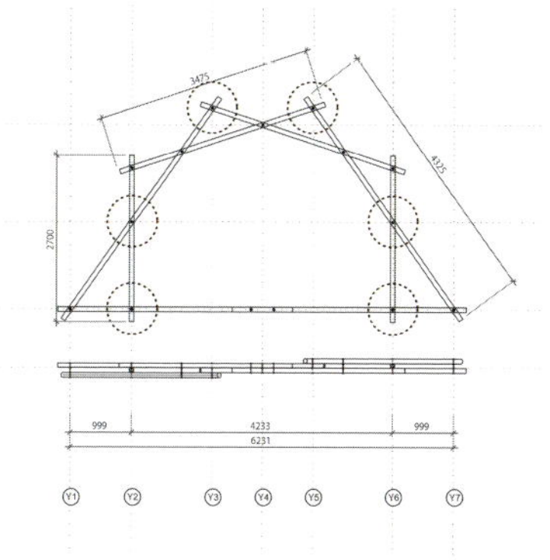

竹材同士のジョイント部分は竹に穴をあけ、ボルトによって接合。

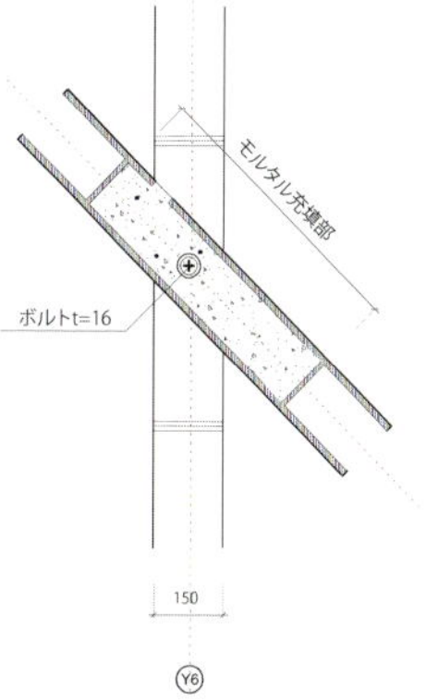

強度を高めるため、ジョイント部分にモルタルを充填する。

モルタル充填の様子

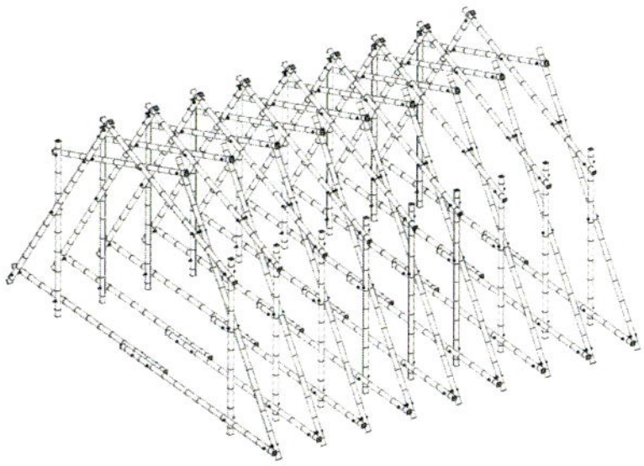

▼

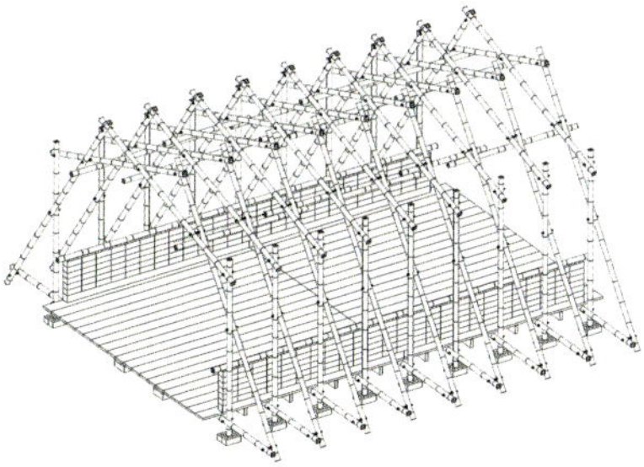

▼

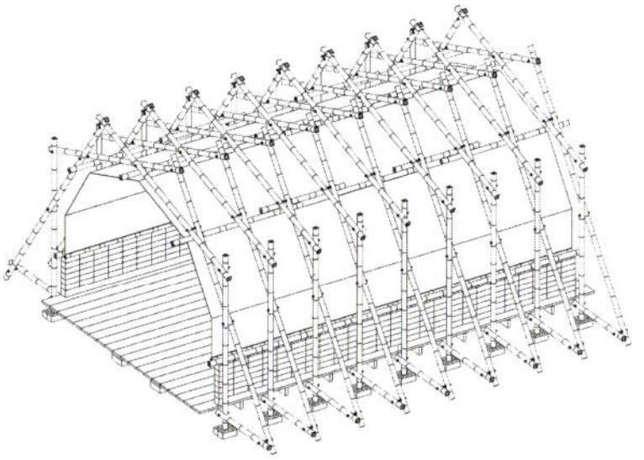

フレームを9つ並べ、雨よけのテントを架構の内側にかける。

繊維直行方向破壊試験についてモルタル充填竹と非充填竹の実験を行ない、その強度、破壊性状について調査を行なった。次に交流スペース建物で用いるフレームについて鉛直、水平載加試験を実施。それぞれに変位値を得て、構造計算時の参考値とした。

これらの工程を経て、第四回ワークショップでは竹材を現場に運搬し、留学生とともに組み立て、上棟式を行なった。

上棟式では餅まきを開催。留学生たちは、最初は不思議な顔で臨んでいたが、始まると皆とても楽しんでくれた様子だった。ここまでに関係した留学生の数は30名を超え、完成に向けた期待感とともにワークショップを終えた。

上棟式での餅まきは、留学生たちにとって初めての経験だった。

以降はコアメンバーを中心に施工を進めた。施工現場が居住空間内のため、多くの過去参加留学生が激励や差し入れ、ときには作業補助まで行なってくれた。

建物の竣工およびイベント開催

2014年1月5日、竣工パーティーとして、コアメンバーを中心として食事を持ち寄りパーティーを行なった。飛び入りの居住者など、多くの参加者があった。

プロジェクトに関する調査研究

発達心理学の見地に基づき、発生コミュニケーションを調査した。動画音声記録より作成したイベント進行時のトランスクリプトを作成、その行為や発話のカテゴライズ、性質分析等により、プロジェクトを通じたコミュニケーションの発達過程、実態分析等を行なった。また各イベント参加者人数やその関係性、参加要因等を調査することにより、ファシリテーションの効果についての検証やコミュニティ展開のプロセスに関する分析等を行なった。

イベントの回を重ねるごとに参加者が増え、最終的に60人以上が関わった。一方でこれらのコミュニティについて、計画イベント終了後に続く自律的運営システムを構築するには至っておらず、その後の経過につ

竣工したみんなの家

竣工パーティは多くの人でにぎわった。

いて観察を行ない、場合によっては利活用の仕掛けづくりをしていく必要があると結論づけた。

また、構造実験等を含む竹の建築についても研究成果をまとめた。交流スペースの作製過程では竹構造の研究調査を進め、自然の不定形素材の扱いについて多くの試行錯誤と実践を重ね、最終デザインを決定した。これら構造実験の数値データを含め、経験的蓄積を今後の継続研究のデータとした。前述したように、九州大学には環境悪化を理由として伐採、繁殖抑制を喫緊の問題とした竹林が広く存在する。その材料としての利活用は有意義であり、さらなる研究と実践を進めることとした。

竣工後の活用

2014年2月24日には、Kashiihama Home for all cafeと称した小さなイベントを催した。ここではプロジェクトの報告に関する展示、報告会と、留学生と集まってひとときの交流を楽しんだ。参加留学生からは、居住者の利用実態等についての報告を受け、春に花見を計画しているという話も聞くことができた。今後こういった小さなイベントを含め、継続的に利用が行われるような仕掛けづくりを行なっていきたい。

本プロジェクトは私たちにとって、実際の使用を含めたハードウェアとしての建築とソフトウェアとしてのそのプロセス、あるいは人そのもののコミュニケーション、そしてそれらの相関関係について考える大きな契機となった。

他分野・他国籍のメンバーや留学生との協働を通じ、建築の分野にとどまらない多くの経験と学びを得ることができた。人、コト、モノなど一つひとつの要素をどのように捉え、さまざまな状況で自分という個がどのように立ち振る舞っていくべきか。答えの出ない問いかもしれないが、それを考えていくことの大切さ、楽しさを感じた経験となった。

[Project Members]
九州大学 末廣香織研究室：佐藤寛之、
Susira Phanratanamala、奥田由雄
當眞千賀子研究室：Nadzirah Basri
菊地成朋研究室：野口雄太
鶴崎直樹研究室：上間 至
ほか、九州大学学生有志

“道楽”がまちをかえる?!

Group:
千葉大学 岡部明子研究室

概要

本プロジェクトは商業衰退、人口減少、少子高齢化などの問題が顕著になっている千葉県館山市長須賀地区において、「道楽」という非商業的アプローチから、まちなか再生の契機を探ろうとしたものである。

敷地

館山市は、千葉県の最南端にある。明治時代に汽船が就航して以降、港と街道を結ぶ長須賀地区は、物流の拠点となり問屋街として栄えてきた。しかし、鉄道開通、車社会の浸透、少子高齢化に伴い衰退し、かつて担っていた役割をすでに失っている。さらに、古い商家や蔵も取り壊され始め、近代的な住宅や駐車場に変わりつつあり、空間的な環境も劇的に変化している状況である。大正期の商家が複数残るこの街には、地域社会構造の変化に適応した新しい役割があるはずであるが、それを見い出せないまま、過去を引きずり現在に至っている。

非商業化による再生

住民にヒアリング調査を行なうと「低利用建物を所

「半日道楽」で実施した道楽の1つ。“紅屋”の間に“茶”を入れ半日“紅茶屋”に。

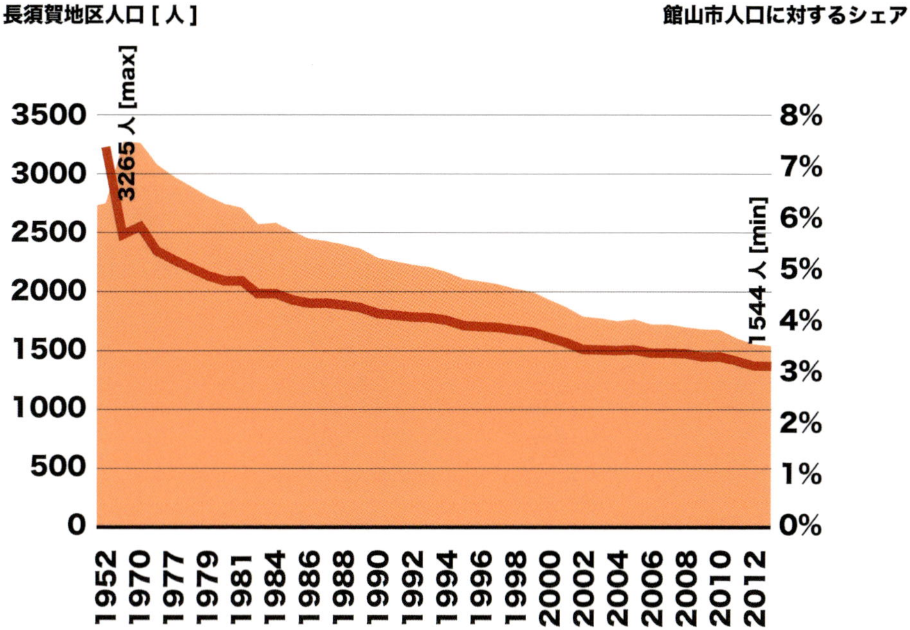

長須賀地区人口と館山市人口に対するシェア

有しているけど、商業利用したくない」、「地区の人に事務所のコピー機を無料で使わせている。それでみんな事務所で話ができるのが楽しい」といったお話を耳にした。利益を最大化することを第一とした商業者は少なく、商業化せずに再生する方向性を検討することが求められていることが分かった。

4つのシナリオ

従来のまちづくりは多くの場合、「商業化」と「居住者の参加」を前提としてきた。しかし長須賀の場合、商業化を望まないこと、また居住者が積極的に参加しないことも想定する必要があった。そのため「商業化/非商業化」×「居住者の参加あり/居住者の参加なし」の4つの軸でまちづくりのシナリオを検証した。

そして「非商業化×居住者の参加あり」のシナリオとして「道楽」を提案した。

道楽の可能性

一般に中心市街地のまちなか再生となると、商業復興のアプローチから取り組まれるケースが多く見られるが、長須賀地区のようなすでに衰退傾向にあり、また商業に多くの価値をおいていないこのような地方都市においては、長期的に商業復興を持続させていける状況にはない。

では、長須賀において何がまちなか再生となるのか。その糸口は長須賀の“祭り”などの地域行事にあった。住民の多くは地域行事の“祭り”を「道楽」だと言い、年に1回の祭りのために何カ月も前から皆で集まり、仕事の時間を削り、そこに自分たちの楽しむ場を創り上げていた。“祭り”という「道楽」が結果として、地域の人々の関係をつくり、つなぎ止めていた。また、祭りの休憩場所として低利用地を使うなど、空間の利用としても効果的な面が多く見られた。 このように自分の楽しみのためにまち全体を使って遊ぶことを通じたまちなか再生が、長須賀においてできる、長須賀にふさわしいやり方ではないかと考えた。本プロジェクトでは「道楽」にまちなか再生の可能性を見たのである。

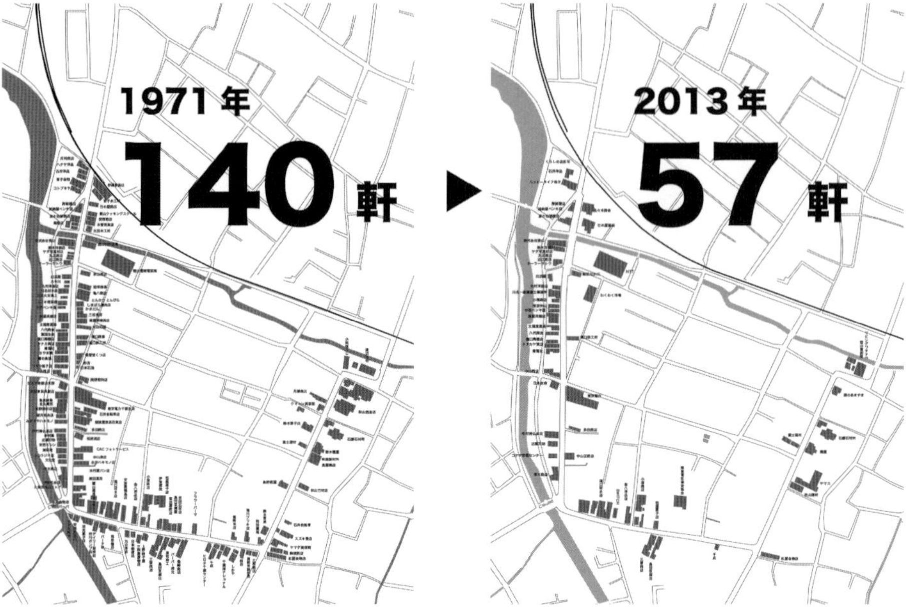

1971年
140軒
2013年
57軒

土地利用の変化（通り沿いの商店数）

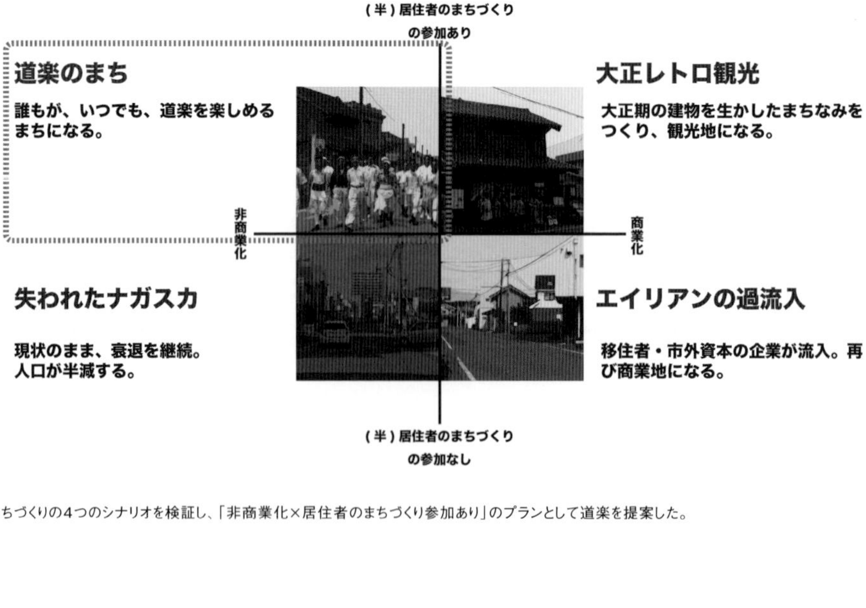

（半）居住者のまちづくりの参加あり
道楽のまち
誰もが、いつでも、道楽を楽しめるまちになる。
大正レトロ観光
大正期の建物を生かしたまちなみをつくり、観光地になる。
非商業化
商業化
失われたナガスカ
現状のまま、衰退を継続。人口が半減する。
エイリアンの過流入
移住者・市外資本の企業が流入。再び商業地になる。
（半）居住者のまちづくりの参加なし

まちづくりの4つのシナリオを検証し、「非商業化×居住者のまちづくり参加あり」のプランとして道楽を提案した。

道楽を考え直す

「道楽」とは本来、仕事とは別に熱中できる趣味や楽しみのことを言う。しかし以下のように仕事と遊びの境界線を超え、自分のために行なう活動と捉え直すこともできるのではないだろうか。

・「道楽は自分に勝手な仕事を自分の適宜な分量でやるのだから面白い。職業となると快楽がたちまち苦痛になる」、夏目漱石『道楽と職業』(1911)

・「仕事は遊びながらやってこそ成功する」、『いまどき仕事術』

・「雇用や余暇以上に、ownwork(自分仕事)が重要になる。自分仕事とは、自分や地域にとって意味のある活動を自身の裁量で仕事として行なう事である」、J. ロバートソン『未来の仕事』(1985)

4つのシナリオのうち、道楽のまちとして継続していくためには、居住者の参加が不可欠である。「道楽=仕事」というかたちであれば、自発的かつ緩やかなつながり方で、まちづくりへの参加が可能となるのではないかと考えた。

道楽提案ワークショップ

2013年の5月と6月、長須賀地区において千葉大学大学院生約60名による合同ワークショップ合宿を行なった。館山市長須賀地区の建物や空き地のひとつを半日だけ自由に使えるとし、その時、自分たちの道楽として何ができるかの提案を行なった。

《対象建物》

・紅屋……国登録有形文化財・建造物に指定されている金物屋。

・島野糀屋……麹、味噌、漬物等を扱っていた古商家。現在空き家。

・小谷商店……かつて砂糖などを扱っていた問屋。

・小谷商店隣の空き地……酒店、八百屋が過去に存在していた。

・金八商店……祭りを扱う商店。

ワークショップはそれぞれ2日間かけて行なった。それぞれの建物、空き地でグループに分かれ、まち歩き調査、対象物件調査をした上で提案を行ない、最後に地元の方に向け公開プレゼンテーションを開催した。

道楽提案を地元の方に向け公開プレゼンテーションした。

長須賀の地図を描いたビニールシートの上で地元の方たちと昔話をしながら食事する道楽。

ナガスカ半日道楽

2013年11月に「ナガスカ半日道楽」イベントを実施した。長須賀の老舗商店や空き家・低利用建物・空き地など全10軒を無償でお借りし、各場所において学生たちが思い思いの「道楽」を行なうというイベントである。例えば、普段は金物屋として営んでいる紅屋においては「紅屋」という店名の間に「茶」という文字を入れ、半日「紅茶屋」として紅茶を提供する場となった。空き地では、長須賀の地図がプリントされたシートを広げ、地図上で昔話をしながら食事を楽しむ道楽を実施した。

長須賀の道路や空き地、通りから見える建物内で行なわれたため、歩行者や車で移動する周辺住民が私たちの活動を知るきっかけにもなった。まちの道楽のような小さな実践でもより広い範囲の周辺住民に周知されるきっかけとなり、より多くの住民のまちなか再生への参加につながる手応えを得ることができた。また「道楽」がまちを変えていく可能性を垣間見ることができた。

道楽でまちを変えることは可能……?

1年間の活動を通し、「道楽」がまちを変えていく可能性を感じることができた。この「道楽」を長須賀で続けていくと、以下のようなことが起こるのではないだろうか。

1. 道楽が道楽を呼ぶ

・対象物件の所有者や、周辺住民の気持ちに変化が起こる。

・自ら企画してイベントを開催したり、道楽に企画から参加してくれた所有者の方も現れる。

・道楽の実践が、その道楽に参加してくれた人に連鎖し、また新たな道楽を生むと言える。

2. 道楽でナガスカを再発見!

・低利用建物の所有者が「もっと建物を使ってほしい」と思い始める。

・半日道楽で開放した建物を見た住民が、積極的に活用のイメージを膨らませ始める。

・道楽が、住民も知らない空間や情報を掘り起こす。また空間を共有することで、これまで知られていなかった建物の活用や、活用する主体を呼び込むきっ

麹工場で商品ができていく過程を体験する、麹工場で麹になってみる道楽。

かけをつくる。

・小さくても実践することにより、まちを変えていくきっかけになる。

世界で唯一の“道楽のためのまち”に!

長須賀は道楽によって確実に変わり始めているといえる。このムーブメントを育てることで、長須賀を世界で唯一の道楽のためのまちにできるのではないだろうか?

そのために今後行なっていく必要があるのは次の2つだと考える。

1. 新しい道楽を呼び込むための道楽を支援

・道楽によるまちなか再生を進めるためには、道楽を継続的に生み出すことが重要。

・まちなか再生のための道楽は、(他人のための仕事であるため) 道楽ではなくなるので、あくまでも支援にとどめなければならない。

2.〈道楽〉=〈仕事〉のライフモデル構築/道楽のマネージャーから

・道楽は継続的に生み出され実施されていくことが望ましいが、支援だけで継続していくことは難しい。

・道楽を実践する一方で、方針を考え全体を見る、まじめなマネジメントを行なうキーマンが必要である。

・「世界で唯一の道楽のためのまち」をマネジメントする道楽のマネージャーを置く。

「道楽」という、他の誰でもない、自分たちのために、自分たちで、自分たちの好きなことをしてまちなか再生をはかるという長須賀プロジェクトは、これからのまちなか再生において、新たな可能性を開くのではないだろうか。そのような希望を胸に、今後も長須賀地区と関わっていきたい。

[Project Members]
千葉大学 岡部明子研究室
[HP]
おかべくうかん
http://urbanlab.tu.chiba-u.ac.jp/okabe/

慶應型共進化住宅
Keio Co-Evolving House
人とともに社会を進化させる次世代型環境住宅

Group:
慶應義塾大学 池田靖史研究室
(慶應型共進化住宅実証コンソーシアム)

プロジェクトの背景

ネット・ゼロ・エネルギー・ハウス(以下「ZEH」)は、高い環境性能の建築工法と住宅設備の導入による次代のライフスタイルの提案で、震災以降はエネルギーセキュリティの意味でも注目されています。経済産業省資源エネルギー庁は、先進的な技術の開発と実証、標準化による ZEH の普及を目指して「ネット・ゼロ・エネルギー・ハウス標準化に係る調査・実証事業」を実施しています。この事業に対して、さまざまな環境分野の先端的研究をリードする慶應義塾大学 SFC 研究所(以下「慶應 SFC」)、環境・文化再生デザイン・ラボを中心に、理工学部との連携による横断的な研究チームを立ち上げ、環境分野に注力する28 社もの協力企業とコンソーシアムを結成しました。

私たち池田研究室はデジモクプロジェクトとして、エコな素材である木質建材にデジタル技術を活用することによるサステイナブルな木造構法を研究してきました。その成果を「慶應型共進化住宅」において展開しています。

慶應型共進化住宅とは

「慶應型共進化住宅」は2030年のアジアに向けて提案されています。2030年になるとアジアの国々は今よりもっと発展し、世界の中で重要な役割を担っているでしょう。人々のライフスタイルも今とまったく違うものに変化し、その多様さも広がりを見せていることでしょう。社会は消費型から、より持続可能型に近づいている必要があるはずです。私たちはこうした未来の状況に貢献できる環境住宅として「共進化」をコンセプトにした環境住宅を提案しています。そして徹底した自然素材の使用と地産エネ

完成した慶應型共進化住宅と、コンソーシアムのメンバーである研究室・企業の方々。

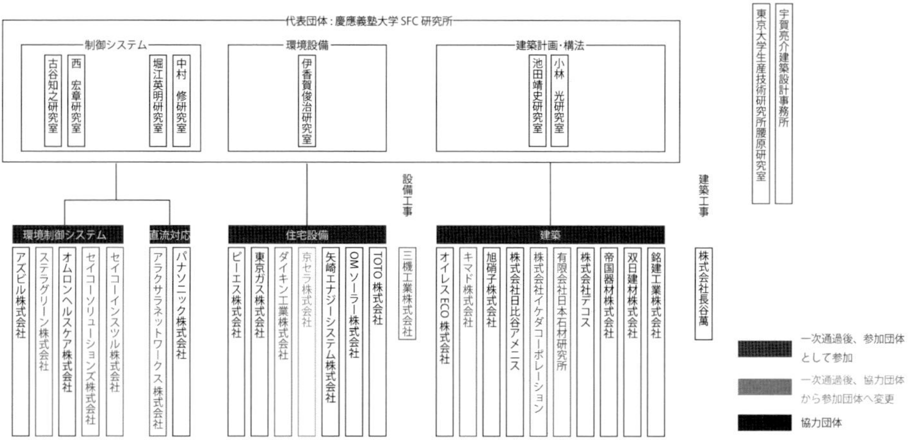

コンソーシアム・組織図

ルギー利用、それらを統合制御する高度な情報技術によって、質の高い暮らしの実現を目指す次世代型環境住宅、それが「慶應型共進化住宅」です。

異分野の研究室の連携

このプロジェクトの特徴は、学内において学部を横断した研究室が協力していることです。今後新たな提案を行なっていく上で、異分野の研究室同士が協力することが重要であり、学生にとっても幅広い視野をもつ貴重な機会だと考えています。

今回は建築の計画・構法と環境設備、制御システムの研究室が協力することで、未来の家としての新たな価値創造に向けた住宅提案ができると考えました。そしてその提案を実現するべく、数多くの企業に参加していただいています。学内での異分野交流に合わせて参加している企業も多種多様であることから、産学連携のみでなく、企業間の交流も活発に行なわれ強固な体制を築きました。

BIMを活用した学生主導による実施設計

教員の指導のもと、企業とミーティングを重ね、池田研究室修士1年の学生3人が3D作成と並行して実施図面を作成しました。基本設計から実施設計の段階までを学生が主体となって行ない、建築設計の厳しさや面白さ、また引いた図面から実際の建築物が建つという建築の醍醐味を現場で体験することができました。

この住宅の設計を、学生主導の設計チームがまとめ上げることができたのは、BIMを積極的に活用し、部材の収まりや干渉チェックを三次的に行なったからです。BIM (Building Information Model)とは、建築の三次元的な形状情報に加え、建築に関わるさまざまな情報を1つのデジタルデータに統合したものです。

建築に関する情報伝達では二次元図面の方が向いている場合もあり、三次元のモデルと二次元の図面の整合性が重要となります。

今回、池田研究室では設計プロセス上のこうした問題を解決するため、既存の三次元設計ソフトウェアの拡張機能を開発しました。これにより、三次元BIMで行なった住宅の設計変更が、二次元のパネル割り図に自動的に反映されることを可能としました。

BIMとデジタルデザインの融合で住宅のマスカスタマイゼーションを可能に

今回の提案住宅は住宅プランをカスタマイズできることが大きな特徴の1つですが、建設するたびに詳細が変わるため設計に膨大な手間がかかってしまいます。池田研究室では、住宅のいくつかの寸法を視覚的で簡易な操作で変更すると、それが即座に住宅プラン、BIMに反映されるソフトウェアを作成しました。パネルのパラメータを変化させることで、地域の特性や居住者の事情に合わせた柔軟な住宅展開を可能にします。

学生による家具のデザイン

池田研究室では学部生を中心として家具をデザインしました。例えば椅子は座る人に合わせられるよう、部材寸法をさまざまに変更可能です。かつCNC木材加工機で生産できる曲面状の椅子を考案し、それを簡易な寸法変数の操作で変更できるソフトウェアの開発を行ないました。

さらに、住宅の壁には溝を掘ることで、そこに使用者が自由に棚板を外したり動かしたりできるようにしました。

2030年のアジア展開に向けたケーススタディ

池田研究室では、学生がアジア地域を対象として敷地を選び、都市において慶應型共進化住宅が実際にどのように展開できるかを検討するため、いくつかの地域においてケーススタディを行ないました。

省エネルギー効果と住環境シミュレーション

慶應型共進化住宅は、LCCM（Life Cycle Carbon Minus）を目指しています。これは、建設、運用、廃棄に至るライフサイクルでのCO_2排出量の累計値をマイナスにしようとするものです。伊香賀研究室では、これまでの研究成果と企業との協働によって独自の評価ツールを開発し、慶應型共進化住宅の省エネルギー性能やLCCMの達成度などの評価を行ないました。

さらにさまざまなシミュレーションを行ない、そ

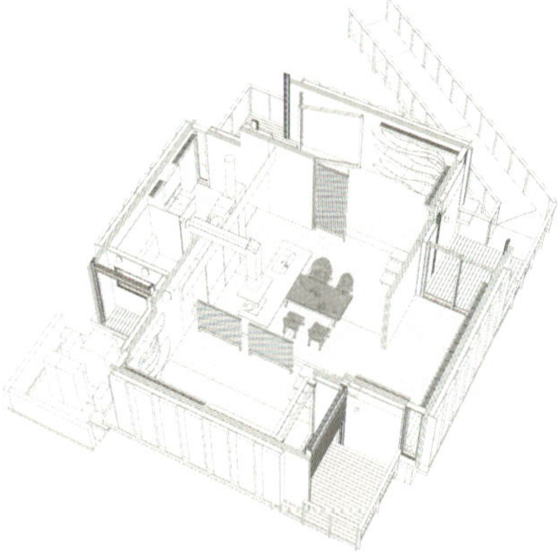

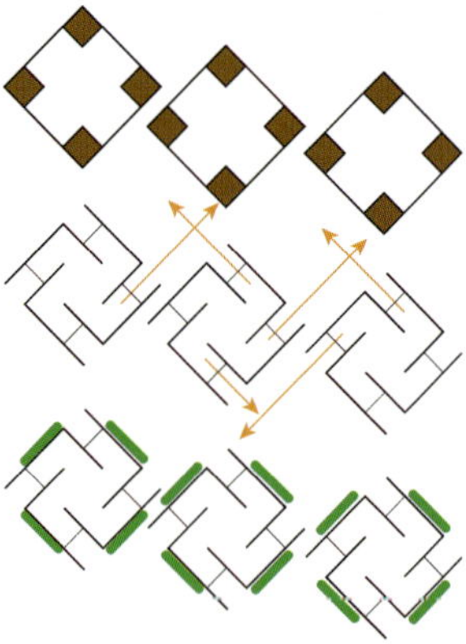

アジアの高密度な都市環境を想定し、プライバシーを確保ながら採光や通風を確保する空間を四隅に確保する"風車"の平面形態を考えた。

プロジェクトの推移

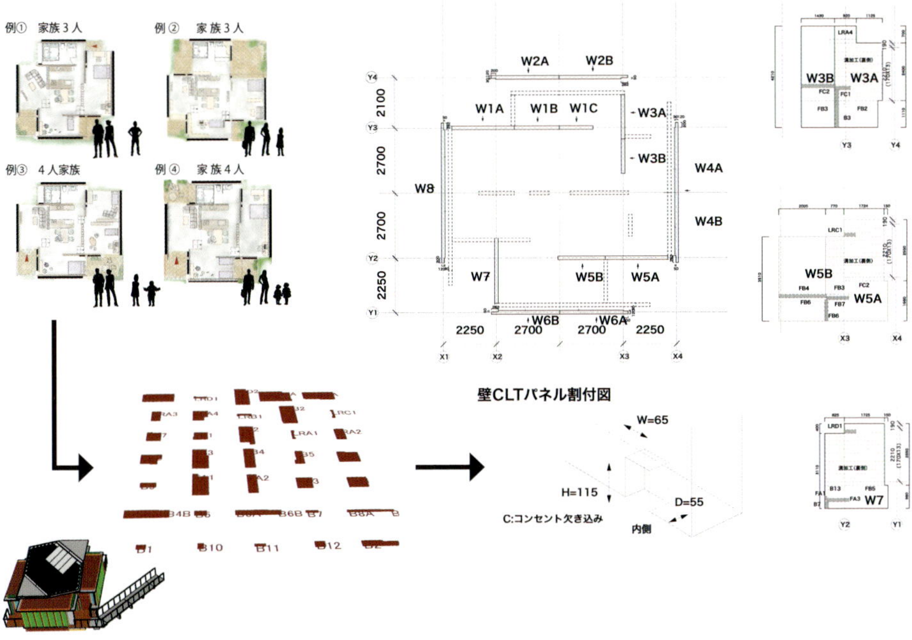

BIMモデルを活用して、工場でプレカットするCLTや断熱材パネル等建築部材の設計も行なった。

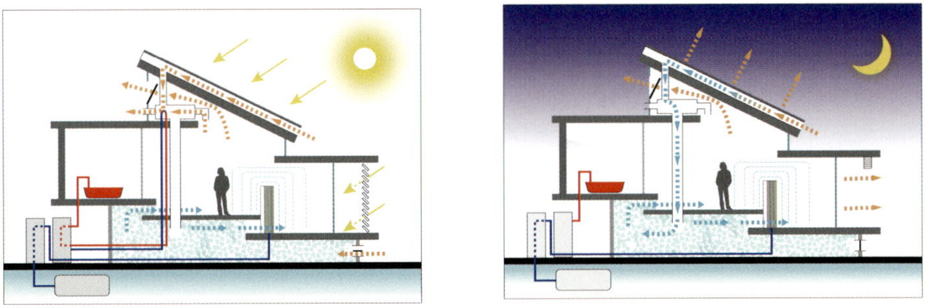

高齢者のことを考えて最低限の生活動線は同一レベル上に配置しつつも、床にレベル差を設けることで床下の蓄熱空間からの熱損失の少ない換気や、設備機器が設置できるように設計した。各種環境設備は極力パッシブなものとし、季節によってその使われ方も異なる。

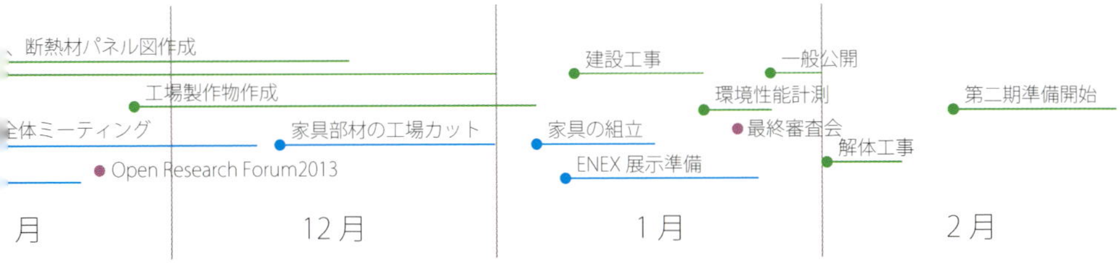

学生の作成した家具(椅子、机、棚)

アジアでの集い方をスタディした模型

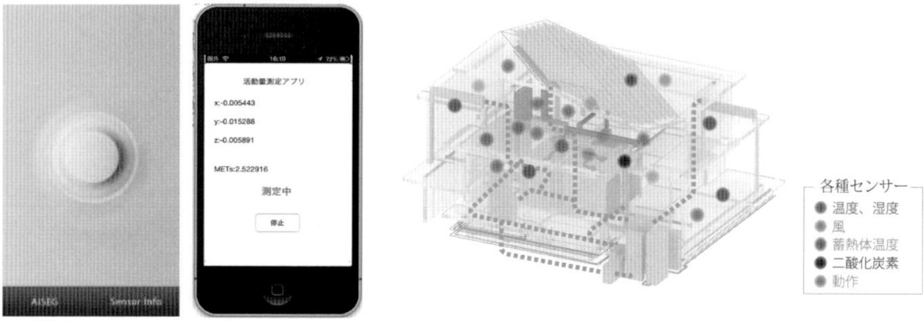

スマートフォンにつまみを1つ用意し、「より快適」「おすすめエコ」「頑張るエコ」「OFF」といった具合に居住者が感覚的に環境設定を選択できるようにした。(写真左:西宏章研究室提供)

の結果を用いて暖冷房機器の必要能力の検討や、床下に入れる蓄熱体の容量を検討しました。

環境センシングおよび制御システムの実装

西研究室は、設備機器とセンサーを連動させた制御システムを実装しました。快適な住環境をつくる制御を実現するためにはまずは現状を把握する必要があります。そのために環境のセンシングを行ない、快適性や人数などの推定・制御を行ないました。

各種制御システムは、新しいセンサーの実装や開発のみならず、既存基板回路の解析と、新しい回路の設計、それを制御するコントローラー、さらにはその上で動作するソフトウェア、インターネットを介してデータベースと接続する上位サービスとさまざまな技術領域の融合です。

企業と連携し、学生がこのような制御システムを実装することで、学校の授業や座学では得られない学びや喜びを得ることができました。

エネルギー利用の“見せない化”

西研究室では極力簡単なインターフェースでありながらユーザーの本当の要望を判断できるスマートHEMSを提案しました。

誰にでも簡単なエネルギーの適切なエコを行なってもらうためには、従来のHEMSで主流であるエネルギー利用の見える化だけでは不十分です。情報技術に長けていない高齢者や子供にとっては利用しやすいとは言えず、示されたグラフから具体的にどのように行動すればよいかの判断は大変難しいと言えます。

そこでスマートフォンにつまみを1つ用意し、居住者が感覚的に環境設定を選択できるようにしました。

政策や民間の新ビジネスモデルの開発・適用による国内外への普及

私たちは多分野の研究室が協働している強みを生かして、実際に慶應型共進化住宅を国内外に展開していくための、ビジネス的・政策的なプロセスについても検討を進めています。

第二期準備開始

今後は第二期として本住宅を慶應SFCに移設し、実証実験を行ないます。新たな学生・研究室を迎え、この住宅を発展・進化させるためのさまざまな実験を実際に居住しながら行なっていきます。

[Project Members]
〈慶應型共進化住宅実証コンソーシアム〉
慶應義塾大学 池田靖史研究室:池田靖史教授*、東 慎也*、阿部祐一訪問研究員*、猪野 梓、佐藤岳志*、高城冬悟*、立山 蘭、陳 琳、杜 思旻、檜木慎一郎、藤末智穂、星野志織、柳田 舞、渡邊 圭
伊香賀俊治研究室:伊香賀俊治教授*、宇城拓平*、海塩 渉*、本多英里*
西宏章研究室:西宏章教授*、河野翔貴*、葛原健太、山口史人
中村修研究室:中村修教授*
小林光研究室:小林光教授*、佐々木祐斗、関 真吾*、田中佑典、吉田崇将
*印が中心メンバー
〈協力企業〉
旭硝子株式会社、アズビル株式会社、アラクサラネットワークス株式会社、宇賀亮介建築設計事務所、オイレスECO株式会社、OMソーラー株式会社、オムロンヘルスケア株式会社、株式会社イケダコーポレーション、株式会社デコス、株式会社長谷萬、株式会社日比谷アメニス、キマド株式会社、京セラ株式会社、三機工業株式会社、ステラグリーン株式会社、セイコーインスツル株式会社、セイコーソリューションズ株式会社、双日建材株式会社、ダイキン工業株式会社、帝国器材株式会社、東京ガス株式会社、東京大学生産技術研究所腰原研究室、TOTO株式会社、パナソニック株式会社、ピーエス株式会社、銘建工業株式会社、矢崎エナジーシステム株式会社、有限会社日本石材研究所

住宅内観

プロジェクト展
アネックストーク2

参加プロジェクト:

前橋中心市街地空き店舗の学生住宅活用(p.272)

Kashiihama Home For All Project(p.278)

“道楽”がまちをかえる?!(p.284)

慶應型共進化住宅 Keio Co-Evolving House(p.290)

コメンテーター:

森山高至、門脇耕三

建築をひらく

森山高至(以下、森山):全体として、すごく頼もしいなと感じました。僕はもともと皆さんより世代が上で新しいタイプの建築家象をつくりたいなと考えて活動していました。どちらかと言うと同世代より上を見ていたものですから、なんだか孤独だなと感じていたのですが、今回この会に呼んでいただいて「なんだ仲間いっぱいいるじゃん」という安心感と、これから日本の建築界は変わっていけるなという希望みたいなものも感じました。これから建築家の職能がどう変わっていくかというモデルをいろいろ見せていただいたと感じています。

「前橋中心市街地空き店舗の学生住宅活用」(以下、学生住宅)は、即効性のあるプロジェクトになり得るという期待がありますね。中心市街地問題というのはノスタルジーだけではもうどうしようもない状況ですし、同時にやはり大型店舗の進出とモータリゼーションで生活スタイルは一変しています。ところが一方で、車を運転できなくなってしまったお年寄りや車をもっていない若者など、交通弱者が昔のように徒歩で暮らせないという事態が起こっています。そういった、中心市街地再開発だけに限らない、ライフスタイルが変わってきているなかで生まれている課題に取り組んでいたと思います。

「“道楽”がまちをかえる?!」(以下、道楽)については、お祭りで終わってしまうんじゃないかというお話がありましたが、今はお祭りそのものも、お祭りするための装置もなくなっているんですよね。建築にはそういうお祭りとかイベントを惹起するような機能も、もともとありますから。単純に何でも使える広場ではやはり何も始まらなくって、何かそういうアクションを起こさせる装置としての建築というのが、これから求められていくだろうと思います。

門脇耕三（以下、門脇）：あえて経済と結びつけるならば最近はギフト経済という概念もあります。つまり誰かに対して喜ぶようなことをしてあげると、結果的に自分に返ってきて、経済が回るという概念ですね。

道楽ってそれだけでいいと思うんですよ。というのは今まで我々は社会的な居場所を仕事に求めすぎていた。でも人間の生活って仕事だけではなくて、子育てもするし、ご飯も楽しむし、お酒を飲んで酔っ払って町を歩いたりする。その人間生活を、しっかり他者と関係をもちながら送っていることこそが本来の都市生活なので、「道楽」は都市を本来の人間生活に取り戻そうという試みだと思って、胸を張っていいと思いますよ。道楽は道楽である、仕事ではない。そのくらい言い切っていいなと僕は思います。その方が豊かな生活じゃないですか。日本は十分豊かになってストックだけで生きられる人も当然いるわけですから、そういう新しい都市の使い倒し方、生き方を考える上で良いヒントになったように思います。

森山：「Kashiihama Home For All Project 」（以下、香椎浜）は、留学生の問題を解決するきっかけづくり、装置としての建築ですね。やはり建築というのは本来社会的な立場やレベルの違う人も全員を巻きこんでいけるような1つのハードウェアですから、建築の力を改めて感じました。

「慶應型共進化住宅」（以下、慶應）については、企業の協賛を得たというのが多分厳しさを生んだと同時に、可能性をより広げていると思います。経済活動に従事している人に対峙しなきゃいけない。大勢の人たちといろいろな企業が関わるプロジェクトで、それらを統合していくということが、おそらく一番大事な建築家の仕事だし、それをより合理化したり、普遍化したり、個別化したりという矛盾した課題を建築家は常に解決していかなくてはならない。

新国立競技場の話は、逆に、古いタイプの建築家のスタイルが社会に合わなくなってきていることを如実に反映しているんじゃないかと僕は思っています。建築家が1人のヒーローであった時代はすでに終わっているのに、まだ社会的には万能なスーパーマンとされていて、決定権がそこに集約されてしまう。その結果、いろいろな問題や軋轢を引き起こしているんだろうと思います。

それを解決するには、先ほどプロセスをオープンにするという話もありましたが、僕はもっとみんなに建築の知識をもってもらうべきだと考えています。料理ならみんな自分でもつくるのでプロのつくるものが美味しいかどうかも判断できますが、建築の場合、今まで情報や知識の非対称性が大きすぎた。一般の方は批評もできなければ何を言っているのかも分からないというのが、これまで一般社会における建築のあり方だったと思います。それを少しでも解決したいと考えて、私はブログを書いたりしています。

コミュニケーションの装置として

門脇：前橋のプロジェクト（「学生住宅」）の背後にあったのは都市構造の問題だったと思います。産業構造の変化にあわせて都市構造も変化しなければいけないが、都市というのはなかなか産業のようにパッと変われるものではない。そこでどのようにストックを読み替えていくべきかが問題になる訳です。

前橋の場合はとくに中心市街地と郊外の構図が逆転していて、周辺部をつかうのは完全に車社会に対応した人だけであって、交通弱者が取り残されているというのが森山さんのご指摘でした。その時に中心市街地がもつべき構造としておそらく弱者に対応したような都市の姿があり得ると思うのですが、今回の

シェアハウスは彼らに対してどのような寄与をしているのでしょうか。自分自身がこういう生活ができれば絶対楽しくなるはずだと、きっとそういうリアリティや思いがあったのだと思いますが。

学生住宅（矢端）：僕自身も免許をもっていなくて、商店街は大学から駅を挟んで反対側にあるので、このプロジェクトに関わるまで行ったことがありませんでした。でもこの活動をきっかけに行くようになって、ご飯を食べたりしているうちに、すごく楽しいところだなと発見しました。ですからここに、もっと簡単に行けるようになってほしいというのは率直な意見です。

門脇：商店街が実は行ってみたら自分たちの生活支援施設としてきわめて有効であることを発見したと。だからこそ、何かの形でアクセシビリティを高めることが重要であるということですね。

道楽（澤井）：館山というエリアは地方の中ではそこまでアクセシビリティが悪い場所ではないので、例えば東京の人にとって二拠点居住地などになっています。長須賀もストックがたくさんあるという状況を前向きに捉え直せば、二拠点居住地として可能性もある。ただ市内でも長須賀というエリアは中心市街地から少し離れたエリアで、おそらくコンパクトシティという話の中心から少し外れてしまうので、これから淘汰されてしまうかもしれません。

門脇：共通していえるのは、前橋の商店街も長須賀も物理的なアクセシビリティが悪いわけではない。おそらく心理的なアクセシビリティが低いという話だと思います。

　例えば「学生住宅」のプロジェクトでは、もともとガラス張りだったことをうまく利用して、居住者の生活感やにぎわいが路上にあふれ出るようなデザインをされている。「道楽」も、みんなが行きやすくなるように建物が構えとして、あるいは表出として開放的になるような試みをされています。

学生住宅（矢端）：心理的なアクセシビリティを建築の力で何とかしようとしてるというのは、そうだなと思い

ました。僕自身やっぱり中心市街地に出かけてみて、すごくうまいソースかつ丼の店を見つけたんですけど、そういうものが1つ見つかるだけで、大学生活の中で通い続けるということが起きる。そういった場所、学生にとっての居場所を中心市街地につくりたかったんだと思います。

森山：もしここに70～80歳くらいの1人暮らしのおじいちゃんが住みたいと言われた場合はどうされますか。

学生住宅（矢端）：それは理想的な形ではあると思います。本当は学生だけじゃなくていろんな職種や世代の方も関わってきてほしいと思っています。

森山：そうですね、もし僕が80歳ぐらいで、ここで学生の人と住めたら楽しいだろうなと思います。迷惑でなければね。

門脇：おそらくストックを活用するだけで、ある程度豊かに生きられる時代なんですよね、本当に。だから我々は「成長」に奉仕する必要は、もはやないんだと。そういう生き方が出てきた。ただ、おそらく何らかの社会的な関係性を構築する必要がある。そこでコミュニケーションという話が非常に先鋭化してくるわけですけども、今度はそのコミュニケーションが建築をつくるプロセスにおいてどうやって活性化できるのか。「香椎浜」ではいかがでしたか。

香椎浜（佐藤）：プロジェクトを発足した段階では具体的な建築のイメージはまったくなくて、ただ僕たちも留学生たちもコミュニケーションが取れていないというフラストレーションに対して、みんなで議論してより考えを深めていくようなスイッチを押してあげる、森山さんの言葉でいうと装置となることや公共化することを考えていました。

門脇：おそらく建築というのは物理的な居場所をつくるものであると同時に社会的な居場所をつくることでもあると思います。留学生の方が、社会的に居場所がなくて精神的に参ってしまうという問題に対して、建築のプロセスをオープンにして、参加できる枠組みをつくることで、彼らも社会的な居場所を発見できた。その時におそらく空間そのものもオープンであるべきだと考えたのだと思うんですね。

地域のコミュニティと学生、あるいは留学生と日本人の間でも、我々はもはや同じ価値観をもってはいません。でもそれを何とか開いていく枠組みをもたなきゃいけない。その時、我々はどういう共通のプラットフォームをもてるのか。建築は古来から祝祭性をもっていたという側面があって、それをすごくうまく使ってもう1回花開かせた、そんなプロジェクトですよね。

香椎浜(佐藤):僕たちの場合は建築でしたけど、そういったお祭り、コトを動かすことによってネガティブな人たちもポジティブ側に引き込むことができればと考えています。

他者に向かって

門脇:いろいろな思惑をもっている人たちが、参加せざるを得ないという枠組みが建築であるということが分かってきたと。そのマネージメントが一番大変だったのは「慶應」だと思うんですね。そもそもBIMというのはアメリカで最初に発達したんです。日本では施工者も現場監督も設計者も同じ大学の建築教育を受けていることが多いですが、アメリカだと全然違うんですよね。バラバラの人が建築の仕事をしていて、そのための共通のインタフェースとしてBIMが発達した。慶應の場合も、短い時間の中でいろんな主体がコミュニケーションするツールとしてBIMをやらざるを得ないという状況だったのではないかと思います。

慶應(佐藤):私たちとしては3Dでやり取りができれば一番楽だったのですが、メーカーさんによってはCADをもっていらっしゃらなかったり、図面に載っているのに寸法を聞いてこられたり、ということも多かったので、コミュニケーションのツールによっていかに円滑に進行するかという苦労はありました。

慶應（高木）：一方で図面やBIMでもつくった人にしか分からないというところもあって、直接会ってコミュニケーションを取ることも大事ですし、BIMの限界というか、これからどうコミュニケーションツールとして役立てていくかというのは課題ですね。

森山：設計図というのは完成予想図ではなく、人に伝えるための道具でしかないんですよね。でも仕事をするまでは誰も知らないと思うし、仕事をしていてもそのことを忘れている人がすごく多い。文字を小っちゃく書いたり、グラフィックデザインみたいな図面つくったりするんだけど、実は大工のおやじさんには見えていない。先ほど門脇先生もおっしゃいましたが、海外の現場では教育レベルだけじゃなく言葉が通じない。そういう状況でもコミュニケーションが取れるような仕組みをどんどん発展させているのが欧米のシステムですよね。逆に北海道から沖縄まで全国に1級建築士がいて、それと同等の能力をもっている建築技術者も、それ以上の経験のある職人さんもいるというのは、日本の強みなんですよね。それが今、後継者不足で失われるんじゃないかという不安と、逆に他業種からもっと入ってきてもらうためにも、そこを掘り下げていくと、もしかしたら新しい設計ツールが生まれるのではないかと思いますね。

門脇：日本はオリンピックが決まって、すでに建設労働者が足りなくなっています。暫定的に移民を受け入れるということまで発表されていますから、これからBIMのような話が日本でも非常に活性化してくると思います。

皆さんの話を通じて、これからの建築が設計、建設、利用、維持管理といったさまざまなフェーズで、何らかの他者の参加を必要としてきているなと感じました。だからこそ皆さんもプロセスといったことに興味をもち出しているのだと思います。

建築×経済

門脇:最後に皆さんがこういったプロジェクトを通じて、今後の建築をどういう風に変えていきたいのか、どう変えるべきだと思っているのか、聞かせてください。

学生住宅(黒岩):僕は4月からデベロッパーに就職するのですが、もう少し建築学生がデベロッパーや開発の方に乗り出していったら、より積極的に変えていけるんじゃないかなと思っています。ストック活用というのは人々の記憶が建物に残っているので、開発をしていく上で最初のステップを和らげてくれるのではないかと思いました。

森山:なぜ開発でストック活用が進まないか。いろいろな理由があるのですが、いかに短期的な利益を最大化するかという経済側のテーゼがあるんですよ。きっと皆さんが社会に出ると、そういうことが大前提の世界に放り込まれて、「建築の連中はつくることだけやっていればいいんだ」というところに追い込まれかねないと思うんです。そのためにも、例えば長期的な視野で利益をじわじわと伸ばした方が実はいいんだというような話を、経済側の言葉で真っ向から議論できるような知識をぜひ身につけていただきたいですね。

道楽(斉藤):僕は建築を学んだ人がさまざまな分野で仕事をした方がいいと思っていて、建築のものの考え方、いわばソフトウェアやOSのようなものはどの場面でも使えるはずだなと感じています。

森山:今すごく良いことを言われたのですが、建築の考え方や技術をOSと捉えた時に、それはいろいろなところに広がっていくべきだし、総合的にやらなきゃいけない。だから建築を学んでいるということは、きっとこれからも活かせると思います。他の分野で仕事をする際も。

香椎浜(佐藤):建築家の範囲や職能が広がっている一方で、建築自体のクオリティを突き詰めることにも関心があります。去年アメリカに留学していたのですが、卒業設計を見た時にクオリティがめちゃくちゃ高くて感動したんですね。彼らに話を聞いてみると、何で建てたかという理由やプロセスの話はまったくないのですが、とにかく「僕はこれをつくりたいからつくりました」と言っていて、ある意味それはそれで、建築をつくるには重要だなと思ったんです。日本の卒業設計では、とにかく話をずっとこねくり回してなかなか手が動かなくて、最終的にできたものには話はちゃんとある

んだけど物として説得力がなかったり、ということもあると思います。ある意味楽観的かもしれませんが、まず建築自体、モノとしての価値を信じ続けて突き詰めることをやっていきたいと思っています。

森山：今のお話は、実は非常に正しくって。僕はもともと突き詰め系のところにいましたから、どうしても「チークのすげえやつを見つけよう」みたいな話になるんですよ。ところがデザイン性や素材のクオリティを追い詰めていくと、材木の流通ルートまで洗わなきゃいけなくなってきて、結果的に伐採から日本でどう加工されるかまですべて遡る必要が出てくるんです。だからそのデザインや芸術性も、中途半端に語るのではなく本当に突き詰めていくと、必ずどこかで根本に触れることができます。どんなものにせよ1つの方向性を突き詰めていくことによって見えてくる社会の姿というものはありますから、その方向性はありだと思います。

学生住宅(矢端)：建築の仕組みを公開することで生まれるコミュニティやコミュニケーションに関して、使う側のリテラシーの向上がとても重要だと思います。例えばパターンランゲージや建築の仕組み自体をカタログとして公開することはやられてきたと思いますが、まだ何かハードの部分でそういった手法が見つけられていないように感じています。ですからこれから社会に出るにあたってはまだまだハードの力を信じて、建築を建てることで生まれる使う側のリテラシーの向上という視点をもって活動していきたいです。

門脇：確かに建築の領域は拡張していると思いますが、どんなに拡張しても建築を駆動させるエンジンは絶対に経済なんです。それは意識しなければいけないのですが、舵を握っているのは君たちです。経済がどういうエンジンかを知れば、おそらく自分の目指す価値にきっと辿り着けると思いますし、むしろ舵がなければ自分の思うところにも辿りつけない、単なる暴れ車になってしまうと思うんです。そういった意味でも自分自身がどういう欲望をもっていて、どういう社会を目指すべきだと思っているのか。これから社会に出ても、そういうことを大事にしてプロジェクトに取り組んでいただければと思います。

森山：本来は、建築家は広い視野の下で活動をすべきだったんです。それがデザイン性とか芸術性の部分だけにフォーカスされ過ぎてしまって、教養や知識があまり要求されなくなってしまっていた。それが今、もともとの建築家に要求されるレベル、スタンスに戻ろうとしているだけだと思うんですね。ですから実は、社会性をもっていれば建築家ということではなく、それを踏まえた上でデザイン性や芸術性がなければ、やっぱり経済的価値もないんですよ。

なぜかというと、ハコモノが最終的に目指すべきは文化財なんです。100年経っても200年経っても残るものをつくることに本当は一番経済的価値があって、ヨーロッパの街はそれに成功しているわけなんです。だから究極的には、芸術性とかデザイン性が一番大事。だけどそこに至るプロセスをいかにショートカットするかという発想がこの20年ぐらい続いてきたのでしょう。それが今もう一度、広い裾野から建築を考えていこうというところに戻ってきている。そういう意味で、建築家という役割がもっともっと大きな期待をもって、社会に受け入れられる必要があるだろうと僕は思っています。今日、その思いをまた強くしました。

ハチイチ
八王子校舎旧一号館
解体直前の空間

Group:
工学院大学 ハチイチ企画学生有志団体
+冨永祥子准教授

1. 概要

建築の終わりへのアプローチ「さよならイベント」

建築が解体される時に、建築に敬意を払い、感謝と別れを告げるイベントが行なわれている。それは「さよならイベント」と呼ばれ、広く一般的に知られつつある。

建築の利用者の視点から、失われる建築へのアプローチに興味があった。ゼミ活動の中で「さよならイベント」を研究している時に、実際に解体されようとしている八王子の旧一号館に辿り着いた。実際に建築のための「さよならイベント」を企画・実行することで、実験的に「さよならイベント」を研究する。

解体される旧一号館

工学院大学八王子キャンパスの旧一号館は、2013年に新しくつくられた総合教育棟へと機能を移転したため、解体が決定された。八王子キャンパス設立時から建ち続けてきた旧一号館は、工学院大学の学生にとって馴染みのある校舎だ。

お世話になった校舎に学生として何かできないかと考え、研究室を越えて有志団体をつくりさよならイベントの企画を行なった。

誰のために、なぜ行なうのか

本企画は、工学院大学のOBと現役の学生のために行なう。

OBにとっては学生時代に生活をした思い出の場へ、建築がなくなる前に最後の空間に入れるようにする。現役の学生、特に現在の1年生はまだ旧一号館に入ったことがない。空間体験を通して失われて

工学院大学八王子キャンパス旧一号館。校舎の中で最も特徴的な教室である階段教室。

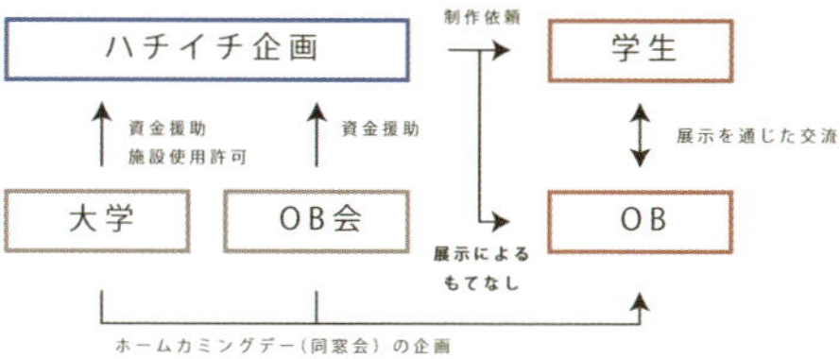

本企画のクライアントとターゲット

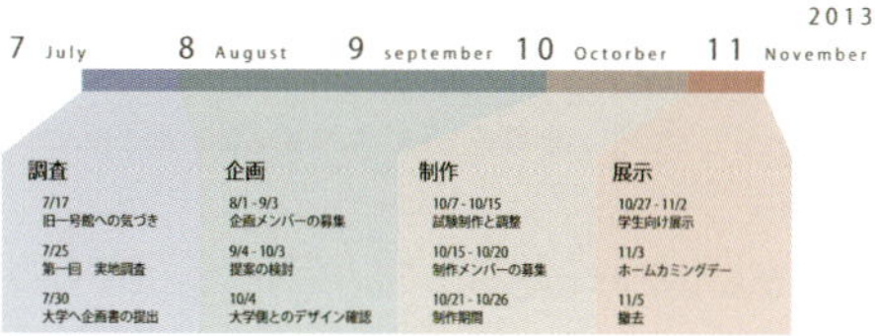

スケジュールは大きく4段階に分けて考えた。

しまう建築を知ってもらいたい。

OBと現役の学生の間を建築によってつなぎ、この場所の記憶を継承していく機会をつくることを目的とする。

2. 企画

クライアントとターゲット

工学院大学には年に一度、ホームカミングデーと呼ばれる大学全体で企画される同窓会がある。

今回は総合教育棟の竣工に合わせ、初の八王子キャンパスでのホームカミングデーが企画されていた。ハチイチの企画は「八王子に来るOBをもてなすために」とすることで、大学とOB会から資金を援助してもらうことができた。

また、ターゲットはOBとともに現役の学生を設定した。現役の学生は設営を通じて旧一号館を体験する。さらに学生とOBとの交流の場をつくることで、校舎の記憶に関する交流が生まれることを狙った。

スケジュール

さよならイベントの流れは、大きく4つの段階に分けて考えた。

調査段階は閉鎖されていた校舎を調査し、イベントを行なうこと自体を提案。

企画段階では実際にどの教室を利用し、どのような制作を行なうかを検討。

制作段階では施工方法を調整し、実際に学生を呼び集めて制作を行なった。

制作展示の様子。階段教室に入り込む自然光を増幅させるためのアート。

展示段階ではいかに見せていくかということや、OBや学生との関わりを意識した。それぞれの段階において、大学と安全確認や資金の交渉などを行なった。

建物がもつポテンシャル

調査を行なった時に気づいたことだが、機能を失った校舎はとても魅力的に見えた。窓から入り込む光、階段の削り出された手摺、整然と並んだ机など、制作とは別にこの空間を開放することに価値があると考えた。

また、黒板が外された跡やコンクリートのコア抜きによる穴など、解体が決定しているために行なわれる操作が散見された。これらの解体方向の操作の面白さも展示内容に組み込んでしまうことを企画した。

大学側と交渉し、侵入不可とされた場所以外は見学できるよう了解を得た。これにより解体前の校舎のさまざまな空間を体験できるようにした。

3. 制作・展示

制作展示を行なう教室

ハチイチで制作を行なったのは、校舎の4階にある階段教室のみである。予算の都合と、展示の密度を上げるために1箇所のみに絞り込んだ。

制作は旧一号館の特徴である窓からの自然光を増幅させることをコンセプトとした。壁から反対側の壁まで銀色のテープを頭上に張ることで、反射する面をつくり、自然光を増幅させる計画である。

建築の特徴を活かした
非経験者でもできる施工方法

階段教室には両方の壁に細長い木材の吸音材が敷き詰められていた。180本の木材に合わせて、銀色のテープを頭上に張り巡らせる。

経験のない学生でも、強い張力をかけながらたわませず施工できるようにするために、施工方法は簡単にできるよう工夫した。使う材料は銀色のテープと塩ビ板とホチキスのみ。塩ビ板で固定するための

50年前から建ち続けてきた校舎の外観および内部空間。機能を失った校舎および解体のための操作が魅力的であることを発見し、展示に組み込んだ。

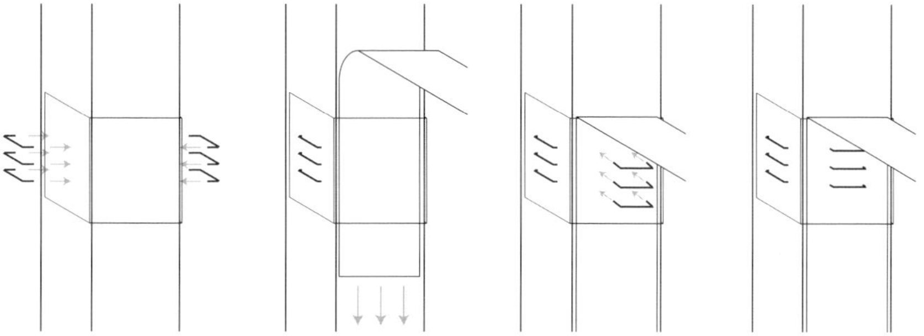

1. 塩ビ板を壁の吸音材に
ホッチキスで固定する

2. 塩ビ板の隙間から
銀テープを引っ張る

3. 銀テープを引っ張って、
固定するためのホッチキスを
打つ

4. 完成
両側の壁で同じことを行なう

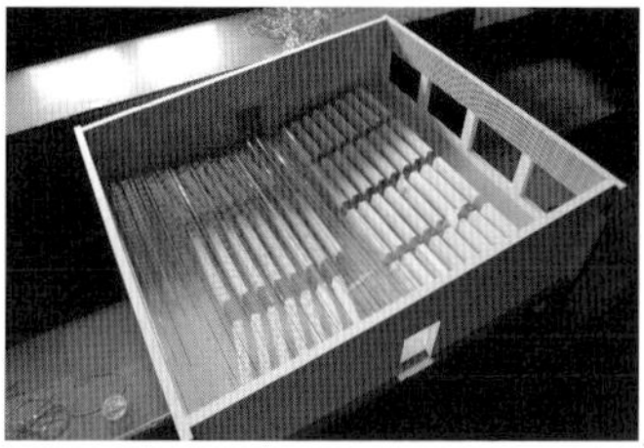

使用する道具

塩ビ板
壁への設置時の補強

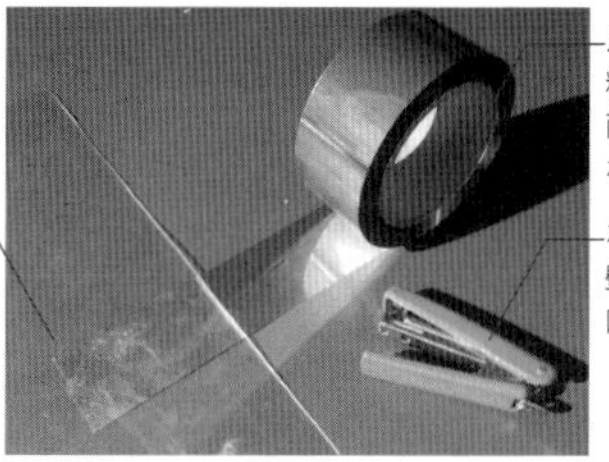

メッキテープ
粘着性なし
両面銀色
ボンボン用

ホッチキス
壁に打ち込む用
口が開くタイプ

施工方法および模型と材料。教室の壁にある吸音材を活用し、経験のない学生でも簡単に、また美しく張れる方法を考えた。

設営の様子。180本のテープを1本ずつ学生の手によって張っていった。

ガイドをつくり、それに合わせて銀色のテープを張り、ホチキスで固定をする。

約40名の学生で制作を行ない、1週間程度で完成させた。

来場者の反応

1週間の展示期間に157名に展示を見に来ていただいた。来場者からは「よくテープをまっすぐ張れたね」「この教室は思ったよりも小さい」「昔はここで学生運動がね……」などさまざまなリアクションを頂くことができた。

また多くの人に懐かしい建物に入れたことを喜んでいただき、また学生の活動に興味をもっていただけたことも、本プロジェクトの成果であるといえよう。

[Project Members]
工学院大学 澤岡清秀研究室:中原佑太、風間貴臣、大井愛実
倉田直道研究室:野田和宏
鈴木敏彦研究室:石田貴大
木下庸子研究室:井之川翔太
飯島直樹研究室:二村 玲
[Mail Address]
hatiiti1103@gmail.com

制作に参加した現役の学生たち。校舎に入ったことのなかった建築学科1年生が積極的に設営に参加してくれた。旧一号館キャンパスへの思い出などをボードに書き、記念写真を撮影した。

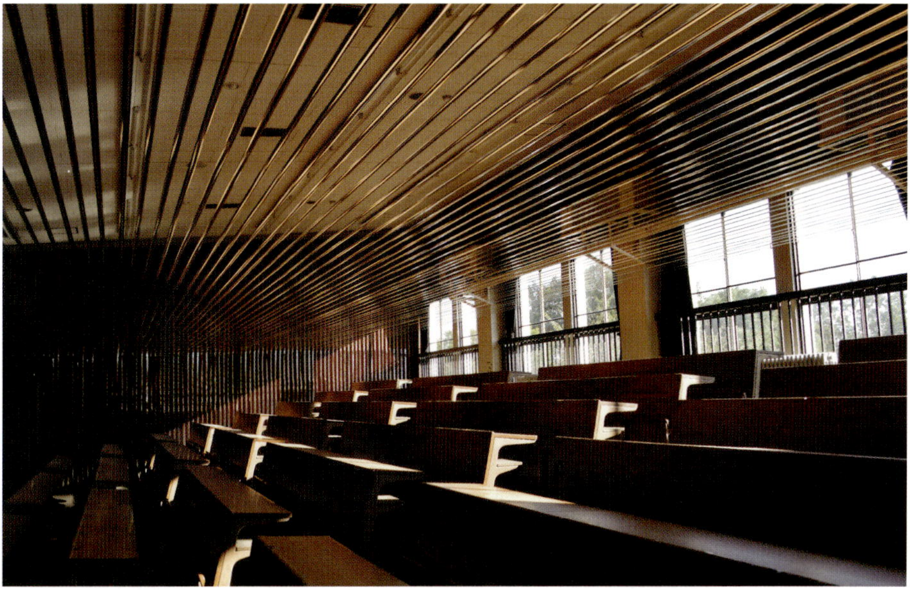

展示の様子

設営参加者

建築の学部１年生から修士２年生まで、多くの有志の学生の手によって設営は行われました
ボードには「旧一号館キャンパスの思い出」または「自由なテーマ」で書いてもらいました

木興プロジェクト

Group:
滋賀県立大学 布野修司研究
+J.R.ヒメネス・ベルデホ研究室
+迫田正美研究室+高柳英明研究室
+名城大学 柳沢究研究室

1. 木興プロジェクトとは

2011年3月11日に起こった東日本大震災。大災害の被害に苦しむ地域に対して"建築デザインを学ぶ自分たちに何かできないか"という思いから「木興プロジェクト」は立ち上がった。木興プロジェクトは、災害前は「加子母木匠塾」として木材を使用した制作活動をしていた。「木興プロジェクト」はそのノウハウを活かし、ものづくりを通して復興支援活動を行なう団体である。

結成から今年度まで、ずっと宮城県南三陸町歌津田の浦で支援活動を続けてきた。2011年度は地元の漁業事業者の利用する番屋を建設・施工し、2012年度は田の浦と他の地域が交流する施設を建設・施工した。

2. 出会いとつながり

当初は、滋賀県立大学と交流をもつNPO法人環人ネットの紹介により、宮城県南三陸町歌津字田の浦で活動を開始した。

2011年度以降につながりの生まれた工務店、材木店などの協力をいただきながら、今年度も活動を行なった。

3. 田の浦とは

宮城県南三陸町の北西の沿岸に位置する。リアス

建て方の様子。梁は非常に重いため、男手数人で担ぎ上げた。

AFTER:2013年度完成写真

式海岸である三陸海岸の湾に面しているため昔から漁業が盛んであり、養殖業ではホヤ、ホタテ、ワカメが、沿岸漁業では刺網漁でマダラ、カレイ、アキザケ、篭漁ではタコ、白ツブ貝、毛カニが獲れる漁村である。

世帯数96戸、人口354人(平成21年時点)であり、そのうち55戸が被災、死者14名、行方不明者3名の被害があった。地形は海岸から直ぐに標高50mの小高い山があり、その北側の山との間を縫うようにある海抜の低い谷が水田として利用されていた。震災時、津波は海抜の低い水田に沿って内陸に押し寄せ、高さは15m以上にも及んだため田の浦は道路が遮断され、陸の孤島となった。

4. 今年度の活動に向けた情報収集から開始

震災より3年目を迎える田の浦は依然として復旧しておらず、私たちは田の浦ですべきことが残っていると感じた。そこで、仮設住宅での生活や漁業事業者のワカメ漁を体験させてもらいながらヒアリング調査を行な

BEFORE:2012年度完成写真

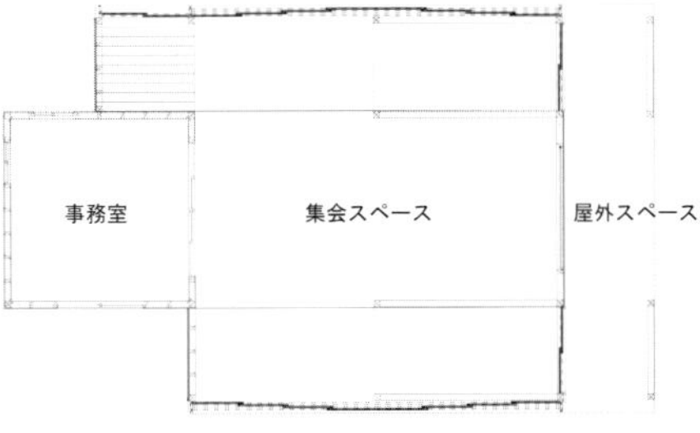

既存の半屋外部分の床を3方向へ拡張するプラン

プロジェクト展

い、田の浦の必要とするものが何なのかを聞き出すことから始めた。

5. プレゼンのため田の浦へ

ヒアリング調査では、2012年度に建設した交流施設の増築を要望する声が多数聞かれた。半屋外部分を広くし、窓や戸を設けて室内化して、冬でも快適に使いたいとのことであった。その要望に応えるため私たちは5・6・7・8月に田の浦へ通ってプレゼンを行ない、さらに地区の人と話し合いながらプランをより具体的なものへとブラッシュアップしていった。

6. 提案内容

「広い屋内空間が欲しい」という要望により、既存の交流施設の半屋外部分の床を北・東・南側に1間ほど拡張する。車の流れ、人の流れや溜まりを考慮し、南北面は交流スペースとなる屋内空間に、東面は前面の広場に向かって腰掛けられる屋外空間とした。

7. 施工

施工期間は8月26日～9月26日と10月2日～13日であった。基礎工事は現地および資金援助していただいた団体の建築事業者からの指導の下、型枠の製作や配筋など学生自らが施工した。木工事は木材選別、罫書き、墨付け、部材切り出し、仕口加工、建て方まですべて学生が自分の手で行なった。学生が施工することで工費を大幅に削減でき、学生にとっては設計から施工までの一連の流れを通して建築ができる過程を体で学ぶことができる。

増築するにあたっては地元の方々からのさまざまな応援、協力があった。地元の材木店からは無償で杉の背板をいただき、焼いて外壁の仕上げ材として使用した。施工時の不安な部分は地元工務店の大工さんにご指導いただいた。地元の方たちは毎日現場に足を運んで下さり、差し入れや激励の声をいただくなどしながら施工を行なった。

田の浦の方々と模型を通して増築案を検討中。

結束線を使用して配筋を緊結している様子。

木加工の様子。角のみを使用してほぞ穴を加工している様子。

施工期間中の一コマ。夜、漁師さんにさんまのさばき方をレクチャーしてもらう。

8. 増築完成

10月13日の竣工式では、餅まきを行ない完成を祝った。田の浦地区の方々が大勢集まり大変にぎやかなものとなった。地域の方々からは「大変立派な施設になった」と感謝の言葉をいただいた。また、つくること以外でも、田の浦へ通い続けること自体が地域の方々から感謝されていることに気づいた。地域の会長さんからは「この地区には今、本当に若い人がいないので、ただただここに来てくれることが嬉しい。若い人の声だけでも元気づくよ。来てくれることが一番だよね。何もしなくてもそれが一番嬉しい」という言葉をいただいた。

地元材木店からいただいた外壁仕上げ材として使う背板を焼いている様子。

9. その後

竣工式を終えた直後の10月15日に、田の浦で年2回行なわれる行事に交流施設を使用していただけた。また11月2日には「歌と踊の祭典」が行なわれ、地元の工務店の大工さんが取り外し可能な舞台を製作された。

竣工式では餅まきを行ない、田の浦の方々や学生が一堂に会して盛大に祝福した。

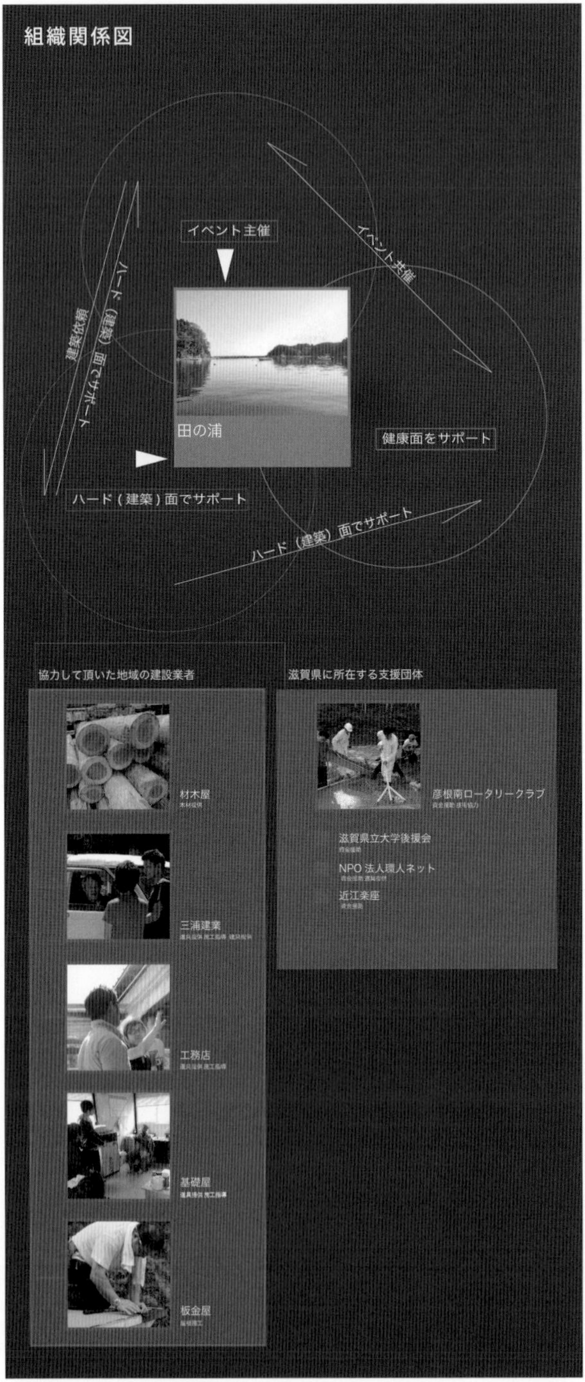
組織関係図
イベント主催
田の浦
ハード（建築）面でサポート
建築設計
イベント共催
健康面をサポート
ハード（建築）面でサポート
ハード（建築）面でサポート
協力して頂いた地域の建設業者
材木屋
木材提供
三浦建業
道具提供 施工指導 建具提供
工務店
道具提供 施工指導
基礎屋
道具提供 施工指導
板金屋
屋根施工
滋賀県に所在する支援団体
彦根南ロータリークラブ
資金援助 技術協力
滋賀県立大学後援会
資金援助
NPO 法人環人ネット
資金援助 道具提供
近江楽座
資金援助

田の浦と関わりのある組織関係図

12月のクリスマスイベント。屋内を広くしたことで暖かい室内で交流イベントを開催できた。

交流施設を増築し屋内部分を広くしたことで、田の浦の方々の交流施設としての利用の幅が大きく広がった。

また、私たちにとっての交流施設の利用形態も変わった。2012年度の12月に行なったクリスマスイベントでは、半屋外部分にビニールカーテンを取りつけ簡易的に寒さ・風対策をした。しかし今年度のクリスマスイベントでは増築し屋内部分を拡張したために、温かい室内に大勢で集まり、にぎわいながら快適にイベントを開催することができた。

広くなった交流施設は田の浦の方々が集会する場としても、学生と田の浦を結ぶ活動の場としても十分な機能を果たすようになった。今後はさらに田の浦のコミュニティの拠点としての役割をも果たしてくれるのではないかと考えている。

[Project Members]
滋賀県立大学 J.R.ヒメネス・ベルデホ研究室：諏訪昌司
迫田正美研究室：宮武侑平
高柳英明研究室：川勝知英子
同大学学部生：井上貴人、井上遼介、大国大地、
込山翔平、松宮一樹、水井 歩、林 裕太、半海大志郎、
藤澤泰平、横木相汰、加茂菜都子、中島響子、
山田大輝、井上あかり、川井茜理、中村睦美、大西佑希、
宮本佳奈、廣瀬奈々、牛田志歩、和田悦実、今村奈美、
桂 若菜
名城大学 柳沢究研究室：井野健太郎、大前貴嗣、
岡田一輝、徳森寛希、諸岡 徹
[Facebook]
https://www.facebook.com/mokkopro

BARN HOUSE Hokkaido Project

Group:
co+labo
(慶應義塾大学 Darko Radović研究室)

プロジェクトのあらまし

2012年3月、LIXIL財団主催の国際大学建築コンペが開催されました。テーマは、冬の冷え込みが厳しい北海道において、いかに省エネルギーに配慮した住宅を設計できるか。コンペは9カ国12大学によるプレゼンボードでの一次審査、上位3大学によるプレゼンテーションと質疑応答での二次審査、の二段階で行なわれました。本プロジェクト「BARN HOUSE」は最優秀賞を受賞し、北海道・大樹町「メム メドウズ」敷地内に実作として建設されました。

あらゆる面で持続可能な住宅

持続可能性とは、生活におけるすべての要素に関して適応されるべき概念です。環境性能のみならず、文化、社会、産業、生活等、日々暮らしていく中で関わりのあるすべての因子について持続可能性が考えられるべきではないでしょうか。

しかし現在、建築における持続可能性は温熱環境的な要素に比重がおかれ、温熱的サステイナビリティと持続可能性という言葉がほぼイコールであるかのように扱われています。その結果、数値的には優れていますが、人間の感覚、生活、また地域のもつ文化とは切り離された建築が数多く生まれてきました。

BARN HOUSEは文化、産業、生活等の建築に関わる多くの要素を持続可能という観点から統合し、結果として優れた温熱環境を生む住宅を目指しています。

BARN HOUSEのコンセプトは馬との生活です。設計

BARN HOUSE外観

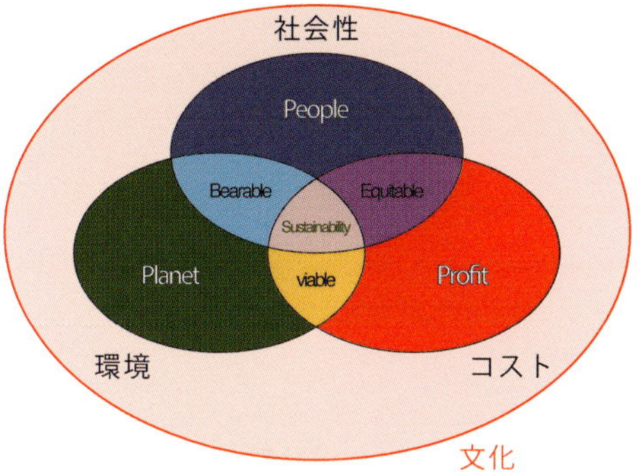

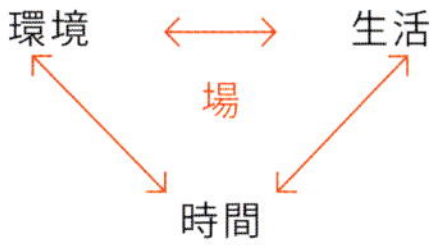

21世紀における持続可能な建築は、文化・産業・生活・環境といった諸要素を統合することが求められているのではないか。

敷地は元々競走馬を飼育していた場所であり、至るところに馬が生活をしていた記憶が残っています。ただ単に環境的に優れた建築をつくるのではなく、この土地のもつ記憶を引き継ぎながら温熱的に優れた建築をつくることこそ、その土地に建つ建築に求められることだと考えました。

馬との生活

BARN HOUSEはこうした馬の記憶を引き継ぎながら、寒冷地での生活を可能にする生活を提案しています。

馬は人間の10倍ほどの代謝熱を放出し、また糞は堆肥化の過程で多くの熱を発生します。BARN HOUSEはこれらの熱源を用い、人間にとって快適な空間を獲得します。馬がBARN HOUSEで快適な生活を送るためには人間によるケアが必要で、人間がBARN HOUSE内で生活するには馬による熱が必要という、馬と人間とがお互いに補完しあいながら生きてゆく環境を実現しています。また馬を通して人と自然とのつながりがつくられます。このつながりの恩恵は、心理的かつ風景として象徴的なものです。動物と住まうということは、どのようにして持続的生活を行なうかということを学ぶ一部です。

馬の温熱効果

季節の変化に合わせて、生活も変わります。夏の間、この家は自然に対して完全に開いています。それに

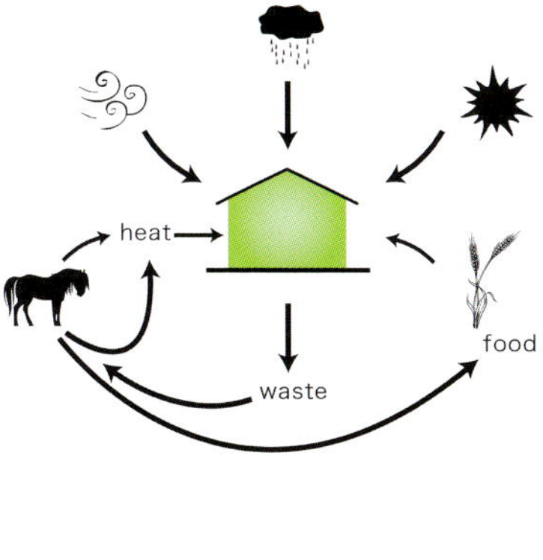

BARN HOUSE的持続可能性概念図

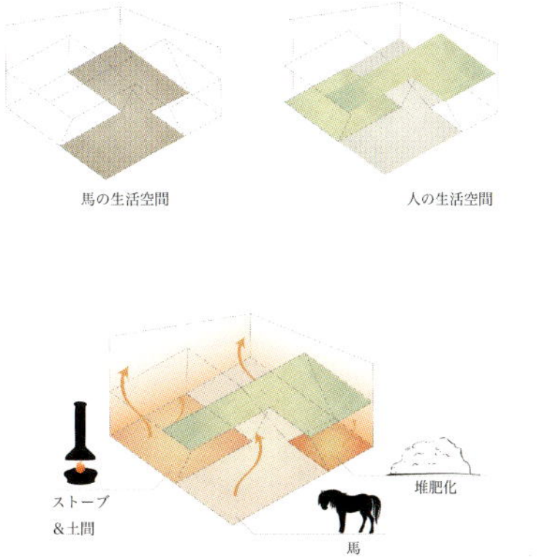

馬の空間と人間の空間が立体的に交差することで、効率よく熱を取り込むことができる。

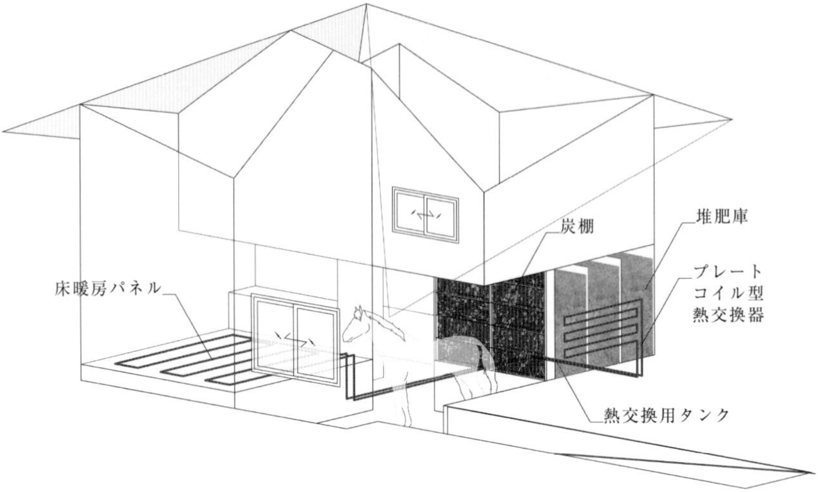

BARN HOUSEシステム図

よって換気を可能にし、また馬はずっと放牧されます。冬の間、馬と人は住む空間を共有します。そして、熱源は太陽光を利用するだけでなく、馬の代謝や糞を堆肥化する時に発生する熱を利用します。馬糞堆肥は分量が集まると、実際に60-70℃程度まで自然発酵して、その温度が1週間以上維持されます。温度の下がり目に、発酵を促進している微生物を酸素に触れさせるために、堆肥を撹拌することで効果が維持できます。堆肥の中に不凍液が循環するパイプを通し、不凍液に熱量を与え、人間の生活空間の空気と熱交換を行なっています。しかしこの熱交換が現状ではあまりうまくいっておらず、効果を上げるには改善が必要で、今後の課題となっております。

炭による脱臭と再利用

馬と人間とが1つ屋根の下で共生することを可能にするために、間伐木廃材から生成される炭を用いて馬の臭いを脱臭することを提案します。

BARN HOUSEは外壁、内壁ともに多くの棚から構成されています。この棚には炭が敷き詰められ、人と馬の共生を可能にします。この木炭は、地域の製材所から生まれる間伐材廃材をブロック状に固めたものから生成されます。

木炭は十分に臭いを吸収すると、外壁の木炭と交換され、外気にさらし天日干しされることで再利用が可能になります。アンモニアを吸着しきり、脱臭限界を迎えた炭は農地に撒かれ、堆肥として働き肥沃な土地を生みます。また住人の働きかけによって外壁の棚の炭を内壁の棚に移動することで、建築は表情を変えていきます。

このことは家の立面において季節による変化をもたらします。残念ながら予算などの関係で、この立面の操作はまだ実現されておらず、co+laboでは今後の取り組みの中で実現させていく予定となっています。

空間構成

この家の空間は、住人と馬と自然とがいくつものつながりをもてるように構成されます。住人と馬のスペースが重なり合う場所では特別な体験が生まれます。人と馬の生活空間がお互いが補完するような形で隣接しており、2つが一緒になって熱源的、心理的、文化的に持続的な住宅を形作っています。その持続可能

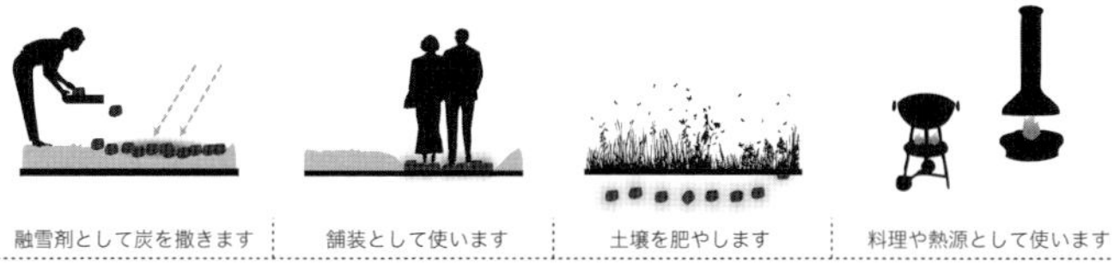
融雪剤として炭を撒きます
舗装として使います
土壌を肥やします
料理や熱源として使います

炭の再利用

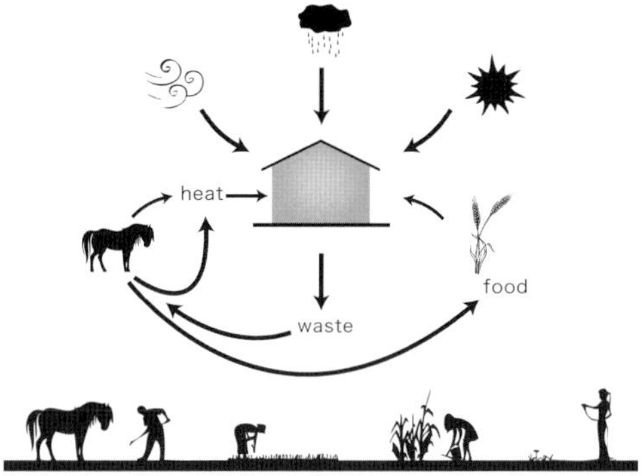
heat
food
waste

分解サイクルを終えた炭は、融雪剤として、舗装として、肥料として、熱源としての利用が期待される。

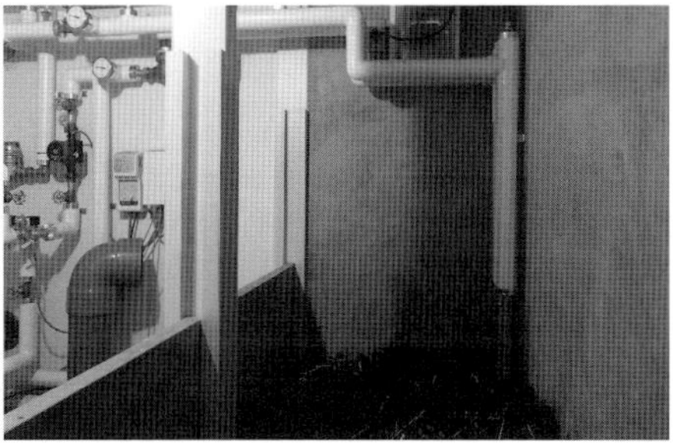

建設中より堆肥実験の様子を行ない、室内にコンポスト（左下写真）をつくった。

1階、ダイニングキッチン。壁に炭棚が設置されている。

2階、寝室

1階のリビング

性はそれぞれの空間が一体となって初めて生まれるものです。

住人の生活空間は日中と夜で分けられています。熱源として、太陽光、堆肥設備、馬の代謝熱、料理を利用し、それらはすべて1階に設けられています。そして1階で暖められた空気が2階の夜の生活空間へ少しずつ流れ、夜でも暖かい空間を2階につくり出します。

馬の厩舎の空間と人間の生活空間とが三次元的に交互に混じり合って入れ子状になっており、馬の厩舎がバッファーとして機能するため、冬の寒い間でも人間の生活空間を十分に暖めることに寄与しています。

文化、産業、生活。
すべての要素が1つに集まる場所

BARN HOUSEは地域固有のインターフェイスとしての建築を目指しています。

竣工後には温熱環境の実験を年に4回、定期的に行なっているのですが、幸いにも新たにco+laboに参加した慶應義塾の学部生や海外からの留学生、慶應義塾内の他の研究室の人々が積極的に参加してくれており、大樹町から日本、世界へとその実験的試みが広がろうとしています。

[Project Members]
co+labo（小松克人、Milica Muminović、笹村佳央、橋田 渉、篠原正人、小林宏輔、金丸真由美）
[HP]
http://colabobarnhhouse.blogspot.jp/
[Facebook]
https://www.facebook.com/
BarnHouseguoJiDaXueJianZhukonpe
[Mail Address]
yoshihiro.s.527@gmail.com

竣工後のランドスケープ

Line One Aozora Project (LOAP)
首都高速一号線撤去にむけた構想

Group:
日本橋リンケージ
(早稲田大学 古谷誠章研究室、
+東京工業大学 那須聖研究室、
+工学院大学 筧淳夫研究室)

Line One Aozora Projectは、首都高速一号線撤去、ひいてはその周辺の都市デザインを目的としたプロジェクトである。

首都高速一号線の歴史と、LOAPの意義

首都高速1号線は1963年、東京オリンピックに向けた都市整備の一環として建設された、日本橋から上野をまたぐ日本最古の高速道路である。

敷設当時の日本は第二次世界大戦からの経済復興の渦中にあり、高速道路整備は諸外国に向け先進国の仲間入りを象徴するようなビッグプロジェクトであった。

それゆえ高速道路一号線の建設は急務であり、やむなく昭和通りの上を覆うかたちで敷設され、日本橋地域は分断されることになった。

結果、東京オリンピックは大成功を収め、東京がグローバル都市のひとつであることを世界中が認識した。その成功の下に日本橋地域の賑わいという、「江戸400年」の財産を犠牲にしたことを誰が気に留めただろうか。

日本橋川高架の撤去と都心環状線の再編の呼び水として1号線の撤去を提案。

敷設から50余年が経過した。

この間にわれわれは二度の大震災を経験した。それはまた、いまこの瞬間に再び襲いかかるかもしれない。

高速道路の耐用年数は60年である。2023年に耐用年数を超えることを検証すると、「維持+改修」のコストは、改修のタイミングで、撤去コストを大きく上回ることになる。

また、首都高速一号線は中央環状線と接続していないため、交通量は1日平均2.7万台である。これは首都高速の全体の中で圧倒的に少ない。

さらに首都高速一号線は、現在、経済圏を東西エリアに明確に分断する存在となっている。西側は山手線に近く、駅周辺エリアでは商業・オフィス・飲食店・文化施設が連なっているが、そのシークエンスは首都高により分断され、東側エリアは経済圏・生活圏ともに大きな格差が生じてきている。

その中にあり、昔からの商店は首都高速の影に賑わいを潜め、倒産が非常に目立ってきていることも忘れてはならない。

われわれはすでに成熟した都市の中に生まれた。江戸の過去と東京の未来をつなぎ、よりよい都市を創出するために、何ができるだろうか。

いつかこの首都高速一号線が撤去され、日本橋に1本の青空のラインが戻ることを夢見て。

Line One Aozora Project は、都心と心に青空を取り戻すための活動である。

Line One Aozora Projectの活動

当団体は建築系の学生と社会人を主体とした都市デザインボランティア団体である。

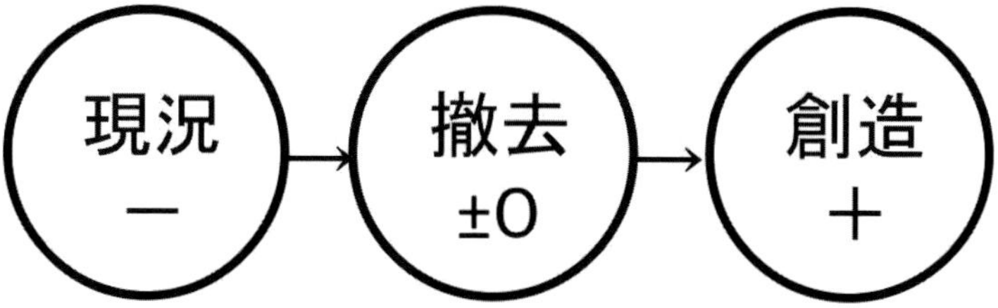

撤去と同時に、新たな価値の創造を目指す。

日本橋の住民の声を拾い上げるため、清掃活動からワークショップまで多角的なアプローチを行ない、よりよい都市像を模索している。以下に示すのは平成25年までの事例であり、今後もさらに活動の幅を広げていく。

日本橋クリーンナップ

日本橋の環境をより快適に変化させ、かつ地域住民とコミュニケーションを深めることを目的に、毎月第一土曜日に欠かさず日本橋界隈のゴミ拾い活動を行なっている。加えて、3カ月に1度上野線への実態調査を兼ね、上野線のゴミ拾い・ワークショップを実行している。（平成25年6月27日現在までに23回開催）

日本橋アカデミアの開催（まちづくりレクチャー）

まちづくりのインスパイアを与えることを目的に、「日本橋アカデミア」というまちづくりレクチャーを実施している。有識者の講演会を主催し、都市への眼差しを持たせることを目的とする。最近では「富士山を世界遺産にする国民会議」代表者による講演会も実施した。

「撤去＋創造」のワークショップ、現地調査

「首都高速1号線（上野線）の撤去を進める会」からの依頼により、現地調査およびワークショップを実施し、さまざまな視点から意見を収集し、提案書の更新

日本橋クリーンナップでは、月に1度の高架付近の清掃活動を実施。

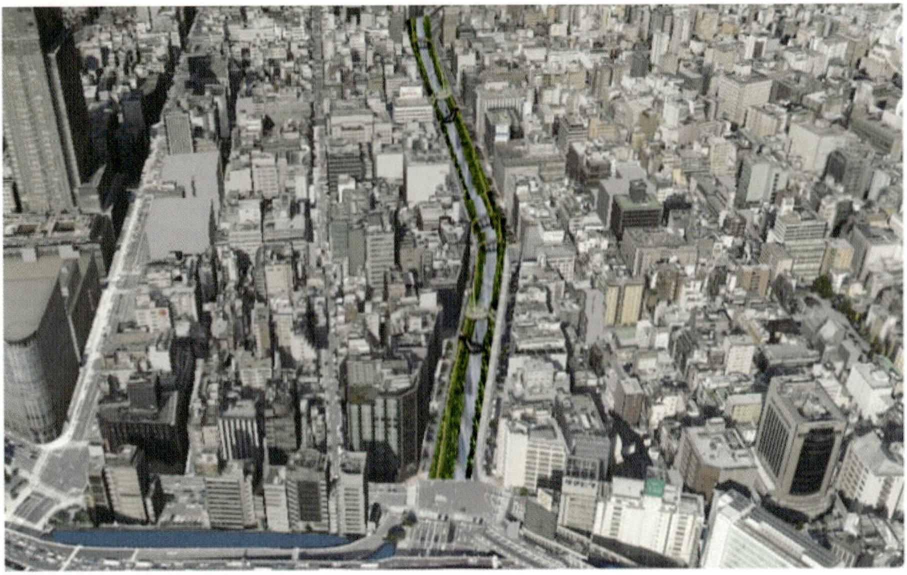

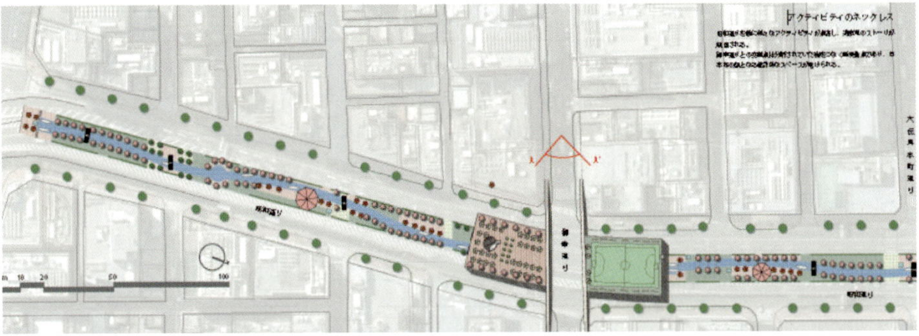

日本橋川から神田川までの区間を緑道とし、首都高速1号線を運河プロムナードとして再生する。

および、地元のムードづくりに貢献している。現在までに、ワークショップを3回、現地調査を2回開催。

中央区副区長への説明の実施

2012年9月4日(火)に、中央区現副区長の吉田不曇氏に、上野線撤去後の計画提案を行ない、フィードバックをいただいた。引き続き協議を重ね、議論を深める予定である。

具体的な空間デザイン

首都高速一号上野線撤去に合わせた、昭和通り跡地利用基本構想と高架の一部再生利用計画を提案した。段階的に計画を行ない、日本橋から順次、撤去と改修を行なうプランである。

第一期は日本橋川から神田川までを結ぶ区間に、かつての運河を緑道とともにプロムナードとして再生させる。また、高架躯体の一部を再利用した「街をつなぐ立体交差型空中広場とテーマ型パビリオン」を計画することで、分断された日本橋の各区をつなぎ、賑わいを創出する。

高架パビリオンはB1既存地下駐車場、地上浮世絵カフェ、2F空中テラスとスポーツパークを兼ね備え、各階層をつなぐ動線を有する。

「既存構造物のカーボンシートによる耐震補強」+「新設される空間と動線」により価値転換を目指す。

防災は撤去のみでも実現できるが、にぎわい創出や文化的･環境的価値の創出は撤去のみでは達成できないため、積極的な改修が必要。

4つのターゲットを想定し、アクティビティと施設を計画した。

桜に彩られた運河プロムナード

都市遺産、象徴としての立体交差広場。分断された地域を歩車分離でつなぐ。高架上は空中テラスと空中フットサルコート等に、高架下は江戸浮世絵Caféや伝統文化学習ホール等の通りの特徴を示すコンテンツに転用する。

地下駐車場は商業空間や公衆衛生施設を付与し、非常用発電、水質浄化施設をもった災害時防災拠点として機能する。首都高速再編の第一弾であり、撤去必須である本計画の早期実現は、東京のインフラ再生の試金石的プロジェクトである。

おわりに

我々の明確な目的は2020年の東京オリンピックにあわせた首都高1号線の撤去である。しかし、その先には日本橋川の上空に架かる高速の撤去、そして都心環状線そのものの再編を目指している。その後も日本橋の住民に寄り添い、より良い都市デザインに向けたアプローチを継続して行なっていく。

終わりが見えないプロジェクトではあるが、その分「都市を創る楽しさ」は厚みを増していく。

[Project Members]
上田真路(日本橋リンケージ代表
鹿島建設株式会社建築設計本部)、
勝呂祐介(株式会社キャピタルメディカ)、
吉田誠男(伊場仙日本橋社長)
早稲田大学 古谷誠章研究室:加藤聖也、井上美奈
東京工業大学 那須聖研究室:川村悠可
工学院大学 筧淳夫研究室:樋口祐介
[HP]
http://tokaido-linkage.org/
[Mail Address]
masamichiueta123@gmail.com (代表)

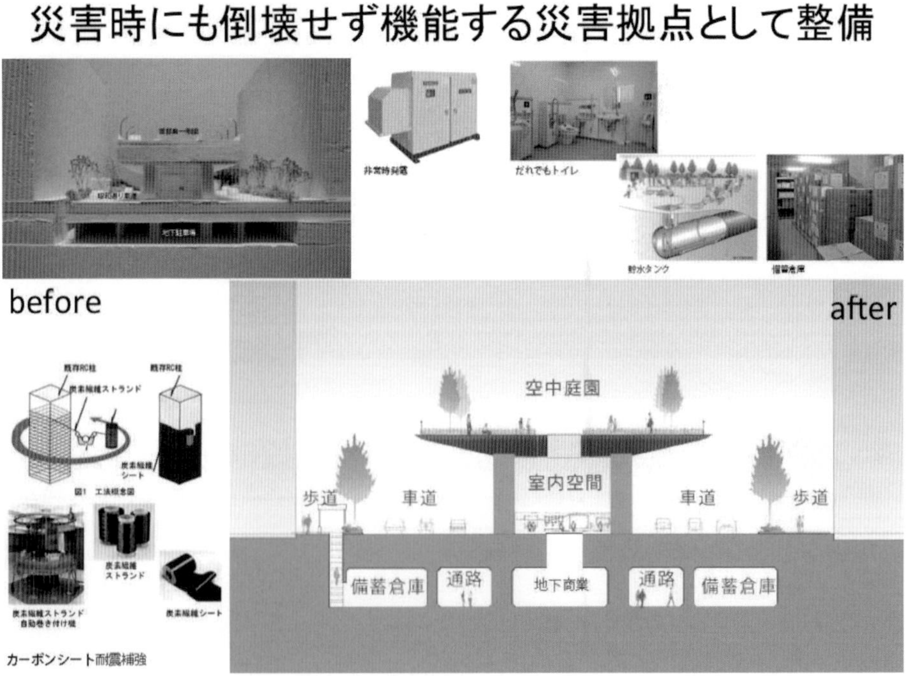

地下駐車場は商業施設および災害時にも倒壊せず機能する防災拠点としてコンバージョンする。

舗装に統一感を出す等、着手しやすいデザインコードから始める。

首都高速1号線によって東西に分断されたエリアをつなげる。

プロジェクト展
アネックストーク3

コメンテーター：
齋藤精一、門脇耕三

参加プロジェクト：
ハチイチ(p.304)
木興プロジェクト(p.310)
BARN HOUSE Hokkaido Project (p.316)
Line One Aozora Project (LOAP) (p.328)

建て急がなくていい

齋藤精一（以下、齋藤）：今回、僕が強く感じたのは、今の大学院生はみんな建て急いでいるのかな?ということですね。結局、学生って何だろうというところに立ち戻ってみると良いのではないか。別に今、建築家になる必要はなくて、好きなことをガシガシやって、ガシガシ遊んで、その中で何なら良い研究テーマを自分で見つける、ということがすごく大事だなと。もっと広い視点で考えられることはないのか。特に建築とメディアって近しいようでまだ乖離があるんですよ。

メディアというのは、冒頭で僕が話したような、モスクで美術作品をつくったことによって普段はそこに足を踏み入れない人たちが入っていく、というアトラクターのつくり方みたいなものだと思います。建築がメディアだとすると、そこのもっているファサードや空間の力強さ、もしくはプログラムやソフトウェアの力強さでどう人を引きつけることができるか。たぶんもっと違う視点でいろいろと疑って、新しい表現方法や新しい建築、今の技術だからできることを探っていかないと、メディア的な視点というのはなかなか得られないと思うんですね。

まちづくりにさまざまな人の意見を取り入れようとした時、今は例えばツイッターのつぶやき1つでテレビ番組が1つ飛ぶぐらい、個人個人がメディアになっている時代じゃないですか。そういう人たちが数万人、数十万人、数百万人が1つの都市に住んでいるわけです。その人たちをどう取り込んでいくか、多角的な接し方を考えなければいけない。建築家の仕事や定義自体も変わっていっている。そうなった時に建築家が考えなきゃならないことって、1つは人がどう使うかですよね。建て方やスケールみたいな話はもちろん、もっとマーケティングや調査やソフトウェアのことを知るとか、どういうものがあったら人のアクティビティがもっと活発になるのかを考えること。

「木興プロジェクト」の集会場も、そこにテレビ1台つけるだけで違う人たちが来ると思うんですよね。そういうことを考えないと、人を取り込んだり、人の心を変えたりということはできないと思います。

あとはやっぱり学生として、法も、政治も、お金も関係ないところで、その中だからこそできることを飛び抜けてやったほうがいいんじゃないか。僕は、そこでものすごい能力を発揮できる人たちが、将来的に飛び抜けてくるんじゃないかと思います。

門脇耕三(以下、門脇):おそらく齋藤さんはキャリアバランスの話をされていると思うのですが、今、学生の間に必ずしも何かつくる必要はなくて、むしろそこですごくオリジナルの視点を磨いておくと、社会に出てからも総合的なバランスの中で、素晴らしい建築をつくれるかもしれない。今はむしろそういうトレーニングをすべきで、いろいろなトレーニングの可能性がある段階なんじゃないかという指摘ですかね。

齋藤:もしかしたら大学の教育システムの話になってくるかもしれませんが、こんな最高な環境の中で、政治も、何だったら構造も関係ない、この時にしかできないことをやっておくべきだと思います。僕は学生たちに、よく遊び、よく恋をし、よく人と喋り、よく歩けって言うんですけど。そこで仲間をつくる。僕が今、会社をつくっている人間も、もともとは大学の遊び仲間だったりします。現時点でそこまで建築に対しての自分の型を今からつくっておかなくても、卒業してからいっぱいできるから。

学部生でアクティブに関わっていることも非常に大事だけれど、建築分野の落ちこぼれとしては、僕は遊んでおいてよかったなと思っているタイプなんです。遊んでというのは、毎晩夜な夜な飲んでいるとかじゃなくて、いろいろな分野の人とたくさん話したことが僕の糧になっているんですね。だから学生であること自体、学生であることのアドバンテージ、自分の特権と自由な時間をどう使うのか、よく考えておいた方がいいと思いますね。

門脇:たぶんもう1つ齋藤さんの指摘の中に含まれていたのは、建築自体をメディアとして、何かしら人にインプレッションを与えるものと考えると、建築以外のところにもっともっと広がりがあるという話ですよね。例えば、今の広告を見るとCM、ビルボード、内装まで全部使って企業のイメージを伝えるわけですね。場によって人を変えるとか、空間を変えるとか、都市を変えるということは、もしかしたら建築という小さな枠組だけでは収まらないことなんじゃないか。

齋藤:まさにその通りで、日本でも建築という学問が成立して、建築学科や建築教育のあり方が時代とともに変化しているとはいえ、ものすごくガッチガチの型があると思うんですね。海外の学校に行ったことのある人が見ると、結構異常だなと思うほどのガチガチ度合いなんです。門脇先生がおっしゃったように、マーケティングもそうだし、人を動かすということ、時代を動かすということまで建築家が踏み込むべきだと僕は思っているんです。別に全部やらなくてもいいから、ただプロジェクトチームを組み立てられるくらいでないと、今後、建築という分野はどんどん時代から遅れていくような気がします。

土地、人、そこにあるべきコミュニティの姿、もしくはエモーショナルな姿までを見るべき職能だと思っているんです。建築って学問でもあり表現でもあるから、人間のエモーショナルな部分に触れられる。だからこそ、もう少し広いレンジで見る必要があると思います。

門脇:おそらく我々が建築というツールにこだわりすぎると、ともすると不合理な解を導いてしまうことがあるんですね。先ほど例に出ていたような、テレビが1台

あればいいんだとか、そういう自由な発想ができたらいいんじゃないかと。それは人間生活の総体に関する理解力の深さだと思うんですよ。人間ってどういうことをしたら気持ち良いのかとか、どんな生活が楽しいのかとか。だから遊べと言っているんですよね。

齋藤：造形をする仕事はいろいろありますが、人が生まれるところから死ぬところまで全部見る造形って建築しかないと思うんです。だから、感受性を豊かにしておかないと。悲しい時も使うし、楽しい時も使うし、疲れている時も使う。いろいろな感情をもった人たちがいるなかで、どういう風にそれを感じてもらうか、ある程度の指向性をもたせるか。メディアって、人の意見をまとめるという機能が強いと思います。例えば赤い部屋に入ると落ち着くという人は少数で、全然落ち着かないという人が80%。そうやってまとめていくものが、建築をメディアとして考えた時のあり方だと思う。だから遊ぶとか、本を読むとか、映画を見るとか。学生の時にコロンビアである人に言われたのは、1年間で映画を300本見ろと。結局170本くらい見て、頭ごっちゃごちゃになるんだけど、どこかですっきりしたというのがあって。その人が言うには、人の悲しみだろうがセックスだろうが殺意だろうが、映画の中にすべての要素が詰まっている。建築家というのはすべてレンジが振り切れているところまで見切った時に、実はお施主さんや使う人たちに対して、やっとアプローチができるんじゃないかと思います。

建築の外へ

ハチイチ（中原）：マーケティングや人の感情ということを自分のプロジェクトを通じて考えてみると、「さよならイベント」って、やる前はどうしても会場の雰囲気がしんみりするようなものだと思っていたんです。でも実際のところはむしろお祭り騒ぎのような感じで、自

分が制作側として考えていたイメージとは全然違っていました。それから調理関係に就職した同級生にフードをお願いしたのですが、キッチンの使い方が想像していたものとはまったく違っていて。本来だったら食べ物はちゃんとした貯蔵庫に入れておかなければならないけれど、実際は自分の使いやすいところにポンと置いちゃっていたり、どこかに実は隠していたり。そう考えると、ずっと建築だけやっていて、本当に求められているものがつくれるのかなということを感じてしまいます。

門脇：やっぱりその逸脱する動力がとても大事ですよね。パリに住んでいる友人が、パリは街をパリ自身に、自分自身を自分に似せていくようなモーメントがかかっていてすごく息苦しいというんですね。日本の社会も今どんどんそういう風に向かっていてとっても息苦しいのですが、もっとはっちゃけていいと思うし、建築や空間にはそれを手助けするような力があると思います。本来意味していたものを逸脱して、違った意味を発見するというのはとっても豊かな行為ですよね。それこそが自分自身のリアリティに都市空間や建築空間を引き寄せる唯一の術だと思いますし、その感覚を大事にしてほしいなと思います。

BARN（小林）：僕は学部時代、体育会のある部に所属していました。その練習の施設を今度建て替えることになり、僕は一応意見を言いに行ったりしたのですが、建築に対する認識について筋肉バカのように練習してきた人たちとの間にはだいぶ齟齬があって、逆に議論が比較的フラットに行なわれる。二重な環境を経験することで、いろいろな世界があるんだなと感じました。

門脇：建築という行為ってもっと気軽にやっちゃっていいんですよ。実際、死ぬほど大変なところもありますが、今みんなプロジェクトをやってみて、住宅くらいだったらもう自分でつくれそうでしょ?本当に自由なメディアなんですよ、建築って。だから存分に楽しんで欲しいし、壊れる時にもどんどんコミットしてもらいたい。立ち入れないものではないんですよ。都市空間なんだもん。

齋藤：つくることが悪いと言っているわけじゃないんですよ。良いバランスをとるということなんです。僕自身、学生の時はそれを探求する時間をもっておいた方がよかったと思いました。心理学だろうがフランス語だろうが英語だろうが一般教養というものをすべて避けていたのを、後々に結局読むはめになって。自分への戒めみたいなコメントばっかりですけど、本当に今のうちにやれることをやったほうがいい。建てたかったたら建てればいいし、でも自分の意見を主張したかったら、いろいろな手法を使って学生の立場をうまく使ってやるべき。全体的に見て、つくり急いでいるなと思ったから。

BARN（笹村）：建築を学問として理解することは大学で十分できるのですが、僕にとってつくるということは、その理解したことを共感に変えるプロセスなのかなと思っています。卒業設計でホームレスのおっちゃんの家を真似てつくり、そこに住むということをやりました。ダンボールや拾ってきた木材の中でも人間って住もうと思えば住めるということが分かったし、そこで生活する中で、住空間にとって本当に大事なものを自分でも見極めているような感覚がありました。

齋藤：その話で思い出したのですが、実は今、家を建てていて、施主なんです。それで分かったのは、いくら建築を学んでいても“施主”になるということです。こういう建て方だと絶対ホコリが溜まるからやめたいとか、幅木を入れたいのは分かるけどそんなに掃除機はかけないとか、全然違う観点が生まれてくる。いろいろなバイトをするのもいいと思います。コンビニのバイトをしていても、なんでこんなところにこんなものがついているんだろう、とか思いますよね。僕は今、建築とは違う仕事だけどヒューマンスケールを扱う仕事なので、その時の感覚がものすごく生きている。だか

らとりあえず思ったことをいろいろやってみてトライアンドエラーを繰り返すことと、とりあえず思ったことを人に話すことが大事だと思います。

門脇：やっぱり建築の設計者にとって一番大事なのは、自分が体験してない人生をいかに想像するかということなんですよね。良い設計者ってそれができるかできないか。自分が体験してない、例えば女性の生活とか、高齢の方の生活とか、あるいは自分が忘れてしまった幼児の生活とか、あるいは馬の生活とかを想像する。きっと今回のプロジェクトの多くが、そういったプロセスを経てつくられたものだと思います。プロジェクトを経て違った人生を想像し、違った経験を得ているのかなと。だから一概につくり急いでいるというだけではなくて、きっとみんなの経験を豊かにしたという面もあったと思います。

メディア×建築

齋藤：今回はせっかく建築とメディアというお話なので、質問します。自分たちの作品についてメディア的だと思う点や、メディアの考え方を移入してつくった点などはありましたか？

ハチイチ（中原）：さよならイベントはこれまで建築以外の分野の人たちによって行なわれることが多かったと思います。一般的な人たちがそういったイベントに込めた建築に対する想いを、建築的に解釈したらどうなるのかという興味がありました。例えばフジロックでヘッドホンだけで踊っている人たちがいて、あれをもっと建築的に解釈したらどうなんだろうとか、そういうことに僕はすごく興味があって、そういう事象に対して自分が建築という立場から媒介していくことがメディア的なのかなと考えています。

BARN（小林）：BARN HOUSEのある敷地はもともと馬の訓練場があったということで、その土地の文化的

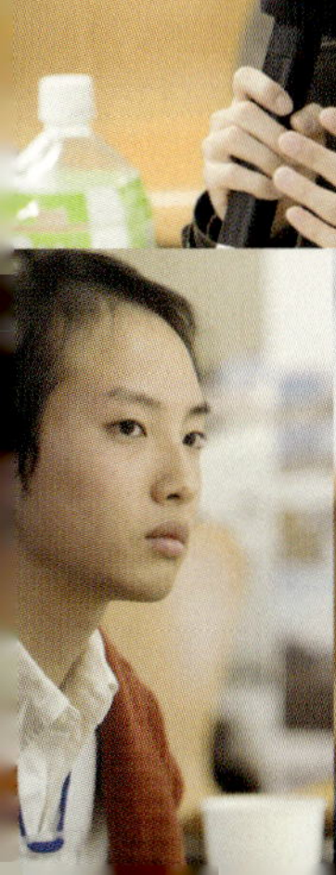

コンテクストと建築を結びつける媒体として、馬という存在が働いている、馬がメディアとして働いていると思います。

BARN（笹村）：Q値を1下げるとか2下げるとか、人間の身体が体感できないような数値的なものではなく、目で見て分かりやすい、馬と一緒に住むから暖かいというコンセプトは、建築や環境の専門的なことが分からない人にも伝わりやすいという意味で、世界的に共通言語になり得るのではないかと思います。

木興（宮武）：僕らの強みは震災以降3年間ずっと月に一回、田の浦に通っていることです。僕らのつくった場所自体が交流施設としてきっかけになっているので、僕ら学生と地域の人が使う媒体として機能していると思っています。

LOAP（樋口）：学生自体が商店会と商店会とをつなぐ媒体として議論の場を生んだことは、メディアとして貢献できたんじゃないかと思います。

門脇：やっぱり皆さんメディアとしての考え方をもっていますね。それぞれ、議論の場としての建築、遠隔の人をつなぐ媒体としての建築、メディアと人間をつなぐ媒介としての建築とか、メディアとしての建築の側面が最後に浮かび上がってきたと思います。

齋藤：久しぶりに日本の学生の作品を見せていただいて、レベルがすごく高いなと思ったんですよ。意見をまとめてみんなでつくるとか、実施レベルにもっていくスキルがすごく高いなと。そこは世界的にも誇れる部分だと思います。学生の時は、あまり泥臭いことってやりたがらないじゃないですか、かっこ悪いし面倒くさいし。まずは商店街とワークショップをして話していきましょうとか、まずはゴミ拾いから始めていきましょうとか。トウキョウ建築コレクション自体もそうですが、自分たちの考えで行動し、学外の人とも有志でつながって活動をしているのを見て、僕はひとつ元気をもらったなと思っています。

もう1つは、重複しますが建築家が建物を考えるだけの時代は終わった、もしくはこれから確実に終わると思います。ですからもっと広い視野を今のうちから意識して身につけておくといいのではないか。今やっていることは、どちらかといえばすごく狭いと思っていてくれていい。建築家というカテゴリの定義自体が、もっともっと違う次元に行けると思うので、僕はそこに非常に期待しています。

齋藤賞ですが、さっき話したように学生ってどうあるべきかという僕なりの考えと、メディアとして表現している作品ということで選んだのが「ハチイチ」です。メディアとして着眼点が新しいと思ったんですね。僕がすごくいいなと思ったのは建築の終わり方をひとつちゃんと成仏させようとしている。神社を建て替えるとか伊勢神宮の遷宮とかってお祭りになるけど、普通の家とか学校みたいな建物ってひっそりとなくなっていくじゃないですか。悲しいことに、次の日にはブルドーザーでえぐられて3日後には更地になっている。そういう状況の中で、一番最後をしっかりキレイに見せるというその試みと着眼点は賞賛すべきだと思います。ただひねくれたキツめのことを言うと、表現としては100点中20点くらいかな。そこは予算の取り方かもしれないし表現の手法かもしれない。これだけの建物を最後みんな見届けて下さいという会だったらもっとできると思う。そこの表現をもっと追求していくともっと面白くなると思います。

住宅なんかはどんどんなくなっているから、住宅の一番最後がどんな風にあるべきか、成仏させるにはどうすべきかを考えることは、とてもいい研究テーマになる気がするんですよね。建築のなくならせ方。それはLOAPの首都高の話ともつながる部分があります。なくなるというのは、つながりを生むチャンスだと思いました。それってメディア的なところもあって、さっき言ったOBの人や在学生も含めて、いろいろな人を呼んでもっと交流の場にできたと思う。その人たちがもっと意見交換をするとか、過去と現在を知るとか、そういう媒介としても研究テーマとしても、もっと強いテーマになると思います。

門脇：東京ではいつの間にか、通勤途中に見ていた建物がなくなっている。なくなってしまうとその建物がどんな建物か思い出せなくなってしまう。そうやって東京はどんどん記憶を喪失していく。確かにそれはとっても寂しいことなんですよね。「ハチイチ」は、ちゃんとやればアートになるポテンシャルをもっている。エールもいただいたので、ぜひ今後も頑張ってください。ハチイチの皆さんおめでとうございます。その他の皆さんも、今回は本当にレベルの高いプレゼンで非常に面白かったです。ありがとうございました。

寄-yosegi-木
あいちトリエンナーレ2013
現代美術企画コンペ出展作品

Group:
ASIT（三重大学学生有志）

まちなかに展示された寄木

ASIT（アジト）は三重大学の建築学科生を中心とした集団である。「さまざまな目的をもつ人々が集まる場をつくり出す。建築の視点からその場のもつ可能性を探り、まちへと展開していく。」とテーマを掲げ、自発・他発に関わらず、具体的な空間をつくる企画から建築家を招いたレクチャー・講評会などを行なっている。あいちトリエンナーレ2013現代美術展企画コンペに出展した作品、「寄-yosegi-木」について紹介する。

「寄-yosegi-木」

「名古屋伏見は長者町。繊維街、オフィス街、芸術祭、新しいコミュニティ。さまざまな顔をもつ都市の中で、木になれなかった木材が木となり森となって現れる。突如現れる自然と人工の間のような存在、ましてや都市とその間に立つ自分たちはいったい何者なのか。」間伐材で都市の中に森をつくる。

ある構造物（寄木）をつくる行為を通して、まちや人の新しい関係をつくることができないかと考えた。新しく集まった人々がはじめたお祭り「長者町大縁会」の会場構成の一部として寄木のお披露目を行なった。それから約2カ月間、設置場所の交渉を行ないながらまちなかに寄木をつくり続けた。そしてあいちトリエンナーレ開幕前に行なわれた、「長者町ゑびす祭り」の会場構成の一部として寄木もフィナーレを迎えた。自分たちの作品が長者町の中でどんな意味をもったのかは分からないが、新しいまちの在り方に触れ、考えるきっかけとなった。

ぼくらはまちの探検隊
in INDONESIA “KILISTAR”プログラム

Group:
東京大学 村松伸研究室
+インドネシア大学建築学科

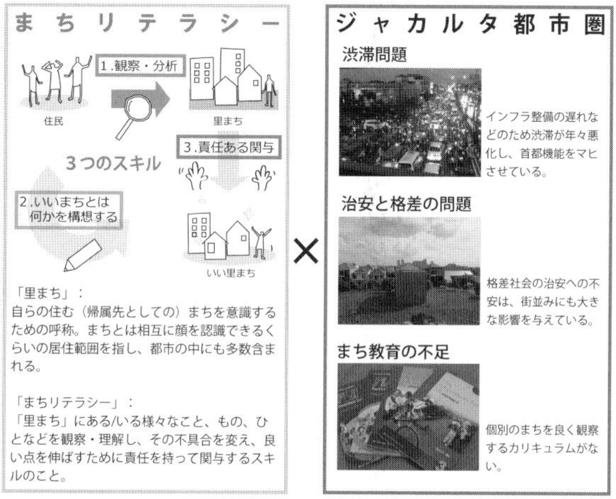

左:「まちリテラシー」と「メガシティ」、この両者が交わることにより、新たな角度から都市について考える。右:子どもたちの作品。

村松研究室では毎年、まちリテラシー構築プログラム「ぼくらはまちの探検隊」を実施している。これは、小学生と大学院生が一緒にまちを探検しながら、まちを観察・分析し、「よいまち」とは何かを考え、自ら責任をもってまちに関与していくことを学ぶプログラムである。本活動はその国際的展開と、発展途上国メガシティの子供たちの「まちリテラシー」をあきらかにすることを目的として、インドネシア・ジャカルタ郊外の小学校において行なわれた。

活動は小学2〜5年生の児童32名と、インドネシア大学建築学科の学生を中心とした大学生24名が参加した。プログラムは「観察→構想→関与」という段階を分けて構成され、コンセプトを伝えるレクチャー、まち探検、発見したものの分類、中間発表、ディスカッション、成果物作成を経て、最終発表会を行なった。それぞれ「自然の声が消えてしまわないまち」「凸凹のある未来のまち」「インドネシアのよいところを伸ばしたまち」を考えて模型や絵で発表したり、「ごみのポイ捨てを防ぐ標識」や「まちのマーク」を作成したりした。

活動を通して、インドネシアの子どものまちリテラシーについていくつかのイメージが得られた。通学路にあるものを答える質問で「バイク」ではなく「バイクの運転手」と答える子がいたように、「ひと」への注目度が高いことや、「バイクタクシーなどは好きではないが守るべきインドネシアの文化だ」という意見があったように、それらの要素を文化として守ろうとすることが、良いまちにつながるのだという意識があることなどが分かった。

市川三郷町に共に住むプロジェクト

Group:
慶應義塾大学 ホルへ・アルマザン研究室

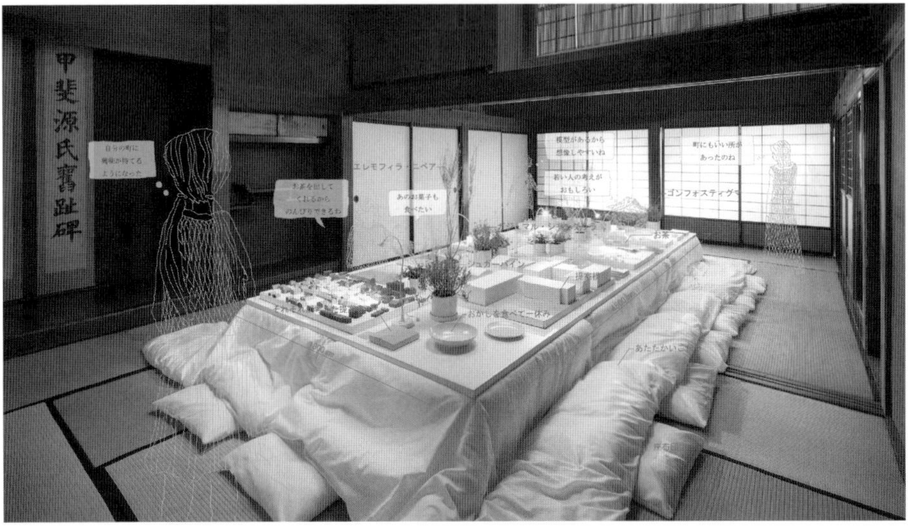

研究対象地区の古民家で展示会を行なった。

今、日本の地方都市の持続可能性が課題となっており、さまざまな町づくりが行なわれている。そんな中で、本プロジェクトは住民と設計者の視点からの町づくりの方法論の評価を目的とした。調査地域は市川三郷町を対象とした。

プロジェクトの方法

Step 1：インタビュー調査

住民の視点からの良い、悪い印象の場所とその理由を地区ごとに地図上にマッピングし空間的に整理しまとめ、住民の主観性を可視化した。

Step 2：「主観性の可視化」を元にした設計

Step 1によって得られた結果を元に設計者は町に対して6つの提案を製作した。

Step 3：町なかでの展示会

重要文化財であり住まい手のいない古民家でリサーチ・展示内容を展示した。来場者が町について気軽に話し合えるような場をつくるために、部屋いっぱいに広がる大きなこたつを設計した。

Step 4：展示会で得られた住民からの評価

町への提案と展示会自体に対して住民からの評価を得た。展示会に対しての評価として「町づくりのきっかけになる」「町への新しい意識を持てた」といった意見がみられた。

以上の方法により、敷地の形状的、歴史的なコンテクストだけでなく、周辺に住む人々の主観的感情を含んだコンテクストを加えていくことで今までにない新しいまちづくりを行なうことができる。

宮古震災復興支援プロジェクト

2011-2014

Group:
立命館大学 宗本晋作建築計画研究室

仮設集会所「ODENSE」

記憶の街ワークショップin田老、鍬ヶ崎

ODENSE1.2

「おでんせ」は東北の方言で「おいでなさい、いらっしゃい」という意味です。震災が起こってしばらく経ったころ、岩手県宮古市と立命館大学との関わりが始まりました。話し合いの中で「仮設住宅はたくさんできたけどみんなで気軽に集う場所がない。」という意見があり、仮設集会所ODENSEをセルフビルドで建設することが決まりました。さらに宮古市の鍬ヶ崎地区にもつくってほしいという声があり、さらにバージョンアップしたODENSE2を建設しました。どちらもまだ建っており、地域の公民館のように利用していただいてます。

記憶の街ワークショップin田老、鍬ヶ崎

神戸大学とNHKのプロジェクトとして、津波被害が大きかったまちを模型で復元するという「記憶の街ワークショップ」があります。真っ白な模型に、住民と共に震災以前の街を再現するというプロジェクトで、私たちは同じく宮古市の田老地区の担当として任されました。「ハード面」から始まった復興支援も「ソフト面」の重要性に気づくきっかけとなりました。

自分のまちづくり会議

「自分のまちづくり会議in鍬ヶ崎」を、「みらいの鍬ヶ崎」について住民の方が考えるきっかけにできればと考えました。生まれたまちのイメージをマスタープランや地区計画に反映していくお手伝いで、地元の専門家を巻き込みながら、1カ月に1回のペースで会議を行ないました。現在、住民の方の意見などのまとめ作業をしています。

鍬ヶ崎の銭湯「七滝湯」復建プロジェクト

「七滝湯」を営んでいたお母さんは記憶の街ワークショップの時から「ぜひ銭湯を復活させてほしい」と願っていました。まちづくり会議の中で、銭湯はただ体を休める場所ではなく、まちの人やよそから来た人の交流スペースとしても機能していたことが分かりました。私たちは今後も継続してこのまちと関わり続けたいと思っているので、建築学科という専門性を活かしてこの銭湯の復建やまちづくりのサポートができればと考えています。

M house project 2013「ホッと奈良」

Group:
奈良女子大学 修士一回生有志

「中の間」のインスタレーション。電球に照らされたオブジェが遠近感を出し、一つひとつが落ちてくるような印象を与える。

奈良県は年間1,000万人の観光客が訪れる観光都市である。観光客の多くはガイドブックを片手に観光地を巡るが、ガイドブックに記載されている内容はどこかステレオタイプで本当の奈良の魅力を伝えきれていないように感じた。そこで、奈良で学生生活を送り、奈良の良さを感じている私たちが、女子大生の目から見た魅力を伝えることをコンセプトとして、空間演出を考案した。また寒い奈良へ足を運んでくださった方々に暖かな空間を提供し、ほっと一息ついてもらえるような空間づくりを目指した。

会場入り口にある映像。展示に至るまでの過程を映像で表現した。

新アクトαプロジェクト

Group:
立命館大学建築都市デザイン学科助手
藤井健史
+Design Factory学生有志
+及川清昭研究室

「カッコいい工場」をキーワードに、スタイリッシュで遊び心のある外観を目指した。テーマカラーの青を差し色に使い、改修棟と新築棟をまとめている。

「学生のための課外活動施設を、大人の視点からだけじゃなく、学生の視点からデザインしてみてはどうか。」及川キャンパス計画室長の呼びかけで、建築サークル「Design Factory」の有志数名が集まり、プロジェクトが始まった。本プロジェクトは、研究ものづくり系サークルの活動拠点を、キャンパス計画の一環として計画したものである。学生が中核となって1つの建物の計画を推進する試みは、本学では過去に例を見ない挑戦だった。

計画は、新築棟2棟と改修棟による分棟配置とし、3つの庭を形成することで、3棟全体に村のような一体感を生み出すことを目指した。また、全体のデザインのイメージを「カッコいい工場」とした。建物の外装はガルバリウムを使用し、内装ではダクトや配管を見せている。施設内のサインには工場の生産ラインをイメージした、一筆書きのオリジナルフォントが用いられている。

クライアントの要望や、予算、期限といった制約。建築がものづくりであると実感すること。決めることの責任。できた時の喜び。本プロジェクトは、大学の設計演習のなかではどうしても伝えにくいような建築の大事な側面を学生が体感できる良い機会であった。

[Project Members]
藤井健史、佐藤 建、落合未紗都、小西佐枝、棚橋弘貴、塚本敦之、増田満季、木下淳史、守口拓也

正面の「つたえる庭」はくつろぎのスペースであるとともに、イベントスペースとしても使える。

中央環状
品川線（2015）
東京
2020

特別企画

特別企画「即日演習WS」開催概要

特別企画「即日演習WS」はトウキョウ建築コレクションの最終日に行なわれるワークショップ形式の企画です。建築設計の第一線で活躍されている建築家の方々と修士学生の合同チームで、建築や空間への提案を行ないました。

今年のテーマは「オルタナティブ・オリンピック」。オリンピックはあまりにも有名で大きなイベントです。しかしなぜ、1つの国で開催するのでしょうか。なぜスポーツを競うのでしょうか。なぜ聖火リレーをするのでしょうか。

オリンピックに関わる人数、開催する空間、支える都市や与える影響など、疑問を投げかけてみることでオリンピックという巨大なイベントへの、さまざまな可能性を6チームそれぞれが考え、議論しました。

6年後に東京オリンピックが開催されると決まった今年、ゲストの建築家や学生のあいだではさまざまな疑問や意見が交わされ、1日を通して活気のあるワークショップとなりました。

松田チーム
倉石雄太(明治大学 青井哲人研究室)
岩瀬功樹(立命館大学 建築計画研究室)
中島弘貴(東京大学 前真之研究室)

谷尻チーム
中原佑太(工学院大学 澤岡清秀研究室)
小林佑輔(明治大学)
安斎智史(工学院大学 西森陸雄研究室)

永山チーム
清野 新(東京大学 前真之研究室)
馬場雅博(東京藝術大学 金田充弘研究室)
仲俣直紀(東京理科大学 岩岡竜夫研究室)

門脇チーム
佐藤岳志(慶應義塾大学 池田靖史研究室)
本田耕二郎(東京藝術大学 元倉眞琴研究室)
武者 香(東京大学 村松伸研究室)

長坂チーム
中田敦大(筑波大学 貝島桃代研究室)
矢田元輝(明治大学 大河内学研究室)
黒田 実(芝浦工業大学)

羽鳥チーム
義見春野(日本工業大学 小川次郎研究室)
林田咲紀(明治大学 小林正美研究室)
加藤聖也(早稲田大学 古谷誠章研究室)

特別企画ゲスト

○コーディネーター

松田 達　Tatsu Matsuda

建築家／東京大学助教／宮城大学、東京藝術大学非常勤講師。1975年石川県生まれ。1999年東京大学大学院工学系研究科建築学専攻修士課程修了。隈研吾建築都市設計事務所を経て、パリ第12大学パリ都市計画研究所DEA課程修了。2007年松田達建築設計事務所設立。建築系ラジオ共同主宰。主な作品に「JAISTギャラリー」(2012年)など。主な著書に『ようこそ建築学科へ!』(学芸出版社、共著)。主な受賞に、空間デザイン賞、石川県デザイン展金沢市長賞など。

門脇耕三　Kozo Kadowaki

明治大学理工学部建築学科専任講師／関東学院大学非常勤講師。1977年生まれ。東京都立大学工学部卒業。2001年東京都立大学大学院工学研究科修士課程修了。主な作品に「目白台の住宅」(メジロスタジオと協働)など。主な著書に『シェアをデザインする』(学芸出版社、共著)、『SD2012』特集「構築に向かうエレメント」(鹿島出版会)など。

谷尻 誠　Makoto Tanijiri

建築家／穴吹デザイン専門学校非常勤講師／広島女学院大学客員教授。1974年生まれ。本兼建築設計事務所、HAL建築工房を経て、2000年に建築設計事務所suppose design office設立。DESIGNTIDE、ミラノサローネの東芝のインスタレーションなども行なった。インテリアから複合施設までさまざまなプロジェクトが進行中。主な受賞歴として、THE INTERNATIONAL ARCHITECTURE AWARD(chicago)、モダンリビング大賞など。

長坂 常　Jo Nagasaka

建築家／東京藝術大学美術学部建築学科非常勤講師。大阪生まれ。1998年東京藝術大学美術学部建築学科卒業。同年、スキーマ建築計画を開設。2007年にギャラリーとショップなどを共有するコラボレーションオフィス「HAPPA」を設立。主な受賞作品に、「SAYAMA FLAT」(2008年)で5th International Bauhaus Award2等、インテリアでは「papabubule Daimaru」(2012年)。他にも「奥沢の家」(2009年)、「ハナレ」(2011年)などの作品がある。

永山祐子　Yuko Nagayama

建築家／1975年東京生まれ。1998年昭和女子大学生活美学科卒業。1998年から青木淳建築計画事務所勤務を経て、2002年永山祐子建築設計設立。「LOUIS VUITTON 京都大丸店」(2004年)でJCDデザイン賞奨励賞受賞、「丘のある家」(2006年)でAR Awards Highly commended賞受賞。Design Vanguard 2012受賞。他にも「カヤバ珈琲」(2009年)、「SISII PRESSROOM」「木屋旅館」(2011年)、「豊島横尾館」(2013年)などの作品がある。

羽鳥達也　Tatsuya Hatori

日建設計設計部主管／東京都市大学建築学科非常勤講師／東京大学建築学科前研究室担当講師。1973年群馬県生まれ。1998年武蔵工業大学(現・東京都市大学)大学院修了。その後日建設計入社。「神保町シアタービル」(2007年)で日本建築家協会新人賞受賞、ARCASIA建築賞ゴールドメダル受賞。「ソニーシティ大崎(現NBF大崎ビル)」(2011年)でWorld Architecture Festival category winner受賞。「逃げ地図プロジェクト」(2012年)でGood Design Award 2012 Best 100受賞など。

特別企画｜プレゼンテーション 1

門脇耕三チーム
佐藤岳志＋本田耕二郎＋武者 香

Tokyo 2020: Cultural Patchwork City
分断した「東京」を海上に転写する

東京の縮図の街を組み合わせた公共空間

新旧文化の対立構造

門脇：東京都のオリンピック招致委員会は、基本的に1964年の既存施設を活用する「ヘリテージゾーン」と、競技場や選手村などの大箱も新築する「東京ベイゾーン」の2つに会場を分けました。前者は旧都心で文化を担い、後者は新都心で機能を補完するという構図です（fig.1）。旧都心の文化とは、浅草、白いカフェ、代官山・蔦屋書店など、古いジャポニズムや1990年代文化的なもの、つまりコンサバティブでハイカルチャーな文化と捉えられます。

一方で、新都心にも実は文化はあると考えました。まず大箱ではアイドルコンサートが行なわれ、オタクやコスプレした女子たちが多く来るでしょう。新築マンションにはIT長者などの新しいホワイトカラーも住む。さらに千葉と成田という2大ヤンキー拠点が幹線道路で直結される。つまり新都心には、きわめてハイテンションなアーバニズムが実現する。先ほどの構図は、旧都心は旧文化、新都心は新文化、と書き換えられます(fig.2)。つまり個々人の趣味嗜好によって東京の地理は再編されると考えられるわけです。旧文化と新文化の対立構造が生

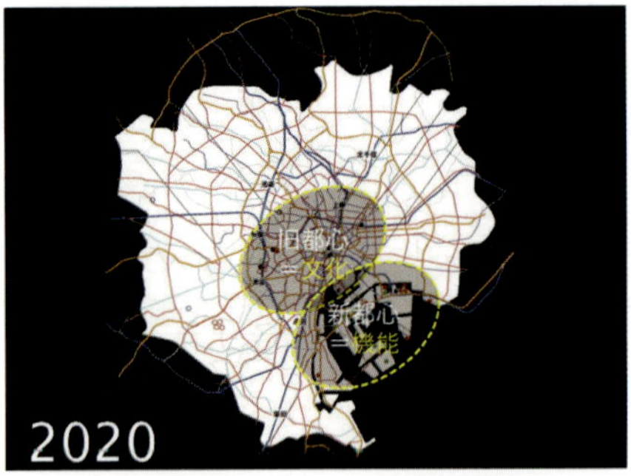

fig.1｜旧都心＝文化、新都心＝機能

fig.2｜旧都心＝旧文化、新都心＝新文化

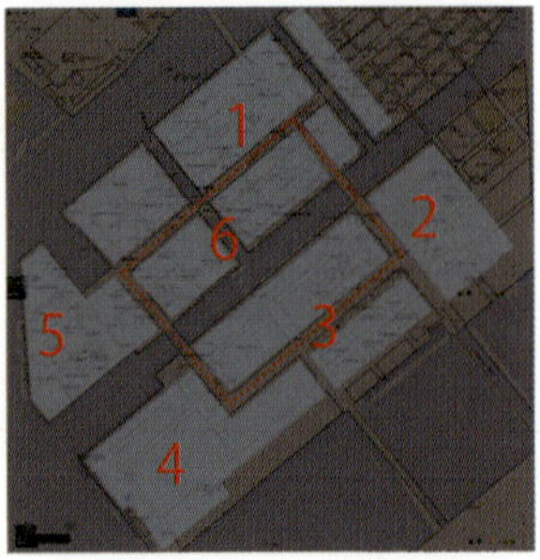

fig.3｜6つのパッチワークされた街をめぐる

fig.4｜イメージパース（谷中銀座、秋葉原、表参道の街並をコラージュしたもの）

まれつつある東京において、そこにふさわしい新しい公共空間は構想できるか、という問題設定です。

多様な文化的トライブのパッチワーク

本田：ベイエリアゾーンの敷地を対象に、東京の縮図のような街を構想します。まず橋を渡し、次に大きな環状道路を設けます。そしてゾーニングをすると、ほぼ6区画に分けられることが分かりました(fig.3)。例えば月島では、小さな古民家が並ぶ所を選手村などにリノベーションします。大きな空き地ではアイドルの舞台をつくり、オリンピックの際にはそこで競技ができるようにします。

武者：選手村の近くには、東京の主要な駅が存在します。ここで縮図としての東京を知り、駅を通じてさまざまなところへ発信して、もっと広い意味での東京を知ってもらいたい。

佐藤：下町、丸の内、秋葉原などの景色をパッチワークしたイメージパースです（fig.4、fig.5)。先ほどの環状道路からはこの風景が見られます。多くの新しい人が流入してくる、いわゆる東京の玄関にこうした縮図をおき、東京を理解し再考してもらおうと考えています。

門脇：いろいろな文化がさまざまにパッチワークした街を海上につくる。つまりプチ東京をここに転写することで、多様な文化的トライブを呼び込み、2020年の東京にふさわしい公共空間を現出させるというのが我々の提案です。以上です。

さまざまな場所を参照する

松田：すごく充実したプレゼンテーションでした。これは時間内にすべてを考えられたのですか。

門脇：実は、評論家や哲学者たちと東京の2020年を構想する試みをしています。前半の二重の文化構造はそこで僕が考えたものです。後半は学生がそれと同じ構図を月島に発見し、そこにプチ東京をつくる構想に至りました。

佐藤：東京では、秋葉原にはオタク、代官山にはおしゃれな金持ちといった棲み分けがされ、いわゆる島宇宙化しています。公共空間にはいろんな人に来てほしいと考え、さまざまな場所を参照してパッチワークしました。

fig.5｜イメージパース（谷中銀座、丸の内、秋葉原の街並をコラージュしたもの）

特別企画｜プレゼンテーション 2

谷尻 誠チーム
中原佑太＋小林佑輔＋安斎智史

Alternative Standard

船の競技場と岸の観客席 そしてパブリックビューイング

競技場と観客席を 3つのスケールで考える

中原：オルタナティブ・オリンピックという言葉の意味を調べ直すところから始めました。オルタナティブという言葉は、「代替のもの」「二者択一」といった意味と同時に、「時代に捉われない普遍的なものを追い求める精神」と定義されています。それに対してオリンピックは、「スポーツを通して、世界が1つである、私たちが1つであると気づく」ということです。

第一回の近代オリンピックであるアテネ・オリンピックを調べると、そのスタジアムにはたくさんの人がいて、今と同じように実際に競技を見ていたという状況が分かりました。したがって、オリンピックにおいてスタジアムという建築の状態が普遍的なものなのではないかと考えています。

小林：スタジアムの機能に着目し、競技する場と観客席という2つに分けてみます。そしてそれを、大中小という3つのスケールで考えました。まず大は4年に一度海を渡る、つまりオリンピックが世界をまわるというスケールです。中は開催国という国のスケール。小はスタジアムのあり方という周辺のスケールで考えています。

海を渡っていく競技場と パブリックビューイング

安斎：具体的に説明していきます。

一番大きい広範囲のスケールでは、船で移動する競技場を4年に一度、開催国ごとに移動して持っていき、使いまわします。そうすることで、競技場を遺産として残さない、移動する競技場を計画しました(fig.1)。

また、競技場と観客席をもつスタジアムという場の形式性を抽出することで、観客席という形式が象徴化されます。開催国の湾岸エリアだけでなく、例えば都市部の公園とか都心のいろいろな場所が、パブリックビューイングのような場となる。実際はスタジアムの観客席に行けない人たちの場として、裏でそのような行為が同時に起こるような状態を考えました(fig.2)。

船の着いた所が 仮設的な観客席に

小林：実際に海を渡ってきた競技場は、それが岸にくっつくことで、既存の場所に対して仮設的な観客席をつくるような状態となります。それにより、湾岸の倉庫など船の着いた所がオリンピックの開催場所と捉えられ、周辺の施設のようにどんどん読み替えられていきます(fig.3)。

このように私たちは、競技場という1つの普遍的な形式を用いることで、各国の多様なものを取り込めるようなオルタナティブ・スタンダードを考えました。以上です。

谷尻：最初に示したアテネ・オリンピックのように、競技をする場所というのは昔から変わっていないんです。平らな場所があって、そこで何をするかというのが本来の競技場のかたちです。そこから観客席のあり方に関して、もう一度考えてみました。個人的な意見かもしれませんが、オリンピックの開催地によって観客席のつくられ方が変わり、その地域性を表現することになる。それと同時に、普遍的な競技場と変わり続ける観客席という関係性により、その場所で開催する意味が生まれ、そこでの人の行為が大きく関わってきます。そんなことを表現したいと思ってこの案を考えました。

fig.1｜船の競技場が世界中をめぐる　世界地図:画像©2014 NASA

fig.2｜さまざまな場所で行なわれるパブリックビューイング　日本地図:画像©2014 Terra Metrics、地図データ©2014 Auto Navi、Google、Kingway、SK planet、ZENRIN

fig.3｜接岸した場所につくられる仮設の観客席　東京湾地図:画像©2014 Terra Metrics、地図データ©2014 Google、ZENRIN

長坂 常チーム
中田敦大＋矢田元輝＋黒田 実

仮設建築物で東京を変える

小学校のプールの水を持ち上げてその下でパブリックビューイングを

都市での面白い試みを制限しない

矢田：ロンドン・オリンピックでは、ロンドンはより安全性の高い整然とした都市をつくり上げました。それを踏まえ、東京でオリンピックをやる上で何を新しく見つけられるか、実現できるかを見い出そうということから始めました。

まず注目したのは、スタジアムで実際に競技している人とそれを見る人との関係性です。その距離感にフォーカスをあてると、スタジアムで観戦している人は生の臨場感などを味わって興奮できますが、そこに行けなかった人はテレビで見たりパブリックビューイングをするという違いがあることに注目しました。

海外などでは、街中を貸し切ってF1レースを行ない、疾走する車のすぐそばで観客が歓声を上げるという光景があります。実際、日本以外ではそうしたことが起きている。都市の中で何か面白いことをしようという試みに対して、ブレーキを掛けることのない提案を考えました。

スタジアムの臨場感を小学校へ分散する

矢田：そこで、オリンピックが開催されると同時に街の新しい使い方のルールを決めて、仮設の状態を提案します。つまり、スタジアムの臨場感を分散させて、普段は子どもたちだけが使っている小学校というプログラムとかけ合わせ、誰でも使用できるものにします。

具体的には小学校のプールに着目し、その水を抜いてパブリックビューイングのような観客席を設け、それまで張ってあった水をいったんプールの上部に持ち上げます。このスケッチのように、左側が

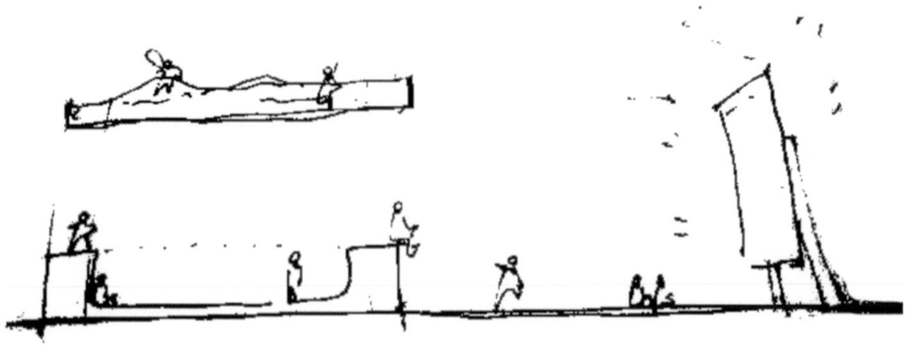

fig.1｜プロジェクトのスケッチ

プールでその中に人が入っており、その上にプールの機能を移動します(fig.1)。このように新しい公共性に着目し、プールの新しい使い方という前例をつくることで、後々その状態が続いていくようになります(fig.2)。

日常と非日常を入れ替えて都市を変える

長坂：オリンピックを通して日常を変えられるんだという自信を、東京に植え込みたい。基本的にそれが一番やりたいことです。そのためにルールを書き換えていく。例えば小学校の校庭をオリンピックの期間貸し出して、そこを日常的な野球などの競技をさせつつ、このプールの場所で一緒にパブリックビューイングをする。そのように、小学生にとっては日常通っている場所が、非日常になる。その時は親が学校に来て一緒にオリンピックを見るという記憶をつくったり、親からすると普段入らない非日常の場所に日常を持ち込むことができる。これはあくまで1つの例ですが、そうやって都市は変えられるという自信を生めればと思います。

門脇:水はどうやって持ち上げるんですか。

中田：これは、もともとあったプールをオリンピックのスタジアムとして使う時に、プールの機能を持ち上げて、下を非日常的な空間として使うという一例です。工法の検討などはそれぞれに行なえると思います。

門脇：日常を変えることがすごく大事なんだ、という主張なのですね。よく分かりました。

fig.2｜プロジェクトの模型写真

特別企画｜プレゼンテーション 4

永山祐子チーム
清野 新＋馬場雅博＋仲俣直紀

2021年
オリンピックの日常

終了後、施設とインフラを木材流通のネットワークに利用する

祝祭後の日常に溶け込むために

清野：縮退化していく日本でオリンピックが行なわれることは、どのような意味をもつのか。オリンピックに向けて、競技場やインフラ、選手村などさまざまなものが建設されていきます。それが終わった翌年の2021年、その施設はどうなって、私たちの生活はどう変わっているのでしょう。

1992年バルセロナのスタジアムと、2008年北京のスタジアム「鳥の巣」の、そのあとを比較してみます。個人的な印象ですが、バルセロナが閑散として寂しいのに対し、北京は比較的賑わいがありました。その違いとして、北京はまだ発展途上の都市であり、オリンピックを含む開発としてスタジアムを建設したことが挙げられます。

東京では招致の時に「コンパクトな開催」という項目があったように、そのゾーニング計画は選手村や競技場をすごく狭い範囲の中に納めています。施設や人を集約させるというのはどういうことなのか。

過剰に集約した人や施設や資本は、オリンピックという一時的な祝祭のあと、当り前のように繰り返される日常空間にどう溶け込んでいくかを想定していません。祝祭から日常へ戻るために、そのあとも東京で暮らし続ける私たちのために、オリンピックはあるべきではないでしょうか。そこで、オリンピックの競技場と整備されたインフラを用いた、木材流通のネットワークを提案します。

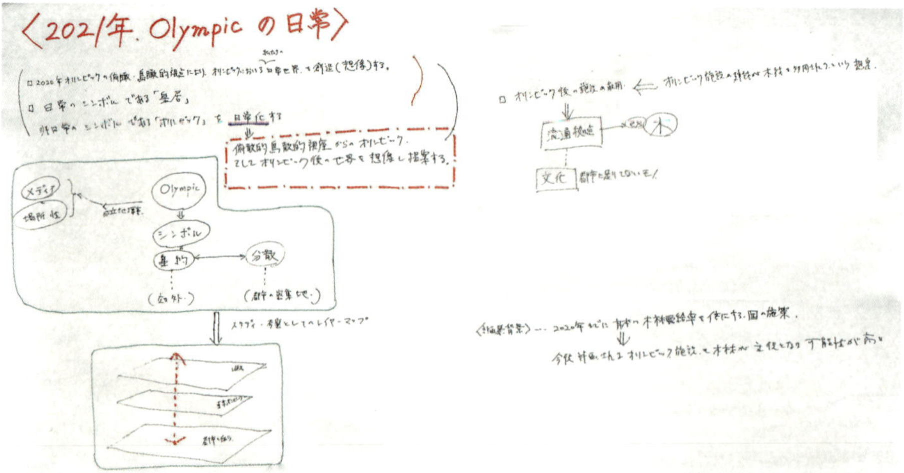

fig.1｜コンセプトスケッチ

都心の集約型施設と西東京の分散型施設

清野：日本における木材の自給率は大きく下がり、現状では20%くらいしかありません。一方、農林水産省は2020年までに国産材の供給を倍増させるプランを発表しています。この年度はオリンピックも意識しており、選手村やパビリオン的な施設のうち、可能なものは木造で建設するという方向性を掲げています。

そこで、競技場などのある程度大規模な集約型の施設と選手村などの分散型の施設、それぞれを提案します。これはイメージをメモしたダイアグラムですが、オリンピック競技場などシンボル性の高いものが、オリンピックの開催後、どのように日常に溶け込んでいくかに重点をおいて考えました(fig.1)。

木造施設とインフラを活用していく

清野：かつて東京の木材は、西側の山の地域から、多摩川など大きな川を下って東側の都心へと流通していました。現在は首都高速道路などの道路や鉄道がその主なネットワークになっています。ここでは、都心部のエリア(黄緑色)に集約型の巨大なスタジアムなどを建設し、西側の地域(オレンジ色)に分散型の小さな施設を木造で建設します(fig.2)。これら施設とインフラが、オリンピックのあとには木材流通のネットワークとして利用されることを考えています。

永山：私たちのチームでは、オリンピックのために何をつくるかというより、それをきっかけに東京という都市をもう一回捉え直して、その先を見越した上で木材流通という話をあえて重ねてみました。オリンピックのために整えられたシステムを、その後違うシステムとして使用できるのかを試しています。1カ月足らずのイベントのためだけではなく、オリンピックによって東京、日本がどう変われるかを議論していきたいと思いました。

fig.2｜都心の集約型施設と西東京の分散型施設が、木造流通のネットワークを支える。　Google Mapsをもとに作成

羽鳥達也チーム
義見春野＋林田咲紀＋加藤聖也

より東京らしい、東京オリンピック20XX

街ごとのポテンシャルを生かした競技会場

山手線をまわる聖火

林田：私たちは「東京らしさ」を考え、法律やセキュリティは一度脇において、絵を想像してイメージを膨らませました。

まず聖火を人が運ぶのでなく、日本全国にめぐらされた列車を利用して運び東京駅に集めます。東北からの聖火は東北復興の象徴となり、会期中は山の手線をぐるぐるとまわります。開会式は東京駅で行ない、皇居と東京駅の間に存在する軸線を利用してより東京らしい開会式を演出します。

街に秘めた力を競技の特性に生かす会場づくり

fig.1｜秋葉原、陸上競技会場　©U.S.Army, Kyle Hasegawa, Ernst Moeksis

林田：次に、実際の様子を代表的な競技を用いたシーンで説明します。

秋葉原では幅が広く平らな道を利用して陸上競技を行ないます（fig.1、fig.2）。一番上の絵が現在の道路です。そのアスファルト部分にゴムチップの層を重ね、さらに観客席をビルの前に増設します。真ん中が会期中で、観客席になってまわりから競技を見られる空間となります。会期後は一番下のダイアグラムに移り、ビルの容積を増やします。また室内のジグザグ線が本来の避難経路ですが、張り出したスラブ部分に第二避難経路を確保します。表面の緑化も行ない、より快適で安全な街路となります。

渋谷はもともと多くの人が集まるポテンシャルをもった土地ですが、それを利用してボクシングの会場とします（fig.3）。すり鉢状の地形や中心性をもった土地の場所性を利用しています（fig.4）。まわりのビルのスラブが観客席になります。

皇居は回遊性があり多様な自然が存在するというポテンシャルを生かし、トライアスロンの会場としました（fig.5）。図中右側のお堀で水泳、回遊性

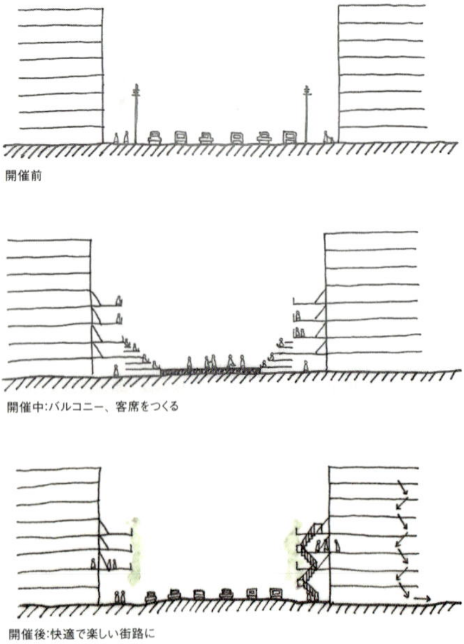

fig.2｜秋葉原、スケッチ

のある道路で自転車競技を行ないます。上図のように歩行空間を観客席とし、またスラブを出すことで観客席を増設します（fig.6）。下の会期終了後は春のお花見空間や親水空間になります。そのためにお堀の浄化も進んでいくでしょう。

首都高速道路を補修しつつ立体的なランドスケープをもたせて BMX の会場とします。周囲のビルが観客席です。その下の神田川を浄化し土手を観客スペースとしたカヌーの競技場として利用できます。

都市を知り、記憶に残していく

林田：このような再整理によってインフラなどの諸問題を解決しながら、より東京らしいオリンピックを可能とします。土地のポテンシャルを生かすことで、例えば東京を知らない人にとっては東京という都市をより詳しく知ることにつながる。また私たちのようにそこに住んでいる人には、選手たちのすごさ、どのくらいの距離をどのくらいの時間で走ったか、などをより詳しく体感できる場所になります。また記念道路としても記憶に残るようなオリンピックとなるでしょう。

fig.3｜渋谷、ボクシング会場。地形を生かす　©Guwashi999

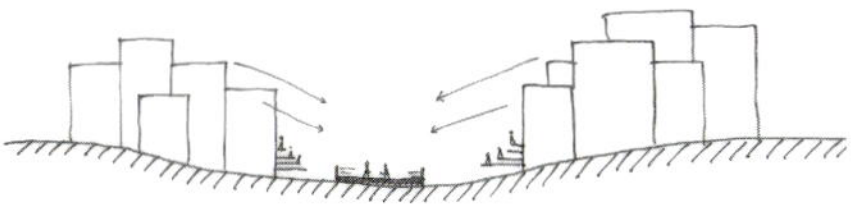

fig.4｜渋谷、スケッチ

羽鳥：インフラの老朽化や河川の汚染など東京が抱える問題を解決しながら楽しい空間をいかにつくるか、それをバックキャスト型で描くことで東京をどういう都市空間にしていくべきなのか、都市空間にどのような可能性があるのかを考えたかった。そのきっかけとして絵を描いてみることにしました。オリンピックを街に直結させるこのアイデアは学生たちが考え出したものです。それを都市に潜む問題のいくつかの解決と兼ねられると示すことで、オリンピックに限らず、イベントと都市のより前向きで密接な関係にできるのではないかと考えました。タイトルの「20XX」は、水質の浄化やセキュリティ、インフラなど解決に時間がかかるものもあるため年限を設けていないという意味です。

fig.5｜皇居、トライアスロン会場　©Richard, enjoy my life!、Jimmy Harris、jtlondon、Jon's pics、peter Mooney、vastateparksstaff、istolethetv

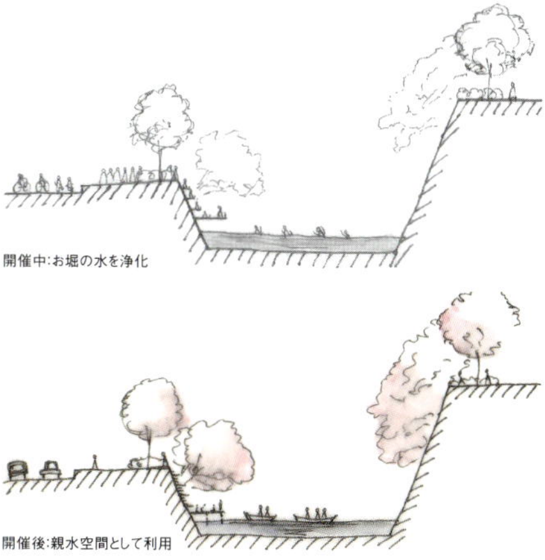

fig.6｜皇居、スケッチ

特別企画｜プレゼンテーション 6

松田 達チーム
倉石雄太＋岩瀬功樹＋中島弘貴

もうひとつのオリンピック
文化のオリンピック

教育、福祉、芸術、環境を競う

中島：議論の前段として現行のオリンピックの問題をディスカッションし、3点を挙げました。まずポストオリンピックで、いわゆる箱モノ、負の遺産が残る可能性があること。次に開催都市が限定的であり、都市ランキング上位の都市でしか行なえないこと。最後に、参加できる世代と人が限定的であることです。

そこで文化のオリンピックを提案します（fig.1）。これは現行と同様、4年に一度開催し、教育、福祉、芸術、環境などのサブテーマのなかから重点テーマを決めて行ないます。具体的には、スタジアムのようなものは建設せず、ハードとしてのストックを残すのではなくて、参加する人にストックを残すものにします。また複数都市で同時開催しても良いのではないか。クラウド化して同時多発的に行なうことで、計画可能限界はありますが、手の届く範囲でつつましくやって全体で共有していく。そして子どもからお年寄りまでが参加できるものにします。

24時間、8都市開催の教育オリンピック

中島：運営システムは、時差別に7〜8都市くらいを選び同時多発的に開催します（fig.2）。24時間、どこかしらでずっとやっているという状況をつくります。その選定にあたっては、次の開催都市が今回の開催都市のコーディネイトをします(fig.3)。異文化交流を進めて、姉妹都市の新しいかたちを脈々とつくっていきたい。つまり都市にはそれぞれ長所短所があるので、それをペアリングして関係性をつなぎ、相互補完しようということです(fig.4)。

このスケッチは具体的なケーススタディとして考えたもので、教育をテーマに8都市を選んでつくってみました（fig.5）。フェイスブックでどれだけ「いいね！」を押せるかという感じで、授業を競います。そうすればいろいろな価値観の指標ができていく。この文化のオリンピックが、それを相対化できる場になれば良い。風景としては詰めきれていませんが、あるプロトタイプのような最小限のヴォリュームが

fig.1｜文化のオリンピック

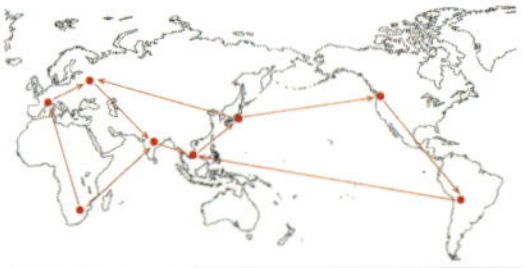

fig.2｜運営システム

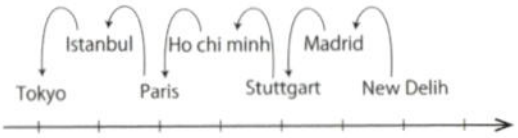

fig.3｜開催都市の選定方法

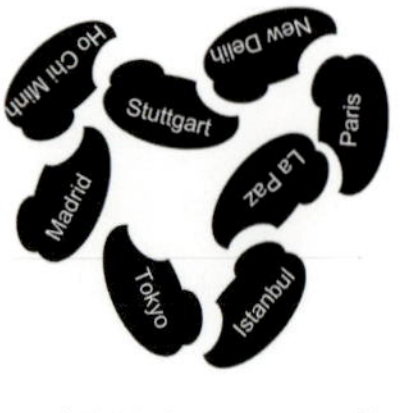

fig.4｜姉妹都市によるペアリング

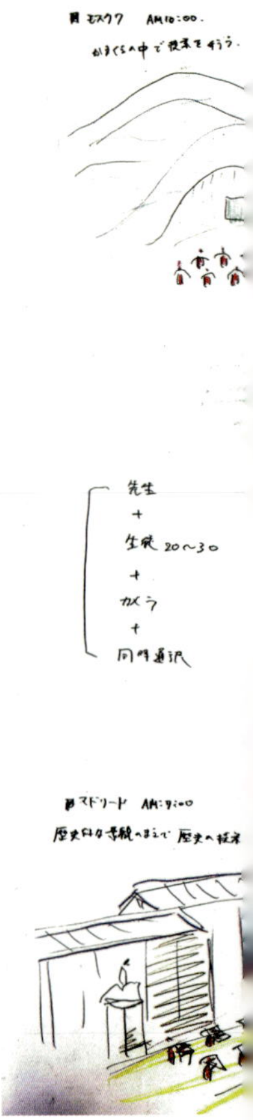

各都市に散らばり、それが背後でつながっていくようなものができればと思っています。以上です。

小さな都市からでも 手の届くシステムへ

松田：世界中にたくさんの都市があるけれどオリンピックができる都市はごく限られていて、オリンピックはテレビで見ることはできても手の届かないものになっているというのが現状です。大きなモチベーションとしては、もう少し手の届くオリンピックをつくりたいということがありました。

1つのモデルとして、欧州文化首都があります。ヨーロッパにはたくさんの国とそれぞれの首都がありますが、毎年移り変わっていく首都をつくり、そこを文化首都としていろんなイベントをやっていくわけです。それをもっと世界的にするとすごく面白いのではないか。今のオリンピックは少しずつ改変されていくとしても、それと違うかたちの新しいオリンピックを並行して走らせることができれば、文字通りオルタナティブなオリンピックの提案となる。それによって、現行のオリンピックのあり方を問い直していければ面白いという提案です。

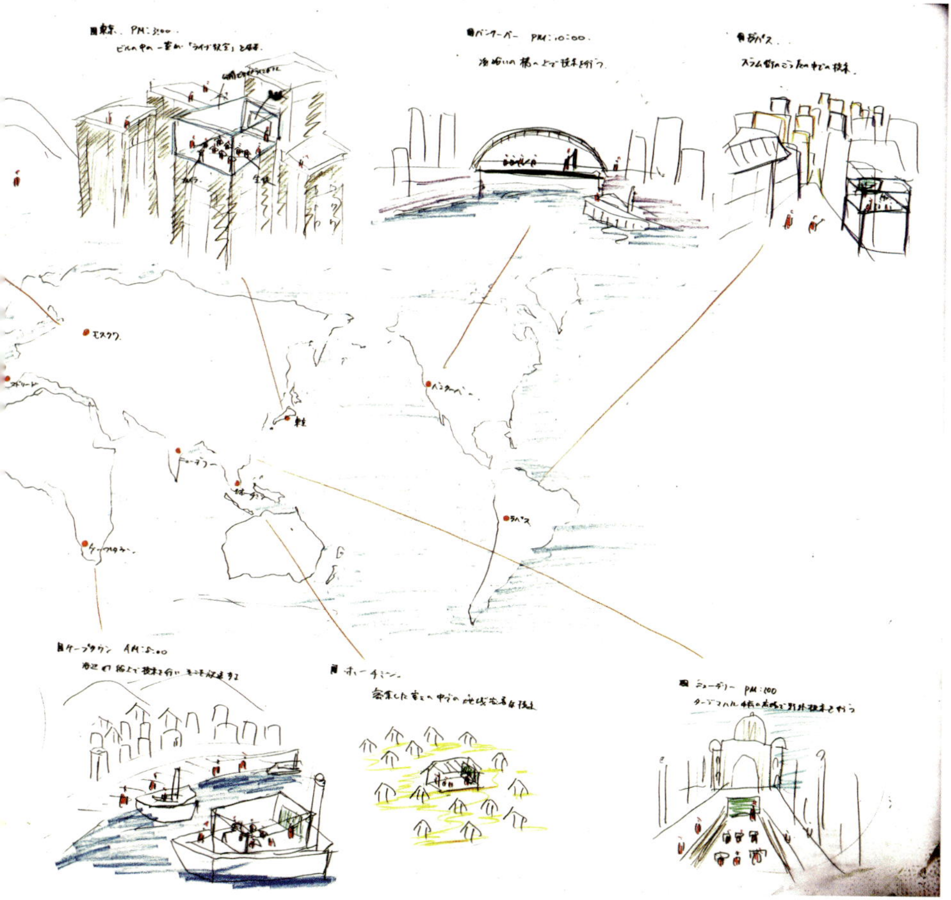

fig.5｜8都市で開催する教育オリンピック、スケッチ

特別企画 最終討論

コメンテーター：

門脇耕三／谷尻 誠／長坂 常／永山祐子／羽鳥達也／松田 達

参加者：

佐藤岳志＋本田耕二郎＋武者 香（門脇チーム）／中原佑太＋小林佑輔＋安斎智史（谷尻チーム）／中田敦大＋矢田元輝＋黒田 実（長坂チーム）／清野 新＋馬場雅博＋仲俣直紀（永山チーム）／義見春野＋林田咲紀＋加藤聖也（羽鳥チーム）／倉石雄太＋岩瀬功樹＋中島弘貴（松田チーム）

オリンピックを通して社会・都市を考える

司会：まず今日の総評をいただきます。

門脇：オリンピック・リテラシーの高まりを感じました。例えば会場の強固なセキュリティラインを拡張するためにパブリックビューイングが重要になることなど、皆さんはもう普通のこととして考えている。そして、東京のストック、つまりレガシーをどう使っていくかも主な争点だったと思います。

谷尻：ものをつくらないことがものをつくることだという社会的な意識が、明快になっていたのを感じました。

長坂：おふたりにほとんど言われてしまいました。それぞれの案がよくかぶらなかったなという感想です。

永山：4年前に「広島2020デザインシャレット」という広島オリンピックを考えるワークショップに参加しました。その時は、何をつくるかを夢物語のように考えていたんですね。でも実際に東京で行なわれることになって現実味を帯びてくると、つくることに慎重になるし、その裏側を意識し始めた。学生さんと話していてもそういう意識は高いと感じます。

羽鳥：確かに案としてはあまりかぶってないように見えましたけど、掲げられた争点や問題意識はそれぞれ重なり合う部分があった。例えば、イベントのあとの日常をどう考えるか、競技者と観客をどう関係づけるか、などです。松田チームは文化的なものを考えて、根本の提案をしていた。その「そもそも」を考えることで、社会の構造、都市の構造、人の問題意識と都市の関わり方などを考えるという点は共通していたと思います。

松田：オリンピックに関して、建築家や建築に関係する学生がこうやって議論する場はそんなに多くないんですね。オルタナティブ・オリンピックに関して建築関係で過去に議論したものを調べると、数件しかない。今日の各チームの発表を拝見して、6年後に向けて建築的もしくは都市的な視点から建築関係者ができることはすごく多いなと感じました。

都市と情報的なインフラとの関係性

門脇チーム：谷尻チームの案をワクワクしながら聞きました。この案を日本で開催するとしたら具体的にはどうなるのですか。

谷尻チーム：基本的に湾岸エリアに競技場がくっついて、表裏の関係で新宿や渋谷の公園でパブリックビューイングや公開キャスティングが行なわれる風景をイメージしていました。

観客席の仮設は、土地ごとに違ったつくり方があります。その組み方や建て方で日本らしさが出てくると思います。

門脇：皆さんの発表を聞いて、既存の都市空間やシステムをどうハッキングするかという合理的な視点を感じる一方、いくつかの観点は抜けていると思いました。

1つは、東京2020は成熟都市で情報化のインパクトを強く受けて開催される、おそらく最初のオリンピックだということです。スマートフォンは都市における行動を大きく変えましたが、さらにウェアラブル・デバイスなどもいよいよ現実のものとなりつつある。うちのチームで議論したことでは、例えば湾岸地域は鉄道インフラがすごく弱い。でもUberという情報システムを使うと、タクシーを探す時、スマートフォンから自分に近い車をリアルタイムで検索して呼び出せる。交通が弱いといわれていたサンフランシスコは、それにより都市の利便性が一気に向上した。ハードなインフラをつくることが、情報を含めたソフトなインフラで代替できる可能性があるわけです。

もう1つは、メディア自体のあり方で、テレビのようなマスメディアによって報道されるオリンピックとは違ったかたちになる可能性がある。例えば北京やロンドンの開閉会式は、無人ヘリコプターで上空からの映像を中継するテレビ向けの演出でした。それが、パブリックビューイングを含むネット型のイベントに変わる。すると競技場も大きく変わると僕は思う。都市が情報的なインフラと密接に絡み合った時に、我々の描いている都市像や建築像がどう変わっていくのか。その議論を今しっかりとやっていくべきだと思います。

東京のあり方・地方のあり方

長坂チーム：今日は整備された都市である東京をどう活用するかという提案が多かったと思います。逆に今の東京になくて整備が急務だという項目はあるのか、先生方にお聞きしたい。

羽鳥：1つは首都高の問題ですね。老朽化して補修しなければならないから、オリンピックに合わせて再整備しようという話です。でも都市をどうにかしたい欲求とオリンピックで何かをすることが、ちょっとずれている。もう1つは災害です。東京の湾岸には古い木造密集地もあるし、イベントをするホスト国は都市災害に対してどう責任を取るかも問われる。そのこととイベントによる都市の再活性化をどう重ね合わせていくか、という問題意識で我々は提案をしました。

谷尻：先日聞いた話で、スイスのツェルマットは1961年に車の侵入を禁止して電車でしか街に入れないようにしたそうです。でも観光リピート率は80%もある。僕は広島と東京を行き来していますけど、そもそも地方で利便性を追求する必要があるのでしょうか。ツェルマットは不便にしたことで街の人の意識がすごく高くなり、みんなが自分の街をきちんと説明できるようになった。オリンピックに限らず、東京には東京のアンバサダーが、地方には地方のアンバサダーがいる状態をつくるべきだと思います。

門脇：東京に関しては、僕は別にもういいだろうと思うんです。東京は豊かだし、まあハッピーじゃないですか。2000年以降、東京には開発投資が呼び込まれましたが、郊外や地方にはまったくいかない。その時にオリンピックへの投資を使って地方をどう活性化させるかがすごく大事だと思う。そして2020年、東日本大震災の問題はひと区切りついたと世界に向けて宣言することが必要で、その方策を僕たちは一生懸命考えなきゃいけない。

羽鳥：東京で損害が起こると金額が大変なものになると予測されているし、地方に迷惑をかけてしまうということも起こると思う。東京からの再分配をもう少し肯定的に捉え、社会構造の変化に応じて徐々に地方の自立性と中央からの分配を考える。どのような関係が、無理せずランディングできる状態なのかを考える方が建設的だと思います。

箱モノの限界を超えて

松田：東京とは別に、地方の都市をどうやって盛り上げていくかを考えたのが、文化のオリンピックです。そこでは教育オリンピックとか福祉オリンピックといったアイデアが出てきました。学生と議論しているうちに自分では考えていなかったスマートな考えも出てきたので、詳しくは学生からも話してもらいましょう。

松田チーム：小都市でのイベントを考えた時に、建築をつくると時間や費用がかかるしその後の維持管理が大変になります。ではどういうストックができれば良いか。教育ならば、人が行ってそこに縁ができるし、谷尻さんが言われたアンバサダーのような人が生まれるかもしれない。また福祉であれば、高齢者がそこに行って現地の人に還元することもあると思います。

永山：うちのチームでは、東京の中にも実は差があって西側では土地にまだ余裕があることに注目しました。そこを整備していくと、そのモデルを拡張して日本の問題を解決する1つの起点になると考えました。

永山チーム：そこでキーワードになったのが「集約と分散」です。オリンピックのシンボル性を残すためにベイエリアで集約させる一方、郊外で分散させるものをつくりたいと話していました。

参加する可能性を増やしていく

長坂：我々のチームは、ハードな建築を最初につくっても、動きのあるオリンピックの表現をそれで反映できるのだろうかという疑問をもちました。やはり建築も躍動感があって流動的なもので対応したい。単純な経済性だけでなく、イベントの盛り上がりを演出する意味でも仮設建築はすごく有効だと考えて提案をしました。

それと先日サンフランシスコに行ったんですが、シリコンバレーで働く人が住んでいるせいか、あの街は考えたことを形にする能力とそれにお金を導く力が非常に強い。あの街を1台のレーシングカーが走りまわる映像があります。人影もほとんど映らずに動いていて、どうやってつくったのかと思いました。そういうことを東京がオリンピックを通してできれば、なにか社会を変える力が見えてくる。ハードなものをつくるよりも、ソフトを駆使して東京の街ではあり得ないことがそこで一瞬起これば面白いと。

谷尻チーム：松田チームに伺いたいのですが、僕たちのチームでも、スポーツでなくてもいいんじゃないかという議論がありました。でも、数学オリンピックや、スポーツ以外の祭典というのは違うような気がする。そのあたりはいかがでしょうか。

松田：数学オリンピックもそうですけど、オリンピックは頂上ゲームですよね。もうちょっと参加可能なものを増やしていくやり方が良いのではないかと話していました。

松田チーム：現行のオリンピックともう1つのオリンピックとの違いは、地域と直接にコンタクトをもてるところだと思います。開催国の人と選手が仲良くなることは、今はセキュリティの関係でできないかもしれないけれど、誰でも参加可能ならそういう可能性もある。そこに住む人にとってのオリンピックでもあるわけです。

長坂チーム：オリンピックを開催すると、テロが起きないようにセキュリティを完全なものにしたりなど、都市がどんどんアップグレードしてある種完成した社会に近づくイメージを僕はもっていました。でも今日の発表やディスカッションを通して、その逆の現象も起こり得るのだと感じました。

松田：日本は人口がどんどん減っていくので、ダウングレードのようなことを考える意味はありますよね。減築と同様に、「減都市」といった変化を許容していく必要があると思います。

未来の創造性へ向けて

司会：最後にゲストの先生方からコメントをいただいて締めたいと思います。

門脇：まず地方都市と東京という話について言えば、グローバルシティという観点が大事ですね。僕たちはオリンピックをアクセプトするにしろリジェクトするにしろ、その前に巨大なグローバル資本主義のゲームに乗った都市に生きていることを自覚した方がいい。

谷尻：今日のワークショップでは、都市などの大きなことを語る前に、まずどうやったら純粋に人が楽しめるのかという当り前のことを考えようと話しました。作業の途中では、イームズの「パワーズ・オブ・テン」を見たんです。あれは、ひとつの価値観に見えるものは実はすごく多様だということを示している。オリンピックは逆に、スポーツを通して、多様な世界は1つのものだと人類に伝える行為だと思う。それなら、競技場だけでなくさまざまなものを1つにまとめるには、船でいいんじゃないか。オリンピックの船がやってくると、なにかワクワクするようなことを表現したいと僕たちは考えました。

長坂：僕が1つ疑問に思うのは、オリンピックのあり方を考えるのにそれほど深い意味があるのかということです。4年に一度、場所を変えて競技をし、それを楽しむのは純粋なことではないか。建築の力も当然、必要です。いろいろな裏もあるでしょうが、数多くの人たちがどれだけオリンピックを通して楽しめるのかを真剣に考える姿勢が大事だと思います。

永山：東日本大震災では一瞬で消えてしまった風景があります。自分の故郷である東京の風景を思い出した時に、立ち並ぶ人工物しか浮かばなかった。オリンピックは、私たちが東京という場所をもう一度見直すきっかけになるのではないか。みんなが楽しく、自分が住んでいる都市に愛をもてる風景をどうやってつくるかを考えるきっかけになればいいなと思っています。

羽鳥：お話に出た、オリンピックを純粋に楽しむことから考えるというのは、とても大切だと思います。今では世界で十億人が視聴する巨大なイベントですが、それは街中で子どもたちが駆けっこをするというような誰にでもできることの延長にあり、その価値が実感できるからだと思います。こういったイベントをきっかけに、また震災以降の価値観の変化のなかで何が考えられるのかが我々に問われていると思います。多くの人を招きもてなそうとした時、そもそも多くの人が住んでいることに対して何が問われるか。都市と建築やインフラと人との関係にどんな姿があり得るのか。それには現状を知り、未来を考えるきっかけとなるオルタナティブを提示し続けることだと思います。それは建築に関わっている人にしかできない。

松田：僕は3つの感想を述べたいと思います。

まず、オリンピックという大規模なものを考える時には、空間とシステムの両方を考えないといけないということ。今日の提案には基本的にそのどちらか、また中には両者にまたがったものもあって、その組み合わせにより新しいものが生まれそうな予感があります。

次に、「オルタナティブ」という言葉にすごく可能性があると感じたということ。オルタナティブ・グローバリズムという言葉を思い出したんです。スイスのダボスで開かれる世界経済フォーラムには、先進国中心に世界を決めているという批判もある。そのダボス会議に対して、2001年にブラジルのポルトアレグレで世界社会フォーラムがスタートしました。今までのグローバリズムを否定するのではなく、もう1つのグローバリズムを立ち上げた。これは今回のテーマの構図ととても似ていて、「オルタナティブ・オリンピック」の可能性を感じました。

最後に、こういうセッションは、まずやってみることが重要だなあということ。実行しなければ批判すらされない。今日は事前の打ち合せもなかったけど、学生の皆さんからいろんな提案が出てきて面白かった。“Look back” and “Look forward” という全体テーマの下、“Step forward” にふさわしい特別企画になったのではないかと思います。

トウキョウ建築コレクション2014
全国修士設計展採点表

氏名	所属大学	A.Klein	篠原	羽鳥	日埜	吉村	計
本田耕二郎	東京藝術大学大学院	3	5	5	5	1	19
大島 碧	東京藝術大学大学院	1	3	5	1	5	15
高橋良至	神戸大学大学院	5			1	3	9
中田敦大	筑波大学大学院	1	1		1	5	8
馬場雅博	東京藝術大学大学院		3		3	1	7
池田雄馬	東京都市大学大学院	3	3	1			7
金沢 将	東京理科大学大学院			1	5	1	7
髙橋賢治	東京藝術大学大学院	3	3			1	7
浅田龍太	滋賀県立大学大学院	3				3	6
仲俣直紀	東京理科大学大学院	5			1		6
福田 俊	東北工業大学大学院			3	3		6
山崎 拓	滋賀県立大学大学院		5				5
増田裕樹	東京都市大学大学院	1		3	1		5
平山健太	早稲田大学理工学術院	1	1	1	1	1	5
太田雄太郎	中部大学大学院	3				1	4
河野明日香	奈良女子大学大学院				3		3
村松沙綾	芝浦工業大学大学院				3		3
工藤俊輔	東京理科大学大学院				3		3
新川智也	東京都市大学大学院			3			3
粟屋大紀	東京都市大学大学院					3	3
小林明澄	東京藝術大学大学院			3			3
宮崎侑也	東京藝術大学大学院					3	3
野田啓介	東京理科大学大学院		3				3
日野顕一	東京理科大学大学院			3			3

氏名	所属大学	A.Klein	篠原	羽鳥	日埜	吉村	計
笹田侑志	東京大学大学院		1			1	2
泉谷直樹	東京都市大学大学院	1	1				2
丹下幸太	日本大学大学院	1	1				2
小林良平	東京藝術大学大学院	1	1				2
須藤伸孝	千葉大学大学院			1	1		2
真庭敬人	多摩美術大学大学院			1		1	2
海老塚啓太	東京藝術大学大学院					1	1
河内駿介	千葉工業大学大学院				1		1
野上晴香	東京藝術大学大学院				1		1
大田真一郎	武蔵野美術大学大学院	1					1
白濱有紀	熊本大学大学院			1			1
星 洸祐	東京理科大学大学院		1				1
杉山春輝	静岡文化芸術大学大学院			1			1
金子嵩宜	東海大学大学院			1			1
田中茉吏	近畿大学大学院	1					1
中島紀子	日本大学大学院		1				1
符 珊珊	早稲田大学理工学術院			1			1
細川良太	工学院大学大学院	1					1
下田直彦	武蔵野美術大学大学院					1	1
Siddiqui Adil	Graduate School of Engineering, Tohoku University				1		1
青沼克哉	早稲田大学理工学術院			1			1
小林 翔	東京理科大学大学院		1				1
義見春野	日本工業大学大学院		1				1

※審査員一人の持ち点は5点×2票、3点×5票、1点×10票として集計。
※全応募95作品のうち得点を獲得した作品のみ掲載。4点以上得点の入った上位15名を一次審査通過者とした。

トウキョウ建築コレクション2014
全国修士論文展採点表

分野	氏名	所属大学	作品タイトル	五十嵐	岡部	金箱	深尾	前	松田	計
環境	**清野 新**	東京大学大学院	**外皮性能および暖房方式による不均一温熱環境の快適性・省エネルギー性に関する研究**					◎		◎
環境	**中島弘貴**	東京大学大学院	ZEHの設計法及び電気需要平準化を見据えた蓄電池導入可能性に関する研究			3			2	5
環境	木下雅広	首都大学東京大学院	クール／ヒートピットの形状と性能に関する研究					2		2
計画	加藤瑞樹	早稲田大学理工学術院	アルヴァ・アアルト研究：ヴォクセンニスカ教会に見る「共覚性」 Study on Alvar Aalto: The Multi-perception in Vuoksenniska Church.							
計画	**葛西慎平**	東京大学大学院	**リスボン・バイシャ地区の復興プロセスに見る一貫性と適応性**		2	◎				◎+2
計画	**吉田敬介**	豊橋技術科学大学大学院	**データベースを用いた空間構成列挙手法の研究** ——狭小住宅のボリュームスタディを対象として			3			2	5
計画	西田和正	近畿大学大学院	環境の変容に対するホテルの配置変更についての考察 ——高度成長期に建設された現存するホテルを事例として							
計画	滝沢皓史	明治大学大学院	伝統的建造物群保存地区における許可基準の運用実態に関する研究 ——川越重伝建地区における「裏」の変容を事例として							
計画	**長尾芽生**	日本大学大学院	**地域における文化活動拠点の評価に関する研究** ——墨東エリアにおけるアートプロジェクトを対象として	2	2					4
計画	風間 健	早稲田大学理工学術院	主体と建築 ——「VICTIMS」(1984) に至るJohn Hejdukの設計姿勢をめぐって							
計画	**北野貴大**	大阪市立大学大学院	**大規模シェア居住における創発的混住に関する研究**					2	2	4
計画	堀切梨奈子	日本大学大学院	アートプロジェクトにおける市民参加に関する研究 ——東京アートインポート計画を事例として							
生産	坂本和繁	早稲田大学理工学術院	関東ロームの建築材料としての有効利用に関する実験的研究 Experimental Study on Effective Use of Kanto loam for Building Materials			2				2
生産	松井一哲	東京大学大学院	材料の流通過程に着目した建築における風土性の発現	3						3
都市	**井上悠紀**	滋賀県立大学大学院	**南京（中華門・門西地区）の都市空間構成とその変容に関する研究—— 城中村と「大雑院」化**			2			◎	◎+2
都市	岩崎桃子	東京工業大学大学院	世界都市の観光プロモーションビデオの描写表現にみる都市のイメージ形成の枠組み					3		3
			諸事情により辞退	3	◎					◎+3

分野	氏名	所属大学	作品タイトル	五十嵐	岡部	金箱	深尾	前	松田	計
都市	水口稚那	芝浦工業大学大学院	居住地・就業地分布による都市構造に関する研究 ——東京圏を対象に							
都市	相澤啓太	宮城大学大学院	日本の都市空間における住機能を備えた諸施設に関する研究 ——横浜寿町地区の変容過程と簡易宿泊所の居住実態							
都市	村田陽介	東京大学大学院	インターナショナルスクールと東京の地域社会							
歴史	**鬼頭貴大**	東京大学大学院	**中世重層建築論**	◎						◎
歴史	出原日向子	東北大学大学院	写真がうつす建築 ——OMA/レム・コールハースの写真を事例として	2						2
歴史	小柏典華	東京藝術大学大学院	名勝庭園における歴史的建造物の評価と活用に関する研究 ——浅草寺伝法院を事例として							
歴史	**庄子幸佑**	早稲田大学理工学術院	**地名からみた現代日本に於ける古代社会の影響に関する研究** ——古代地名の現在地比定の分析をもとに	2	3					5
歴史	西村拓真	明治大学大学院	1950～70年代大阪における都市再開発とRIA ——法制度/職能/共同体の相互規定的な変転から						3	3
歴史	中尾沙矢香	広島工業大学大学院	前川國男の制作論に関する研究 ——テクニカル・アプローチの史的展開と その概念構造をめぐって							
歴史	嶋崎 礼	東京大学大学院	ゴシック建築における壁と壁内通路の諸相に関する研究							
歴史	武者 香	東京大学大学院	「涼」と「暖」にみる現代日本の理想の住まい ——雑誌『住宅』(1916-1943)を事例として		3					3
歴史	片桐悠自	東京大学大学院	テンデンツァ運動における基幹的な建築理論家の研究 ——戦後イタリア建築界とアルド・ロッシの初期建築							
歴史	木村一心	東京理科大学大学院	シドニーオペラハウスの構法の解読 ——コンピューター解析と模型制作を通して					3		3
歴史	**林 直弘**	明治大学大学院	**同潤会と戦前・戦中期の東京郊外住宅地形成** ——工業都市・川崎における「官」「公」「民」の 住宅供給とその政策史的背景			2			3	5
その他	山田 洵	東北大学大学院	改良型熱可塑性樹脂繊維によるひび割れ自己治癒機能の 高度化とその適用					2		2
その他	石原隆裕	東京大学大学院	建築の遺伝子 —— 建築形態の情報モデルに関する基礎的研究		2					2

※審査員一人の持ち点は◎×1票、3点×2票、
2点×3票として集計。
※◎の入ったものと4点以上獲得したものを予備審査通過とした。
※本年度の論文展では本討論会において審査員賞を決めたが、
あくまで個人賞であり優劣をつけるためのものではない。
※太字は公開討論会参加者を示す。

あとがき

トウキョウ建築コレクションは、今年で8年目を迎えることができました。今年度は会期を通しての「ストーリー性」と「具現化」を重視し企画の構成を考案しました。特別企画で学生参加型ワークショップという新たな試みに挑戦したことがその象徴です。

本展覧会を開催するにあたり、多くの協賛企業各位、ご協力いただいた代官山ヒルサイドテラス、鹿島出版会、清野運送、PittoTV各位、ご後援いただいた東京建築士会、日本建築家協会、日本建築学会、日本建築士会連合会各位、また特別協賛・協力として本記録集を出版編集してくださった建築資料研究社/日建学院様には多大なるご支援とご厚情を賜り、心より御礼申し上げます。また、審査員・コメンテーターを引き受けてくださった先生方を始め、数多くの方々からお力添えをいただきました。そしてご出展、ご来場いただきました皆様にも心より御礼申し上げます。

実行委員のみんなとは何度も企画内容に関しての議論を重ね、会の実現に向けて尽力していきました。私の力不足のために迷惑をかけてしまうこともありましたが、今回のこのメンバーと一緒に仕事ができたことを大変嬉しく感じるとともに、深く感謝しています。

学生主導で企画・運営を行なっていることは、未熟な面も多々ございますが、それゆえに立場を超えた議論が可能な場を設けることができる強みでもあります。今後も単なる作品の展示ではなく、参加するすべての人を巻き込んだ議論と、そこから各人が新たな視座を発見できるような、そんな会に成長してゆくことを強く願っております。

学生と社会の境界面に位置し、多くの人を巻き込み、そして「建築」という領域や概念を拡張するような創発的な場としての「トウキョウ建築コレクション」を今後ともよろしくお願い申し上げます。

トウキョウ建築コレクション2014実行委員代表
倉石雄太

企画考案から始まり書籍出版までを通して、トウキョウ建築コレクション2014（TKC／トウコレ）は約1年間かけて動いてきた。我々学生だけでは非力であり、社会人の方々からのお力添え無くして実現は不可能であった。実行委員内では何度もキャリブレーションを繰り返し、何とか想定した標準に近づけたかという感触である。そんな我々の痕跡を含めて結晶化できたことを大変嬉しく思うとともに、感謝の念で一杯である。

実行委員代表　倉石雄太

初めてのTKC実行委員でしたが、出展者とのやり取りから書籍の出版まで担当させてもらい、TKCに関わっている多くの人の思いを感じることができました。楽しいことばかりではなかったけれど、貴重な経験をさせていただいて、多くの人とのつながりができたことはかけがえのないものでした。ありがとうございました。

出版担当　平場晶子

5時間超にのぼる録音データの文字起こしは大変だったが、講評会や審査の記録を再度見聞きすることで、改めてトウコレ2014の傾向や議論のポイントが認識できた。運営の忙しさにかまけてせっかくの議論が相対化できていなかったので良かった。また、思考のプロセスやアウトプットの手法について多くの参考例に触れられて非常に勉強になった。

出版担当　吉永ほのみ

書籍の担当を任せられた時、最初は少し不安でした。世の中に広く出回るものに関わることが初めてだったからです。今回、書籍の出版を通じてたくさんの方と関わらせていただきました。社会で活躍されている方々とともに作業を進めていく過程はとても新鮮で多くのことを学ばせていただきました。他では経験できない貴重な体験をさせていただくことができたと思います。

出版担当　河鰭公晃

今回トウキョウ建築コレクションに参加して良かったのは人とのつながりができたことです。学部一年生として普通に過ごしていては絶対に知り合うことのなかった他大学の優秀な先輩方と一緒になって1つのものをつくることができ、企画が終わっても連絡を取り合えることが財産になっています。文字起こしは大変でしたが、普段手にしているインタビューなどの記事にかかっている労力などを身近に感じられる貴重な経験でした。

出版担当　万徳友里香

トウキョウ建築コレクション2014設計展代表として参加し、他で得難い体験としては、まず何よりも、折悪しく一次選考に落選した作品を含め、気概のある全国の優秀な作品に触れられた点である。すなわち、いまだかつてない提案、問題意識、発見、表現、構想――そういった次世代を担う建築家の新鮮な思考に直接触れられたところだ。

設計展代表　加藤聖也

トウコレは会期中の華やかな1週間のために、多くの地道な作業と長い準備期間を要します。そのプロセスの中で、自分の甘さを自覚し、また一緒に仕事をする仲間の大切さを痛感しました。トウコレで得たものはチームワークの重要性と、スタッフをはじめとしたつながりです。みなさん、本当にありがとうございました。

論文展代表　川村悠可

トウコレではさまざまな学校から建築が好きという者が集まり、ともに運営を行なう中で、建築に対する想いを感じあえたことに1番喜びを感じました。毎年運営委員が変わるために、例年の情報を共有することができない部分も多少ありますが、それでこそ1年1年新しいトウコレをたくさんの方に観ていただけるのだと思っています。学生が社会に一歩踏み込んだこの企画を、これからもどうぞよろしくお願いします。

プロジェクト展代表　伊坂祐真

今回、私たちは前例のない特別企画を考案し、なんとか遂行することができました。すべてが上手くいったとは言えないかもしれませんが、より多くの刺激を学生のみなさまに与えることや、展覧会を少し変革することはできたと思っています。この変化を足がかりに今後のトウコレがさらに進化できれば幸いです。出会いと刺激と達成に満ちたすばらしい活動でした。

特別企画代表　浅子雄祐

協賛担当として、企業と運営側双方にメリットが生まれるよう活動していくことは非常に難しく、また、やりがいでありました。社会へ出る前に「半社会人」として企業へ伺い企画書を手に説明をさせていただくという、正にビジネス的な活動ができたのはとても貴重な経験でした。そして頼もしい仲間に出会えたことも大きな収穫です。

協賛責任者　武者 香

トウキョウ建築コレクションは、全国からさまざまな価値観をもつ作品や人が集まってくるプラットフォームのような場でした。会場の雰囲気に影響する制作の仕事は大変なこともありましたが、最終的にトウコレを通して得られた作品や人とのつながりは得がたいもので、そういった場をつくることに参加できて本当に良かったです。

製作責任者　高橋喜子・前川朋子

本年は発足時からシステムと会場という2班の責任者という立場で携わりました。どちらも裏方であり、それゆえに実行委員の動きを客観的に見ることができ、企画系の班に対して運営上において是正等を促したり補うことができました。私は、団体運営に関して表裏両面で学ぶことができ、良い経験ができたと考えております。

WEB・会場責任者　佐藤晃一

AUTO DOOR
寺岡は社会に貢献し未来をひらくブランド

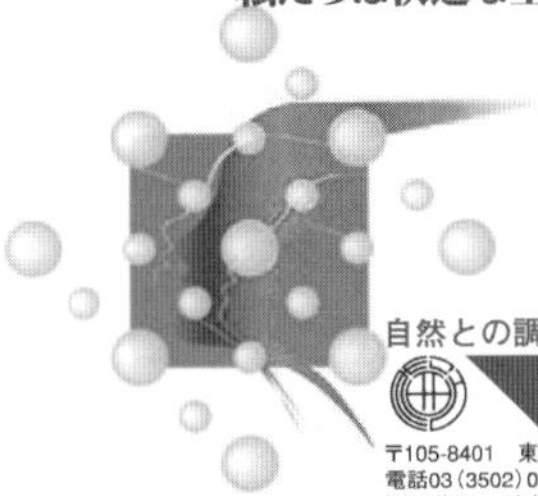

トウキョウ建築コレクション2014実行委員会

代表:倉石雄太(明治大学大学院)
設計展:加藤聖也*(早稲田大学理工学術院)
論文展:川村悠可*(東京工業大学大学院)、黒田 実(芝浦工業大学)、小柏典華(東京藝術大学大学院)
プロジェクト展:伊坂祐真*(東京藝術大学大学院)
特別企画:浅子雄祐*(東京工業大学大学院)、新居壮真(東京工業大学)
制作:高橋喜子*(早稲田大学)、前川朋子*(早稲田大学)、Kuznetsov Dmitry(東京大学大学院)、福島 渚(東京大学大学院)
協賛:武者 香*(東京大学大学院)、原川眞亜弥(工学院大学)、宮城絢子(工学院大学)
会場:安井裕紀(早稲田大学)、成瀬ひな子(千葉大学)、政谷 瞳(早稲田大学)、田代夢々(早稲田大学)、平井一帆(東京理科大学)、呂 詩怡(早稲田大学)、高橋祐輝(東京理科大学)、渡部彩乃(千葉大学)
システム・会場:岡田拓真(東京理科大学)、村尾健介(芝浦工業大学)
WEB・会場:佐藤晃一*(東京理科大学大学院)
出版:河鰭公晃(東京理科大学)、平場晶子(明治大学大学院)、万徳友里加(早稲田大学)、吉永ほのみ(明治大学大学院)
(*印は各班の代表者)

編集協力:石神夏希(プロジェクト展)、大家健史(全国修士設計展)、
阪口公子(全国修士論文展)、豊田正弘(特別企画)
写真:内野秀之(p.001、p.008-010、p.012-131(出展者顔写真)、p.132-143、p.236-238、p.264-271、p.296-303、p.328-335、p342-344、p358-363、p.368-371)
背戸淳志(p.144、p.146-225(出展者顔写真)、p.226-235)

トウキョウ建築コレクション2014
全国修士設計・論文・プロジェクト展・特別企画

トウキョウ建築コレクション2014実行委員編
2014年7月30日 初版発行

編集:フリックスタジオ(高木伸哉、井上倫子)
アートディレクション&デザイン:為永泰之(black*bath)
製作:種橋恒夫(建築資料研究社/日建学院)
発行人:馬場栄一(建築資料研究社/日建学院)
発行所:株式会社 建築資料研究社
〒171-0014 東京都豊島区池袋2-38-2-4F
TEL: 03-3986-3239 FAX: 03-3987-3256
http://www.ksknet.co.jp
印刷・製本:大日本印刷株式会社

ISBN978-4-86358-302-3